Geschichte und Geschehen 9

Baden-Württemberg
Gymnasium

Giselher Birk
Thomas Gollhardt
Ulrich Hammer
Michael Herrmann
Rudolf Pfeil
Erhard Rumpf
Eberhardt Schwalm
Horst Silbermann

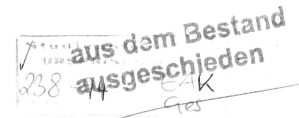
Ernst Klett Schulbuchverlag

Inhalt

Die Politik der europäischen Großmächte im 18. Jahrhundert

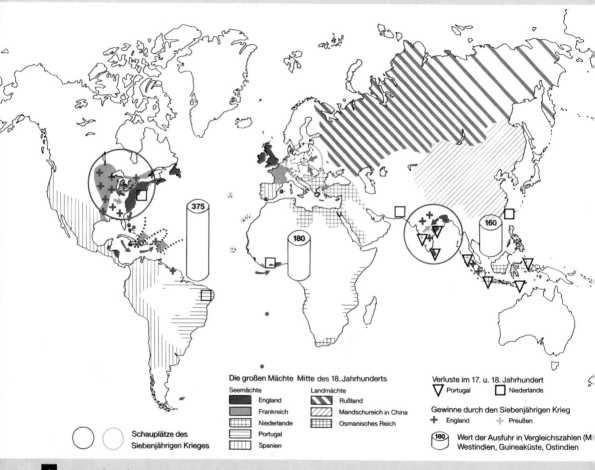

Die großen Mächte Mitte des 18. Jahrhunderts

Seemächte
- England
- Frankreich
- Niederlande
- Portugal
- Spanien

Landmächte
- Rußland
- Mandschureich in China
- Osmanisches Reich

○ ○ Schauplätze des Siebenjährigen Krieges

Verluste im 17. u. 18. Jahrhundert
- ▽ Portugal
- ☐ Niederlande

Gewinne durch den Siebenjährigen Krieg
- ✛ England
- ✛ Preußen

180 Wert der Ausfuhr in Vergleichszahlen (M Westindien, Guineaküste, Ostindien)

1 Der Siebenjährige Krieg (1756–1763) und die großen Mächte des 18. Jahrhunderts

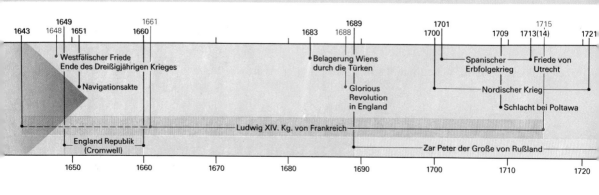

- Westfälischer Friede Ende des Dreißigjährigen Krieges
- Navigationsakte
- England Republik (Cromwell)
- Belagerung Wiens durch die Türken
- Glorious Revolution in England
- Spanischer Erbfolgekrieg
- Friede von Utrecht
- Nordischer Krieg
- Schlacht bei Poltawa
- Ludwig XIV. Kg. von Frankreich
- Zar Peter der Große von Rußland

1643 · 1648 · 1649 · 1651 · 1660 · 1661 · 1683 · 1688 · 1689 · 1700 · 1701 · 1709 · 1713(14) · 1715 · 1721

1650 · 1660 · 1670 · 1680 · 1690 · 1700 · 1710 · 1720

2a London. Blick auf die City mit der St. Paul's Kathedrale. (Gemälde von Canaletto d. Ä.)

2b Petersburg. Blick auf den Newskij-Prospekt (eine Ausfallstraße). (Holzstich)

2c Berlin, vom Stralauer Tor aus gesehen. (Stich von F. Rosenberg)

2d Paris. Blick auf die Seinebrücken. (Gemälde von Grivenboeck)

2e Wien. Im Hintergrund der Stephansdom. (Gemälde von B. Belotto)

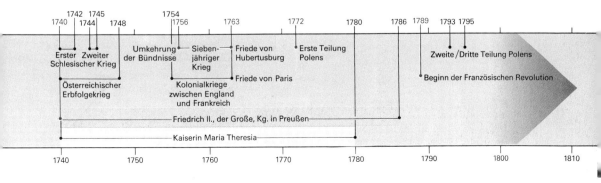

1. Europäische Großmächte zwischen Hegemonie und Gleichgewicht

1683	Das von den Türken belagerte Wien wird durch eine Hilfsaktion mehrerer christlicher Fürsten befreit. In den sich anschließenden Türkenkriegen steigt das siegreiche Österreich zur Großmacht auf.
1700–1713	Der Spanische Erbfolgekrieg führt zum Scheitern des französischen Hegemoniestrebens. Im Frieden von Utrecht (1713) bemüht sich England um ein Gleichgewicht der europäischen Mächte.
1700–1721	Rußland verdrängt Schweden im Nordischen Krieg aus seiner Großmachtstellung im Ostseeraum.
1756	Die sogenannte „Umkehrung der Bündnisse" bewirkt eine Veränderung der Machtverhältnisse innerhalb des europäischen Staatensystems.

Die Großen Europas um 1700

Nach dem Dreißigjährigen Krieg bildete *Frankreich* für einige Zeit den *politischen und kulturellen Schwerpunkt Europas.* Durch sein Hegemoniestreben machte es sich aber zunehmend Feinde. *England* bemühte sich, die Vormachtstellung Frankreichs durch ein *Gleichgewicht der europäischen Mächte* zu ersetzen; *Österreich* gewann in den Türkenkriegen an Macht; *Rußland* und *Brandenburg-Preußen* stiegen langsam zu bedeutenden Mächten auf: All das führte schließlich zu einer Mächtegruppierung, die wir rückblickend das *europäische Staatensystem* nennen.

Österreich erstarkt in den Türkenkriegen

Im Jahre 1683 versuchte der *türkische Sultan* in einer gewaltigen Anstrengung zum letzten Mal, seine Macht von Ungarn aus nach Norden und Westen auszudehnen. Trotz zweimonatiger Belagerung gelang es den Türken jedoch nicht,

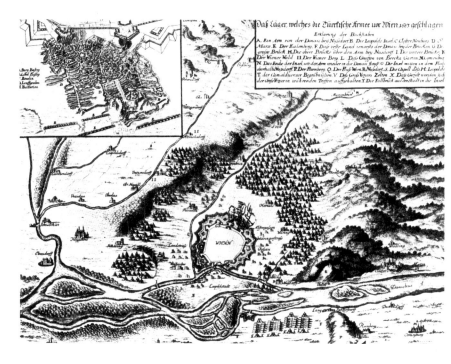

1 Belagerung Wiens durch die Türken (1683). Das türkische Lager in Sichtweite vor der Stadt. Rechts, zwischen Donauufer und Türkenlager, der Kahlenberg, über den das Ersatzheer anrückte. Die Nebenkarte zeigt türkische Laufgräben vor den Wiener Befestigungen. (Kupferstich aus dem Theatrum Europaeum)

Wien einzunehmen. Ein noch eben rechtzeitig eintreffendes Entsatzheer mehrerer europäischer Fürsten befreite die Stadt in letzter Minute, brachte den Türken in der Schlacht am *Kahlenberg* eine schwere Niederlage bei und schlug sie in die Flucht. Die Hoffnung des französischen Königs, der von ihm begünstigte türkische Angriff werde Österreich schwächen, ging nicht auf. In den folgenden Jahren schlug der österreichische Feldherr *Prinz Eugen von Savoyen* die Türken weit zurück; er eroberte Belgrad (1717) und zwang den Sultan dazu, Ungarn mit Siebenbürgen an das Haus Habsburg abzutreten. In der darauffolgenden Zeit strömten Siedler aus vielen Teilen Deutschlands in die neugewonnenen Gebiete. *Österreich* stieg so zur *Großmacht* auf, verlagerte aber gleichzeitig sein Gewicht von Deutschland weg in den Südosten Europas.

Der Aufstieg Rußlands

Bis zum Ende des 17. Jahrhunderts hatte *Rußland* nur geringe, fast ausschließlich wirtschaftliche Beziehungen zum übrigen Europa. Dieser Zustand änderte sich nachhaltig unter *Zar Peter dem Großen* (1685–1725). Gegen den Widerstand des alteingesessenen Adels und der Geistlichkeit bemühte er sich nach westeuropäischem Vorbild um eine *Reform* der Verwaltung, des Bildungswesens, der Lebensformen überhaupt und um eine *Wirtschaftspolitik* nach *merkantilistischen* Grundsätzen. Seine Residenz verlegte er von Moskau in das als „Fenster zum Westen" gegründete *St. Petersburg.* Im *Nordischen Krieg* gelang es dem Zaren, den jungen Schwedenkönig Karl XII. bei Poltawa (1709) entscheidend zu schlagen und damit die Vormachtstellung Schwedens im Ostseeraum zu brechen. Als neue *Großmacht* nahm *Rußland* in Europa künftig eine wichtige Stellung ein.

Wer wird König in Spanien?

Als König *Karl II.,* der letzte *spanische Habsburger,* im Jahre 1700 kinderlos starb, brach ein erbitterter *Streit um seine Nachfolge* aus. Sowohl der *König von Frankreich* als auch der *Kaiser in Wien* konnten begründete Erbansprüche für Prinzen ihrer Häuser geltend machen. Die drohende Vereinigung aller – auch der überseeischen – spanischen Besitzungen mit Frankreich, das damit auf

2 Der Bart muß ab! In seinem Bemühen, russische Sitten westeuropäischen Lebensformen anzugleichen, erhob Peter der Große (1685–1725) auf die Bärte seiner Untertanen eine Steuer, von der nur die Geistlichen und die Bauern befreit waren. Der Zar wollte damit das Tragen der nicht selten „wüsten" Bärte einschränken. Steuerverweigerern wurde der Bart gewaltsam entfernt. (Zeitgenössischer Holzschnitt)

längere Sicht zur Hegemonialmacht in Europa geworden wäre, führte zum Krieg. Einer *Allianz zwischen England, Holland und dem Kaiser* war Frankreich auf Dauer militärisch nicht gewachsen. Da fiel dem österreichischen Thronanwärter, der sich als *Karl III.* in Spanien durchzusetzen begann, durch eine Reihe von Todesfällen die *Kaiserwürde* in Deutschland zu (1711), und nun bestand die Gefahr einer Vereinigung Spaniens mit Österreich. *England*, dessen Politik auf die Verhinderung jeglicher Hegemoniebildung in Europa abzielte, verließ daraufhin die Allianz und begann *Friedensverhandlungen* mit dem nahezu geschlagenen Frankreich.

Englands Rolle im Frieden von Utrecht
Im *Frieden von Utrecht* (1713), der den *Spanischen Erbfolgekrieg* beendete, konnte das an einem europäischen Gleichgewicht interessierte England durchsetzen, daß das spanische Erbe geteilt wurde: Ein Bourbone, ein Enkel Ludwigs XIV., wurde als *Philipp V. König von Spanien* einschließlich der überseeischen Besitzungen. Bedingung dabei war, daß *Spanien und Frankreich nie unter einem Herrscher* vereinigt werden durften. *Österreich* fielen die spanischen Niederlande, Mailand, Sardinien und Neapel zu. *England* selbst erhielt Teile der französischen Kolonien in Nordamerika, wo ebenfalls gekämpft worden war; *Spanien* mußte ihm Gibraltar und Menorca als wichtige Mittelmeerstützpunkte abtreten und ihm Vorrechte im Kolonialhandel einräumen.

Die Hoffnungen der Bourbonen und der Habsburger, über das spanische Erbe die Vormachtstellung in Europa zu erreichen, waren gescheitert. England dagegen war einen wichtigen Schritt vorangekommen in der Verwirklichung seines Programms: *„Gleichgewicht in Europa, englisches Übergewicht in der Welt".*

Dualismus in Deutschland
Während die *Habsburger* infolge der Türkenkriege ihre Interessen zunehmend auf den Balkan richteten, erlangten die *Hohenzollern* durch den Aufstieg *Brandenburg-Preußens* eine wachsende Bedeutung im Reich und orientierten sich politisch stark nach Westen und Süden. Zwischen den beiden führenden deutschen Mächten kam es zum Konflikt, als *Friedrich II.* im Jahre 1740 das habsburgische *Schlesien* überfiel, um es der neuen österreichischen Regentin *Maria Theresia* zu entreißen, die durch Thronfolgeprobleme belastet war.

Während Friedrich in zwei *Schlesischen Kriegen* (1740–1742 und 1744/45) siegreich war, behauptete sich Maria Theresia im *Österreichischen Erbfolgekrieg* (1740–1748) gegen eine mächtige Koalition europäischer Fürsten als Thronfolgerin, erreichte die Anerkennung ihres Mannes als Kaiser und bewahrte die Großmachtstellung Österreichs.

Mit dem *Verlust Schlesiens* fand sich die Kaiserin nicht ab, so daß die politische Situation in Deutschland auch weiterhin durch den *Dualismus zwischen Österreich und Preußen* belastet blieb.

Umkehrung der Bündnisse
Nach dem Österreichischen Erbfolgekrieg gewann der weltweite *koloniale Gegensatz zwischen England und Frankreich* auch für Europa allmählich entscheidende Bedeutung. Ein von *England* zum Schutz seiner Festlandsinteressen mit *Preußen* geschlossener Vertrag *(Westminster-Konvention)* erregte das Mißtrauen Frankreichs.

In dieser Situation erreichte *Graf Kaunitz*, der Leiter der österreichischen Außenpolitik, die Annäherung Österreichs an den jahrhundertealten Gegner Frankreich. „Preußen muß über den Haufen geworfen werden, wenn das durchlauchtigste Erzhaus Habsburg aufrecht stehen soll", formulierte Kaunitz als Ziel seiner Politik. Mit dem Abschluß eines *französisch-österreichischen Verteidigungsbündnisses* waren im Frühsommer des Jahres 1756 die traditionellen europäischen Bündnisverhältnisse auf den Kopf gestellt *(Renversement des alliances)*.

3 London mit Blick auf die Themse und Westminster Bridge, in der ersten Hälfte des 18. Jahrhunderts. Links die „City of Westminster" mit der Westminster Abbey, rechts am Horizont die St.-Pauls-Kathedrale. (Gemälde von Antonio Canal, genannt „Canaletto")

Balance of power (engl.; *Gleichgewicht der Kräfte*): Vor allem in der englischen Außenpolitik der Neuzeit (z.B. im Frieden von Utrecht 1713) vertretener Grundsatz, wonach durch ein ausgewogenes Geflecht von Militärbündnissen und sonstigen Verträgen eine Hegemoniebildung auf dem europäischen Kontinent verhindert und *England* eine Art *Schiedsrichterstellung* gesichert werden sollte.

Aus dem Spannungsverhältnis zwischen Hegemonial- und Gleichgewichtsstreben entwickelte sich ein bis weit ins 19. Jahrhundert wirksamer politisch-militärischer Zusammenhang der europäischen Großmächte *Frankreich, England, Österreich, Preußen und Rußland* (anfangs auch Spanien und Schweden): das sogenannte *Europäische Staatensystem*.

---

4 Europäisches Gleichgewicht?

4a Im Friedensvertrag von Utrecht zwischen Frankreich und Großbritannien (1713) heißt es unter anderem:

„Zur Herstellung eines Gleichgewichtes zwischen den Mächten und um zu verhindern, daß dieses erstrebte Gleichgewicht durch Vereinigung mehrerer Mächte zu einer einzigen Macht
5 zugunsten einer einzigen Macht und zum Nachteil der anderen Mächte gestört wird, ist auf Antrag und Zureden von England ... vereinbart worden, daß zur Verhinderung einer Vereinigung dieses Königreiches [Spaniens] mit dem-
0 jenigen von Frankreich ... auf das Erbrecht [des spanischen Königs] in Frankreich Verzicht geleistet werde."

(Zit. nach: Guggenbühl/Huber, Quellen zur Geschichte der Neueren Zeit, Zürich 1956², S. 222)

4b Während des Siebenjährigen Krieges gibt der englische Politiker William Pitt (d. Ältere) im Jahre 1762 folgenden Rückblick auf die europäische Gleichgewichtspolitik:

„Man hat ... behauptet, der ... Krieg in Deutschland habe das Machtgleichgewicht [balance of power] über den Haufen geworfen, für das wir ... gefochten hätten. [Es ist aber offensichtlich], daß dieses Gleichgewicht schon lange vor Aus- 5 bruch des gegenwärtigen Krieges umgestürzt worden ist ... Seit der ... Großen Allianz gegen Frankreich [im Spanischen Erbfolgekrieg] ist die militärische Macht der Holländer ... nahezu ausgelöscht worden, während eine andere 10 Macht ... sich erhoben hat, nämlich Rußland ... Eine weitere Macht erhob sich in Europa ... mit dem Hause Brandenburg ... Das Phänomen [die Tatsache] einer zweiten Großmacht in Deutsch-

5 Die Umkehrung der Bündnisse

Spanischer Erbfolgekrieg
1701–1713/14
Dänemark-Norwegen
Schweden
Rußland
Großbritannien
Preußen
Sachsen
Polen
Nordischer Krieg
1717–1721
Köln
Bayern
Frankreich
Österreich
Portugal
0
500 km
Österreichischer Erbfolgekrieg
1740–1748
Großbritannien
Preußen
Sachsen
Frankreich
Bayern
Österreich
Spanien
Neapel
Siebenjähriger Krieg
1756–1763
Schweden
1,7
Rußland
20,0
7,9
Großbritannien
Hannover
Braunschweig
Hessen
Preußen
Sachsen
3,7
„Reich"
6,0
Österreich
5,0
Frankreich
23,0
Portugal
(bourbon.)
Spanien
1,7 Einwohnerzahlen in Mio. Mitte des 18. Jahrhunderts
Die Staaten, die mit Österreich bzw. Frankreich verbündet sind
Gegner Österreichs
Umstrittene Räume oder Erbfolge

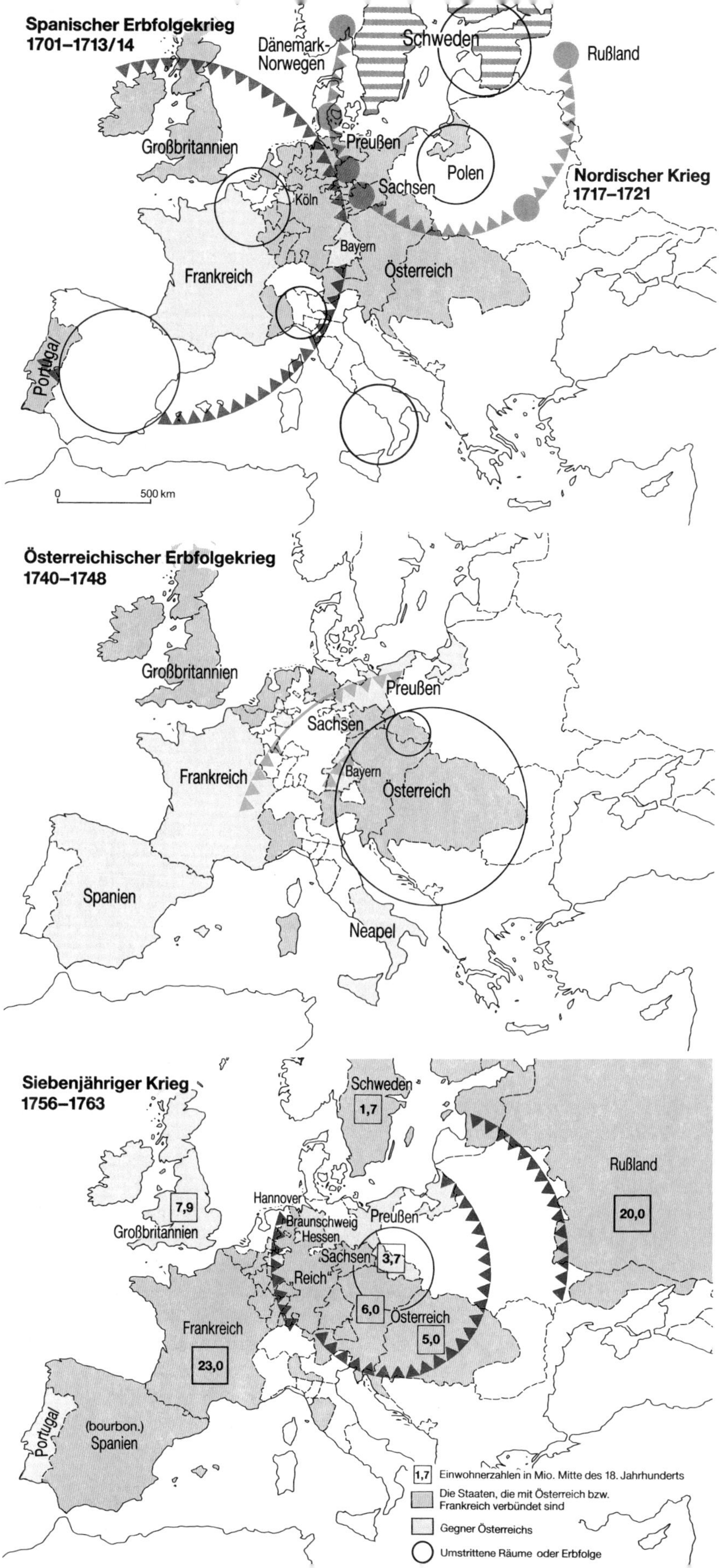

land war für uns etwas derart Neues, daß er [Friedrich II.] einige Zeit Anlehnung an Frankreich suchen mußte. Als aber Frankreich und Österreich sich vereinigten, fanden sich Großbritannien und Preußen. Das sind die großen Ereignisse, die das Gleichgewicht in Europa ... vollkommen verändert haben."
(Zit. nach: Geschichte in Quellen, Bd. 3, München 1966, S. 708f., leicht bearbeitet)

6 Umkehr der Bündnisse

6a Aus der Westminster-Konvention zwischen England und Preußen (16. Januar 1756):
„Je mehr die Differenzen, die sich in Amerika zwischen dem König von Großbritannien und dem Allerchristlichsten König [von Frankreich] erhoben haben und deren Folgen ... für die allgemeine Ruhe Europas Anlaß zu Befürchtungen geben, haben ... der König von Großbritannien ... und ... der König von Preußen, ... beseelt von dem Wunsche, den allgemeinen Frieden Europas und besonders Deutschlands zu erhalten, sich entschlossen ..., eine Vereinbarung zu treffen ...: Zwischen den genannten erhabenen Königen sollen aufrichtiger Friede und gegenseitige Freundschaft bestehen, ungeachtet der Wirren, die sich in Europa infolge der oben erwähnten Differenzen erheben könnten ... Falls wider Erwarten ... irgendeine fremde Macht Truppen in Deutschland unter welchem Vorwand auch immer einrücken ließe, werden die beiden ... vertragschließenden Teile ihre Kräfte vereinigen, um sich ... einem derartigen Friedensbruch zu widersetzen ..."
(Zit. nach: Geschichte in Quellen, Bd. 3, München 1966, S. 687)

6b Der österreichische Staatskanzler Graf Kaunitz über die internationale Lage (1755):

„Der ... enorme Machtzuwachs Brandenburgs erschütterte ... das Gleichgewicht Europas. Der König von Preußen ... sah das Haus Österreich sich selbst überlassen und wartete nur auf den Augenblick, wo es mit Frankreich und den Türken handgemein würde [in einen Krieg geriete], um ihm den Garaus zu machen. Frankreich, ... in seinen alten Vorurteilen gegen das Haus Österreich befangen, arbeitete systematisch darauf hin, es zu schwächen, und betrachtete Österreichs Allianz mit den Seemächten [England und Holland] als ... Anlaß zu ewiger Rivalität; es glaubte ihr die Allianz mit dem König von Preußen entgegenstellen zu müssen und unterstützte von da an alle dessen Unternehmungen ... England, einzig und allein mit seinen häuslichen Interessen beschäftigt, unterhielt seine Allianz mit Österreich nur, um sich ihrer wie eines Werkzeuges zu bedienen ... Es stellte nur die Unterstützung, die es daraus gegen Frankreich gewinnen konnte, in Rechnung ... Dies war die Lage Europas, als England sich mit Frankreich wegen der Handelsinteressen in Amerika entzweite ... Um die [habsburgische] Monarchie zu retten, ... blieb kein anderes Mittel als ... die Unterhandlung, die man [d.h. Kaunitz] nun mit Frankreich anknüpfte. Eine Großmacht überreden, daß das System, auf dem sie ihre ganze Politik aufgebaut hat, ihren Interessen widerspricht, ihr zeigen, daß das vermeintlich einzige Mittel, sich England gegenüber aus der Verlegenheit zu ziehen, nichts taugt; sie überzeugen, daß sie mit der Unterstützung des Königs von Preußen ... auf dem falschen Wege ist; mit einem Wort ihre alte Rivalität gegen das Haus Österreich entwurzeln ...: das war ein Vorhaben, das allein die Vorsehung eingeben, fortführen und gelingen lassen konnte."
(Zit. nach: Gesch. in Quellen, a.a.O., S. 685f.)

a) Durch welche Faktoren sieht William Pitt die englische Gleichgewichtspolitik beeinflußt? (M 4, insbes. 4b; vgl. auch M 5)
b) Ein moderner Historiker hat im Hinblick auf den Frieden von Utrecht von einer „indirekten Hegemonie" Englands gesprochen. Wie kommt er Deiner Meinung nach zu dieser Auffassung? (vgl. M 5)
c) Welchen Interessen Englands und Preußens sollte die Westminster-Konvention dienen? Wieso hat man in dieser Vereinbarung das „entscheidende Ereignis zu Österreichs Heil" sehen können? (M 6a; vgl. auch M 5)
d) Was hielt Kaunitz für das Hauptvorhaben seiner Politik und welche Probleme mußte er zu dessen Verwirklichung überwinden? (M 6b)

> **Arbeitsvorschläge und Fragen**

2. Der Siebenjährige Krieg

1754–1763	In Nordamerika („French and Indian War") und in Indien führen England und Frankreich einen Kolonialkrieg um die Weltmachtstellung.
1756–1763	Im gleichzeitigen **Siebenjährigen Krieg** behauptet Preußen unter Friedrich II. gegen eine übermächtige Allianz seine Stellung als europäische Großmacht.
1763	Die Friedensschlüsse von Paris und Hubertusburg beenden den europäisch-kolonialen Doppelkrieg, aus dem England als künftige Weltmacht hervorgeht.

Krieg in Deutschland

Angesichts der von Kaunitz mit Erfolg vorangetriebenen *Bündnispolitik Österreichs*, die immer deutlicher auf eine *Einkreisung Preußens* hinauslief, entschloß sich *Friedrich II.* zum Handeln: Ohne Kriegserklärung fiel er am 29. 8. 1756 in *Sachsen* ein, um von dort im folgenden Jahr den entscheidenden Schlag gegen Österreich zu führen. Dieser Plan scheiterte jedoch, und binnen kurzem weitete sich der durch den preußischen König begonnene *Präventivkrieg* zu einer militärischen *Auseinandersetzung europäischen Ausmaßes*. Aus dem *„Dritten Schlesischen Krieg"* wurde ein Kampf um den *Bestand des preußischen Staates.*

1756–1763

Europäischer Krieg

Lediglich durch britische Subsidien (Hilfszahlungen) unterstützt, stand das 3,7 Millionen Einwohner zählende *Preußen* einer aus *Österreich, Rußland, Frankreich, Schweden* und der Mehrzahl der *deutschen Reichsfürsten* bestehenden Allianz mit zusammen 55 Millionen Menschen gegenüber. Durch *Siege bei Roßbach* (in Thüringen) über Franzosen und Reichsheer und bei *Leuthen* (in der Nähe von Breslau) über die zahlenmäßig weit stärkeren Österreicher konnte Friedrich im Jahre 1757 die Vereinigung der französischen und österreichischen Truppen verhindern und damit zunächst die für ihn bedrohliche Situation entschärfen. Zwei Jahre später sah er sich jedoch mit seinem 50 000 Mann starken Heer einer drückenden Übermacht von 70 000 Russen und Österreichern gegenüber. Seine *Lage* wurde *verzweifelt.*

„Weltkrieg"

In gewisser Hinsicht war der *Krieg in Europa* Teil des schon länger dauernden, in den Kolonien ausgetragenen *weltweiten* Kampfes *zwischen England und Frankreich*; dieser hatte seine Schwerpunkte in *Nordamerika* und *Indien* und war seit 1754 wiederaufgelebt. Um sich für die koloniale Auseinandersetzung den Rücken in Europa freizuhalten, suchten sich die beiden Gegner mit Hilfe geeigneter Bündnispartner gegenseitig zu schwächen. Während jedoch England seit der Umkehrung der Bündnisverhältnisse im Jahre 1756 Europa nur noch als Nebenkriegsschauplatz betrachtete, wo es sich auf den Schutz Hannovers (mit England in Personalunion verbunden) beschränkte, engagierte sich *Frankreich* zunehmend in der Allianz gegen *Friedrich den Großen*.

England konzentrierte seine Kräfte auf den *Kolonialkrieg* und verstärkte seine Flotte so, daß es die Versorgung der französischen Kolonialtruppen aus dem Mutterland weitgehend unterbinden konnte. *Erfolge Englands* an beiden Kolonialfronten waren das Ergebnis: In *Nordamerika* vertrieben englische Truppen die Franzosen aus dem Ohiotal und nahmen Quebec und Montreal (beide in Kanada) ein. Auf dem asiatischen Kriegsschauplatz gelang dem englischen Befehlshaber Robert Clive die Eroberung *Bengalens*, der reichsten Landschaft Indiens.

Der Krieg des „kleinen Mannes"

Die *Hauptlast* des siebenjährigen Ringens trugen die *kleinen Leute:* der „gemeine Mann" im Feld, der sein Leben riskierte, und die Familienangehöri-

1 Friedrich II. während des Siebenjährigen Krieges, umgeben von Offizieren (links); preußische Soldaten bestatten ihre gefallenen Kameraden (A. v. Menzel, Holzschnitt; rechts).

2 Nach der Schlacht bei Zorndorf (25. 8. 1758): Eine Berlinerin verteilt Münzen an gefangene Russen. (Radierung von Daniel Chodowiecki) – Nach dem Krieg kam es zu einer engen Bindung zwischen den ehemaligen Gegnern Preußen und Rußland. „Es lohnt sich, die Freundschaft dieser Barbaren zu kultivieren", meinte Friedrich II.

gen zu Hause, die um Väter, Ehemänner oder Söhne bangten und nicht selten den Tod ihres Ernährers zu beklagen hatten. *Ulrich Bräker*, ein Schweizer, der durch eine List in den preußischen Kriegsdienst gezwungen worden war, berichtet in seinen Erinnerungen über diese schwere Zeit. Beim Auszug seines Regiments in den Krieg flossen die Tränen „zu Haufen" und „auch die Kriegsleute selber ..., die Weiber und Kinder zurückließen, waren ganz niedergeschlagen, voll Wehmut und Kummer". Das Sterben wurde zum Alltag. Mit den Worten „Racker, wollt ihr denn ewig leben?" zwang Friedrich II. in einer Schlacht fliehende Grenadiere, bis zum bitteren Ende auszuhalten.

Besonders schlimm erging es aufgegriffenen Deserteuren: „Da mußten wir zusehen, wie man sie durch 200 Mann, achtmal die lange Gasse auf und ab, Spießruten laufen ließ, bis sie atemlos hinsanken, die Kleider ihnen vom zerhackten Rücken heruntergerissen und wieder frisch drauflosgehauen wurde, bis Fetzen geronnenen Blutes ihnen über die Hosen hinabhingen." Ulrich Bräker, der dies schrieb, wagte dennoch bei erster Gelegenheit die Flucht und konnte sich bis in die Heimat durchschlagen.

Das „Wunder des Hauses Brandenburg"

Am 12. August 1759 erlitt Friedrich II. bei *Kunersdorf* eine verheerende *Niederlage* gegen Russen und Österreicher, die ihn selbst in eine schwere persönliche Krise stürzte und Preußen an den Rand des Zusammenbruchs brachte. „Mein Unglück ist, daß ich noch lebe", schrieb er am Tage der Schlacht. In dieser Situation hätten die Gegner durch eine rasch folgende zweite Schlacht den Krieg höchstwahrscheinlich für sich entscheiden können. Daß sie dies nicht versuchten, erschien Friedrich als das *„Mirakel des Hauses Brandenburg"* und ließ seine Zuversicht zurückkehren. Die eigentliche Wende brachte indessen erst das Jahr 1762. Am 5. Januar starb die russische Zarin Elisabeth. Ihr Nachfolger *Peter III.*, ein Bewunderer Friedrichs des Großen, schloß am 5. Mai *Frieden* mit dem preußischen König, der dadurch von einem seiner Hauptgegner befreit war. Dieser Vorgang und eine zunehmende allgemeine *Kriegsmüdigkeit* machten in den folgenden Monaten auch die kriegführenden Mächte bereit zum Frieden.

Frieden

Der große Doppelkrieg in Übersee und Europa endete mit zwei rasch aufeinanderfolgenden *Friedensschlüssen*. Am 10. 2. 1763 mußte *Frankreich* im Frieden von *Paris* seine nordamerikanischen Besitzungen (Neuschottland, Kanada, Louisiana östlich des Mississippi) an *England* abtreten. Louisiana westlich des Mississippi fiel an Spanien als Ausgleich für Florida, das es an England zu übergeben hatte. Mit Ausnahme von fünf Handelsplätzen erhielt England alle ehemaligen Besitzungen Frankreichs in Indien.

Der am 15. 2. 1763 in *Hubertusburg* geschlossene Friede zwischen *Österreich*, *Preußen* und *Sachsen* brachte für Preußen die volle *Wahrung seines territorialen Besitzstandes* und bestätigte es im Besitz Schlesiens.

Präventivkrieg (von lat.: praevenire = zuvorkommen): Angriffskrieg, der mit der Begründung begonnen wird, einem feindlichen Angriff zuvorkommen zu wollen. Die Bewertung eines Präventivkrieges hängt davon ab, ob eine tatsächliche oder vermeintliche Bedrohung vorgelegen hat oder ob der Angreifer eine Bedrohung lediglich vorgegeben hat, um einen Krieg zu beginnen, der eigentlich offensiven Zielen dient.

3 Maria-Theresien-Taler (Vorder- und Rückseite). Die Silbermünze wurde seit 1780 geprägt, war weit verbreitet und in Ostafrika und Arabien bis ins 20. Jh. in Gebrauch.

4 Gibt es den gerechten Angriffskrieg?

Als Kronprinz hatte Friedrich II. geschrieben: „Von allen Kriegen die gerechtesten und unvermeidlichsten sind die Verteidigungskriege, sobald Feindseligkeiten ihrer Gegner die Fürsten zu wirksamen Maßregeln wider deren Angriffe zwingen und sie Gewalt mit Gewalt abwehren müssen ... Auch Angriffskriege gibt es, die ihre Rechtfertigung in sich tragen ...: es sind das die vorbeugenden Kriege, wie sie Fürsten wohlweislich dann unternehmen, wenn die Riesenmacht der größten Staaten alle Schranken zu durchbrechen und die Welt zu verschlingen droht ... Klugheit empfiehlt immer die Wahl des kleineren Übels und ein Handeln, solange man seines Handelns Herr ist ... Beginnt ein Landesherr einen Krieg von dieser Art, so ist er unschuldig an allem vergossenen Blut: er befand sich in der Zwangslage zu handeln, und unter solchen Umständen ist der Krieg ein geringeres Übel als der Friede ..."

(Friedrich II.: Antimachiavell; zit. nach: Ausgewählte Werke Friedrichs des Großen, hrsg. von B. Volz, Berlin 1918, Bd. II, S. 21 f.)

5 Der preußische König im Krieg

5a Am Vorabend der Schlacht von Leuthen sagte Friedrich II. zu seinen Generälen:

„... meine Widerwärtigkeiten würden aufs höchste gestiegen seyn, setzte ich nicht ein unbegränztes Vertrauen in Ihren Muth, Ihre Standhaftigkeit und Ihre Vaterlandsliebe ... Ich werde gegen alle Regeln der Kunst die beinahe dreimal stärkere Armee des Prinzen Carl [österreichischer Feldherr] angreifen ... Ich muß diesen Schritt wagen, oder es ist alles verlohren; wir müssen den Feind schlagen, oder uns alle vor seinen Batterien [Geschützeinheiten] begraben lassen. So denke ich – so werde ich handeln. Machen Sie diesen meinen Entschluß allen Offizieren der Armee bekannt; bereiten Sie den gemeinen Mann ... vor ... und kündigen Sie ihm an, daß ich mich berechtigt halte, unbedingten 15 Gehorsam von ihm zu fordern ... ist aber einer oder der andere unter Ihnen, der sich fürchtet, alle Gefahren mit mir zu theilen, der kann noch heute seinen Abschied erhalten, ohne von mir den geringsten Vorwurf zu leiden ... [Als sich 20 niemand meldete, fuhr der König fort:] Schon im voraus hielt ich mich überzeugt, daß keiner von Ihnen mich verlassen würde; ich rechne also ganz auf Ihre treue Hülfe und auf den ... Sieg ... Nun leben Sie wohl, meine Herren; in 25 kurzem haben wir den Feind geschlagen, oder wir sehen uns nie wieder."

(Zit. nach: Geschichte in Quellen, Bd. 3, München 1966, S. 615f.)

5b Am Abend nach der Schlacht von Kunersdorf schrieb Friedrich II. in einem Brief:

„Meine Leute gerieten in Verwirrung; ich habe sie dreimal wieder gesammelt. Schließlich wäre ich beinahe selbst in Gefangenschaft geraten und war gezwungen, das Schlachtfeld zu räumen. Mein Rock ist von Schüssen durchlöchert; 5 zwei meiner Pferde sind getötet ... Unser Verlust ist sehr beträchtlich; von einem Heere von 48 000 Mann habe ich keine 3000 in dem Augenblick, da ich dies sage. Alles flieht, und ich bin nicht mehr Herr über meine Leute ... Ich habe 10 keine Hilfsmittel mehr, und, um nicht zu lügen, ich halte alles für verloren; ich werde den Untergang meines Vaterlandes nicht überleben. Leben Sie wohl für immer!"

(Zit. nach: Guggenbühl/Huber, Quellen zur Geschichte der Neueren Zeit, Zürich 1956[2], S. 337) 15

15

6 Der „gemeine Mann" im Feld

Ulrich Bräker hinterließ die folgende Beschreibung der Schlacht bei Lowositz (1756):

„Nun setzte es ein unbeschreibliches Blutbad ab, ehe man die Panduren [aus Ungarn und Kroatien stammende österr. Truppe] ... vertreiben konnte. Unsere Vordertruppen litten stark, ... die hintern drangen ebenfalls über Kopf und Hals nach ... Da mußten wir über Hügel von Toten und Verwundeten hinstolpern ... Auf der Ebene ... vor dem Städtchen Lowositz postierten sich die Panduren wieder und pulverten ..., daß noch mancher vor und neben mir ins Gras biß. Preußen und Panduren lagen überall durcheinander, und wo sich einer von diesen letztern noch regte, wurde er mit dem Kolben vor den Kopf geschlagen oder ihm ein Bajonett durch den Leib gestoßen. Und nun ging in der Ebene das Gefecht von neuem an ... das herzzerschneidende ... Ertönen aller Art Feldmusik, das Rufen so vieler Kommandeure und das Brüllen ihrer Adjutanten, das Zetermordiogeheul so vieler tausend elender, zerquetschter, halbtoter Opfer dieses Tages ... Pferde, die ihren Mann im Stegreif hängend, andre, die ihr Gedärm auf der Erde nachschleppten ... in diesem Augenblick ... mahnte mich mein Schutzengel, mich mit der Flucht zu retten."

(Ulrich Bräker, Lebensgeschichte und Abenteuer des armen Mannes im Tockenburg; zit. nach: Grundzüge der Geschichte. Quellentaschenbücher Bd. 3, Frankfurt/M. 1974, S. 40f.)

7 Ausländische Stimmen zum Siebenjährigen Krieg

7a Graf Bernstorff, der dänische Kriegsminister, schrieb während des Krieges (1759):

„Dieser Krieg ist entbrannt nicht um ein mittelmäßiges oder vorübergehendes Interesse, nicht um ein paar Waffenplätze oder kleine Provinzen mehr oder weniger, sondern um Sein oder Nichtsein der neuen Monarchie, die der König von Preußen mit einer Kunst und einer Schlagfertigkeit in die Höhe gebracht hat, ... um zu entscheiden, ... ob das Reich zwei Häupter haben und der Norden Deutschlands einen Fürsten behalten soll, der aus seinen Staaten ein Lager und aus seinem Volk ein Heer gemacht hat, und der, wofern man ihm Muße läßt, seine Staatsgründung abzurunden und zu befestigen, als Schiedsrichter der großen europäischen Angelegenheiten dastehen und für das Gleichgewicht zwischen den Mächten den Ausschlag geben würde."

(Zit. nach: Der König Friedrich der Große, Ebenhausen 1942[14], S. 254)

7b Im Jahre 1762 gab der britische Staatsmann William Pitt der Ältere (1708–1778) folgende Bewertung des Siebenjährigen Krieges ab (vgl. S. 9, M 4 b):

„Der deutsche Krieg hinderte Frankreich, seine Kolonien und Inseln in Amerika, Asien und Afrika zu unterstützen ... Solange wir es ... mit Frankreich als Feind zu tun haben, ist Deutschland der Schauplatz, wo man Frankreichs Streitkräfte beschäftigen und ablenken kann. Wären die französischen Armeen nicht in Deutschland beschäftigt worden, so wären sie nach Amerika transportiert worden, wo wir es sicherlich schwerer gehabt hätten, sie zu besiegen, und die Kosten, wenn wir gesiegt hätten, höher gewesen wären ... Amerika ... ist in Deutschland erobert worden."

(Zit. nach: Geschichte in Quellen, Bd. 3, München 1966, S. 708f., leicht bearbeitet)

Arbeitsvorschläge und Fragen	*a) Wodurch unterscheidet sich ein Präventivkrieg von einem Verteidigungskrieg und worin liegt die jeweilige Problematik? (M 4, vgl. S. 14 u.)*

a) Wodurch unterscheidet sich ein Präventivkrieg von einem Verteidigungskrieg und worin liegt die jeweilige Problematik? (M 4, vgl. S. 14 u.)

b) Welche Einsichten vermittelt ein Vergleich der zitierten Aussagen Friedrichs II. aus dem Siebenjährigen Krieg mit dem Bericht Ulrich Bräkers? (M 5 und 6; vgl. auch M 1 und 2)

c) Vergleiche die Aussagen des dänischen Kriegsministers und des früheren englischen Premierministers zum Siebenjährigen Krieg. (M 7 a/b)

d) Was bedeutete der Frieden von Hubertusburg (S. 14) für den deutschen Dualismus?

3. Europa und Übersee nach dem Krieg

Unmittelbar nach Kriegsende leitete *Friedrich II.* den *Wiederaufbau* Preußens
ein und verband damit in der Folgezeit eine Reihe tiefgreifender *Reformmaßnahmen.* Durch Heide-Rodung und Trockenlegung von Sümpfen ließ er *Neu-
land* gewinnen und zog viele *Einwanderer* in sein Herrschaftsgebiet, insgesamt
etwa 300 000. Um die Ernährungslage der Bevölkerung zu verbessern, setzte er
– gelegentlich zwangsweise – die Ausweitung des *Kartoffelanbaus* durch. Für
die industrielle Erschließung *Oberschlesiens* durch neue *Bergwerke, Hochöfen*
und *Hammerwerke* wandte er beträchtliche Mittel auf. Im gewerblichen
Bereich förderte er vor allem die Anlage von *Seiden-* und *Porzellanmanufaktu-
ren. Kanalbauten* im Gebiet von Weichsel, Netze, Elbe, Oder und Havel
beschleunigten den Güterverkehr und belebten so den Handel.
Eine der wichtigsten Regierungsmaßnahmen Friedrichs II. war die Neuordnung
des *Rechtswesens,* welche die Gleichheit aller vor dem Gesetz anstrebte, die
Folter weitestgehend abschaffte und eine einheitliche Prozeßordnung ein-
führte. Erst nach dem Tode des Königs wurde das auf seinen Befehl hin ausge-
arbeitete *„Allgemeine Landrecht für die preußischen Staaten"* abgeschlossen,
das von 1794 bis 1900 in Kraft war.

**Wiederaufbau
in Preußen**

1 Der Wiederaufbau Preußens nach dem Siebenjährigen Krieg

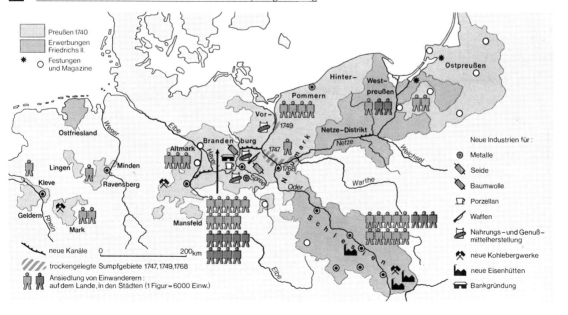

17

2 Joseph II. legt Hand an den Pflug. Wegen seiner Landwirtschaftspolitik wurde er der „Bauernkaiser" genannt: 1781 hob er die Leibeigenschaft auf, 1789 begrenzte er die Abgaben an die Grundherren. (Kupferstich von J. B. Bergmüller, 1769)

Exemple maiestueux d'examiner tout et d'encoura ger les Suets a Diligence donné par l'Empeur Ioseph II. le 19. Aout 1769 en Moravie.

Österreich unter Joseph II.

Auch in Österreich wirkte nach dem Siebenjährigen Krieg mit Kaiser *Joseph II.*, dem Sohn Maria Theresias, ein reformfreudiger Regent. Durch den Abbau von *Zunftschranken* und die Befolgung *merkantilistischer Grundsätze* suchte er die Wirtschaft anzukurbeln. Er erließ ein *neues Strafgesetzbuch* und unternahm erste Schritte auf dem Wege zu einer modernen *Sozialgesetzgebung* (z.B. Regelung der Alters- und Krankenversorgung in den staatlichen Manufakturen). Er schaffte viele religiöse Bräuche ab, ließ Klöster und Gotteshäuser, die er für „nicht mehr nötig" hielt, schließen und gestattete in einem *„Toleranzpatent"* allen Nichtkatholiken die freie private Religionsausübung. Da Joseph II. seine Reformen oft hastig und mit Härte durchführte (6000 Reformedikte in 10 Jahren!), stieß er damit aber bald bei seinen Untertanen auf zunehmende Kritik.

Frankreich auf dem Weg in die Krise

Sowohl nach dem Spanischen Erbfolgekrieg als auch nach dem Siebenjährigen Krieg gehörte *Frankreich* zu den *Verlierern.* Im Frieden von Utrecht (1713) mußte es seine Hoffnungen auf die Hegemonie in Europa aufgeben, und im Frieden von Paris (1763) verlor es seine wichtigsten überseeischen Gebiete an England. Die hohen Kosten der zahlreichen Kriege des 18. Jahrhunderts und die Unsummen, die der leichtlebige Hofstaat Ludwigs XV. verschlang, führten zu einer steigenden *Staatsverschuldung* und zu einer bis ans Unerträgliche gehenden *steuerlichen Belastung* der Untertanen. Das Ansehen der Krone schwand mehr und mehr, und bald sah sich der französische Absolutismus wachsender *öffentlicher Kritik* ausgesetzt, die immer heftiger auf eine grundsätzliche Veränderung der staatlichen, gesellschaftlichen und wirtschaftlichen Verhältnisse drängte. (Vgl. S. 56ff.)

England greift nach der Weltmacht

Die Lage in Übersee war nach 1763 gekennzeichnet durch einen deutlichen *Machtzuwachs Englands.* Schon seit der Mitte des 17. Jahrhunderts hatte sich die englische Politik konsequent um Vorteile im *Seehandel* bemüht, und in den wiederholten Friedensverhandlungen des 18. Jahrhunderts standen englische Handelsinteressen immer wieder im Vordergrund. Finanzkräftige Vereinigungen von Kaufleuten und Bankiers wie die Afrika-, die Hudson- und die Ostindien-Compagnie machten England zur *führenden Handelsmacht* (vgl. S. 156ff.). Vor allem der sogenannte *„Dreieckshandel"* (vgl. S. 21, M 5), innerhalb dessen das umstrittene und 1807 verbotene Sklavengeschäft eine wichtige Rolle spielte, brachte englischen Handelsunternehmern hohe Gewinne. Und spätestens nach dem beträchtlichen kolonialen Gebietszuwachs des Jahres 1763 begann England eine Position einzunehmen, die weit über den Bereich des Handels hinausging: es war *auf dem Weg zur Weltmacht.*

Weltmacht: Eine Großmacht, die über Gebiete in mehreren Weltteilen regiert (z. B. Kolonien), deren politisch-militärischer und wirtschaftlicher Einfluß das Geschehen in einem großen Teil der Welt bestimmt und deren politische Interessen grundsätzlich weltweit orientiert sind. Als erste Weltmacht der Neuzeit kann man das Habsburgerreich unter Karl V. im 16. Jahrhundert bezeichnen. Im Verlaufe des 18. und 19. Jahrhunderts entwickelte sich Großbritannien zur Weltmacht; heute nehmen die USA und die UdSSR den Rang von Weltmächten ein.

3 „Neues opera-Hauß" (heute: Altes Residenztheater) des bayerischen Kurfürsten Max III. Joseph in München. Errichtet durch den Hofbaumeister François Cuvilliés den Älteren 1751–1753. – Nach dem Siebenjährigen Krieg erreichte das *Rokoko,* die Spätform des *Barock,* seine Blüte. Zur gleichen Zeit entstand die Musik Mozarts; Goethe und Schiller schrieben ihre Jugendwerke.

4 Wiederaufbau und Reform in Preußen

4a Friedrich II. schildert die „allgemeine Zerrüttung" Preußens nach dem Ende des Siebenjährigen Krieges im Jahre 1763:

„Um sich einen Begriff von der allgemeinen Zerrüttung zu machen, in die das Land gestürzt war, um sich die Trostlosigkeit und Entmutigung der Untertanen vorzustellen, muß man

5 sich völlig verheerte Landstriche vergegenwärtigen ..., Städte, die von Grund auf zerstört, andere, die zur Hälfte in Flammen aufgegangen, 13 000 Häuser, die bis auf die letzte Spur vertilgt waren. Nirgends bestellte Äcker, kein Korn zur

10 Ernährung der Einwohner; 60 000 Pferde fehlten den Landleuten zur Feldarbeit, und im ganzen Lande hatte sich die Bevölkerung um 500 000 Seelen gegenüber dem Jahre 1756 vermindert, was bei 4½ Millionen Seelen viel bedeutet. Adel

15 und Bauern waren ... so ... ausgeplündert, ..., daß ihnen nur das nackte Leben blieb und elende Lumpen, um ihre Blöße zu bedecken."

(Zit. nach: Guggenbühl/Huber, Quellen zur Geschichte der Neueren Zeit, Zürich 1956², S. 338)

4b Friedrich II. berichtet über erste Wiederaufbaumaßnahmen:

„Die Lage der Provinzen nach dem Hubertusburger Frieden [1763] erinnerte an die Lage Brandenburgs nach dem ... Dreißigjährigen Kriege [1618–1648].

5 Damals erhielt der Staat aus Mangel an Mitteln keine Hilfe: Der Große Kurfürst war außerstande, sie seinem Volke zu verschaffen ... Ein volles Jahrhundert verstrich, ehe es seinen Nachfolgern gelang, die Verwüstungen ... wiedergut-

10 zumachen. Dies ... Beispiel ... bestimmte den König [Friedrich den Großen], ... nicht einen Augenblick zu verlieren, sondern schleunige und ausreichende Unterstützung zu leisten, um dem öffentlichen Notstande zu steuern. Man-

15 nigfache Spenden gaben den armen Einwohnern, die schon ... verzweifelten, neuen Mut. Dank den ihnen gelieferten Mitteln kehrte die Hoffnung wieder, und die Staatsbürger erwachten zu neuem Leben. Die Aufmunterung zur

20 Arbeit rief Betriebsamkeit hervor; die Vaterlandsliebe erstarkte, und alsbald wurden die Felder wieder bebaut, die Fabriken nahmen ihre Arbeit wieder auf ..."

(Zit. nach: Guggenbühl/Huber, Quellen zur Geschichte der Neueren Zeit, Zürich 1956², S. 339)

4c Friedrich II. über Maßnahmen zur Hebung der Landeskultur:

„Gute Landwirte leiten die Wasserläufe und bedienen sich ihrer, um trockenes Land zu bewässern, das aus Mangel an Feuchtigkeit nichts tragen würde. Das gleiche Prinzip steigert die Einnahmen der Regierung, um die zum Wohle der Allgemeinheit notwendigen Ausgaben zu bestreiten.

Sie beschränkte sich keineswegs darauf, wiederherzustellen, was durch den Krieg zerstört war. Sie wollte alles vervollkommnen, was ausbaufähig war. Sie nahm sich also vor, aus jeder Art von Boden Nutzen zu ziehen, Sümpfe auszutrocknen, die Landeskultur durch Vermehrung des Viehstandes zu heben und selbst den Sandboden durch Wälder, die man dort anpflanzen konnte, nützlich zu machen ..."

(Zit. nach: Friedrich der Große, Meine Zeit, Leipzig 1943, S. 334f.)

4d Die große Rechtsreform durch das „Allgemeine Landrecht für die preußischen Staaten" (1794):

Auszüge aus:

Einleitung. II. Allgemeine Grundsätze des Rechts

„Das Wohl des Staates überhaupt und seiner Einwohner insbesondere ist der Zweck ... der Gesetze. (§ 77)

Das Oberhaupt des Staates ... ist [berechtigt], die äußere Handlung aller Einwohner diesem Zweck gemäß zu leiten ... (§ 78)

Die Gesetze ... dürfen die natürliche Freiheit ... der Bürger nicht weiter einschränken, als es der gemeinschaftliche Endzweck erfordert. (§ 79)

Einzelne Rechte und Vorteile der Mitglieder des Staats müssen den Rechten und Pflichten zur Beförderung des gemeinschaftlichen Wohls ... nachstehen ... (§ 74)

Jeder Einwohner des Staats ist den Schutz desselben für seine Person und sein Vermögen zu fordern berechtigt ... (§ 76)

Auch Rechtsstreitigkeiten zwischen dem Oberhaupte des Staats und seinen Untertanen sollen ... nach den Vorschriften der Gesetze ... entschieden werden ... (§ 80)

Die allgemeinen Rechte des Menschen gründen sich auf die natürliche Freiheit, sein eigenes Wohl ohne Kränkung der Rechte eines anderen suchen und befördern zu können ... (§ 83)"

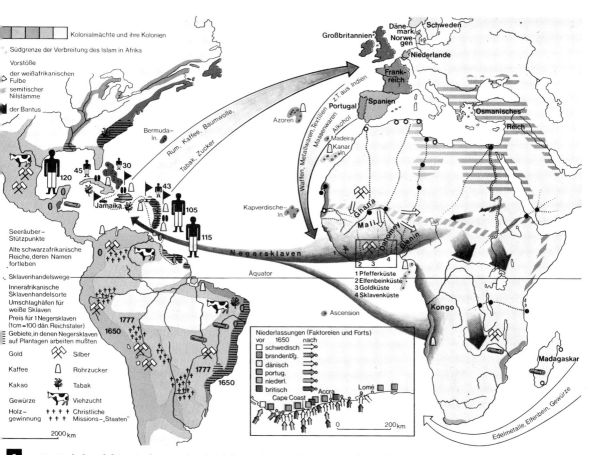

Kolonialmächte und ihre Kolonien

Südgrenze der Verbreitung des Islam in Afrika

Vorstöße
der weißafrikanischen Fulbe
semitischer Nilstämme
der Bantus

Seeräuber–Stützpunkte

Alte schwarzafrikanische Reiche, deren Namen fortleben

Sklavenhandelswege

Innerafrikanische Sklavenhandelsorte

Umschlaghäfen für weiße Sklaven

Preis für 1 Negersklaven (1 cm = 100 dän. Reichstaler)

Gebiete, in denen Negersklaven auf Plantagen arbeiten mußten

Gold · Silber
Kaffee · Rohrzucker
Kakao · Tabak
Gewürze · Viehzucht
Holz–gewinnung · Christliche Missions–„Staaten"

Niederlassungen (Faktoreien und Forts)
vor 1650 nach
schwedisch
brandenbg.
dänisch
portug.
niederl.
britisch

5 „Dreieckshandel" zwischen England, Afrika und Amerika im 17. und 18. Jahrhundert

Zweiter Teil

„Wer zum Bauernstand gehört, darf … weder selbst ein bürgerliches Gewerbe treiben noch seine Kinder dazu widmen … (7. Titel, § 2)
Städte sind hauptsächlich zum Aufenthalt solcher Einwohner des Staats bestimmt, welche [das Bürgerrecht haben und] sich mit der Verarbeitung oder Verfeinerung der Naturerzeugnisse und mit dem Handel beschäftigen. (8. Titel, § 86)
Dem Adel als dem ersten Stande im Staate, liegt … die Verteidigung des Staats … hauptsächlich ob. (9. Titel, § 1)
Nur der Adel ist zum Besitz adliger Güter berechtigt … (9. Titel, § 37)"
(Zit. nach: Geschichte in Quellen, Bd. 3, München 1966, S. 631 ff.)

6 Handels- und Kolonialpolitik Englands
6a Aus der „Navigationsakte" von 1651:
„Zur Vergrößerung des Schiffsbestandes und zur Förderung der Schiffahrt Englands, die … von so großem Nutzen für Wohlfahrt und Sicherheit …

unserer Republik sind, wird von dem gegenwärtigen Parlament beschlossen, daß vom 1. Dezember 1651 an Güter oder Erzeugnisse jeder Art aus Asien, Afrika oder Amerika … und Güter oder Erzeugnisse …, die in Europa gewachsen sind oder dort erzeugt oder auf gewerbliche Weise hergestellt wurden, … nach England, Irland oder irgendwelchen dazugehörigen Ländern, Inseln oder Kolonien nur noch auf Schiffen eingeführt werden dürfen, die einwandfrei Leuten unseres Volkes gehören …, bei Strafe des Verlustes der Ware als auch des Schiffes."
(Zit. nach: Guggenbühl/Huber, Quellen zur Geschichte der Neueren Zeit, Zürich 1956², S. 249 f.)

6b Aus dem Friedensvertrag von Utrecht (1713):
„Die Katholische Majestät [der König von Spanien] gesteht der Britischen Majestät durch diesen Vertrag das Recht zu, Neger in die verschiedenen Hoheitsgebiete Ihrer Katholischen

21

Majestät in Amerika einzuführen. Dies soll
auch der zum Zwecke der Negereinfuhr errichteten englischen Handelsgesellschaft erlaubt
sein. Ausgeschlossen von diesem Recht sollen
sowohl die Untertanen Spaniens wie die anderer
Länder sein … Der genannten Handelsgesellschaft wird die Bewilligung erteilt, einige Plätze
am Rio de la Plata … zu bebauen und als Vieh-
weide zu benützen. Die Niederlassungen sollen
dem Unterhalt der Beamten dieser Handelsgesellschaft dienen, ebenso wie dem der Neger …,
bis sie verkauft sind."
(Zit. nach: Guggenbühl/Huber, a. a. O., S. 224 f.)

6c Ein Kapitän berichtet über die Praxis des
Sklavenhandels (1700):
„Wenn die Sklaven aus dem Binnenland nach
Fida [Hafenstadt an der Guinea-Küste] kommen,
dann werden sie alle gemeinsam in eine Bretter-
hütte, eine Art Gefängnis, gebracht, das man zu
diesem Zweck errichtet hat; und wenn sie den
Europäern übergeben werden sollen, bringt man
sie hinaus in eine weite Ebene, wo die Schiffs-
ärzte jeden einzelnen sehr gründlich untersuchen; Männer und Frauen sind bei dieser Proze-
dur splitternackt. Diejenigen, die für gut und gesund befunden werden, treten auf die eine Seite,
der Rest auf die andere Seite. Nachdem so die
Untauglichen ausgesondert sind, wird jedem
von denen, die für gut befunden wurden, auf der
Brust mit Hilfe einer glühendheißen Eisen-
stange ein Zeichen angebracht."
(B. Davidson, Vom Sklavenhandel zur Koloniali-
sierung. Afrikanisch-europäische Beziehungen
zwischen 1500 und 1900. Hamburg 1966, S. 89)

6d Im Brief eines englischen Abgeordneten
(1750) lesen wir:
„Wir, der britische Senat [Unterhaus], der Tempel der Freiheit und das Bollwerk des protestan-

7 Sklavenschiff: Afrikaner werden auf einem spanischen Schiff nach Amerika transportiert. (Aquarell
eines Marineoffiziers)

tischen Christentums, haben … Maßnahmen
erwogen, die geeignet erscheinen, das abscheu-
liche Geschäft des Handels mit Negern noch
einträglicher zu gestalten. Es ist uns offenbar
geworden, daß 46000 dieser elenden Geschöpfe
jährlich allein an unsere Plantagen verkauft
werden! Es läßt einem das Blut erstarren. Und
wenn man mir den ganzen amerikanischen
Kontinent dafür gäbe, ich möchte nicht von mir
sagen müssen, daß ich dafür gestimmt hätte!"
(G. M. Trevelyan, Die englische Revolution
1688 bis 1689, Bern 1950, S. 376)

Arbeitsvorschläge und Fragen	

*a) Welche Grundsätze liegen den Wiederaufbau- und Reformmaßnahmen
Friedrichs II. zugrunde? (M 4; vgl. M 1)*
*b) In welchen der zitierten Bestimmungen ist das preußische „Allgemeine
Landrecht" von 1794 für seine Zeit erstaunlich modern, wo weicht es von
heutigen Rechtsvorstellungen ab? (M 4 d)*
*c) Beschreibe und bewerte Grundsätze und Formen der englischen Handels-
und Kolonialpolitik. (M 5 und 6)*
*d) Welche Auswirkungen konnte Deiner Meinung nach der „Dreieckshandel"
für England, Afrika und Amerika haben? (M 5–7)*

4. Polen wird zum Opfer europäischer Gleichgewichtspolitik

1772	**Erste polnische Teilung: Rußland, Preußen und Österreich eignen sich Teile des polnischen Staatsgebiets an.**
1791	Eine fortschrittliche Verfassung soll Rest-Polen innere Stabilität verleihen.
1793/95	Zwei weitere Teilungen lösen den polnischen Staat vollends auf.

Aus dem jahrzehntelangen, zuletzt im Siebenjährigen Krieg ausgetragenen Ringen um die Machtverteilung in Europa waren die Nachbarn Polens, *Rußland*, Preußen und *Österreich*, als *Großmächte* hervorgegangen. Möglich geworden war dies nicht zuletzt durch den Aufbau straff organisierter, *absolutistischer Herrschaftsordnungen* in diesen Staaten. **Starke Nachbarn umgeben ein schwaches Land**

Demgegenüber behinderten im polnischen *Reichstag* (Sejm) *widerstreitende Adelsgruppen* durch den willkürlichen Gebrauch eines jedem einzelnen Abgeordneten zustehenden Einspruchsrechts *(Liberum Veto)* immer wieder eine geordnete Regierungstätigkeit.

Die *innere Schwäche Polens* führte dazu, daß die Herrscher der Nachbarstaaten zunehmend auf die Geschicke des Landes Einfluß nahmen und zu diesem Zweck vor Bestechung der Sejm-Mitglieder und sogar vor der Drohung mit Waffengewalt nicht zurückschreckten. Vor allem etwaige Versuche zur Überwindung der verworrenen Herrschaftsverhältnisse in Polen wurden argwöhnisch beobachtet und bekämpft. Im Jahre 1764 wählte der Sejm unter dem Druck Rußlands und Preußens den gebürtigen Polen *Stanislaus Poniatowski*, einen Günstling der Zarin Katharina II., zum König. Wider Erwarten leitete dieser schon bald *Reformen* zur Festigung des polnischen Staates ein. In einem *Geheimvertrag* hatten sich aber *Rußland* und *Preußen* bereits 1764 darauf geeinigt, eine solche Entwicklung in Polen nicht zuzulassen. **Polens Geschicke werden von außen bestimmt**

Ein Streit um die Rechte der nicht-katholischen Bevölkerung in Polen bot der *Zarin* den willkommenen Anlaß, zugunsten der russisch-orthodoxen Gläubigen einzugreifen und mit Heeresmacht *in Polen einzumarschieren*. Der sich daraus entwickelnde vierjährige *Bürgerkrieg* endete im Jahre 1772 mit der *ersten Teilung Polens*. Neben *Rußland* beteiligten sich daran auch *Preußen* und *Österreich*, die um die Aufrechterhaltung des Mächtegleichgewichts in Ostmitteleuropa besorgt waren. Ernsthaftere Bedenken hatte lediglich Kaiserin Maria Theresia. Friedrich der Große spottete: „Sie weinte, doch sie nahm." **Die erste Teilung 1772**

Als Reaktion auf die *Gebietsverluste* von 1772 verstärkte man in Polen die Bemühungen, den Staat durch *Reformen* nach innen und außen zu festigen. Im Jahre 1791 verabschiedete der Sejm eine *fortschrittliche Verfassung*, die das Liberum Veto abschaffte und die freie Religionsausübung auch für die Nicht-Katholiken gewährte. *Polnische Adlige*, die ihre bisherigen Rechte durch die neue Verfassung eingeschränkt sahen, riefen die russische Zarin zu Hilfe. *Rußland* und *Preußen*, das ebenfalls eingriff, *eigneten sich* daraufhin im Jahre 1793 erneut *Teile Polens* an und verhinderten das Inkrafttreten der Verfassung. **Vergebliche Reformbemühungen**

Unruhen und Aufstände, die daraufhin in Rest-Polen ausbrachen, fanden in *Tadeusz Kosciuszko*, der später zu einer Symbolfigur des polnischen Nationalbewußtseins wurde, einen tatkräftigen Führer. Nach einigen Anfangserfolgen wurden die polnischen *Freiheitskämpfer* aber 1795 durch russische und preußi- **Das Ende Polens**

1 Teilungen
Polens in drei Jahr-
hunderten

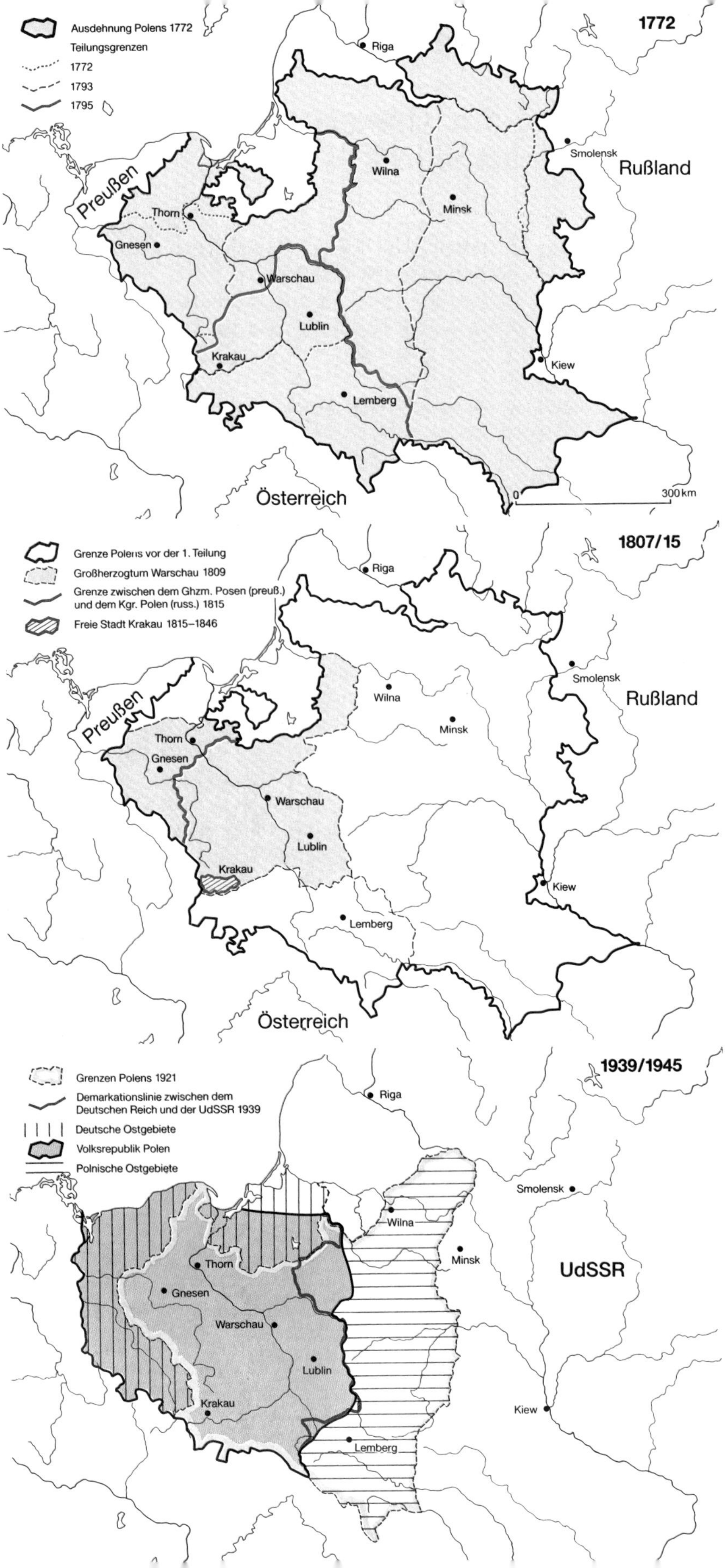

1772

Ausdehnung Polens 1772
Teilungsgrenzen
1772
1793
1795

Riga

Preußen

Wilna

Smolensk

Rußland

Thorn

Minsk

Gnesen

Warschau

Lublin

Krakau

Kiew

Lemberg

Österreich

0   300 km

1807/15

Grenze Polens vor der 1. Teilung
Großherzogtum Warschau 1809
Grenze zwischen dem Ghzm. Posen (preuß.)
und dem Kgr. Polen (russ.) 1815
Freie Stadt Krakau 1815–1846

Riga

Preußen

Wilna

Smolensk

Rußland

Thorn
Gnesen

Minsk

Warschau

Lublin

Krakau

Kiew

Lemberg

Österreich

1939/1945

Grenzen Polens 1921
Demarkationslinie zwischen dem
Deutschen Reich und der UdSSR 1939
Deutsche Ostgebiete
Volksrepublik Polen
Polnische Ostgebiete

Riga

Smolensk

Wilna

Minsk

UdSSR

Thorn

Gnesen

Warschau

Lublin

Krakau

Kiew

Lemberg

sche Truppen zur *Kapitulation* gezwungen. Was von Polen bisher noch übrig geblieben war, wurde nun vollends unter den benachbarten Großmächten *aufgeteilt*.

Obwohl Polen mit den Vorgängen von 1795 als Staat von der Landkarte verschwunden war, hatten die Teilungen noch kein Ende. Im Zusammenhang mit der großen europäischen Neuordnung nach dem Zusammenbruch Napoleons mußten *1815 Preußen* und *Österreich Teile* ihres polnischen Besitzes *an Rußland* abtreten (S. 98 ff., Kap. 10). Und als 1918–1922 nach einer langen Zeit der Fremdherrschaft wieder ein freies Polen entstanden war, dauerte es keine zwei Jahrzehnte, bis der deutsche Diktator *Hitler* und der russische Diktator *Stalin* im Jahre *1939* zum zweiten Mal eine *vollständige Teilung Polens* vornahmen. Auch die Wiederherstellung des polnischen Staates nach dem Zweiten Weltkrieg hat seine Probleme mit den Nachbarn nicht gelöst. Doch auf alle Notlagen antworten die Polen seit fast zwei Jahrhunderten mit den ersten Worten ihrer Nationalhymne: „Noch ist Polen nicht verloren!"

Teilung als Schicksal?

Liberum Veto (von lat. „liber" = frei und „veto" = ich verbiete): Recht der Mitglieder des polnischen Reichstags (Sejm), gegen alle Beschlüsse desselben frei, d. h. ohne Angabe von Gründen, Einspruch zu erheben und damit die Beschlußfassung zu verhindern.

---

2 Polnische Könige 1572–1795

Regierungs-zeit	Name	Herkunfts-land
1572–1574	Heinrich	Frankreich
1574–1575	Maximilian II.	Österreich
1575–1586	Stefan Bathory	Ungarn
1587–1632	Sigismund III.	Schweden
1632–1648	Christine	Schweden
1648–1668	Johann II. Kasimir	Schweden
1669–1673	Michael Wisniowiecki	Polen
1674–1696	Johann III. Sobieski	Polen
1697–1703	August II.	Sachsen
1703–1709	Karl XII.	Schweden
(1704–1709)	(Stanislaus I., Parallelkönig)	(Polen)
1709–1733	August II. der Starke	Sachsen
(1733)	(Stanislaus I., Parallelkönig)	(Polen)
1733–1763	August III.	Sachsen
1764–1795	Stanislaus II.	Polen

3 Ein Sejm wird „gesprengt".

Im Bericht eines polnischen Geistlichen lesen wir:

„Der erste beste Abgeordnete, dumm wie Bohnenstroh, ... verkündete, ohne erst nach einem Vorwand zu suchen, in der Kammer: ‚Einem Reichstag wird nicht zugestimmt' und das ge-nügte, allen Anwesenden die Beschlußfähigkeit zu nehmen. Und wenn ihn der Sejm-Marschall fragte: ‚Aus welchem Grunde?' antwortete er kurz und bündig: ‚Ich bin Abgeordneter und dulde es nicht'. Nachdem er dies gesagt hatte, setzte er sich wie ein stummer Teufel nieder ..."
(E. Meyer, Deutschland und Polen 1772–1914, in: Quellen und Arbeitshefte zur Geschichte und Politik, Stuttgart 1977, S. 2)

4 Die erste polnische Teilung
Die Herrscher der Nachbarstaaten nehmen Stellung:

4a Katharina II.:

„In ihrem gemeinsamen Vorgehen gegen Polen haben sich die drei Höfe weniger von Eroberungslust leiten lassen als von großen und praktischen Gesichtspunkten. Sie wollten Ordnung und Ruhe, wie der Wohlstand und die Sicherheit ihrer eigenen Grenzen sie erforderten, in ein Land bringen, das oft genug Wirren, ja der Anarchie ausgesetzt war. Die so herbeigezwungene Teilung hat zu einer wohlabgewogenen Vergrößerung der drei Mächte geführt, der wahrhaft nobelsten und imposantesten Tat, die Europa mit einem solchen Unternehmen überhaupt geschenkt werden konnte."
(Aus einem Brief an Josef II. von 1774. Gek. und

ins Deutsche übers. nach dem franz. Original-
brief bei A. Ritter von Arneth (Hrsg.), Josef II.
und Katharina von Rußland. Ihr Briefwechsel.
Wien 1869, S. 3)

4b Friedrich II.:
„Es bedurfte des Zusammentreffens einzigarti-
ger Umstände, um diese Teilung herbeizuführen und die Gemüter dafür zu gewinnen; sie
mußte erfolgen, um einem allgemeinen Kriege
5 vorzubeugen. Man stand vor der Wahl, Rußland
im Laufe seiner gewaltigen Eroberungen aufzu-
halten, oder was klüger war, daraus auf geschickte Weise Nutzen zu ziehen … Um das
Gleichgewicht zwischen den nordischen Mäch-
10 ten einigermaßen aufrechtzuerhalten, mußte
sich der König [von Preußen] an dieser Teilung
notwendig beteiligen … Er ergriff also die Gelegenheit, die sich darbot, beim Schopfe, und
durch Verhandlungen und Ränke gelang es ihm,
15 seine Monarchie durch die Einverleibung West-
preußens für ihre früheren Verluste zu entschä-
digen. Diese Erwerbung war eine der wichtigsten, die man machen konnte …“
(Die Werke Friedrichs des Großen, Bd. V, Berlin
1913, S. 36)

4c Maria Theresia:
„Ich bekenne, daß es mich ein Opfer kostet,
mich über eine Sache zu entscheiden, von deren
Gerechtigkeit ich keineswegs versichert bin,
selbst wenn sie nutzbringend wäre … Ich be-
5 greife nicht die Politik, welche erlaubt, daß
wenn zwei sich ihrer Überlegenheit bedienen,
um einen Unschuldigen zu unterdrücken, der
Dritte … die gleiche Ungerechtigkeit nach-
ahmen und begehen kann und soll; mir scheint
10 dies vielmehr unhaltbar zu sein. … Man be-
weise mir doch das Gegenteil; ich bin bereit
mich zu unterwerfen: Sehnsüchtig wünsche ich
mich zu täuschen … Alles was uns zufallen
könnte, wird an Größe und an Zweckmäßigkeit
15 niemals auch nur die Hälfte des Anteils der anderen erreichen; man muß sich also nicht mehr
dabei aufhalten und sich nicht ködern lassen
durch eine ungleiche Teilung … Ich wage mich
noch weiter vor, indem ich sage, es ist nicht
20 eine Handlung der Großmut, sondern nur eine
Wirkung echter Grundsätze, niemand Unrecht
zu tun … Unsere Monarchie kann verzichten
auf eine Vergrößerung dieser Art … Was wird

Frankreich, was wird Spanien, was England dazu sagen, wenn wir uns jetzt plötzlich so eng
mit denjenigen verbünden würden, welche wir
so sehr in Schranken halten wollten und deren
Verfahren wir für ungerecht erklärten. Ich bekenne, dies wäre eine förmliche Ableugnung alles dessen, was seit dreißig Jahren meiner Regierung geschehen ist. Trachten wir doch lieber
darnach, die Begehren der anderen zu vermindern, statt daran zu denken, mit ihnen auf so
ungleiche Bedingungen hin zu teilen. Suchen
wir eher für schwach als für unredlich zu
gelten.“
(Zit. nach: Büssem/Neher (Hrsg.), Arbeitsbuch
Geschichte, Neuzeit 1, Quellen, Uni-Taschen-
bücher 625, S. 333 u. 335)

5 Bewertung der ersten polnischen Teilung
im unbeteiligten Ausland
In einer englischen Zeitschrift hieß es 1772:
„Die gegenwärtige gewaltsame Zerstückelung
und Teilung Polens ohne den Vorwand eines
Krieges oder auch nur den Schein von Recht
muß als der erste große Bruch in dem modernen
politischen System Europas angesehen werden
… Polen war die natürliche Barriere sowohl
Deutschlands als auch der nordischen Kronen
[Dänemark, Schweden] gegen das erdrückende
Machtstreben Rußlands … Ein großer Publizist
früherer Tage behauptete, wenn die Türken je-
mals Deutschland erobern würden, müßte es
durch Polen sein; jetzt kann mit noch größerem
Recht behauptet werden, daß der Weg, auf dem
die Russen Deutschland betreten werden, durch
Polen führt.“
(Lesewerk zur Geschichte, a.a.O., S. 190f.)

6 Die polnische Verfassung von 1791
Hugo Kollontay, einer der Verfassungsväter,
schrieb:
„Polen, das bisher mit Unrecht als Sitz … der
Feudalität, die die Menschenrechte mit Füßen
tritt, verschrieen war, zeigte in den Beschlüssen
des verfassungsgebenden Reichstags, daß es an
wahrer Aufklärung … den erleuchtetsten Nationen … gleichkomme. Der bisher allein eine privilegierte Freiheit genießende Adel … machte
die Städter zu seinen Brüdern, erteilte … dem
Bauer die bürgerliche Freiheit, um ihm … bei
mehrerer Aufklärung auch die politische zu
geben, … und gab dem … Thron die gehörige

Macht und Würde. Mag … der russische und preußische Despotismus in solchen Beschlüssen zügellose Demokratie entdecken; … der Philosoph, der Freund der Wahrheit, … weiß, daß die Menschen zur Freiheit vorbereitet werden müssen, daß bei unvorbereiteten Gemütern dies Geschenk in Zügellosigkeit, Anarchie, Frechheit umschlage; er wird einer Gesetzgebung Gerechtigkeit widerfahren lassen, die die allgemeine Freiheit auf dem Wege des Friedens und der Aufklärung herbeizuführen suchte."
(Nach: E. Meyer, Deutschland und Polen 1772 bis 1914, in: Quellen und Arbeitshefte zur Geschichte und Politik, Stuttgart 1977, S. 22 f.)

7 Die erste Teilung Polens (1772). Von links nach rechts: Katharina II., Stanislaus II. Poniatowski, Joseph II. (der Sohn und Mitkaiser Maria Theresias) und Friedrich II. (Zeitgenössischer Stich von E. L. Nilsen)

8 Polnische Gebiets- und Bevölkerungsverluste 1772–1795

	Polen		Rußland		Österreich		Preußen	
	1000 km²	Mio. Menschen	1000 km²	Mio. Menschen	1000 km²	Mio. Menschen	1000 km²	Mio. Menschen
Stand vor 1770	735	11,8						
1772	−210	− 4,5	+ 95	+2,6	+80	+1,3	+35	+0,6
1793	−310	− 4,1	+250	+3,0	unverändert		+60	+1,1
1795	−215	− 3,2	+115	+1,2	+45	+1,0	+55	+1,0
Stand nach 1795	0	0	460	6,8	125	2,3	150	2,7

a) Was sagt die Liste der polnischen Könige über den Zustand Polens aus? (M 2)

b) Wie bewertet der Autor von M 3 die Einrichtung des „Liberum Veto"?

c) Berechne und vergleiche die prozentualen Gebiets- und Bevölkerungsgewinne Rußlands, Österreichs und Preußens bei den polnischen Teilungen. Welche Schlüsse lassen sich aus den Zahlen ziehen? (M 8)

d) Welche Mächte zogen besondere Vorteile aus den wiederholten Teilungen Polens? (M 4a−c)

e) Vergleiche, wie sich die Monarchen der Nachbarstaaten Polens zu der Teilung von 1772 äußern. Welche Argumente erscheinen Dir stichhaltig, wo siehst Du Schwächen der Argumentation? (M 4a−c)

f) Inwieweit spiegeln sich in der Stellungnahme aus England Grundpositionen der englischen Außenpolitik des 18. Jahrhunderts? (M 5)

g) Was wollte der Karikaturist ausdrücken? Versuche, Dich auf der in der Karikatur abgebildeten Landkarte zurechtzufinden. (M 7)

h) Was hält der Verfasser von M 6 für „wahre" und damit indirekt auch für „falsche" Aufklärung?

Arbeitsvorschläge und Fragen

Die englische Revolution und die Entstehung der USA

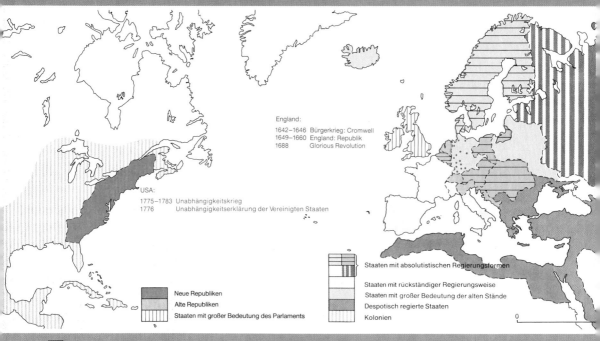

England:
1642–1646 Bürgerkrieg: Cromwell
1649–1660 England: Republik
1688 Glorious Revolution

USA:
1775–1783 Unabhängigkeitskrieg
1776 Unabhängigkeitserklärung der Vereinigten Staaten

Neue Republiken
Alte Republiken
Staaten mit großer Bedeutung des Parlaments

Staaten mit absolutistischen Regierungsformen
Staaten mit rückständiger Regierungsweise
Staaten mit großer Bedeutung der alten Stände
Despotisch regierte Staaten
Kolonien

1 Regierungsformen auf beiden Seiten des Atlantiks im 18. Jahrhundert (Entwicklungen zwischen der Glorious Revolution 1688 und der Unabhängigkeitserklärung der USA 1776)

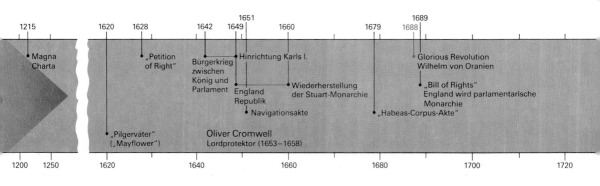

1215 1620 1628 1642 1651 1649 1660 1679 1689 1688

Magna Charta

„Petition of Right"

Bürgerkrieg zwischen König und Parlament

Hinrichtung Karls I.

England Republik

Navigationsakte

Wiederherstellung der Stuart-Monarchie

„Habeas-Corpus-Akte"

Glorious Revolution Wilhelm von Oranien

„Bill of Rights" England wird parlamentarische Monarchie

„Pilgerväter" („Mayflower")

Oliver Cromwell Lordprotektor (1653–1658)

1200 1250 1620 1640 1660 1680 1700 1720

2 Die Enthauptung Karls I. von England vor dem königlichen Palast Whitehall im Jahre 1649. Links das königliche Wappen (mit dem Wahlspruch der Träger des Hosenbandordens „Honni soit qui mal y pense" = Ein Schelm, wer Arges dabei denkt). Rechts das Wappen der von 1649 bis 1660 bestehenden englischen Republik.

3 Unterzeichnung der amerikanischen Unabhängigkeitserklärung. Ein Ausschuß von fünf Mitgliedern übergibt 1776 dem amerikanischen Kontinentalkongreß in Philadelphia den Entwurf der Unabhängigkeitserklärung. Thomas Jefferson, der Verfasser der Unabhängigkeitserklärung, hält ihre Niederschrift in der Hand (zu seiner Linken Benjamin Franklin). (Historisches Gemälde von John Trumbull)

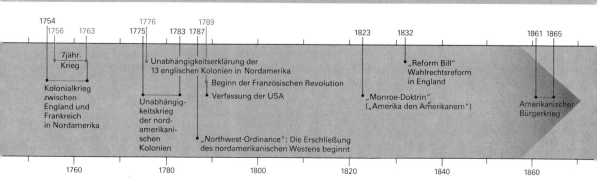

1754
1756 1763
7jähr. Krieg
Kolonialkrieg zwischen England und Frankreich in Nordamerika

1775 1776
Unabhängigkeitskrieg der nordamerikanischen Kolonien
Unabhängigkeitserklärung der 13 englischen Kolonien in Nordamerika

1783 1787 1789
Beginn der Französischen Revolution
Verfassung der USA
„Northwest-Ordinance": Die Erschließung des nordamerikanischen Westens beginnt

1823 1832
„Reform Bill" Wahlrechtsreform in England
„Monroe-Doktrin" („Amerika den Amerikanern")

1861 1865
Amerikanischer Bürgerkrieg

1760   1780   1800   1820   1840   1860

1. Die Auseinandersetzung zwischen König und Parlament in England

1215	„Magna Charta": Entscheidungen des englischen Königtums werden seither immer stärker an die Mitwirkung des Parlaments gebunden.
1628	König Karl I. muß zugestehen, daß Steuererhebungen an die Zustimmung des Parlaments gebunden sind („Petition of Right").
1642–1649	Die Auseinandersetzungen zwischen König und Parlament gipfeln im Bürgerkrieg, der mit der Hinrichtung Karls I. endet. England wird bis 1660 Republik.

Vom mittelalterlichen Kronrat zum Parlament

Die Anfänge des englischen *Parlaments* reichen weit ins Mittelalter zurück. 1215 mußte König Johann dem Hochadel in der *„Magna Charta Libertatum"* (Große Urkunde der Freiheiten) das Zugeständnis machen, daß „Kriegs- und andere Steuern … in unserem Königreich nur durch Beschluß eines Gemeinen Rates des Königreichs erhoben werden" sollen. In diesen Rat der Kronvasallen, der 1246 erstmals als „Parliamentum" bezeichnet wurde, berief der König seit 1265 neben den *Baronen* auch je zwei Vertreter der *Grafschaften* und der *Städte*. Im 14. und 15. Jahrhundert setzte das Parlament, das inzwischen aus zwei Kammern („*House of Lords*" und „*House of Commons*") bestand, das Recht durch, bei der *Gesetzgebung* mitzuwirken und schließlich sogar *Gesetzesvorlagen* einzubringen (Gesetzesinitiative) (s. S. 36, M 3).

Der Kampf um das Steuerbewilligungsrecht des Parlaments

Fünf Jahre vor seiner Krönung hatte *Jakob I.* (1603–1625) aus dem Hause Stuart geäußert: „Die Könige waren schon da, bevor Parlamente tagten oder Gesetze gemacht wurden." Mit dieser Auffassung, die den Vorstellungen des festländischen Absolutismus entsprach, setzte sich der König dem Widerspruch des Parlaments aus. Der Gegensatz verschärfte sich unter *Karl I.* (1625–1649). Dieser hatte in der *„Petition of Right"* (1628) anerkannt, daß Steuererhebungen ohne Parlamentsbewilligung ungesetzlich seien. Aber bereits ein Jahr später erhob der König eigenmächtig eine Sondersteuer zum Bau einer Flotte. Das Parlament verteidigte das *Steuerbewilligungsrecht* als sein wichtigstes Machtmittel und rief zum Widerstand gegen diese einseitig vom Monarchen verfügte Steuer auf. Daraufhin schickte Karl I. die Abgeordneten nach Hause und regierte 11 Jahre ohne Parlament.

Der Bürgerkrieg und die Hinrichtung des Königs

Um Geldmittel für einen Krieg gegen Schottland zu erhalten, mußte Karl I. 1640 das Parlament wieder einberufen. Das Verhältnis zwischen beiden wurde aber erneut belastet, als das Parlament den Ersten Minister *Strafford* des Hochverrats anklagte. 1641 wurde Strafford in London hingerichtet. Der Konflikt zwischen Krone und Parlament verschärfte sich, als das Parlament weitergehende Zugeständnisse forderte (z.B. die Verantwortlichkeit der königlichen Beamten vor dem Parlament). Karl I. drang am 4. Januar 1642 an der Spitze von 400 Soldaten ins Unterhaus ein, um die Wortführer zu verhaften. Da dieser Handstreich mißlang, floh der König aus London und sammelte ein Heer, um das Parlament zu entmachten. In England brach der *Bürgerkrieg* aus. Auf der einen Seite standen die Anhänger des Königs, hauptsächlich anglikanische *Bischöfe* und Herren des *Hochadels*, auf der anderen Seite die Anhänger des Parlaments, vornehmlich Vertreter des *Landadels* und des reichen *Bürgertums*. Diese vertraten nicht nur *politische und wirtschaftliche Interessen*, sondern kämpften auch für *religiöse Freiheiten*.

30

1 Das englische Parlament. Der Stich von 1641 zeigt den Prozeß gegen den Ersten Minister Strafford, der wegen angeblicher Mißachtung der Parlamentsrechte angeklagt war. Auf den Tribünen sitzen die Mitglieder des Unterhauses, davor die des Oberhauses, in der Bildmitte die Richter, Schreiber und der Speaker. Neben dem Thron im Hintergrund sitzt der Kronprinz. Der Angeklagte steht vorn mit dem Rücken zum Betrachter.

Dem neu organisierten Parlamentsheer unter der Führung von *Oliver Cromwell* waren die Königsanhänger nicht gewachsen. 1647 wurde Karl I. als Gefangener nach London geführt. Wegen angeblicher Tyrannei und Anzettelung des Bürgerkrieges wurde ihm der Prozeß gemacht. Am 30. Januar 1649 wurde Karl I. in London *hingerichtet* (S. 29, M 2).

Cromwell und die Errichtung der Republik

Der Sieger des Bürgerkrieges hieß *Oliver Cromwell*. Er hatte für den Kampf gegen den König vornehmlich diejenigen Adligen, Bürger und Bauern gewonnen, die unter dem anglikanischen Kirchenregiment litten, weil ihre Vorstellungen von *religiöser Freiheit* und unabhängigem Gemeindeleben auf heftigen Widerstand der Staatskirche stießen. Aus diesen *„Puritanern"* (Reingläubigen) schmiedete Cromwell ein kampfentschlossenes, diszipliniertes Heer, das nach dem Bürgerkrieg seine wichtigste Stütze beim Aufbau einer neuen Ordnung wurde. Cromwell äußerte 1647: „Die Grundlage und die höchste Gewalt ruht beim Volk, ihm ist sie zu eigen von allem Ursprung, und vom Volk wird sie auf seine Vertreter übertragen." Folgerichtig rief seine Armee im Mai 1649 die englische *Republik* („*Commonwealth*") aus, „regiert durch *Repräsentanten* (= Vertreter) des Volkes im Parlament, ohne König und Oberhaus".

Erfolge und Mißerfolge Cromwells

Cromwell knüpfte als Führer der Republik an die Überseepolitik Elisabeths I. an und führte erfolgreich Krieg gegen die Spanier in Übersee – 1655 wurde der wichtige Sklavenhandelsplatz Jamaica erobert – und gegen Holland. Die *„Navigation Act"* (1651) verfügte, daß Kolonialgüter nur auf englischen Schiffen nach England transportiert werden durften (vgl. S. 21, M 6a). Damit wurde die holländische Konkurrenz ausgeschaltet und eine Blüte des englischen Seehandels eingeleitet (vgl. S. 33, M 5). Im Innern gelang es Cromwell nicht, die Spannungen, die zwischen den verschiedenen religiösen Gruppen, in der Armee und im Parlament bestanden, zu überwinden. 1655 wurden mehrere Aufstände der *„Leveller"* (= Gleichmacher), die gleiches Wahlrecht, gleichen Besitz und gleiches Einkommen forderten, niedergeworfen. Seit 1653 herrschte Cromwell, der das Parlament mehrfach auflöste, als *„Lord-Protektor"* mit diktatorischen Vollmachten weniger eingeschränkt als die Stuart-Könige vor dem Bürgerkrieg.

> **Parlament** (mittellat.: parlamentum = Besprechung, vergleiche franz. parler = reden): Seit dem 13. Jahrhundert entstand in England aus dem Kronrat – nach dem Vorbild der französischen Pairsversammlung (oberste richterliche Instanz des Hochadels, „parlement") – das „parliament" als *Gerichtshof* und *Kontrollorgan* für den König. Nach dem Sieg des englischen Parlaments im Bürgerkrieg wurde es Vorbild für ein aus *freien Wahlen* hervorgegangenes *Gesetzgebungsorgan*, dessen Mitglieder *das ganze Volk repräsentieren* sollen (Volksvertreter).

2 Die Position des Königs

Noch als König von Schottland hat Jakob I. 1598 anonym die Abhandlung „True Law of Free Monarchies" verfaßt, in der es heißt:

„Die Könige ... waren schon da, bevor es Stände ... gab, bevor Parlamente gehalten oder Gesetze gemacht wurden. Sie verteilten das Land, das ursprünglich in seiner Gesamtheit ihnen gehör-
5 te, sie riefen Ständeversammlungen durch ihren Befehl ins Leben, sie entwarfen Regierungsformen und richteten sie ein. Daraus folgt mit Notwendigkeit, daß die Könige Urheber und Schöpfer der Gesetze waren und nicht umgekehrt ... Es
10 entspricht diesen Fundamentalgesetzen, wenn wir Tag für Tag vor Augen sehen, wie im Parlament ... die Gesetze von den Untertanen lediglich beantragt, aber von dem König allein, wenn auch auf ihre Bitte und mit ihrem Rat, gemacht
15 werden ... Zwar ist wahr, daß der König über dem Gesetz steht, ... aber ein guter König wird nicht allein seine Freude daran haben, seine Untertanen nach Maßgabe des Gesetzes zu regieren, sondern er wird sich auch selber in seinen eige-
20 nen Handlungen danach richten und immer den Grundsatz beachten, daß das Wohl des Ganzen sein oberstes Gesetz sein soll."
(Zit. nach: Geschichte in Quellen, Bd. 3, S. 352)

3 Die Position des Parlaments

In einer Unterhausdebatte über das Steuerbewilligungsrecht des Parlaments (1610) äußert der Abgeordnete Whitelock:

„Es kann als Regel und Verfassungsprinzip gelten, daß es in jedem ... Staat gewisse Souveränitätsrechte gibt, die gewöhnlich ... dem Inhaber der souveränen Gewalt zustehen ...
5 Die souveräne Gewalt liegt nach allgemeiner Überzeugung beim König. Aber die Gewalt, die beim König liegt, ist doppelter Art: Die eine [übt er aus] im Parlament, d.h. mit Zustimmung des ganzen Staates [‚King in Parliament'], die andere
10 außerhalb des Parlaments als einzelner für sich,

geleitet von seinem eigenen Willen ...
Es läßt sich leicht beweisen, daß die Gewalt des Königs im Parlament größer ist als seine Gewalt außerhalb des Parlaments und daß sie diese beherrscht und kontrolliert ...
In anderen Ländern ... haben die Fürsten absolute Gewalt, Gesetze zu geben, und daher auch das Recht der Besteuerung ... Würde das Besteuerungsrecht stillschweigend unseren Königen überlassen, ... so habe ich keine große Hoffnung, daß wir uns noch sehr häufig so wie jetzt versammeln könnten ..."
(Zit. nach: Gesch. in Quellen, Bd. 3, S. 358 f.)

4 Der Bruch zwischen König und Parlament

Nachdem Karl I. am 4. Januar 1642 fünf Mitglieder des Unterhauses verhaften lassen wollte, erklärte das Parlament:

„Gestern ... kam Seine Majestät in eigener königlicher Person in das Unterhaus, begleitet von einer großen Menge von Männern, die kriegsmäßig mit Hellebarden, Schwertern und Pistolen bewaffnet waren. Sie kamen bis unmittelbar an die Tür des Hauses und stellten sich dort und an anderen Plätzen und Durchgängen ... auf, zum großen Schrecken und zur Bestürzung der Abgeordneten ... Seine Majestät bestieg den Stuhl des Speakers [Sitzungsleiters] und verlangte die Auslieferung verschiedener Mitglieder des Hauses.

Das Unterhaus erklärt hiermit, daß dies einen schweren Bruch der Rechte und Privilegien des Parlaments darstellt und unvereinbar ist mit dessen Freiheit und Unabhängigkeit. Das Haus stellt daher fest, daß es hier nicht der Sicherheit seiner Mitglieder und der Unversehrtheit der Rechte und Privilegien des Parlaments sicher sein und daher nicht länger seine Sitzungen hier abhalten kann, wenn es nicht volle Genugtuung für einen so schwerwiegenden Verstoß und eine ausreichende Schutzwache erhält ..."
(Zit. nach: Geschichte in Quellen, Bd. 3, S. 375)

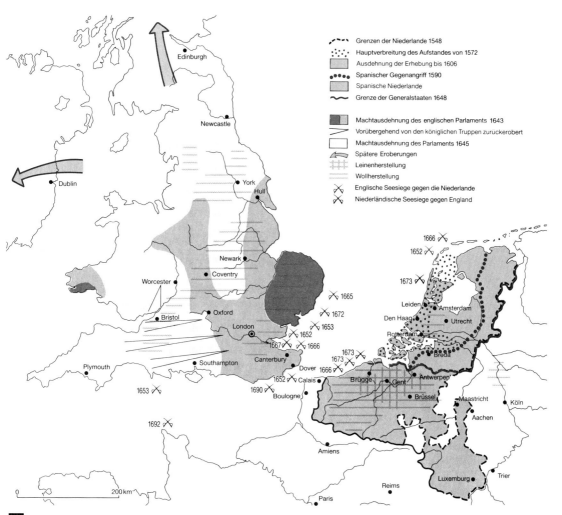

Legende:

- ┅┅ Grenzen der Niederlande 1548
- ⋯⋯ Hauptverbreitung des Aufstandes von 1572
- ▨ Ausdehnung der Erhebung bis 1606
- ●●●● Spanischer Gegenangriff 1590
- ▨ Spanische Niederlande
- ～ Grenze der Generalstaaten 1648

- ▨ Machtausdehnung des englischen Parlaments 1643
- ╱ Vorübergehend von den königlichen Truppen zurückerobert
- □ Machtausdehnung des Parlaments 1645
- ⬅ Spätere Eroberungen
- ▦ Leinenherstellung
- ▤ Wollherstellung
- ⤬ Englische Seesiege gegen die Niederlande
- ⤬ Niederländische Seesiege gegen England

5 Der englische Bürgerkrieg (1642–1649) und die englisch-niederländischen Auseinandersetzungen um die Vorherrschaft im Seehandel nach der „Navigation Act" (1651).

| a) Stelle die Rechtspositionen des Königs und des Parlaments einander gegen-über. Worüber besteht Einigkeit, was ist strittig? (M 2, M 3) | **Arbeitsvorschläge und Fragen** |

a) Stelle die Rechtspositionen des Königs und des Parlaments einander gegen-über. Worüber besteht Einigkeit, was ist strittig? (M 2, M 3)

b) Auf dem Bild (M 1) ist der Thron des Königs leer. Erkläre den Sinn dieses leeren Throns, und beurteile den Tatbestand des gewaltsamen Eindringens Karls I. ins Unterhaus am 4. Januar 1642. (M 4)

c) Informiere Dich (z. B. in Deinem Englischbuch oder bei Deinem Englisch-lehrer), welches Zeremoniell sich aus dem Ereignis vom 4. Januar 1642 bis heute erhalten hat. (M 4)

d) Erläutere anhand des Verfassertextes (S. 30) und mit Hilfe der Karte (M 5) die Etappen des Bürgerkrieges. Das Parlament stützte sich im Bürgerkrieg besonders auf die wirtschaftlich bedeutenden Gebiete und Städte. Was schließt Du daraus?

2. Die „Glorious Revolution"

1660	Nach der Beseitigung der Republik wird unter Karl II. die Monarchie der Stuarts wiederhergestellt.
1688	Absolutistische Bestrebungen und Versuche Jakobs II., die katholischen Kräfte zu stärken, führen zur Berufung Wilhelms (III.) von Oranien durch das Parlament: **„Glorious Revolution".**
1689	Die „Bill of Rights" bestätigt den Machtzuwachs des Parlaments und macht England zur parlamentarischen Monarchie.

Die Rückkehr zur Monarchie

Nach dem Tod Oliver Cromwells gelang es seinem Sohn und Nachfolger Richard Cromwell nicht, die im Land aufgestaute Stimmung abzubauen. Bereits nach einem halben Jahr legte er sein Amt als Lordprotektor nieder. Das Parlament rief den Sohn Karls I. aus dem französischen Exil zurück, und am 29. Mai 1660 zog dieser als *Karl II.* (1660–1685) in London ein. Er mußte zusagen, nur Steuern zu erheben, die das Parlament vorher bewilligt hatte.

Absolutistische Tendenzen unter Karl II.

Der lang ersehnte innere Frieden stellte sich nicht ein. Karl II. nahm sich das *absolute Königtum* Ludwigs XIV. von Frankreich zum Vorbild. Trotz der wachsenden Macht des Königs konnte das Parlament seine Stellung behaupten. Im Kampf um die Sicherung der persönlichen Freiheit erreichte es, daß jeder Bürger vor willkürlicher Verhaftung geschützt wurde (1679 *„Habeas-Corpus-Act"*, lat. „Du habest den Körper"). Außerdem setzte das Parlament durch, daß Staatsämter nur von solchen Personen bekleidet werden durften, die der anglikanischen

1 Oliver Cromwell. Das zeitgenössische Gemälde zeigt den Lordprotektor, der – gestützt auf die Armee – 1653–1658 die englische Republik beherrschte.

2 Karl II. (1660–1685) lebte vor seiner Berufung zum König von England hauptsächlich in Frankreich, wo er von der Hofhaltung Ludwigs XIV. stark beeinflußt wurde. (Zeitgenössisches Gemälde)

Staatskirche angehörten (1673 „Test Act"). Daraufhin wanderten zahlreiche strenggläubige Puritaner aus, wie z.B. 1681 William Penn, der in Nordamerika die Kolonie Pennsylvania als Stätte der Gewissensfreiheit gründete (vgl. S. 39).

Als Karl II. 1685 starb, folgte ihm sein katholischer Bruder *Jakob II.* auf dem Thron. Jakob besetzte sogleich wichtige Staatsämter mit Katholiken und hob 1688 die „Test Act" auf. Als ihm im gleichen Jahr ein Sohn geboren wurde, wuchs in England die Furcht vor einer katholischen Dynastie. Der Widerstand gegen Jakob II. wurde stärker, und England schien erneut vor einem blutigen Bürgerkrieg zu stehen.

Die Rekatholisierungs- versuche Jakobs II.

Im Juni 1688 trafen sich heimlich einige führende Parlamentsmitglieder, die entschlossen waren, die *Rechte des Parlaments* zu verteidigen *und* zugleich die *Monarchie* zu erhalten. Sie sandten an den calvinistischen Schwiegersohn des Königs und Statthalter der Vereinigten Niederlande, *Prinz Wilhelm von Oranien*, eine geheime Botschaft. In ihr wurde Wilhelm gebeten, „ein Heilmittel zu finden, ehe es für uns zu spät ist, zu unserer eigenen Befreiung beizutragen".

Die „Glorious Revolution" von 1688

Im November 1688 landete Wilhelm mit 15 000 Mann in England. Die Armee Jakobs II. löste sich auf, ohne daß ein Schuß fiel. Jakob II. floh nach Frankreich, und der Oranier bestieg als *Wilhelm III.* (1689–1702) den englischen Thron. Die unblutige, glorreiche Revolution („*Glorious Revolution*") hatte kampflos gesiegt.

1688

Bevor Wilhelm von Oranien gekrönt wurde, legte ihm das Parlament eine Erklärung zur Unterschrift vor, in der er dem Parlament weitgehende Rechte garantieren mußte. Am 23. Oktober 1689 erhielt diese Deklaration als *„Bill of Rights"* Gesetzeskraft. Der König darf demnach keine Gesetze aufheben, keine Steuern ohne Zustimmung des Parlaments erheben, er muß die parlamentarische Redefreiheit garantieren, das Parlament in regelmäßigen Abständen einberufen und darf gegen den Willen des Parlaments kein stehendes Heer unterhalten. Damit war der Rechtsstreit, der zum Bürgerkrieg geführt hatte, zugunsten des Parlaments entschieden. Die Herrschaft lag nun eindeutig beim Parlament, der Monarch war *„King in Parliament"*. Aus dieser starken Beschränkung königlicher Macht entwickelte sich das englische Königtum im Laufe der Zeit zu einer *parlamentarischen Monarchie*.

Das Parlament schränkt die Macht des Königs ein

Die Auseinandersetzungen zwischen Krone und Parlament im 17. Jahrhundert haben zu einschneidenden Veränderungen im politischen System Englands geführt. In der Folgezeit wuchs die Macht des Parlaments immer weiter. 1701 wurde verfügt, daß die *Minister dem Parlament verantwortlich* seien und daß ein Krieg nur noch mit Zustimmung des Parlaments geführt werden dürfe. 1911 schließlich wurde die Mitwirkung des Oberhauses an der Gesetzgebung fast völlig aufgehoben, so daß das *Unterhaus die wichtigste Einrichtung* des Staates wurde.

Die Entwicklung nach der „Glorious Revolution"

Die soziale Zusammensetzung des Parlaments blieb auch nach der „Glorious Revolution" lange Zeit unverändert. Das *Wahlrecht* war auf weniger als 10 % der Bevölkerung beschränkt. Das englische Regierungssystem stützte sich bis ins 19. Jahrhundert auf ein Parlament, das sich aus Vertretern einer kleinen, vermögenden Oberschicht von Grundbesitzern und – vornehmlich Londoner – Kaufleuten zusammensetzte. Erst durch die *„Reform Bill"* von 1832 wurde die Verteilung der Unterhaussitze neu festgelegt, so daß die stark wachsenden Großstädte ebenfalls Abgeordnete entsenden konnten. Schließlich führten die Reformen von 1884 und 1928 schrittweise ein *allgemeines* und *gleiches Wahlrecht* für alle Bürger und damit eine *demokratische Volksvertretung* im englischen Parlament ein.

Die soziale Zusammensetzung des Parlaments

John Lockes Lehre von der Gewaltenteilung

Aus der „Glorious Revolution" zog der Philosoph *John Locke* (1632–1704) in seinem Werk *„Two Treatises on Government"* (1690) wichtige staatstheoretische Folgerungen. Der Staat sei durch einen *freien Vertrag* der Bürger zum Schutz des Individuums und seiner Rechte entstanden. Die ihm vom *souveränen Volk* anvertraute Gewalt dürfe nicht wie im absolutistischen Staat in einer Hand liegen, sondern müsse aufgeteilt werden. Diese *Gewaltenteilung* zwischen Gesetzgebung *(Legislative)* und Ausführung *(Exekutive)* garantiere die Kontrolle der Macht und damit die Freiheit der Bürger. Mit diesen Vorstellungen beeinflußte John Locke das Staatsdenken der Neuzeit erheblich. Der französische Philosoph *Charles de Montesquieu* konnte 1748 in seinem Werk „Vom Geist der Gesetze" an John Locke anknüpfen und dessen Lehre um die Idee der *richterlichen Unabhängigkeit* erweitern. (Vgl. S. 59 f.)

Parlamentarische Monarchie: Staatsform, in der – wie in England nach der „Glorious Revolution" – die Herrschaft des Monarchen wesentlich eingeschränkt ist zugunsten einer *Machterweiterung des Parlaments*. Die Gesetzgebung liegt in den Händen der *Volksvertretung*, die Staatsleitung wird von der *dem Parlament verantwortlichen Regierung* ausgeübt. Der Monarch wird immer stärker auf repräsentative Aufgaben beschränkt. – Die *Demokratisierung* des Parlaments durch die Ausweitung des Wahlrechts auf alle Bürger folgte in England erst lange Zeit nach der *Parlamentarisierung* im 19. und 20. Jahrhundert.

---

3 Etappen der Entwicklung des englischen Parlaments bis 1689

1215 König Johann muß nach einer Niederlage gegen Frankreich in der „Magna Charta Libertatum" einer Kontrolle durch die weltlichen und geistlichen Großen des Reiches zustimmen.

1265 Der Adelige Simon de Montfort setzt nach seinem Sieg über König Heinrich III. durch, daß neben den Baronen auch je zwei Ritter aus den Grafschaften und zwei Bürger aus den Städten vom König in die Ratsversammlung („Parliamentum") einberufen werden.

1322 Das Parlament, eingeteilt in Oberhaus („House of Lords") und Unterhaus („House of Commons"), beschließt, daß Gesetze nur noch bei Mitwirkung des Parlaments gültig sind.

1414 Während des Hundertjährigen Krieges gegen Frankreich (1339–1453) entwickelt sich das Petitionsrecht des Parlaments (Recht, Bittschriften an den König zu verfassen) zum Recht, selbst Gesetzesinitiativen zu ergreifen.

1624 Um Geld für den 30jährigen Krieg zu erhalten, gesteht Jakob I. dem Unterhaus Mitsprache bei der Ämterbesetzung und in der Außenpolitik zu.

1628 Finanzknappheit zwingt Karl I. zur Annahme der „Petition of Right" (Gelderhebungen jeglicher Art sind ohne Zustimmung des Parlaments gesetzwidrig).

1629 Das Parlament protestiert gegen eine von Karl I. einseitig verfügte Sondersteuer. Karl I. löst das Parlament auf und regiert 11 Jahre ohne Parlament.

1640 Um Geld für den Krieg gegen Schottland zu bekommen, muß Karl I. das Parlament wieder einberufen. Die Forderungen des Parlaments führen zum Bürgerkrieg (1640–1649).

1679 Das Parlament beschließt in der „Habeas Corpus Akte" den Schutz der persönlichen Freiheit und Sicherung gegen willkürliche Verhaftung.

1689 Nach der Vertreibung Jakobs II., der unblutigen „Glorreichen Revolution" von 1688, muß der neue König Wilhelm III. in der „Bill of Rights" die Machtbeschränkung des Königtums durch das Parlament anerkennen.

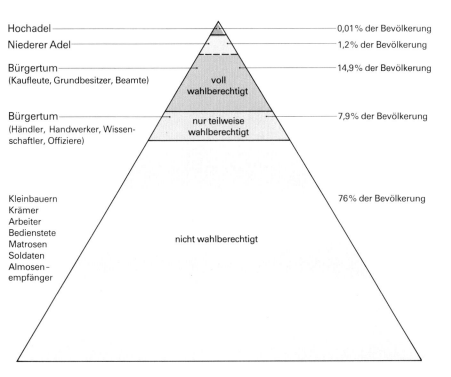

Hochadel	0,01 % der Bevölkerung
Niederer Adel	1,2 % der Bevölkerung
Bürgertum (Kaufleute, Grundbesitzer, Beamte)	14,9 % der Bevölkerung
	voll wahlberechtigt
Bürgertum (Händler, Handwerker, Wissenschaftler, Offiziere)	7,9 % der Bevölkerung
	nur teilweise wahlberechtigt
Kleinbauern Krämer Arbeiter Bedienstete Matrosen Soldaten Almosenempfänger	76 % der Bevölkerung
	nicht wahlberechtigt

4 Soziale Schichtung und Wahlberechtigung 1688. Im Jahre 1688 bestand die Bevölkerung Englands aus 1,36 Millionen Familien, d.h. etwa aus 5,5 Millionen Einwohnern, von denen nur die erwachsenen Männer mit einem Jahreseinkommen über 40 £ wahlberechtigt waren. Dies waren ca. 20 % der erwachsenen Männer bzw. 5 % der Gesamtbevölkerung.

5 Die „Bill of Rights" 1689

Die Erklärung, die Wilhelm von Oranien vor der Übernahme der Regierungsgewalt (13. Februar 1689) unterschreiben mußte, wurde am 23. Oktober 1689 durch das Parlament sanktioniert und am 22. Dezember 1689 feierlich zum Grundgesetz Englands erhoben:

„… Die angemaßte Befugnis, Gesetze oder die Ausführung von Gesetzen durch königliche Autorität ohne Zustimmung des Parlaments aufzuheben, ist gesetzwidrig …

Die Errichtung des früheren außerordentlichen Gerichtshofes für kirchliche Rechtsfälle sowie alle anderen Kommissionen und Gerichtshöfe ähnlicher Natur sind gesetzwidrig und gefährlich.

Steuern für die Krone oder zum Gebrauch der Krone … ohne Erlaubnis des Parlaments … zu erheben, ist gesetzwidrig …

Es ist gegen das Gesetz, es sei denn mit Zustimmung des Parlaments, eine stehende Armee im Königreich in Friedenszeiten aufzustellen oder zu halten …

Die Wahl von Parlamentsmitgliedern soll frei sein. Die Freiheit der Rede und der Debatten und der Verhandlungen im Parlament darf von keinem Gerichtshof oder sonstwie außerhalb 20 des Parlaments angefochten oder in Frage gestellt werden …

Um allen Beschwerden abzuhelfen sowie zur Besserung, Stärkung und Erhaltung der Gesetze sollen Parlamentssitzungen häufig gehalten 25 werden …"

(Zit. nach: Geschichte in Quellen, Bd. 3, S. 495)

6 Die Lehre von der Gewaltenteilung

1690 veröffentlichte der Philosoph John Locke (1632–1704) „Two Treatises on Government", mit denen er die Lehre von der Gewaltenteilung begründete:

„… Obwohl es in einem verfaßten Staat … nur eine höchste Gewalt geben kann, nämlich die Legislative, der alle übrigen Gewalten untergeordnet sind und auch sein müssen, so ist doch die Legislative nur eine Gewalt, die auf Ver- 5 trauen beruht und zu bestimmten Zwecken handelt. Es verbleibt dem Volk dennoch die höchste Gewalt, die Legislative abzuberufen oder zu ändern, wenn es der Ansicht ist, daß die Legislative dem in sie gesetzten Vertrauen zu- 10 widerhandelt …

Es ist nicht notwendig und nicht einmal ange-

bracht, daß die Legislative dauernd im Amte bleibt. Dagegen ist dies unbedingt notwendig
15 für die Exekutive. Obwohl nicht dauernd neue Gesetze benötigt werden, ist es aber immer notwendig, daß die bereits erlassenen Gesetze vollzogen werden. Wenn die Legislative die Vollziehung der von ihr erlassenen Gesetze in andere
20 Hände gelegt hat, behält sie doch immer noch eine Macht, sie aus diesen Händen zurückzunehmen …
Wenn die Legislative oder ein Teil von ihr aus Repräsentanten gebildet wird, die vom Volke auf Zeit gewählt werden … so muß auch diese
25 Macht der Wahl vom Volke ausgeübt werden, und zwar entweder zu bestimmten, festgesetz-

ten Zeiten, oder aber wenn es dazu aufgefordert wird …
Was geschieht, wenn die Exekutive, im Besitz der Macht des Staates, diese Macht dazu anwendet, um zu verhindern, daß die Legislative zusammentritt und handelt …? Ich antworte: Wenn man die Gewalt ohne Vollmacht gegen das Volk gebraucht …, so bedeutet das dem Volke gegenüber die Erklärung des Kriegszustandes, und das Volk hat ein Recht darauf, seine Legislative wieder in die Ausübung ihrer Gewalt einzusetzen …"
(John Locke, Zwei Abhandlungen über die Regierung, hrsg. v. W. Euchner, Frankfurt 1967, S. 301 ff.)

Arbeitsvorschläge und Fragen	*a) Beschreibe anhand der Zeittafel (M 3) die Entwicklung des englischen Parlaments. Welche Tatbestände haben den Machtzuwachs des Parlaments besonders gestärkt?*

a) Beschreibe anhand der Zeittafel (M 3) die Entwicklung des englischen Parlaments. Welche Tatbestände haben den Machtzuwachs des Parlaments besonders gestärkt?

b) Vergleiche die Bilder (M 1, M 2) miteinander. Welche Herrschaftsauffassung kommt jeweils zum Ausdruck?

c) Welche Staatsform hat England nach der „Bill of Rights"? (M 5) – Begründe Deine Antwort aus dem Gesetzestext.

d) Überprüfe, ob John Lockes Lehre von der Gewaltenteilung (M 6) von der „Bill of Rights" (M 5) beeinflußt worden ist. Zeichne ein Organisationsschema des Staates, wie ihn sich John Locke vorstellte. Haben Lockes Vorstellungen heute noch Gültigkeit? Begründe Deine Antwort.

e) Beurteile – ausgehend von M 4 – ob sich in England nach der „Glorious Revolution" eine demokratische Gesellschaft entwickelt hat.

3. Nordamerika erkämpft seine Unabhängigkeit

1620	Landung der „Mayflower" mit etwa 100 calvinistischen Siedlern (den „Pilgervätern") in der Massachusetts Bay. Sie errichten an der seit 1606 von Engländern besiedelten Ostküste Nordamerikas das erste selbstverwaltete Gemeinwesen.
1754–1763	Der „French and Indian War" zwischen England und Frankreich endet mit der Abtretung des französischen Kolonialbesitzes in Nordamerika an England.
1764–1775	Die verschärfte englische Kolonialpolitik ruft den entschiedenen Widerstand der amerikanischen Siedler hervor.
1776	**Am 4. Juli 1776 erklären die 13 englischen Kolonien ihre Unabhängigkeit.**
1783	Nach dem Unabhängigkeitskrieg (1775–1783) muß England im Frieden von Paris die Unabhängigkeit der 13 ehemaligen Kolonien anerkennen.

Seit Beginn des 17. Jahrhunderts gründeten die Engländer *Kolonien* an der *nordamerikanischen Ostküste*. Im Unterschied zu den straff organisierten großen Kolonialreichen der Spanier und zu den französischen Kolonien, die von königlichen Beamten verwaltet wurden, bestand in den englischen Kolonien eine Vielfalt von Organisationsformen. Neben Kronkolonien wie New Hampshire gab es solche, die – wie z.B. Virginia – Handelsgesellschaften gehörten, und andere, für die Einzelpersonen königliche Freibriefe gewährt bekamen, wie William Penn für Pennsylvania. Viele Siedler hatten ihr Mutterland verlassen, weil sie in England ihre Religion nicht ausüben durften. So bildeten strenggläubige *Calvinisten* (z.B. Puritaner) den Hauptanteil der englischen Siedler.

Die englischen Kolonien in Nordamerika

1620 gründeten die *„Pilgerväter"*, die aus religiösen Motiven ausgewandert waren, durch einen freien Vertrag („Mayflower Compact") die Plymouth-Kolonien (so benannt nach ihrem englischen Abfahrtshafen) in Massachusetts als selbstverwaltetes Gemeinwesen. Die Siedler blieben zwar Untertanen des englischen Königs, aber sie genossen eine recht *große Selbständigkeit.* Auch in den anderen englischen Kolonien Nordamerikas herrschte weitgehende *Selbstverwaltung.* Zum Teil wurde sogar der Gouverneur, der Vertreter des Königs, von den Kolonisten gewählt. Man pries sich glücklich, wie im Mutterland nach der „Glorious Revolution" (1688), unter der angeblich besten Regierungsform zu leben. Der freiheitliche Charakter der englischen Kolonien bewog auch *Auswanderer aus anderen europäischen Staaten*, sich in Neuengland anzusiedeln. Die Zahl der Kolonisten wuchs von etwa 2000 im Jahre 1620 auf 1,5 Millionen im Jahre 1750 an.

Das Verhältnis der Kolonien zum Mutterland

1754–1763 entluden sich die englisch-französischen Kolonialrivalitäten im *French and Indian War"* („Franzosen- und Indianerkrieg"), dem amerikani-

Der Kolonialkrieg

1 Die „Boston Tea Party" vom 16. Dezember 1773. Mitglieder der 1765 gegründeten Geheimorganisation „Sons of Liberty" (Söhne der Freiheit) werfen als Mohikaner verkleidet 342 Teekisten von Bord dreier englischer Handelsschiffe, um gegen die Teesteuer zu protestieren. (Zeitgenössische Darstellung)

Die Entfremdung zwischen Kolonien und Mutterland

schen Gegenstück zum Siebenjährigen Krieg (s. S. 12). Frankreich mußte im Frieden von Paris (1763) fast alle amerikanischen Besitzungen abtreten, aber der Sieg Englands war teuer erkauft. Um die hohen Kriegsschulden zu vermindern, erließ das englische Parlament ab 1764 eine Reihe von *Zoll- und Steuergesetzen* für die Kolonien. Diese reagierten mit unerwarteter Heftigkeit. Sie argumentierten mit John Locke: „Das Eigentum des Volkes darf nicht besteuert werden ohne die vom Volke selbst oder durch seine Vertreter gegebene Einwilligung" und stellten sich auf den Standpunkt: *„No taxation without representation"* (keine Besteuerung ohne Vertretung im Parlament). Sie boykottierten englische Waren, um ihren Forderungen nach weiterer wirtschaftlicher und politischer Freiheit Nachdruck zu verleihen. Ihr Selbstbewußtsein war seit dem Sieg über Frankreich gewachsen, und sie fühlten sich durch die neue englische Kolonialpolitik in ihrem *Streben nach größerer Selbständigkeit* eingeengt. Enttäuschung breitete sich unter den Siedlern auch über eine königliche Proklamation von 1763 aus, die die Besiedlung der Gebiete jenseits der Appalachen verbot. England, welches durch die Zurücknahme der meisten Gesetze zunächst Kompromißbereitschaft zeigte, sah sich durch die Siedler derart provoziert (z.B. 1773: *„Boston Tea Party"*), daß 1775 die Kraftprobe unvermeidlich wurde. Das Parlament in London erklärte die Siedler zu Rebellen, und diese stellten sich auf den bewaffneten Zusammenstoß mit dem Mutterland ein.

Die Unabhängigkeitserklärung der 13 Kolonien 1776

Am 19. April 1775 kam es zum ersten Gefecht zwischen der Miliz (Bürgerwehr) der Siedler und britischen Truppen, und ein Jahr später vollzogen die Kolonisten den endgültigen politischen Bruch. In der feierlichen *Unabhängigkeitserklärung* vom 4. Juli 1776 sagten sich alle *13 Kolonien* vom Mutterland los. Sie beriefen sich dabei auf das *Widerstandsrecht* gegen „eine unbeschränkte Tyrannei", wie sie König Georg III. unterstellt wurde, und auf das Prinzip der *Volkssouveränität:* Regierungen müßten „ihre rechtmäßige Macht aus der Zustimmung der Regierten herleiten" (vgl. S. 60, S. 74).

Der Unabhängigkeitskrieg

Inzwischen waren heftige Kämpfe mit den durch deutsche Söldner verstärkten britischen Armeen im vollen Gange. Die Miliztruppen der Amerikaner unter der Führung von *George Washington* wurden von vielen *europäischen Freiwilligen*, besonders aus Frankreich, unterstützt. Was den Siedlern an militärischer Schulung fehlte, glichen sie durch Einsatz und geschickte Taktik aus. Als 1778 Frankreich und Spanien auf der Seite der Amerikaner in den Krieg eintraten und die Engländer mehrere Niederlagen erlitten (z.B. am 19.10.1781 bei Yorktown), war *König Georg III.* zu *Friedensverhandlungen* bereit.

Der Frieden von Paris

Im Frieden von Paris (1783) erreichten die Amerikaner mit der *diplomatischen Anerkennung* durch England und die anderen europäischen Großmächte ihr wichtigstes Kriegsziel. Aus den englischen Kolonien waren 13 souveräne Einzelstaaten in einem lockeren *Staatenbund* geworden. Kanada blieb britisch, aber das Gebiet südlich der Großen Seen wurde bis zum Mississippi für die Besiedlung durch die Bürger der neuen *„Vereinigten Staaten von Amerika"* freigegeben.

Widerstandsrecht: *Notrecht* eines Menschen bzw. eines ganzen Volkes, sich *gegen die herrschende Staatsgewalt* aufzulehnen, wenn alle anderen rechtlichen Mittel gegen staatliches Unrecht versagen. Dieses Recht wurde von den amerikanischen Siedlern in Anspruch genommen, um die Trennung von England zu rechtfertigen (1776). Auch im Grundgesetz der Bundesrepublik Deutschland gibt es ein Widerstandsrecht gegen jeden, der es unternimmt, die demokratische Ordnung zu beseitigen, wenn andere Abhilfe nicht möglich ist [GG Artikel 20 (4)].

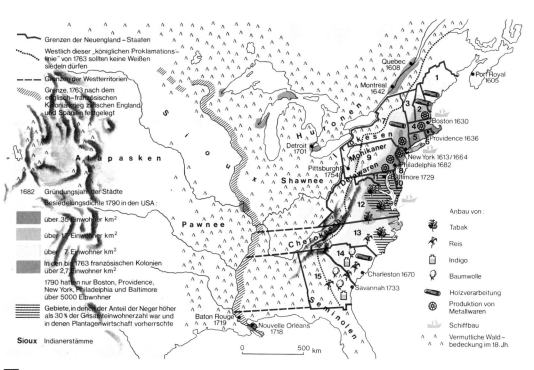

Legend text:

Grenzen der Neuengland-Staaten

Westlich dieser „königlichen Proklamations-linie" von 1763 sollten keine Weißen siedeln dürfen

Grenzen der Westterritorien

Grenze, 1763 nach dem englisch-französischen Kolonialkrieg zwischen England und Spanien festgelegt

1682 Gründungsjahr der Städte

Besiedelungsdichte 1790 in den USA:

über 35 Einwohner km²

über 17 Einwohner km²

über 7 Einwohner km²

In den bis 1763 französischen Kolonien über 2,7 Einwohner km²

1790 hatten nur Boston, Providence, New York, Philadelphia und Baltimore über 5000 Einwohner

Gebiete, in denen der Anteil der Neger höher als 30 % der Gesamteinwohnerzahl war und in denen Plantagenwirtschaft vorherrschte

Sioux Indianerstämme

Quebec 1608
Montreal 1642
Port Royal 1605
Boston 1630
Providence 1636
New York 1613/1664
Philadelphia 1682
Baltimore 1729
Detroit 1701
Pittsburgh 1754
Charleston 1670
Savannah 1733
Baton Rouge 1719
Nouvelle Orléans 1718

Athapasken, Sioux, Huronen, Irokesen, Mohikaner, Delawaren, Shawnee, Pawnee, Cherokee, Seminolen

Anbau von:

Tabak
Reis
Indigo
Baumwolle
Holzverarbeitung
Produktion von Metallwaren
Schiffbau

^ ^ Vermutliche Wald-
^ ^ bedeckung im 18. Jh.

0   500 km

2 Nordamerika nach dem Ende der Kolonialzeit (um 1800). Die Namen der (inzwischen 15) Staaten: 1 Maine (1820), 2 New Hampshire, 3 Vermont (1791), 4 Massachusetts, 5 Connecticut, 6 Rhode Island, 7 New York, 8 New Jersey, 9 Pennsylvania, 10 Delaware, 11 Maryland, 12 Virginia, 13 Nord-Carolina, 14 Süd-Carolina, 15 Georgia.

3 Englische Kolonialpolitik und die Reaktion der amerikanischen Kolonisten

1764

5. 4. Das Parlament erläßt das Zuckergesetz und erhöht die Zölle für nichtenglische Waren.

24. 5. In Boston erhebt eine Versammlung der Kolonisten die Forderung „No taxation without representation".

Aug. Die Kaufleute von Boston beschließen, keine englischen Luxusgüter mehr zu kaufen.

Sept. Die Handwerker von Boston beschließen, nur noch lederne Arbeitskleidung aus Massachusetts zu tragen.

1765

22. 3. Das Stempelsteuergesetz („Stamp Act") wird verabschiedet. Druckerzeugnisse wie Zeitungen, Broschüren und Versicherungspolicen werden besteuert. (M 6)

29. 5. Ein Siedler aus Virginia warnt in einem offenen Brief König Georg III. vor dem Schicksal Cäsars und Karls I.

1. 11. Das Geschäftsleben in den Städten der Kolonien kommt mit dem Inkrafttreten der „Stamp Act" nahezu zum Erliegen.

1766

18. 3. Die „Stamp Act" wird zurückgezogen. In New York wird daraufhin als Dank ein Denkmal Georgs III. errichtet.

26. 4. Aufhebung des Boykotts englischer Güter.

1773

Sept. Die Kolonisten widersetzen sich der Einfuhr von 500 000 Pfund Tee durch die „East India Company", die von der englischen Regierung mit Handelsprivilegien (z. B. Zollfreiheit) ausgestattet ist, und protestieren gegen die Teesteuer.

16. 12. Als Indianer verkleidete Siedler werfen von drei englischen Schiffen im Bostoner Hafen unter dem Beifall zahlreicher Zuschauer 342 Teekisten über Bord („Boston Tea Party").

1774

31. 3. England sperrt den Hafen von Boston und hebt das Selbstverwaltungsrecht von Massachusetts auf.

5. 9. Die Delegierten der Kolonien protestieren auf dem „1. Kontinentalkongreß" in Boston gegen die englische Politik.

1775

9. 2. England erklärt, daß Massachusetts sich im Zustand der Rebellion befinde.

19. 4. Erstes Gefecht zwischen Kolonisten und Engländern bei Lexington: Beginn des Unabhängigkeitskriegs.

10. 5. Der „2. Kontinentalkongreß" tritt in Philadelphia zusammen. Er lehnt Versöhnungsversuche Englands ab.

1776

6. 4. Der Kongreß öffnet die amerikanischen Häfen für nichtenglische Schiffe.

4. 7. Die Unabhängigkeitserklärung wird unterzeichnet.

4   Die Gans, die keine Eier mehr legt. Englische Karikatur vom Februar 1776 auf die Kolonialpolitik der Regierung in London.

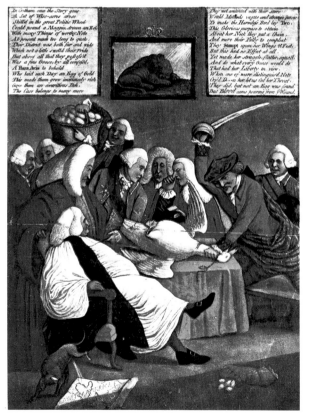

5   Die Kolonien und das Mutterland

Der schwedische Forscher Pehr Kalm, der Nordamerika von 1753 bis 1761 bereiste, berichtet:

„Die englischen Kolonien in diesem Teil der Welt haben an Einwohnerzahl und an Reichtum so sehr zugenommen, daß sie es fast mit dem Alten England aufnehmen können. Um nun Autorität und Handel des Mutterlandes nicht zu beeinträchtigen …, hat man den Kolonisten verboten, neue Manufakturen zu errichten, die sich zum Nachteil des britischen Handels entwickeln würden. Sie dürfen nicht nach Gold oder Silber graben, es sei denn, sie schickten es sofort nach England. Mit wenigen Ausnahmen steht es ihnen nicht frei, mit Gebieten Handel zu treiben, die nicht zum britischen Herrschaftsbereich gehören, noch dürfen Ausländer mit ihnen Handel treiben. Diese und andere Beschränkungen haben dazu geführt, daß die Sympathie der Einwohner der englischen Kolonien für ihr Mutterland abnimmt. Diese Reserviertheit wird von den Ausländern, den Deutschen, Holländern und Franzosen, die keine besondere Zuneigung zum Alten England empfinden, verstärkt. … Engländer … haben mir erzählt, daß die Kolonien in Amerika in einer Zeitspanne von dreißig, vierzig oder fünfzig Jahren einen eigenen Staat bilden könnten, vollständig unabhängig vom Alten England …"

(Zit. nach: Die Amerikanische Revolution in Augenzeugenberichten, München 1976, S. 29)

6   Die „Stamp Act" und die Reaktion der Siedler

6a   Der englische Schatzkanzler Grenville schlug 1764 die direkte Besteuerung der Kolonien in Amerika vor. Das Stempelsteuergesetz wurde am 22. 3. 1765 verabschiedet:

„Da durch ein Gesetz … des Parlaments einzelne Abgaben … bestimmt wurden, um die Kosten der Verteidigung, des Schutzes und der Sicherheit der britischen Kolonien und Pflanzungen in Amerika zu decken, und da es gerecht und notwendig ist, Vorkehrungen für die Erhebung weiterer Einkünfte … zu bedenken, … wird in Kraft gesetzt …, daß von und nach dem [1. November 1765] errichtet, erhoben, gesammelt und gezahlt werde an Seine Majestät … in allen Kolonien und Pflanzungen in Amerika … für jede Packung oder jedes … Stück Papier, auf das gepreßt, geschrieben oder gedruckt werden

soll irgendeine Erklärung, ein Gesuch … oder andere Prozeßakten … eine Stempelgebühr von drei Pence …"
(Zit. nach: Geschichte in Quellen, Bd. 4, S. 72)

6b Die Siedler reagierten auf das Stempelsteuergesetz u. a. mit der Einberufung eines Kongresses nach New York (7.–25. 10. 1765). Hier wurde die folgende Resolution verfaßt, deren Annahme das britische Parlament verweigerte:
„I. Daß die Untertanen Seiner Majestät in diesen Kolonien der Krone Großbritannien die Ergebenheit schulden, die für seine innerhalb des Reichs geborenen Untertanen Pflicht ist, und daß sie der erhabenen Körperschaft des Parlaments von Großbritannien alle schuldige Unterordnung zu leisten haben … III. Daß es ein unzertrennlicher Bestandteil der Freiheit eines Volkes … ist, daß [ihm] Steuern nur mit [seiner] eigenen … Zustimmung auferlegt werden. IV. Daß die Bevölkerung dieser Kolonien im Unterhaus von Großbritannien nicht vertreten ist und wegen der räumlichen Entfernung nicht vertreten sein kann. V. Daß die Vertreter der Bevölkerung dieser Kolonien nur Personen sein können, die daselbst von ihr selbst gewählt wurden, und daß ihr niemals Steuern auferlegt wurden, noch verfassungsmäßig auferlegt werden können, außer durch ihre entsprechenden gesetzlichen Körperschaften … VIII. Daß die Stempelsteuerakte … und mit ihr verschiedene andere Akte … offenbar den Umsturz der Rechte und Freiheiten der Kolonisten erstreben …"
(Zit. nach: Geschichte in Quellen, Bd. 4, S. 74f.)

7 Die Unabhängigkeitserklärung
Ein Komitee unter Thomas Jefferson arbeitete eine Unabhängigkeitserklärung aus. Sie wurde am 4. Juli 1776 verabschiedet:

„Wenn es im Laufe der geschichtlichen Ereignisse für ein Volk notwendig wird, die politischen Bande zu lösen, die es mit einem anderen verknüpft haben, und unter den Mächten der Erde die gleichwertige Stellung einzunehmen, zu der 5 die Gesetze der Natur und des Schöpfers es berechtigen, so erfordert eine geziemende Achtung vor der Meinung der Welt, daß es die Gründe angibt, die es zu der Trennung zwingen. Wir halten diese Wahrheiten für in sich ein- 10 leuchtend: daß alle Menschen gleich geschaffen sind; daß sie vom Schöpfer mit gewissen unveräußerlichen Rechten ausgestattet sind, darunter Leben, Freiheit und Streben nach Glück; daß zur Sicherung dieser Rechte Regierungen unter 15 den Menschen eingesetzt sind, die ihre gerechten Vollmachten von der Einwilligung der Regierten herleiten; daß, wenn immer eine Regierungsform diesen Zielen zum Schaden gereicht, es das Recht des Volkes ist, sie zu ändern oder 20 abzuschaffen und eine neue Regierung einzusetzen … In der Tat wird die Klugheit gebieten, daß seit langem bestehende Regierungsformen nicht aus geringfügigen Ursachen geändert werden sollten … Aber wenn eine lange Kette von Miß- 25 bräuchen und Anmaßungen, stets das gleiche Ziel verfolgend, die Absicht enthüllt, ein Volk unter den unbeschränkten Despotismus zu beugen, so ist es sein Recht, ist es seine Pflicht, eine solche Herrschaft abzuschütteln … Solcher Art 30 ist das geduldige Leiden dieser Kolonien gewesen, und so zwingt sie jetzt die Notwendigkeit, ihr früheres Regierungssystem zu ändern. Die Geschichte des gegenwärtigen Königs von Großbritannien ist eine Geschichte wiederhol- 35 ter Beleidigungen und Anmaßungen, die alle das direkte Ziel verfolgen, eine unbeschränkte Tyrannei über diese Staaten aufzurichten."
(Zit. nach: Geschichte in Quellen, Bd. 4, S. 90f.)

---

a) Untersuche, wie sich das Verhältnis zwischen England und seinen amerikanischen Kolonien entwickelt hat (M 3). Berücksichtige dabei auch die Karte (M 2) und den Reisebericht (M 5).
b) Welche Aussagen beabsichtigen die Karikatur und das Bild? (M 4, M 1)
c) Stelle die Gründe dar, die die Amerikaner zur Trennung von England bewogen. (M 5–7)
d) Hältst Du den Vorwurf der „Tyrannei", der gegenüber dem englischen König erhoben wird, für gerechtfertigt? (M 7) – Begründe Deine Antwort. Berücksichtige dabei die Interessen der Siedler und des Mutterlandes.

Arbeitsvorschläge und Fragen

4. Die Verfassung der Vereinigten Staaten

1777	Die 13 Kolonien bilden als „ewige Union" einen lockeren Staatenbund.
1787	In Philadelphia treten 55 Delegierte („Gründerväter") zusammen, um eine Verfassung auszuarbeiten.
1789	Die Verfassung tritt am 4. 3. 1789 in Kraft. Sie wird im Herbst 1789 durch die „Bill of Rights" (10 Zusatzartikel) ergänzt.

Anfangsschwierigkeiten der neuen Staaten

Der *Unabhängigkeitskrieg* hatte die ehemaligen Kolonien schwer belastet. Sie waren hoch verschuldet, das Wirtschaftsleben stockte, die Inflation (Geldentwertung) stieg, und die Einkommen gingen zurück. In dieser *krisenhaften Lage* erhoben immer mehr Bürger die Forderung nach Erneuerung und Festigung der Union. Der lockere Staatenbund, den die *Konföderationsartikel* von 1777 geschaffen hatten, schien keine Chance zu bieten, die gemeinsamen Probleme dauerhaft zu bewältigen.

Bundesstaat oder Staatenbund?

Unter den 55 Delegierten der 13 Staaten, die 1787 in Philadelphia zum Verfassungskonvent zusammentraten, bestanden heftige Meinungsverschiedenheiten. Die „*Föderalisten*" wollten einen Bundesstaat mit einer starken Zentralregierung, die „*Republikaner*" verteidigten die Selbstverwaltungsrechte der Einzelstaaten. Schließlich fand James Madison, einer der Befürworter des Föderalismus, eine *Kompromißformel:* wo die Ausübung der öffentlichen Gewalt auf Bund und Einzelstaaten verteilt sei, lasse sich der Gefahr einer allmächtigen Staatsgewalt am leichtesten begegnen.

Die Grundelemente der neuen staatlichen Ordnung

In der Praxis bedeutete dieser Kompromiß, daß sich das zukünftig aus zwei Häusern bestehende Gesetzgebungsorgan, *der Kongreß,* folgendermaßen zusammensetzt: in den *Senat* schickt jeder Staat unabhängig von seiner Größe und Einwohnerzahl zwei Senatoren; in das *Repräsentantenhaus* werden die Abgeordneten entsprechend der Einwohnerzahl der einzelnen Staaten entsandt (ein Abgeordneter für 30000 Einwohner). Die „Gründerväter" entschieden sich zudem für eine starke, von der *Legislative* strikt getrennte *Exekutive,* die vom *Präsidenten* der Vereinigten Staaten ausgeübt wird. Der Präsident bestimmt die Richtlinien der Politik, wählt die Mitglieder seines Kabinetts persönlich aus und ist Oberbefehlshaber der Streitkräfte. Seine herausragende Stellung zeigt sich auch darin, daß er nur durch ein Amtsenthebungsverfahren („*Impeachment*") abgesetzt werden, aber nicht während seiner Amtszeit abgewählt werden kann. Gemäß der Idee der Gewaltenteilung (s. S. 37f., M 6) wurde der *Oberste Gerichtshof* als unabhängiges Rechtsprechungsorgan geschaffen. Ein kunstvolles System gegenseitiger Kontrollen („*checks and balances*") soll verhindern, daß eine der drei Gewalten ihre Macht mißbraucht.

Die Grundrechte

Nicht alle Staaten waren bereit, die neue Verfassung in der gegebenen Form anzunehmen. Während Rhode Island die Verfassung zunächst schlichtweg ablehnte, knüpften andere Staaten, z.B. North Carolina, die Annahme an die Bedingung, daß die Verfassung, die sich im Grunde nur auf die Regelung des Regierungsprozesses beschränkte, durch einen *Grundrechtskatalog* ergänzt werden müsse. Im Herbst 1789, als die Verfassung bereits ein halbes Jahr in Kraft war, wurden 10 Zusätze („*amendments*") geschaffen, die ab 1791 die Verfassung ergänzten. Diese Ergänzungsartikel garantieren u.a. *Glaubens-, Presse- und Versammlungsfreiheit, die Unverletzlichkeit der Person, der Wohnung und des Eigentums.* (Vgl. S. 66, S. 68)

44

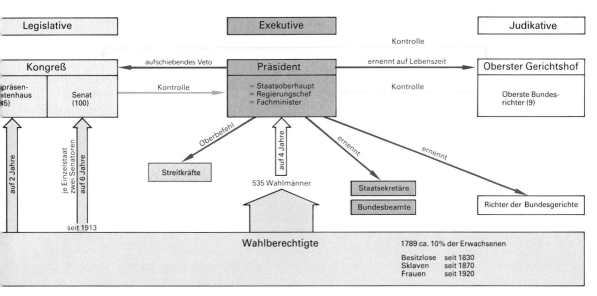

1 Die Verfassung der Vereinigten Staaten von Amerika (einschließlich der Veränderungen durch spätere Verfassungszusätze)

Die Frage des Wahlrechts

Strittig blieb unter den „Gründervätern" die Frage des Wahlrechts. Sollten die Einschränkungen des Wahlrechts für besitzarme Bürger *(Zensuswahlrecht)* aus der Kolonialzeit übernommen werden, oder sollten alle Bürger der neugegründeten Republik *gleiches Wahlrecht* genießen? Die Mehrzahl der Staaten entschied sich, das Wahlrecht an einen *Mindestbesitz* zu knüpfen (vgl. S. 69, S. 77). Eng verbunden mit dieser Frage war das *Sklavenproblem*, denn die große Zahl der Negersklaven (1790: 800000 bei 3,9 Millionen Einwohnern der USA) hätte das politische Gewicht der Südstaaten bei der Berechnung der Abgeordnetenzahlen für das Repräsentantenhaus stark erhöht. Als Kompromiß wurde schließlich festgesetzt, daß fünf Sklaven bei der Einwohnerberechnung soviel wie drei Freie zählen sollten. Erst seit dem 19. Jahrhundert wurden die *Wahlrechtsbeschränkungen* allmählich abgebaut (z.B. durch den 15. Verfassungszusatz von 1870). Das Zensuswahlrecht geht davon aus, daß der Besitz des Bürgers für seine politischen Rechte maßgeblich sein müsse. Die Entwicklung des Wahlrechts im 19. und 20. Jahrhundert hat zur generellen Beseitigung des Zensuswahlrechts geführt, weil es mit dem Grundsatz der Gleichheit unvereinbar ist.

Föderalismus (lat. foedus = Bündnis): Organisationsprinzip, bei dem mehrere Staaten entweder zu einem lockeren Gebilde *(Staatenbund)* oder zu einem Gesamtstaat *(Bundesstaat)* zusammengefügt werden. Im Unterschied zum zentralistischen Staat (z.B. Frankreich) behalten die Gliedstaaten im Bundesstaat (z.B. USA, Bundesrepublik Deutschland) eigenständige Befugnisse, z.B. in der Bildungspolitik.

Grundrechte: Rechte, die jedem Menschen angeboren und unveräußerlich sind und die der Staat zu garantieren hat. Sie wurzeln in der Philosophie der *Aufklärung* und in der *englischen Verfassungsgeschichte* und wurden 1776 erstmals niedergelegt. Die Grundrechte mit ihrer Unterscheidung in Menschen- und Bürgerrechte sind auch in den Artikeln 1–19 im Grundgesetz der Bundesrepublik Deutschland verankert (z.B. Menschenwürde, Freiheit, Gleichheit).

Zensuswahlrecht (lat. census = Schätzung): Wahlrecht, das entweder nach Vermögens- oder Steuersätzen gestaffelt ist oder ein Mindestvermögen voraussetzt.

45

2 Die zukünftige staatliche Ordnung

Auf dem Verfassungskonvent in Philadelphia (1787) debattierten die 55 Delegierten der 13 Vereinigten Staaten über die künftige Verfassung der USA. Die Tagebuchaufzeichnungen von James Madison, des späteren 4. Präsidenten der USA, geben einen Einblick in die Debatte:

„Mr. Paterson (New Jersey): Der Gedanke einer nationalen Regierung, im Gegensatz zu einer föderalistischen, kam keinem [unserer Auftraggeber] in den Kopf, und wir müssen uns nach dem
5 öffentlichen Verlangen richten. Wir haben keine Vollmacht, über das föderalistische Schema hinauszugehen, … Er stellte Virginia, Massachusetts und Pennsylvania als die drei großen Staaten und die übrigen zehn als die kleinen fest und
10 wiederholte die Berechnungen von Mr. Brearly bezüglich der Stimmenungleichheit …, und er versicherte, daß die kleinen Staaten niemals dem [Einheitsstaat] zustimmen würden …

Mr. Madison (Virginia): Mit einem Wort, die
15 beiden Extreme vor uns sind völlige Trennung und völlige Verschmelzung der dreizehn Staaten. Im ersten Fall würden sie unabhängige Nationen sein … Im anderen Fall wären sie bloß Grafschaften einer Gesamtrepublik und einem
20 gemeinsamen Recht unterworfen. Im ersten Fall hätten die kleineren Staaten alles von den größeren zu fürchten. Im anderen Fall hätten sie nichts zu fürchten …

Mr. Mason (Virginia): Entsprechend dem jetzi-
25 gen Bevölkerungsstand Amerikas hätte der nördliche Teil ein Recht auf das Übergewicht … Wenn aber die südlichen Staaten einmal drei Viertel des amerikanischen Volkes in ihren Grenzen hätten, werde doch der Norden an der
30 Mehrheit der Abgeordneten festhalten. Ein Viertel werde dann die drei Viertel regieren …“
(Zit. nach: Gesch. in Quellen, Bd. 4, S. 109f.)

3 Grundrechtsgarantien

Die US-Verfassung vom 17. September 1787 wurde 1789 durch die „Bill of Rights" ergänzt. Die zehn Ergänzungsartikel orientierten sich an der „Virginia Bill of Rights" vom 12. Juni 1776. Der Grundrechtskatalog der amerikanischen Verfassung wirkte stark auf die europäische Verfassungsgeschichte nach 1789 ein:

„Art. 1. Der Kongreß soll kein Gesetz erlassen, das eine Einrichtung einer Religion zum Gegenstand hat oder deren freie Ausübung beschränkt, oder eines, das Rede- und Pressefreiheit oder das Recht des Volkes, sich friedlich zu versammeln und an die Regierung eine Petition zur Abstellung von Mißständen zu richten, verkürzt.

Art. 2. Da eine wohlgeordnete Miliz für die Sicherheit eines freien Staates notwendig ist, soll das Recht des Volkes, Waffen zu besitzen und zu tragen, nicht verkürzt werden. …

Art. 4. Das Recht des Volkes auf Sicherheit der Person, des Hauses, der Papiere und der Habe vor ungerechtfertigter Nachsuchung und Beschlagnahme soll nicht verletzt werden …

Art. 5. Niemand soll wegen eines todeswürdigen oder sonstigen schimpflichen Verbrechens zur Verantwortung gezogen werden, es sei denn auf Grund der Anschuldigung oder Anklage seitens eines großen Geschworenengerichts, … noch soll jemandem Leben, Freiheit oder Eigentum genommen werden, außer im ordentlichen Gerichtsverfahren und nach Recht und Gesetz. …

Art. 9. Die Aufzählung bestimmter Rechte in der Verfassung soll nicht so ausgelegt werden, daß andere Rechte, die dem Volke geblieben sind, dadurch verneint oder geschmälert werden.

Art. 10. Die Befugnisse, die von der Verfassung weder den Vereinigten Staaten übertragen noch den Einzelstaaten versagt sind, bleiben jeweils den Einzelstaaten oder dem Volke vorbehalten."
(Nach: Günther Franz, Staatsverfassungen, Darmstadt 1964², S. 37 ff.)

4 Das Problem des Wahlrechts

Bereits im Jahr der Unabhängigkeitserklärung (1776) wurde die Frage des Wahlrechts heftig diskutiert. Der Text a) stammt aus einem Schreiben von John Adams, der 1797 George Washington im Präsidentenamt nachfolgte. Der Text b) ist einem Flugblatt entnommen:

4a „Theoretisch ist nicht zu bestreiten, daß die einzige ethische Grundlage von Herrschaft die Zustimmung des Volkes ist. Aber wie weit sollen wir dieses Prinzip auslegen? Sollen wir sagen, daß jeder einzelne in der Gemeinschaft, alt und jung, männlich und weiblich, arm und reich, jedem Gesetz ausdrücklich zustimmen muß? … Ist es nicht … wahr, daß alle Menschen in allen Gesellschaften, die keinerlei Eigentum haben, zu wenig vertraut mit öffentlichen Angelegenheiten sind, um sich ein Urteil bilden zu

The Ninth **PILLAR** erected !

"The Ratification of the Conventions of nine States, fhall be fufficient for the eftablifhment of this Conftitution, between the States fo ratifying the fame." *Art.* vii.

INCIPIENT MAGNI PROCEDERE MENSES.

If it is not up it will rife.

The Attraction muft be irrefiftible

5 „Der neunte Pfeiler ist errichtet." Dieses Bild erschien in einer Bostoner Zeitung, kurz nachdem durch die Ratifizierung in New Hampshire am 21. Juni 1788 die Zweidrittelmehrheit der 13 Staaten für die neue Verfassung erreicht war.

können, und daß sie zu abhängig von anderen Menschen sind, um einen eigenen Willen zu haben? Wenn dies stimmt und wenn jeder, der kein Eigentum besitzt, das Wahlrecht erhält, wird dann diese Bestimmung des Grundgesetzes nicht eine Einladung zur Korruption? Der menschliche Charakter ist so schwach, daß sehr wenige Menschen ohne Eigentum eigene Urteilskraft besitzen … Glauben Sie mir, Sir, es ist gefährlich, einen so endlosen Streit zu beginnen, wie ihn die Änderung des Wahlrechts auslösen würde. Er wird kein Ende nehmen. Frauen werden das Wahlrecht verlangen. Burschen von 12 bis 21 werden ihre Rechte nicht mehr für ausreichend geschützt halten. Und Männer, die nicht einen Pfennig besitzen, werden bei allen Maßnahmen der Regierung gleiche Mitsprache verlangen. Der Verwischung und Zerstörung aller Unterschiede würde Vorschub geleistet, und alle Rangunterschiede würden eingeebnet."

4b „Einige schlagen vor, daß die Anzahl der Abgeordneten eines Gebietes der Höhe der in ihm gezahlten Steuern entsprechen solle. Ein solches Vorgehen wäre aber sehr unvernünftig. Denn Besteuerung bezieht sich nur auf das Ei-gentum, nicht auf die Freiheiten einer Person; und wenn Repräsentation allein dem Eigentum entsprechen sollte, dann müßte ein Mann, der sechsmal soviel besitzt wie ein anderer, auch sechsmal soviel Macht haben, obwohl das natürliche Recht beider auf Freiheit das gleiche ist. Ein solches Regierungssystem wäre der Natur zuwider, denn es würde Ungleichheit und Ungerechtigkeit unter den Menschen schaffen und einige zu Herren über die anderen erheben." (Zit. nach: Die Amerikanische Revolution in Augenzeugenberichten, München 1976, S. 317 ff., 320)

6 Das Wahlrecht in Verfassungszusätzen

1868 Wahlrecht für alle männlichen Bürger über 21 Jahre, außer für nicht besteuerte Indianer.

1870 Wahlrecht „soll … nicht aufgrund von Rasse, Farbe oder vormaliger Unfreiheit versagt oder verkürzt werden".

1920 Wahlrecht auch für Frauen über 21 Jahre.

1964 Aufhebung jeglicher Form von Wahlsteuern.

1971 Allgemeine Herabsetzung des Wahlalters auf 18 Jahre.

a) Welches waren die strittigen Punkte auf dem Verfassungskonvent? (M 2) Nenne Gründe, die den Interessengegensatz zwischen Nord- und Südstaaten erklären können. Ziehe die Karte (S. 51, M 4) hinzu.

b) Stelle die Rechte zusammen, die als 10 Zusätze die Verfassung 1789 ergänzten. Wodurch unterscheiden sich die Artikel 9 und 10 von den anderen? Welche Prinzipien sind hier erkennbar? (M 3)

c) Welche Positionen zum Wahlrecht werden in M 4a und 4b vertreten? Wie wird der jeweilige Standpunkt begründet? Vergleiche mit M 6.

d) Nach welchen Grundsätzen ist die Verfassung der USA aufgebaut? Erläutere an dem Schaubild das System des „checks and balances". (M 1)

e) Erläutere die Aussageabsicht des Bildes aus der Bostoner Zeitung. (M 5)

Arbeitsvorschläge und Fragen

5. Die Vereinigten Staaten in der Bewährung

1787 ———————— Die „Northwest Ordinance" regelt die Erweiterung der USA durch Neugründungen von Staaten. Bis 1890 ist die Besiedlung des Kontinents im wesentlichen abgeschlossen.

1823 ———————— Die „Monroe-Doktrin" verfügt die Nichteinmischung der Europäer in amerikanische Angelegenheiten und umgekehrt. Die USA können sich ungestört entwickeln und betrachten sich als Schutzmacht für ganz Amerika.

1861–65 ———————— Der Austritt von elf Südstaaten aus der Union führt zum Bürgerkrieg. Der Sieg
der Nordstaaten bringt die Abschaffung der Sklaverei und sichert die Einheit.

Die „Monroe-Doktrin": Absicherung der inneren Entwicklung

Nach der Loslösung vom Mutterland konzentrierte sich das Interesse der Amerikaner auf die *Erschließung des riesigen Kontinents.* Aus internationalen Verwicklungen hielten sie sich nach Möglichkeit heraus. Als zu Beginn des 19. Jahrhunderts Lateinamerika die spanische und portugiesische Kolonialherrschaft abschüttelte, befürchteten die Amerikaner ein Eingreifen der europäischen Mächte. Deshalb verkündete Präsident Monroe 1823, daß die Neue Welt künftig nicht mehr als Kolonisationsgebiet der Europäer zu betrachten sei

1 „Amerikanischer Fortschritt" (Zeichnung aus einem Touristenführer von 1878). – In der Gründungsurkunde der „Big Horn Association" in Wyoming wurde der Gedanke des „manifest destiny" so formuliert: „Die Reichtümer, die seit unzähligen Jahrhunderten ... verborgen liegen, sind von der Vorsehung als Belohnung für die tapferen Männer gedacht, welche die Vorhut der Zivilisation bilden."

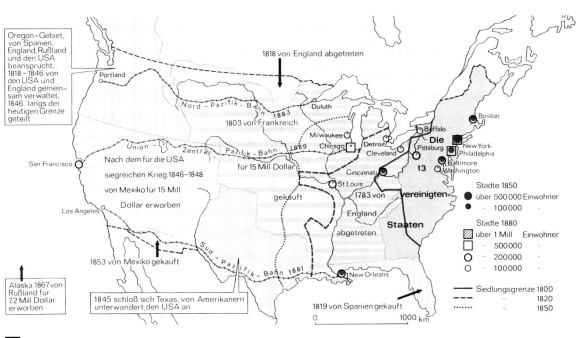

Oregon–Gebiet, von Spanien, England, Rußland und den USA beansprucht, 1818–1846 von den USA und England gemeinsam verwaltet, 1846 langs der heutigen Grenze geteilt

1818 von England abgetreten

Portland

Nord–Pazifik–Bahn 1883

Duluth

1803 von Frankreich

Boston

Milwaukee

Buffalo

Die

Chicago

Detroit

Pittsburg

New York

Union–Zentral–Pazifik–Bahn 1889

Cleveland

Philadelphia

San Francisco

Nach dem für die USA

siegreichen Krieg 1846–1848

Cincinnati

Baltimore

13

Washington

von Mexiko für 15 Mill

Dollar erworben

für 15 Mill Dollar

St.Louis

1783 von

vereinigten

Städte 1850

über 500 000 Einwohner

100 000

Los Angeles

gekauft

1783 von

England

abgetreten

Staaten

Städte 1880

über 1 Mill Einwohner

500 000

1853 von Mexiko gekauft

Süd–Pazifik–Bahn 1881

200 000

100 000

Alaska 1867 von Rußland für 7,2 Mill Dollar erworben

1845 schloß sich Texas, von Amerikanern unterwandert, den USA an

New Orleans

1819 von Spanien gekauft

0   1000 km

Siedlungsgrenze 1800

1820

1850

2 Die Ausdehnung der USA im 19. Jahrhundert

(„*Amerika den Amerikanern!*"). Die freiheitliche Ordnung, welche mit der Verfassung von 1787 geschaffen worden sei, müsse vor Eingriffen von außen geschützt werden. Somit wurde die Expansion der Amerikaner auf ihrem Kontinent abgesichert.

Schon vor 1776 hatte sich das Interesse der Amerikaner auf die Gebiete jenseits der Appalachen gerichtet. Der Kongreß legte 1787 in einer Verordnung über die Nordwestgebiete („*Northwest Ordinance*") fest, daß neue Territorien als Staat in die Union aufgenommen würden, wenn ihre Einwohnerschaft mindestens 60000 betrug; damit begann die Erschließung der weiten Gebiete des Westens. Die rasche Besiedlung des „*Wilden Westens*" wurde möglich, weil die amerikanische Bevölkerung schnell wuchs. Zwischen 1820 und 1890 strömten über 15 Millionen *Einwanderer*, vornehmlich aus Europa, in die USA, und das weite Land im Westen zog die Siedler wie ein Magnet an. Jährlich schob sich die Siedlungsgrenze („*Frontier*") um durchschnittlich 25 Kilometer westwärts. Den *Jägern* und *Fallenstellern* folgten die *Viehzüchter* und *Cowboys*, diesen die *Farmer*, *Handwerker* und *Kaufleute*. Der Kauf großer Gebiete (z.B. 1803 *Louisiana* von Frankreich) beschleunigte den Vorgang der Landnahme. Um 1890 war die *Besiedlung des Territoriums auf dem nordamerikanischen Kontinent, welches die USA beanspruchten*, im wesentlichen abgeschlossen.

Die Pionierzeit: Der Kontinent wird erschlossen

Das „Land der unbegrenzten Möglichkeiten", welches die Amerikaner in Besitz nahmen, war nicht menschenleer, sondern von zahlreichen *Indianerstämmen* bewohnt. Die Weißen waren davon überzeugt, daß es der offensichtliche Wille Gottes sei (*„manifest destiny"*), daß der weißen Rasse dieses Land gehöre. Die Indianer wurden vertrieben, mit ihnen geschlossene Verträge gebrochen, und nach blutigen Kriegen wurden die Indianer in „*Reservationen*" gesperrt, wo sie entwurzelt dahinvegetierten. Von ursprünglich über einer Million Ureinwohnern lebten am Ende der Pionierzeit nur noch etwa 200000. Erst 1924 erhielten die Indianer das volle Bürgerrecht.

Das Schicksal der Indianer

Spannungen zwischen Nord- und Südstaaten	Seit der Gründung der USA war strittig, ob die höchste *politische Gewalt* der *Union* oder den *Einzelstaaten* zukomme. 1832 führte dieser Streit zu einer *Kraftprobe* zwischen South Carolina und der Bundesregierung. Diese hatte zum Schutz der Handwerks- und Industrieproduktion der nördlichen Staaten hohe Einfuhrzölle verfügt. Die südlichen Staaten, zu denen South Carolina gehörte, hielten aber freien Warenverkehr für lebensnotwendig, um ihre landwirtschaftlichen Erzeugnisse, hauptsächlich Baumwolle, gegen billige Fertigwaren aus Europa handeln zu können. South Carolina wollte die Zollgesetze mit Waffengewalt verhindern. Erst die *Senkung des Zolltarifs* durch die Bundesregierung bewog South Carolina zum Einlenken in letzter Minute.
Die Sklavenfrage verschärft die Spannungen	Die Spannungen zwischen den Nordstaaten und den Südstaaten verschärften sich wegen der Sklavenfrage. Der *Norden* baute eine *leistungsfähige Industrie* auf der Grundlage freier Lohnarbeit auf und lehnte die Sklaverei strikt ab. Die *Südstaatler* hielten demgegenüber *Negersklaven* für unerläßlich, um ihre *Baumwollplantagen* bewirtschaften zu können. Sie befürchteten, eines Tages von den Sklavereigegnern im Kongreß überstimmt zu werden, denn die meisten Nordstaatler forderten, die Sklaverei auch in den Westterritorien auszuschließen. Verschiedene Abkommen wie z. B. der „Missouri-Kompromiß" (1820), der eine Trennungslinie zwischen Sklaverei und Nichtsklaverei am 36. Breitengrad vorsah, schoben die Lösung der Sklavenfrage nur hinaus. 1860 wurde *Abraham Lincoln*, der Kandidat der Republikanischen Partei, die ein allgemeines *Sklavereiverbot* forderte, zum Präsidenten gewählt. Daraufhin traten elf Südstaaten aus der Union aus. Sie gründeten 1861 die „*Konföderierten Staaten von Amerika*". Lincoln erklärte, daß er diese Spaltung der USA nicht hinnehmen werde.
Der amerikanische Bürgerkrieg	Die Südstaatler waren nicht willens, die *Sezession* (Trennung) rückgängig zu machen. Im April 1861 eröffneten sie das Feuer auf das von Unionstruppen besetzte *Fort Sumter* in South Carolina. Vier Jahre tobte ein *blutiger Bürgerkrieg*, der mit äußerster Härte und modernsten Waffen geführt wurde und insgesamt etwa 600 000 Tote forderte. Schließlich mußten die *Konföderierten* vor dem wirtschaftlich überlegenen Norden *kapitulieren* (1865). Lincoln konnte die Früchte seines Sieges nicht ernten. Er wurde von einem fanatischen Sklavereianhänger erschossen. Die Friedensbedingungen für die Südstaaten waren hart. Ihr Gebiet wurde für mehrere Jahre militärisch besetzt, führende Politiker und Generäle verloren ihre Bürgerrechte. Die *Sklaverei* wurde in allen US-Staaten *abgeschafft*. Die *Einheit der Vereinigten Staaten* wurde wiederhergestellt und blieb erhalten.

3 Die Gründe für die Sezession der Südstaaten

Der am 9. Februar 1861 zum Präsidenten der „Konföderierten Staaten von Amerika" gewählte Jefferson Davis nennt die Gründe für die Loslösung von der Union:

„Alle ... sorgfältig formulierten Verfassungsbestimmungen konnten es nicht verhindern, daß in den nördlichen Staaten eine politische Richtung hervortrat, die unaufhörlich behauptete,
5 unsere Staatsform stelle nicht einen Vertrag zwischen Staaten dar, sondern sei in Wahrheit ein Nationalstaat, der über den Staaten errichtet sei ... Die Bevölkerung der südlichen Staaten, deren fast einziger Erwerbszweig die Landwirtschaft war, beobachtete früh eine Tendenz in den nördlichen Staaten, die nationale Regierung ihren eigenen Zwecken dienstbar zu machen, indem sie den Handel belasteten, um ihre Industrie- und Schiffahrtsinteressen zu schützen ... Als die nördlichen Staaten allmählich ein Übergewicht im Kongreß gewannen, lehrte das Eigeninteresse ihre Bewohner, jede Argumentation zu unterstützen, die ihnen das Recht zusprach, als Mehrheit die Minderheit ohne Kontrolle zu regieren ... Klima und Boden der nördlichen Staaten erwiesen sich als ungeeignet für die Beibehaltung von Sklavenarbeit, während

4 Die Vereinigten Staaten zur Zeit des Bürgerkrieges (1861–65)

Map labels:

WISCONSIN 1848
MICHIGAN 1837
IOWA 1816
Detroit
Chicago
ILLINOIS 1818
INDIANA 1816
OHIO
Cincinnati
WEST-VIRGINIA
Denver
St. Louis
KANSAS 1861
MISSOURI 1821
KENTUCKY
Mason-Dixon-Linie
1861
1863
Baltimore
Washington
Boston
New York
Philadelphia
ARKANSAS 1836
1863
TENNESSEE
N. CAROLINA
S. CAROLINA
1865
TEXAS 1845
LOUSIANA 1812
MISSISSIPI 1817
ALABAMA 1819
GEORGIA
Atlanta 1864
1861
1862
New Orleans
FLORIDA 1845
1862

Legend:
Gebiete mit über 50 % Anteil der Schwarzen an der Gesamtbevölkerung
Nordgrenze der sklavenhaltenden Staaten
Nordgrenze der Südstaaten im Sezessionskrieg
Entscheidende militärische Operationen
der Nordstaaten
der Südstaaten
1817 Jahreszahl der Organisierung als Staat
Grenzen der Bundesstaaten
Grenzen der Gebiete, die noch nicht als Staaten organisiert sind
Stahl- und Eisengewinnung
Zentren der Baumwollindustrie
Baumwollanbau
über 600.000 Einwohner
über 100.000 Einwohner
Siedlungsgrenze 1860
Ostrand der Rocky Mountains
Hauptsiedlungsströme um 1850

0   500 km

für den Süden das Gegenteil galt ... Sobald ... die Nordstaaten ... eine genügend große Zahl erreicht hatten, um den Kongreß kontrollieren zu können, wurde ein ständiges, gut organisiertes System von feindlichen Maßnahmen gegen die Rechte der Sklavenhalter in den Südstaaten geschaffen und allmählich ausgebaut ... In der Wahrnehmung eines alten, wohlbegründeten und für die Selbsterhaltung notwendigen Rechtes beschlossen die Einwohner der Konföderierten Staaten in ihren Versammlungen ... die Übertragung der Machtbefugnisse auf die Union ... zu widerrufen ...“
(Zit. nach: Politische Weltkunde II: Die Vereinigten Staaten von Amerika, Stuttgart 1980, S. 35)

5 Lincolns Antwort an die Südstaaten
In seiner Amtsantrittsrede vom 4. März 1861 nimmt US-Präsident Lincoln zu der Sezession Stellung:
„Unter dem Volk der Südstaaten scheint die Besorgnis zu herrschen, daß eine republikanische Regierung sein Eigentum, seinen Frieden und seine persönliche Sicherheit gefährde. Zu einer solchen Befürchtung hat nie Anlaß bestanden. 5
Ich berufe mich auf eine meiner früheren Reden, in der ich erklärte: ,Es ist weder direkt noch indirekt mein Vorsatz, an der Einrichtung der Sklaverei in den Staaten, wo sie besteht, zu rütteln!' Ich glaube, ich habe dazu kein Recht und 10 auch keine Neigung ... Ich trete meinen Posten unter großen und eigentümlichen Schwierigkei-

6 Luftaufnahme von Boston (1860). Dies aus einem Ballon aufgenommene Foto zeigt einen Stadtteil am Hafen der bedeutenden Handels- und Industriestadt in Massachusetts, die um 1850 fast 140 000 Einwohner zählte und die viertgrößte Stadt der USA war.

7 Sklavenmarkt in den Südstaaten (Richmond, Virginia). Negersklaven werden für die Arbeit auf Baumwollplantagen versteigert. (Zeitgenössischer Holzschnitt, 1861) – Um 1860 besaßen in den Südstaaten etwa 10 000 Weiße 50 und mehr, 270 000 Weiße bis zu zehn Sklaven; über 6 Millionen Farmer lebten ohne Sklaven.

ten an. Die früher bedrohte Verfassung unserer freiheitlichen Union wird jetzt furchtbar angegriffen … Unsere nationale Verfassung und unsere Union haben Bestand. Kein Staat kann aus bloßem eigenen Antrieb die Union verlassen. Lostrennungsbeschlüsse … sind vor dem Gesetz null und nichtig, und wenn in einem Staat oder mehreren gegen die Autorität der Vereinigten Staaten eine Gewalthandlung begangen wird, so ist diese … revolutionär. Ich sehe daher die Union als ungebrochen an und werde nach Kräften dafür Sorge tragen, daß die Gesetze der Union in allen Staaten zur vollen Ausführung gelangen … In Euren Händen, unzufriedene Landsleute, und nicht in meinen, liegt die folgenschwere Möglichkeit des Bürgerkriegs. Die Regierung wird Euch nicht angreifen, so daß Ihr in keinen Kampf geraten könnt, wenn Ihr nicht 30 selbst die Angreifenden seid. Ihr habt keinen Eid geschworen, die Regierung zu vernichten, während ich den feierlichsten Eid abgelegt habe, sie zu schützen und zu verteidigen. Ungern schließe ich so. Wir sind nicht Feinde, sondern 35 Freunde, und dürfen nicht Feinde werden …" (Zit. nach: Geschichte in Quellen, Bd. 5, München 1980, S. 513f.)

8 Nord- und Südstaaten zu Beginn des Bürgerkrieges (1861)

Die Nordstaaten	*Die Südstaaten*
Bevölkerung	
– 19,6 Millionen Einwohner (davon 115 000 Negersklaven)	– 11,1 Millionen Einwohner (davon 3,8 Millionen Negersklaven)
– jährlich ca. 800 000 Einwanderer	– kaum Einwanderer
Wirtschaft	
– große Bodenschätze (Eisen, Kohle, Kupfer)	– kaum erschlossene Bodenschätze
– große Nahrungsmittelproduktion (besonders Getreide)	– vornehmlich Baumwollproduktion (neben Tabak, Zuckerrohr, Reis)
– 41 800 Eisenbahn-Kilometer	– 1440 Eisenbahn-Kilometer
– 66 % des Bankkapitals	– 33 % des Bankkapitals
– 72 % des Volkseinkommens	– 24 % des Volkseinkommens
Wirtschaftspolitik	
– Schutzzollpolitik zur Absicherung ihrer Industriewaren gegen die Konkurrenz europäischer Importgüter	– Freihandelspolitik, um billige Fertigwaren aus Europa gegen ihre landwirtschaftlichen Exportgüter zu erhalten

a) Wie wird die Besitzergreifung des amerikanischen Westens in dem Bild (M 1) dargestellt? Nimm dazu Stellung.
b) Welche Gründe führt der Präsident der „Konföderierten" für die Loslösung aus der Union an? (M 3) – Vergleiche damit die Rede des US-Präsidenten Lincoln. (M 5) – Was ist an der Lincoln-Rede verwunderlich? Bedenke, daß Lincoln als Kandidat der Anti-Sklaverei-Partei zum Präsidenten gewählt wurde.
c) Wodurch unterscheiden sich die Nordstaaten von den Südstaaten? (M 6–8) – Welche Voraussagen über den Ausgang des Bürgerkrieges und die weitere Entwicklung könnte man aufgrund von M 8 machen?
d) Beschreibe mit Hilfe der Karten die Entwicklung der USA im 19. Jahrhundert. (M 2 und 4)

Arbeitsvorschläge und Fragen

53

Die Französische Revolution und das Zeitalter Napoleons

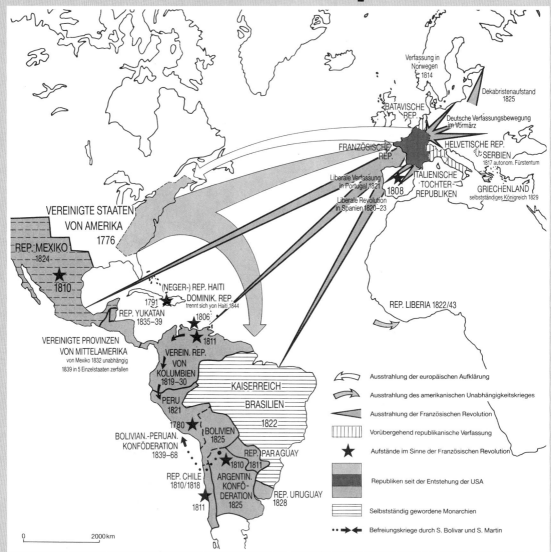

Kartenbeschriftung:

Verfassung in Norwegen 1814

Dekabristenaufstand 1825

BATAVISCHE REP.

Deutsche Verfassungsbewegung im Vormärz

FRANZÖSISCHE REP.

HELVETISCHE REP.

SERBIEN 1817 autonom. Fürstentum

Liberale Verfassung in Portugal 1821

ITALIENISCHE TOCHTER-REPUBLIKEN

1808

GRIECHENLAND selbstständiges Königreich 1829

Liberale Revolution in Spanien 1820–23

VEREINIGTE STAATEN VON AMERIKA 1776

REP. MEXIKO –1824–

1810

(NEGER-) REP. HAITI

1791

DOMINIK. REP. trennt sich von Haiti 1844

REP. YUKATAN 1835–39

1806

REP. LIBERIA 1822/43

VEREINIGTE PROVINZEN VON MITTELAMERIKA von Mexiko 1832 unabhängig 1839 in 5 Einzelstaaten zerfallen

1811

VEREIN. REP. VON KOLUMBIEN 1819–30

KAISERREICH BRASILIEN

PERU 1821

1822

1780

BOLIVIEN 1825

BOLIVIAN.-PERUAN. KONFÖDERATION 1839–68

REP. CHILE 1810/1818

1810 1811

ARGENTIN. KONFÖ-DERATION 1825

REP. PARAGUAY

REP. URUGUAY 1828

1811

Legende:

Ausstrahlung der europäischen Aufklärung

Ausstrahlung des amerikanischen Unabhängigkeitskrieges

Ausstrahlung der Französischen Revolution

Vorübergehend republikanische Verfassung

Aufstände im Sinne der Französischen Revolution

Republiken seit der Entstehung der USA

Selbstständig gewordene Monarchien

Befreiungskriege durch S. Bolivar und S. Martin

0   2000 km

1 Ausstrahlungen des amerikanischen Unabhängigkeitskriegs und der Französischen Revolution

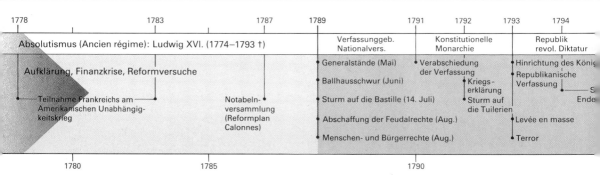

1778	1783	1787	1789	1791	1792	1793	1794
Absolutismus (Ancien régime): Ludwig XVI. (1774–1793 †)			Verfassunggeb. Nationalvers.	Konstitutionelle Monarchie		Republik revol. Diktatur	

Aufklärung, Finanzkrise, Reformversuche

Teilnahme Frankreichs am Amerikanischen Unabhängig-keitskrieg

Notabeln-versammlung (Reformplan Calonnes)

Generalstände (Mai)

Ballhausschwur (Juni)

Sturm auf die Bastille (14. Juli)

Abschaffung der Feudalrechte (Aug.)

Menschen- und Bürgerrechte (Aug.)

Verabschiedung der Verfassung

Kriegs-erklärung

Sturm auf die Tuilerien

Levée en masse

Terror

Hinrichtung des König

Republikanische Verfassung

1780   1785   1790

2 <u>Sturm auf die Bastille,</u> 14. Juli 1789 (Gemälde eines unbekannten Künstlers)

3 Kaiserkrönung Napoleons in der Kirche Notre-Dame in Paris 1804. Napoleon, der sich nach der Salbung durch Papst Pius VII. (sitzend, rechts) selbst die Krone aufgesetzt hat, krönt seine Gemahlin. (Gemälde von J. L. David)

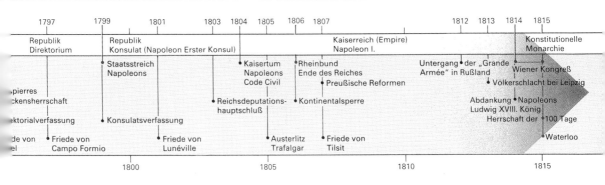

1797	1799	1801	1803	1804	1805	1806	1807	1812	1813	1814	1815

Republik Direktorium | Republik Konsulat (Napoleon Erster Konsul) | Kaiserreich (Empire) Napoleon I. | Konstitutionelle Monarchie

Staatsstreich Napoleons

Kaisertum Napoleons Code Civil

Rheinbund Ende des Reiches

Untergang der „Grande Armée" in Rußland

Wiener Kongreß

Preußische Reformen

Völkerschlacht bei Leipzig

...pierres ...ckensherrschaft

Reichsdeputations-hauptschluß

Kontinentalsperre

Abdankung Napoleons Ludwig XVIII. König Herrschaft der 100 Tage

...ektorialverfassung

Konsulatsverfassung

...de von ...el

Friede von Campo Formio

Friede von Lunéville

Austerlitz Trafalgar

Friede von Tilsit

Waterloo

1800   1805   1810   1815

1. Das alte Frankreich in der Krise

1774 —————————— Thronbesteigung Ludwigs XVI. Unter seiner Regierung gerät Frankreich in eine
umfassende Finanzkrise.

1778–1783 ————— Frankreichs Teilnahme am amerikanischen Unabhängigkeitskrieg führt zu
einer weiteren Erhöhung der Staatsverschuldung.

Ein armer Staat in einem reichen Land

Frankreich übertraf im 18. Jahrhundert alle anderen Staaten des Kontinents an Größe und Reichtum. Aber trotz der *wirtschaftlichen Blüte* war es auf dem Weg in eine *umfassende Krise*. Verlustreiche Kriege und die kostspielige Hofhaltung des Königs hatten die *Staatsverschuldung* in schwindelnde Höhe getrieben. Die Teilnahme Frankreichs am amerikanischen Unabhängigkeitskrieg (1778–1783) riß weitere Löcher in die Staatskasse. Französische Kriegsfreiwillige brachten die *Ideen von Selbstbestimmung und Freiheit* mit zurück in die Heimat. Diese Ideen verstärkten die schon länger schwelende *Kritik am französischen Absolutismus* und seiner Gesellschaftsordnung.

Die privilegierten Stände: Klerus und Adel

An der Spitze der Gesellschaft des „Ancien régime" standen die *Geistlichen* (der Klerus) und der *weltliche Adel*. Diese beiden Stände umfaßten etwa 2 % der Bevölkerung. Weder Klerus noch Adel bildeten eine einheitliche Schicht. Der *hohe Klerus* (Bischöfe und Äbte) residierte wie weltliche Herren und verfügte über erhebliche Einnahmen. Die Angehörigen des *niederen Klerus* waren meist bürgerlicher Herkunft und lebten eher schlecht als recht von ihren geringen Einkünften. Die *Hofaristokratie* lebte, z.T. hoch verschuldet, am Hofe von Versailles mit großer Prachtentfaltung; die *Adeligen in der Provinz* hatten oft

1 Der ständische Aufbau der französischen Gesellschaft 1789

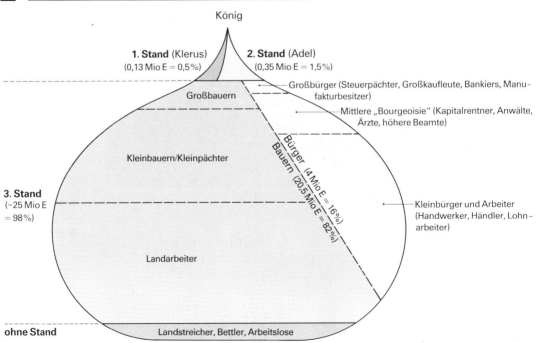

König

1. Stand (Klerus)
(0,13 Mio E = 0,5 %)

2. Stand (Adel)
(0,35 Mio E = 1,5 %)

Großbürger (Steuerpächter, Großkaufleute, Bankiers, Manufakturbesitzer)

Großbauern

Mittlere „Bourgeoisie" (Kapitalrentner, Anwälte, Ärzte, höhere Beamte)

Kleinbauern/Kleinpächter

Bürger (4 Mio E = 16 %)
Bauern (20,5 Mio E = 82 %)

3. Stand
(~25 Mio E = 98 %)

Kleinbürger und Arbeiter (Handwerker, Händler, Lohnarbeiter)

Landarbeiter

ohne Stand Landstreicher, Bettler, Arbeitslose

2 Ludwig XVI. verteilt Almosen an arme Bauern (1788). Nach der Mißernte des Sommers 1788 war der Winter ungewöhnlich streng. Da die Flüsse zugefroren waren, konnten die Mühlen das wenige Getreide nicht mahlen. Teuerung und Mangel an Brot waren die Folgen. (Stich von Lefèvre)

3 Der Kaufmann und seine Frau. Exporteure waren besonders in den Seestädten Bordeaux, Nantes und Marseille tätig (vgl. S. 58, M 5 b). (Anonymer Stich, 1784)

Mühe, über die Eintreibung der Feudalabgaben einen standesgemäßen Lebensunterhalt zu sichern. Durch ihre *Privilegien* unterschieden sich die Angehörigen der beiden ersten Stände deutlich von der Masse der Bevölkerung. Der Adel war *von* den meisten *Steuern befreit*, und der Klerus leistete bestenfalls freiwillige Abgaben. Den Privilegierten waren die wichtigsten zivilen, kirchlichen und militärischen Ämter vorbehalten.

Etwa 25 Millionen Franzosen gehörten dem *Dritten Stand ("Tiers Etat")* an; das waren 98% der Bevölkerung. Ausschließlich auf ihren Schultern lasteten die *staatlichen Steuern* und die *grundherrlichen Abgaben*. Das Großbürgertum, die *„Bourgeoisie"*, fühlte sich gegenüber dem Adel zurückgesetzt. Schließlich waren es bürgerliche *Großkaufleute*, *Manufakturbesitzer* und *Bankiers*, die zur *Wirtschaftsblüte* wesentlich beitrugen. Ihnen blieb aber versagt, an der politischen Macht und an der privilegierten Stellung des Adels teilzuhaben. Während es der Bourgeoisie finanziell meist sehr gut ging, standen sich die unteren Schichten weitaus schlechter.

Der Dritte Stand

Seit Frankreich 1784 einen Handelsvertrag mit England geschlossen hatte, strömten billige englische Waren ins Land und lösten besonders in der Textilindustrie eine schwere Krise aus. Die *Löhne sanken*, viele Arbeiter wurden entlassen. 1788 wurde in Paris jeder vierte Einwohner als *Notleidender* registriert. *Mißernten* und *Viehseuchen* verschärften die Notlage. Im April 1789 stürmten in Paris hungernde Arbeiter zwei Fabriken und plünderten sie, weil ihr Lohn von 15 Sous täglich gerade nur zum Kauf von Brot (Pfundpreis: 12 Sous) ausreichte. Die Lebensbedingungen der ländlichen Bevölkerung waren höchst unterschiedlich. Neben *wohlhabenden Großbauern* und *Großpächtern* gab es viele *Kleinbauern* und *Landarbeiter*, die meist in sehr *dürftigen Verhältnissen* lebten. Viele litten unter den ständig steigenden Abgaben und konnten sich kaum den Lebensunterhalt sichern.

Die Lage der unteren Schichten

4 Das Pariser Parlament blockiert eine Finanzreform (1776)

Das Pariser Parlament, das als oberster Verwaltungsgerichtshof Kontrollbefugnisse über königliche Erlasse besaß und dessen Mitglieder ausschließlich Adlige und hohe Geistliche waren, begründete seinen Einspruch gegen eine Verordnung des Finanzministers Turgot folgendermaßen:

„Alle sind verpflichtet, zu den Bedürfnissen des Staates beizutragen. Aber gerade in diesen Beiträgen erkennt man immer wieder die Ordnung und die allgemeine Harmonie. Der besondere
5 Dienst der Geistlichkeit besteht darin, alle Aufgaben zu erfüllen, die sich auf den Unterricht und den Gottesdienst beziehen ... Der Adlige weiht sein Blut der Verteidigung des Staates und hilft dem Herrscher mit seinen Ratschlägen.
10 Die letzte Klasse des Volkes, die dem Staat nicht so hervorragende Dienste erweisen kann,

leistet ihren Beitrag durch die Abgaben, durch Arbeitsamkeit und durch körperliche Dienste. ... Dadurch, daß die Verordnung die unterste Klasse der Bürger von den Frondiensten befreit, ... überträgt sie diese Last auf die beiden anderen Stände des Staates, die dazu nie verpflichtet waren. Es gibt keinen Unterschied mehr zwischen allen Ihren Untertanen; der Adlige und der Geistliche werden ... zur Zahlung der Steuer verpflichtet, die an die Stelle des Frondienstes treten soll ... Es ist eine politische Frage und zwar eine der wichtigsten, da es darum geht, klarzustellen, ob alle Ihre Untertanen miteinander vermischt werden können und sollen, ob man aufhören muß, anzuerkennen, daß es unter ihnen verschiedene Lebensbedingungen, Abstufungen, verbriefte Rechte und Vorrechte gibt."
(Remontrances du Parlement de Paris au XVIIIe siècle, Paris 1898, S. 287–290, Übersetzung: P. Hartig)

5 Wirtschaft und Staatsfinanzen in Frankreich vor der Revolution

5a Verteilung des Grundbesitzes 1789

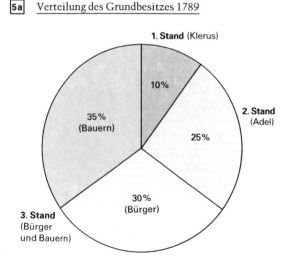

5b Wirtschaftliches Wachstum von 1730 bis 1789

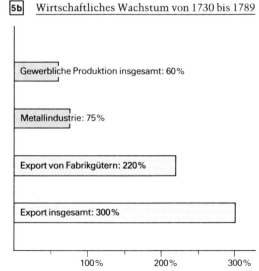

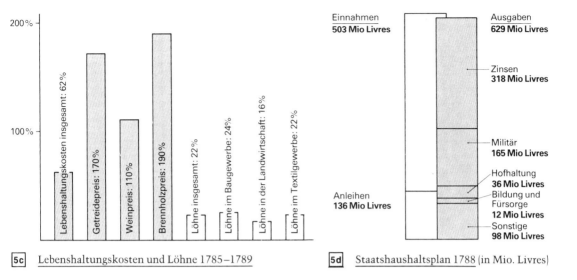

200%

Lebenshaltungskosten insgesamt: 62%

Getreidepreis: 170%

Weinpreis: 110%

Brennholzpreis: 190%

100%

Löhne insgesamt: 22%

Löhne im Baugewerbe: 24%

Löhne in der Landwirtschaft: 16%

Löhne im Textilgewerbe: 22%

Einnahmen
503 Mio Livres

Ausgaben
629 Mio Livres

Zinsen
318 Mio Livres

Militär
165 Mio Livres

Hofhaltung
36 Mio Livres
Bildung und
Fürsorge
12 Mio Livres

Anleihen
136 Mio Livres

Sonstige
98 Mio Livres

| 5c | Lebenshaltungskosten und Löhne 1785–1789 |

| 5d | Staatshaushaltsplan 1788 (in Mio. Livres) |

a) Erarbeite Merkmale der Krise des Ancien régime. (M 1–5)
b) Inwiefern ist Frankreich gegen Ende des 18. Jahrhunderts „ein armer Staat in einem reichen Land"? (M 5, vgl. M 3)
c) Wie begründet das Pariser Parlament seine ablehnende Haltung zu Turgots Reformprogramm? (M 4) – Vergleiche die Darstellung der gesellschaftlichen Bedeutung der drei Stände in diesem Text mit der Aussage, die sich aus dem Bild (M 3) über das Bürgertum gewinnen läßt.
d) Erläutere die Lage der unteren Schichten der Gesellschaft Frankreichs. (M 2 und 5 c) – Wie beurteilst Du das Geben von Almosen durch Ludwig XVI.?

Arbeitsvorschläge und Fragen

2. Ist der Staat durch Reformen zu retten?

1787 ———————— Die aus Adligen zusammengesetzte Notabelnversammlung verwirft den Reformplan des Finanzministers Calonne.

1788 ———————— Der König beruft unter dem Druck der Parlamente und der öffentlichen Meinung die Generalstände für den Mai 1789 ein, um die Finanzkrise zu lösen.

In dieser Zeit der Krise setzten sich gebildete Bürger, aber auch kritische Angehörige der privilegierten Stände verstärkt mit den *Ideen der Aufklärung* auseinander. Der Staat wehrte sich mit strenger *Zensur* gegen mögliche politische Folgen der Verbreitung aufklärerischer Ideen. Aber er konnte nicht unterbinden, daß Werke der Aufklärer in zahlreichen Salons und literarischen Cafés diskutiert wurden, z.B. *Voltaires* Schriften über die Vorzüge des aufgeklärten Königtums.

Die Ideen der Aufklärung als Nährboden für Veränderungen

Im Brennpunkt des Interesses standen vor allem zwei staatstheoretische Abhandlungen: *Charles de Montesquieu* verglich in seinem Werk „*Vom Geist der Gesetze*" (1748) die Prinzipien von Despotie (Gewaltherrschaft), Monarchie und Demokratie miteinander und zeigte am Beispiel des englischen Parlamen-

Die Schriften Montesquieus und Rousseaus

tarismus die Bedeutung der *Gewaltenteilung*. Jean Jacques Rousseau stellte in seiner Schrift *„Vom Gesellschaftsvertrag"* (1762) die Entwicklung der menschlichen Gesellschaft als einen Weg dar, der durch den Verlust der ursprünglichen Freiheit gekennzeichnet sei. Diese Freiheit sei nur wiederzugewinnen, wenn der Staat auf dem *Vertrag freier Menschen* gründe und nicht von absoluten Fürsten regiert werde. Damit wurde Rousseau zu einem Fürsprecher für die *Idee der Volkssouveränität*.

Versuche zur Lösung der Finanzkrise – Rebellion der Privilegierten

Um den Staat aus der Finanzkrise herauszuführen, strebte *Ludwig XVI.* mit Hilfe aufgeklärter Minister eine *Politik der Reformen* an. Diese schlugen vor, auch die beiden ersten Stände zu besteuern. 1787 wollte Finanzminister *Calonne* alle *Steuerprivilegien abschaffen*, aber eine vom König einberufene Versammlung von *„Notabeln"* (angesehene Persönlichkeiten, überwiegend aus Adel und hohem Klerus) verwarf diesen Reformplan. Die Notabeln schlugen vor, die *Generalstände* zur Lösung der Steuerprobleme einzuberufen. Diese Versammlung der Vertreter aller drei Stände hatte seit 1614 nicht mehr getagt. Das Pariser Parlament und die Provinzparlamente unterstützten diesen Vorschlag, weil sie darin eine Chance sahen, die Macht des absoluten Königs zu ihren Gunsten zu schwächen. Ihnen gelang es, durch gezielte Agitation gegen eine angeblich geplante massive Steuererhöhung die öffentliche Meinung auf ihre Seite zu bringen.

Die Generalstände – ein Weg aus der Krise?

Dem massiven Widerstand und dem Druck der öffentlichen Meinung gab Ludwig XVI. schließlich nach. Er versprach, die Generalstände auf den 1. Mai 1789 einzuberufen. Um sich die Unterstützung des Dritten Standes für seinen letzten *Reformversuch* zu sichern, gestand der König zu, daß der *Dritte Stand* ebensoviele *Vertreter in die Generalständeversammlung* entsenden durfte wie Adel und Klerus zusammen. Zur Vorbereitung der Generalstände sollte die Bevölkerung Beschwerden, Wünsche und Forderungen schriftlich niederlegen und sie ihren Ständevertretern mit auf den Weg nach Versailles geben. In etwa 60 000 *„Beschwerdeheften"* formulierten die Franzosen eine umfassende Kritik am Ancien régime, dessen Ende viele kommen sahen.

Volkssouveränität: Politisches Prinzip, wonach sich alle staatliche Herrschaft aus dem Willen des Volkes ableitet. Nach dem Grundsatz: *„Alle Staatsgewalt geht vom Volke aus"* (Grundgesetz Art. 20) bestimmt das Volk als Zusammenschluß freier Staatsbürger seine Regierungsform selbst und übt die Herrschaft durch Volksvertreter auch selbst aus (Demokratie). Der Gedanke der Volkssouveränität entstand in Abwehr des monarchischen Anspruchs auf Souveränität (z. B. absolutistisches Herrschertum). Auf dem Prinzip der Volkssouveränität gründen die modernen Demokratien.

---

1 Montesquieu: „Vom Geist der Gesetze"

Der Schriftsteller Charles de Montesquieu (1689 bis 1755) bereiste 1729–1731 England, dessen Regierungssystem ihn stark beeindruckte. Dies spiegelt sich auch in seinem Hauptwerk „De l'Esprit des Lois" (1748) wider:

„Wenn die gesetzgebende Gewalt mit der ausführenden in einer Person oder in einer amtlichen Körperschaft vereinigt ist, dann gibt es keine Freiheit, weil man fürchten kann, derselbe

Herrscher oder derselbe Senat werde tyrannische Gesetze geben, um sie tyrannisch auszuführen.

Es gibt auch keine Freiheit, wenn die richterliche Gewalt nicht von der gesetzgebenden und von der ausführenden Gewalt getrennt ist. Wenn sie mit der gesetzgebenden Gewalt vereinigt wäre, so würde die Gewalt über Leben und Freiheit der Bürger willkürlich sein; denn der Richter wäre Gesetzgeber. Wäre sie mit der aus-

führenden Gewalt verbunden, so könnte der Richter die Macht eines Unterdrückers besitzen. ... Da in einem freien Staat jedermann ... von sich selbst regiert werden soll, wäre es erforderlich, daß das Volk in seiner Gesamtheit die ausführende Gewalt besäße; da dies aber in den großen Staaten unmöglich ist, ... muß das Volk durch seine Vertreter alles das tun, was es nicht selbst tun kann ..."
(I. u. P. Hartig [Hrsg.], Die Französische Revolution, Stuttgart 1984, S. 13)

2 Rousseau: „Vom Gesellschaftsvertrag"
Der aus Genf stammende Philosoph Jean Jacques Rousseau (1712–1778) entwickelte in seiner Schrift „Du Contrat social" (1762) Gedanken, die in der Französischen Revolution große Bedeutung gewinnen sollten:
„Der Mensch wird frei geboren, und überall ist er in Ketten ... Es geht darum, eine Gesellschaftsform zu finden, die mit der ganzen gemeinsamen Kraft die Person und die Güter jedes Gesellschaftsmitgliedes verteidigt und schützt und durch welche jeder einzelne, obwohl er sich mit allen verbindet, dennoch nur sich 'selbst gehorcht und so frei bleibt wie zuvor. Dies ist das Grundproblem, dessen Lösung der ‚Gesellschaftsvertrag' bietet ... [Der Gesellschaftsvertrag] ... erzeugt ... eine sittliche und gesellschaftliche Körperschaft, die sich aus soviel Mitgliedern zusammensetzt, wie die Versammlung Stimmen hat, und diese Körperschaft gewinnt durch diese Tat ihre Einheit, ihr gemeinschaftliches Ich ... und ihren Willen. Diese öffentliche Person, die sich auf solche Weise aus der Vereinigung aller bildet, wurde ehemals ‚Stadt' genannt und heißt jetzt ‚Republik' ... Damit der Gesellschaftsvertrag keine leere Form bleibt, enthält er stillschweigend ... die Verpflichtung, daß, wer auch immer sich weigert, dem allgemeinen Willen [‚volonté générale'] zu gehorchen, von der ganzen Gemeinschaft hierzu gezwungen wird. Das bedeutet nichts anderes, als daß man ihn dazu zwingen wird, frei zu sein ..."
(I. u. P. Hartig, a. a. O., S. 15 ff.)

3 Vortrag in einem Pariser Salon. Das Gemälde „Lecture chez Mme Geoffrin" von G. Lemonnier zeigt einen Vortrag im Salon der reichen Witwe Geoffrin. Unter der Büste des Philosophen der Aufklärung Voltaire haben sich gebildete Adlige und Bürger, u. a. Turgot und Rousseau, versammelt.

4 Calonne und die Notabeln. Zeitgenössische Karikatur zu Calonnes Auftreten vor der Notabelnversammlung 1787. Der Text lautet: „Geliebte Untertanen! Ich habe euch gerufen, um zu erfahren, in welcher Sauce ihr verspeist werden möchtet." „Aber wir wollen gar nicht verspeist werden!" „Ihr schweift vom Thema ab …"

5 Calonnes Reformprogramm von 1787

Finanzminister Calonne versuchte in Anknüpfung an die Vorschläge Turgots die Staatsfinanzen zu sanieren. Vor der Notabelnversammlung vom 22. Februar 1787 hielt er folgende Grundsatzrede:

„Was bleibt, um einen schrecklichen Fehlbetrag zu decken und das ersehnte Gleichgewicht im Staatshaushalt herzustellen? …

5 … In der Ächtung der Mißbräuche liegt das einzige Mittel, alle Bedürfnisse zu erfüllen … Die Mißbräuche werden verteidigt durch persönliche Interessen, Einfluß, Vermögen und überkommene Vorurteile … Es handelt sich dabei um die Mißbräuche, die auf der arbeitenden und

10 erwerbenden Klasse lasten, die Mißbräuche der Geldprivilegien, die Befreiungen vom gemeinen Recht und all die ungerechten Steuerfreiheiten, … die Zollämter im Innern und … die Abgaben, die den Gewerbefleiß entmutigen … Wenn so

15 viele Mißbräuche, Gegenstand ständigen Tadels, bis jetzt der öffentlichen Meinung, die sie längst verdammt hat, sowie den Anstrengungen der Staatsmänner, die nach Abhilfe gesucht haben, widerstanden haben, so rührt das daher,

20 daß man geglaubt hat, man könne die Unordnung überwinden, ohne deren Ursachen zu behelligen …"

(Zit. nach: Geschichte in Quellen, Bd. 4, S. 143 f.)

6 Die Proklamation des Parlaments (1788). Am 3. Mai 1788 hatte das Pariser Parlament mit einer Verkündigung seiner Rechte gegen die königliche Steuerpolitik protestiert. Als die Regierung die Wortführer des Parlaments verhaften und mit einer Gerichtsreform das Parlament ausspielen wollte, regte sich so massiver Widerstand gegen den König, daß dieser im Sommer 1788 die Justizreform zurücknehmen und das Parlament wieder einsetzen mußte. (Anonymer Stich)

7 Aus den „Beschwerdeheften" von 1789

Der Text a) stammt aus Südwestfrankreich, der Text b) aus dem Dorf Guyancourt in der Nähe von Versailles.

7a „Die genannte Gemeinde stellt vor, daß es keinen unglücklicheren Menschen gibt als den Bauern und den Tagelöhner. Um diese Grundwahrheit zu beweisen, genügt es, zu betrachten, daß nach Abführung der königlichen Steuern und nach Bezahlung der Feudallasten [Abgaben an den Feudalherrn, z.B. den Zehnten] … dem Bauern und Eigentümer nicht einmal ein Zehntel des Ertrags von seinem Boden bleibt … Er hat nichts als eine Suppe von Wasser und Salz, eine Nahrung, welche die Hunde besser gestellter Menschen verweigern würden; und doch ist dieser Arbeiter, der ständig schwerer Arbeit und der Härte aller Jahreszeiten ausgesetzt ist, nichtsdestoweniger ein Untertan des Staats, der nicht härter behandelt werden sollte als andere Menschen auch …"

(Zit. nach: Geschichte in Quellen, Bd. 4, S. 148)

7b „Die Einwohner dieser Gemeinde fordern: 1. daß alle Steuern von den drei Ständen ohne irgendwelche Ausnahme gezahlt werden, von jedem Stand gemäß seinen Kräften; 2. das gleiche Gesetz und Recht im ganzen Königreich; 3. die völlige Aufhebung der Sondersteuern und der Salzsteuer; 4. die Abgabenfreiheit aller Messen und Märkte und die Abschaffung aller Wegegelder; 5. die völlige Beseitigung jeglicher Art von Zehnten in Naturalien; … 8. daß die Eigentumsrechte heilig und unverletzlich sind; … 10. daß alle Frondienste, welcher Art sie auch sein mögen, beseitigt werden …"

(I. u. P. Hartig, a.a.O., S. 34)

8 Die Lasten und die Wünsche der Bauern (1789). Die beiden Stiche eines unbekannten Künstlers sind mit folgenden Inschriften versehen: „Man muß hoffen, daß dieses Spiel bald zu Ende geht" (links) und „Die gegenwärtige Zeit will, daß jeder die große Last mitträgt" (rechts).

a) Vergleiche die Auszüge aus den Schriften Montesquieus und Rousseaus miteinander. (M 1 und 2) – Wo sind Gemeinsamkeiten, wo Unterschiede festzustellen? Welche Schichten wurden durch diese Schriften wohl besonders angesprochen? Ziehe dazu auch das Bild (M 3) heran.

b) Wie versuchte die Regierung, die Finanzkrise zu überwinden? (M 5) – Weshalb war sie dabei erfolglos? – Welche Aussageabsicht hat die Karikatur? (M 4)

c) Untersuche die Forderungen der „Beschwerdehefte" hinsichtlich der wirtschaftlichen Lage der Bauern. Welche Forderungen gehen darüber hinaus? (M 7) – Vergleiche die Texte mit den beiden Stichen. (M 7 und 8)

d) Beschreibe die Stimmung, die der Stich „Die Proklamation des Parlaments" ausdrückt. Entsprach die tatsächliche Lage 1788 dieser Stimmung? Begründe Deine Antwort. (M 6)

Arbeitsvorschläge und Fragen

3. Der Beginn der Großen Revolution – 1789

1789	**Beginn der Französischen Revolution:** Die Abgeordneten des Dritten Standes lösen sich aus den Generalständen und erklären sich am 17. 6. zur Nationalversammlung. Volksmassen stürmen am 14. 7. das Staatsgefängnis von Paris, die Bastille. Eine Welle von Aufständen erfaßt die Provinzen („Die große Furcht"). Die Nationalversammlung beschließt die Abschaffung der Privilegien (4./5. 8.) und verkündet die Menschen- und Bürgerrechte (26. 8.).

Die Eröffnung der Generalstände

Die Eröffnung der Generalstände am 5. Mai 1789 verlief für die Abgeordneten des Dritten Standes enttäuschend. Weder Ludwig XVI. noch sein Finanzminister Necker gingen auf die brennende Frage nach einer grundsätzlichen Neugestaltung von Staat und Gesellschaft ein. Nicht einmal das Problem, ob nach Ständen oder nach Köpfen abgestimmt werden solle, wurde erwähnt. Als sich die Mehrheit der Privilegierten weigerte, mit dem Dritten Stand in gemeinsamen Sitzungen zu tagen, entschlossen sich die „Abgeordneten der Gemeinen", wie sich die Vertreter des Dritten Standes nun nannten, zum *Alleingang*. Ihr Führer war *Abbé Sieyès*, dessen Flugschrift „Was ist der Dritte Stand?" das Selbstbewußtsein des Bürgertums stark gehoben hatte.

Die Nationalversammlung

Sie erklärten sich am 17. Juni 1789 zur *Nationalversammlung* (vgl. S. 75, M 3 a). Der Name „Assemblée nationale" sei bei dem gegenwärtigen Stand der Dinge

1 Die Eröffnung der Generalstände. Das Gemälde von A. Couder zeigt die Eröffnungssitzung der Ständeversammlung am 5. Mai 1789 im Opernsaal von Versailles. Der König sitzt links oben, vor dem Tisch steht der Oberzeremonienmeister. Links sitzen die 291 Abgeordneten des Klerus, rechts hinten die 270 Delegierten des Adels, im Vordergrund die 578 Abgeordneten des Dritten Standes.

2 Der Ballhaus-schwur. Die Zeich-nung von J. L. David stellt dar, wie der Präsident der Natio-nalversammlung Bailly am 20. Juni 1789 im Saal der Ballspielhalle den Beschluß verliest, sich niemals zu tren-nen, bis eine Verfas-sung ausgearbeitet sei.

angemessen, „weil die Vertreter direkt von nahezu dem gesamten Volk ent-sandt wurden". Ludwig XVI., von der starren Haltung des Adels gegenüber dieser Entwicklung ermutigt, ließ den Sitzungssaal für die „Gemeinen" schlie-ßen. Daraufhin versammelten sich diese am 20. Juni im *Ballhaus* von Versailles und schworen, „sich niemals zu trennen, ... bis die *Verfassung* errichtet und auf festen Grundlagen dauerhaft gestaltet wäre". Viele Abgeordnete der Privile-gierten wechselten zu den „Gemeinen" über. Der König wich schließlich vor der entschlossenen Haltung der Nationalversammlung zurück und forderte von selbst die restlichen Vertreter von Klerus und Adel auf, sich der Nationalver-sammlung anzuschließen. Diese gab sich am 9. Juli den Namen *„Verfassung-gebende Nationalversammlung"*.

Währenddessen hatte Ludwig XVI. um Versailles 20 000 Soldaten zusammen-ziehen lassen. Das Gerücht über einen möglichen Gewaltstreich gegen die Nationalversammlung verbreitete sich in Windeseile unter den Pariser *Händ-lern, Handwerkern und Arbeitern*, die unter der anhaltenden Teuerung und der Arbeitslosigkeit besonders litten und ihre ganze Hoffnung auf die Nationalver-sammlung setzten. Nach ersten Zusammenstößen von Demonstranten mit dem Militär wurden in jedem Pariser Distrikt *Bürgerwehren* aufgestellt, die sich den Namen „Nationalgarden" gaben. Als am *14. Juli 1789* der Brotpreis den höchsten Stand des ganzen Jahrhunderts erreichte, stürmten die hungern-den Volksmassen das Pariser *Zeughaus*, wo sie 32 000 Gewehre erbeuteten, und anschließend die *Bastille*, das berüchtigte Staatsgefängnis von Paris. Der König ließ seine Truppen abziehen. Er begab sich am 17. Juli nach Paris, wo er sich im Rathaus die *Kokarde mit den Revolutionsfarben* an die Brust heften ließ.

Die Nachricht vom Sturm auf die Bastille verbreitete sich wie ein Lauffeuer und löste in ganz Frankreich *revolutionäre Begeisterung* aus. Wie in Paris wur-den in vielen Städten Gemeindevertretungen, die „Kommunen", gewählt und *Nationalgarden* aufgestellt. Die Verwaltungsbeamten des Ancien régime

Die Erstürmung der Bastille am 14. Juli 1789

Aufstände in den Provinzen: „Die große Furcht"

wichen meist ohne Widerstand. Wegen der Getreideknappheit und des hohen Brotpreises wandte sich der Volkszorn häufig gegen Personen, die des Kornwuchers verdächtigt wurden. In allen Städten mußte eine *Herabsetzung des Brotpreises* zugestanden werden. Auf dem Land, wo die Bauern ungeduldig auf die Beantwortung ihrer „Beschwerdehefte" warteten, wirkten die Ereignisse vom 14. Juli wie ein Dammbruch. Überall ergriff *„Die große Furcht"* vor einer gegenrevolutionären Verschwörung des Adels die ländliche Bevölkerung. Mit Dreschflegeln und Mistgabeln bewaffnet *stürmten die Bauern die Adelsschlösser* und verjagten die Grundherren. In den Dörfern wurden Bauernkomitees und Dorfmilizen gebildet. Viele *Adlige* verließen ihre Güter fluchtartig und emigrierten ins benachbarte Ausland.

Die Abschaffung der Privilegien

In der Nationalversammlung lösten die Bauernaufstände große Bestürzung aus. Die Vertreter des Adels und die grundbesitzenden bürgerlichen Abgeordneten befürchteten einen Angriff auf das Privateigentum und den völligen Zusammenbruch der Ordnung. Um die Bauernrevolten einzudämmen, beschlossen die Abgeordneten in einer erregten Nachtsitzung (4./5. August 1789): *„Die Nationalversammlung schafft das Feudalregime vollständig ab"*.

Die Erklärung der Menschen- und Bürgerrechte

Nun galt es, eine neue Ordnung aufzubauen. Den Grundstein dazu legte die Nationalversammlung mit der *„Erklärung der Menschen- und Bürgerrechte"* am 26. August 1789. Außerdem packte die Nationalversammlung das Finanzproblem an und vereinfachte das *Steuerwesen*, worauf die staatlichen Einnahmen aber noch weiter zurückgingen. Um den weiterhin drohenden Staatsbankrott abzuwenden, verfügte die Nationalversammlung am 2. November 1789 die *Verstaatlichung der Kirchengüter*. Diese wurden als „Nationalgüter" über

Der Verkauf der Kirchengüter

„Assignaten" (Anleihscheine) zum Verkauf angeboten. Da jedoch viel mehr Assignaten gedruckt wurden, als der Wert der Kirchengüter betrug, waren sie ohne ausreichende Deckung. Ihr Wert als gesetzliches Zahlungsmittel sank rasch. Für denjenigen, der mit ihnen zahlte, stiegen die Preise. Das traf besonders die Arbeiter in den Städten, weil ihre Löhne mit den steigenden Preisen nicht Schritt halten konnten. Viele wohlhabende Bürger und Bauern konnten demgegenüber mit den Assignaten Kirchengüter in beträchtlichem Umfang erwerben.

Nationalversammlung (franz. „Assemblée nationale"): Bezeichnung für die Versammlung gewählter Volksvertreter, die – häufig in revolutionärer Situation – zur *Ausarbeitung einer Verfassung* gebildet wird, um die Grundlagen einer Nation neu zu gestalten. Diesen Namen gaben sich die Vertreter des Dritten Standes 1789, als sie sich aus den Generalständen lösten. Die Abgeordneten wollten ihre Beschlüsse nicht mehr als Vertreter verschiedener Stände, sondern als Repräsentanten einer unteilbaren Nation fassen.

Revolution (lat. Umwälzung): Grundlegende, meist plötzliche und gewaltsame Veränderung der Staats- und Gesellschaftsordnung. Revolutionen entstehen häufig aus dem Zurückbleiben der politischen und sozialen Verhältnisse hinter der wirtschaftlichen und geistigen Entwicklung. Der Gegenbegriff zu sprunghafter, revolutionärer Umwälzung ist:

Evolution (lat. Entwicklung). Damit werden allmähliche, im allgemeinen friedliche Veränderungen bezeichnet, die oft durch schrittweise Reformen bewirkt werden.

4 Die Ergebnisse der Nachtsitzung vom 4./5. August 1789. Der anonyme Stich (1789) versinnbildlicht das Ende des Ancien régime.

3 Abbé Sieyès: „Was ist der Dritte Stand?"

Emmanuel Sieyès, ein aufgeklärter Geistlicher, veröffentlichte im Januar 1789 seine Schrift „Qu'est-ce que le Tiers Etat?":

„Der Plan dieser Schrift ist ganz einfach. Wir legen uns nur drei Fragen vor:

1. Was ist der Dritte Stand? Alles.

2. Was ist er bis jetzt in der politischen Ordnung gewesen? Nichts.

3. Was verlangt er? Etwas zu werden. …

Es wäre überflüssig, [alles] einzeln durchzugehen, um zu zeigen, daß der Dritte Stand überall neunzehn Zwanzigstel dazu hergibt, mit dem Unterschiede, daß er mit allem, was wirklich beschwerlich ist, und mit allen Diensten belastet wird, welche der privilegierte Stand zu tun sich weigert. Die erträglichen und ehrenvollen Stellen sind allein von den Angehörigen des privilegierten Standes besetzt … Diese Ausschließung ist … eine wahre Feindseligkeit gegen den Dritten Stand …

Er will haben 1., daß wahre Vertreter bei den Generalständen … aus seinem Stand genommen werden, welche die … Verteidiger seines Interesses sein können … Er verlangt 2. ebenso viele Vertreter wie die beiden anderen Stände zusammen, … [und] 3., daß die Stimmen nach den Köpfen und nicht nach den Ständen genommen werden sollen …

Dem Dritten Stand obliegt es also, die ersten Anstrengungen und fast alle Fortschritte zur nationalen Erneuerung zu machen … Man muß vorwärtsgehen, sonst weicht man zurück."

(I. und P. Hartig, a.a.O., S. 37ff.)

5 Die Abschaffung des Feudalsystems

Mit den Erklärungen von drei Angehörigen des Adels begann die erregte Nachtsitzung vom 4. auf den 5. August 1789 in der Nationalversammlung:

„Was haben die Landgemeinden zuallererst verlangt und erwartet? Abschaffung des Steuerdrucks, Erleichterung oder Umwandlung der grundherrlichen Rechte. Das hat ihnen die Versammlung drei Monate lang vorenthalten, und ₅ nun haben sie es mit bewaffneter Hand sich selbst genommen."

„Es sind nicht bloß Straßenräuber, die mit bewaffneter Hand im Schoß des Unglücks sich bereichern wollen; in mehreren Provinzen bildet ₁₀ das ganze Volk eine Art von Liga, um die Schlösser zu zerstören … Es sucht ein Joch abzuschütteln, das auf ihm seit so vielen Jahrhunderten lastet, und dieser Aufruhr – wie strafbar er auch sei, wie jeder bewaffnete Angriff – kann seine ₁₅ Entschuldigung in den vorausgegangenen Quälereien finden."

„… man bringe uns die Urkunden her, die nicht bloß die Scham, sondern die Menschlichkeit selbst beleidigen. Man bringe sie her, die Urkun- ₂₀ den, die das Menschengeschlecht erniedrigen, indem sie fordern, daß menschliche Wesen an einen Karren gespannt werden wie die Ackertiere … Wer von uns möchte nicht in diesem Jahrhundert der Aufklärung einen Scheiterhaufen ₂₅ der Sühne errichten aus diesen infamen Pergamenten und den Feuerbrand anlegen, um sie auf dem Altar des öffentlichen Wohls zu opfern?"

(I. und P. Hartig, a.a.O., S. 48f.)

6 Die Entwertung der Assignaten. Das Schaubild zeigt an, wieviel Waren man für denselben Betrag an Assignaten von Monat zu Monat kaufen konnte.

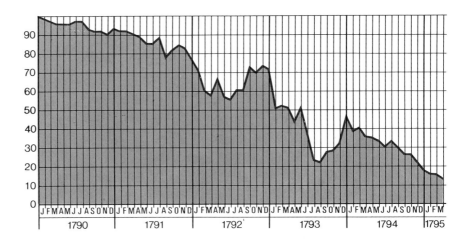

7 Die „Erklärung der Menschen- und Bürgerrechte"

Die Erklärung der Nationalversammlung vom 26. August 1789 wurde zur Präambel (Vorwort) der Verfassung von 1791. Die wichtigsten der 17 Artikel lauteten:

„1. Die Menschen werden frei und gleich an Rechten geboren und bleiben es. Die gesellschaftlichen Unterschiede können nur auf dem allgemeinen Nutzen begründet werden.

5 2. Der Zweck jeder staatlichen Vereinigung ist die Erhaltung der natürlichen und unverjährbaren Menschenrechte. Diese Rechte sind Freiheit, Eigentum, Sicherheit und Widerstand gegen Unterdrückung.

10 3. Der Ursprung jeder Herrschaft liegt wesensmäßig beim Volke; keine Körperschaft, kein einzelner kann Herrschaft ausüben, die nicht ausdrücklich von ihm ausgeht.

4. Die Freiheit besteht darin, alles tun zu können, was einem anderen nicht schadet ... [Die] Grenzen [der Freiheit] können allein durch das Gesetz bestimmt werden. ...

6. Das Gesetz ist der Ausdruck des allgemeinen Willens. Alle Bürger haben das Recht, an seiner Gestaltung persönlich oder durch ihre Vertreter mitzuwirken. Es soll für alle Bürger das gleiche sein ...

10. Niemand darf wegen seiner Ansichten, selbst nicht der religiösen, bedrängt werden, vorausgesetzt, daß ihre Äußerung nicht die durch das Gesetz festgelegte öffentliche Ordnung stört. ...

16. Eine Gesellschaft, in der die Garantie der Rechte nicht gesichert und die Teilung der Gewalten nicht festgelegt ist, hat keine Verfassung."

(I. und P. Hartig, a.a.O., S. 52ff.)

Arbeitsvorschläge und Fragen	
	a) Wie begründet Sieyès seine Behauptung, der Dritte Stand sei „Alles"? (M 3) – Welche Entwicklung vollziehen die Abgeordneten des Dritten Standes vom Mai bis Juli 1789? (M 1 und M 2) – Wie ist diese Entwicklung zu erklären?

a) Wie begründet Sieyès seine Behauptung, der Dritte Stand sei „Alles"? (M 3) – Welche Entwicklung vollziehen die Abgeordneten des Dritten Standes vom Mai bis Juli 1789? (M 1 und M 2) – Wie ist diese Entwicklung zu erklären?

b) Wie wird in der Nachtsitzung vom 4./5. 8. 1789 die Abschaffung des Feudalsystems gerechtfertigt? (M 5) – Entspricht die bildhafte Darstellung der Ergebnisse der Nachtsitzung (M 4) der Wirklichkeit? Begründe Deine Antwort.

c) Inwiefern sind in der „Erklärung der Menschen- und Bürgerrechte" (M 7) Einflüsse der amerikanischen Unabhängigkeitsbewegung (S. 46, M 3) und der Schriften Montesquieus und Rousseaus nachweisbar? (S. 60f., M 1 und M 2)

d) Welche wirtschaftlichen Folgen hatte die Ausgabe der Assignaten? (M 6)

4. Die konstitutionelle Monarchie und ihr Scheitern

1791 ——————— Die Nationalversammlung verabschiedet die Verfassung. Frankreich wird konstitutionelle Monarchie.
Ein Fluchtversuch Ludwigs XVI. scheitert in Varennes.

1792 ——————— Frankreich erklärt am 20. 4. Österreich den Krieg, um einer durch Emigranten geschürten gegenrevolutionären Invasion zuvorzukommen.
Wegen der kritischen militärischen Lage erstürmen Revolutionäre am 10. 8. die Tuilerien (Pariser Stadtschloß) und erzwingen die Amtsenthebung Ludwigs XVI.

Die Verfassung von 1791

Seit Juli 1789 arbeitete die Nationalversammlung an der *Verfassung*. Besonders umstritten war die Regelung des *Wahlrechts*. Im Widerspruch zur „Erklärung der Menschen- und Bürgerrechte" wurden die männlichen Bürger nach ihrer Steuerleistung in wahlberechtigte Aktiv- und nichtwahlberechtigte Passivbürger aufgeteilt. In Titel III („Von den öffentlichen Gewalten") war festgelegt, auf welchen Grundsätzen die Verfassung stand: „Es gibt nur eine *Souveränität*, unteilbar, unveräußerlich und unverjährbar. Sie gehört der Nation. ... Die Nation, von der allein alle Gewalten ausgehen, kann sie nur durch Übertragung ausüben. Die französische Verfassung ist eine *Repräsentativverfassung*." Frankreich wurde *konstitutionelle Monarchie*. Die *Legislative* lag in den Händen der *Volksvertretung*. Gegen ihre Beschlüsse hatte der *König* nur ein aufschiebendes *Veto* (Widerspruchsrecht). Die richterliche Gewalt wurde unabhängig (vgl. S. 37, M 6).

Der König und die Revolution

Ludwig XVI. hatte sich von Anfang an auf *hinhaltendes Taktieren* gegenüber den revolutionären Ereignissen verlegt. Er flehte heimlich die europäischen Monarchen an, in Frankreich einzugreifen, um die absolute Monarchie wiederherzustellen. In diesem Sinne gingen auch adlige *Emigranten* vor, die seit den Ereignissen im Sommer 1789 das Land zu Tausenden verlassen hatten. Indessen verschlechterte sich die Lage des Königs wegen der anhaltenden wirtschaftlichen Notlage. Auf das Gerücht, in Paris gebe es bald kein Brot mehr, zwangen im Oktober 1789 etwa 7000 hungernde Pariser Frauen mit dem Ruf: „Versailles

1 Zug der Frauen nach Versailles. Am 5. Oktober brachen aus dem Arbeiterviertel Saint-Antoine hungernde Frauen zum Rathaus auf. Von vielen Pariserinnen, bewaffneten Männern und Nationalgardisten verstärkt, setzte sich dann der Zug nach Versailles in Marsch. (Zeitgenössische Radierung)

schlemmt, Paris hungert!" die Königsfamilie und die Nationalversammlung, *nach Paris überzusiedeln.* Im Juni 1791 wurde ein unzulänglich geplanter Fluchtversuch der königlichen Familie ins Ausland in Varennes gestoppt. Die Nationalgarde führte Ludwig XVI. wie einen Gefangenen nach Paris zurück. Widerstrebend mußte er den *Eid auf die Verfassung* leisten.

Krieg zur Festigung der Revolution?

Nach der mißglückten Flucht Ludwigs XVI. verkündeten der *Kaiser in Wien* und der *preußische König* „sofort in gegenseitiger Übereinstimmung mit den erforderlichen Streitkräften einzugreifen", um die französische Monarchie zu retten. Diese auswärtige Einmischung war vielen Revolutionären unerträglich. Besonders eine Gruppe um *Jacques Brissot* rief zu einem „Kreuzzug für die allgemeine Freiheit" gegen das absolutistische Ausland auf. Brissot versprach sich vom Krieg eine innere Festigung der Revolution. Auch Ludwig XVI. befürwortete den Krieg – wenn auch aus entgegengesetzten Gründen. Im April 1792 erklärten die gesetzgebende Versammlung und der König gemeinsam *Österreich den Krieg.* Die anfängliche *Kriegsbegeisterung* in Frankreich wich schnell, nachdem die schlecht geführten *Freiwilligenverbände* schwere *Niederlagen* erlitten.

Die Erstürmung der Tuilerien

Für große Empörung sorgte im Sommer 1792 ein Manifest des feindlichen Oberbefehlshabers, des *Herzogs von Braunschweig.* Dieser ließ verkünden, er werde Paris zerstören, wenn der königlichen Familie etwas zustoße. Am 10. August 1792 stürmte die bewaffnete Volksmenge das Königsschloß von Paris, die *Tuilerien,* um die *Entmachtung Ludwigs XVI.* zu erzwingen. Die Gesetzgebende Versammlung enthob den König wegen Verschwörung mit dem Feind seines Amtes und beschloß die Wahl eines Nationalkonvents, um eine republikanische Verfassung auszuarbeiten.

2 Die Erstürmung der Tuilerien am 10. August 1792. Das Gemälde von J. Bertaux (1793) stellt die entscheidende Phase der Erstürmung des königlichen Palastes in Paris durch die Volksmassen dar.

Konstitutionelle Monarchie: Regierungsform, in der die Herrschaft des Monarchen durch eine *Verfassung* (lat. „constitutio") eingeschränkt ist. Der König hat die Regierungsgewalt inne, die Gesetzgebung wird von der Volksvertretung ausgeübt. Die erste große konstitutionelle Monarchie auf dem europäischen Festland war Frankreich von 1791 bis 1792.

3 Ludwig XVI. als konstitutioneller König. Der zeitgenössische Stich zeigt Kaiser Joseph II. oder Leopold II. (?), der seinen Schwager Ludwig XVI. (im Käfig) fragt: „Was machst Du da, Schwager?" Ludwig antwortet: „Ich unterschreibe." und setzt seine Unterschrift unter Gesetze der Volksvertretung.

4 Krieg zur Festigung der Revolution?
Die Frage, ob Frankreich gegen das absolutistische Ausland, wo der emigrierte Adel gegen die Revolution hetzte, Krieg führen solle, war heftig umstritten. Sie spaltete Ende 1791 die Gruppierung der Jakobiner, die politische Linke in der Gesetzgebenden Versammlung (vgl. S. 75, M 3 b). Der Text a) stammt von dem Rechtsanwalt Jacques Brissot, der Text b) von dem Anwalt Maximilien Robespierre, beides Wortführer der Jakobiner:

4a „... Seit sechs Monaten ... frage ich mich, welche Partei ich ergreifen soll ... Überlegungen und Tatsachen haben mich überzeugt, daß ein Volk, das nach tausend Jahren Sklaverei die Freiheit erobert hat, den Krieg braucht. Der [5] Krieg ist zur Festigung der Freiheit unumgänglich. Er ist notwendig, um die Freiheit von den Lastern des Despotismus zu reinigen, damit die Leute verschwinden, die die Freiheit korrumpieren [verderben] könnten. ... Seit zwei Jahren [10] nun hat Frankreich alle friedlichen Mittel ausgeschöpft, die Rebellen [= Emigranten] zur Heimkehr zu bewegen. Alle Versuche und Aufforderungen waren fruchtlos, sie bleiben bei ihrer Revolte, und die ausländischen Fürsten [15] unterstützen sie weiterhin; kann man da noch unschlüssig sein, ob man sie angreifen soll?"

4b „Um nun eine Entscheidung zu treffen, haben wir uns zu fragen, von welcher Art denn der bevorstehende Krieg ist: Ist es der Krieg einer Nation gegen eine andere? Ist es der Krieg eines Königs gegen andere Könige? Nein, es handelt [5] sich um den Krieg aller Verfassungsgegner gegen die französische Revolution. Wer aber sind diese Feinde? Hier gibt es zwei Gruppen: die inneren und die äußeren Feinde ... Der Krieg ist die größte Geißel, die unsere Freiheit unter den ge- [10] genwärtigen Umständen bedroht ... Es handelt sich hierbei nicht um einen Krieg, der aus der Feindschaft der Völker entflammt, sondern es ist ein mit den Feinden der Revolution abgesprochener Krieg ... Man will vor allem den [15] Adel wieder in seine Rechte einsetzen ..."
(Zit. nach: Geschichte in Quellen, Bd. 4, München 1981, S. 282 bzw. 281)

a) Beschreibe das Bild „Zug der Frauen nach Versailles"; achte dabei besonders auf die Kleidung der Frauen. Was will der Künstler ausdrücken? (M 1)
b) Welche Aussageabsicht verfolgt die Karikatur? (M 3)
c) Vergleiche die Reden Brissots und Robespierres zur Kriegsfrage miteinander. Wo sind Gemeinsamkeiten, wo Unterschiede festzustellen? (M 4) – Welche innenpolitische Folge hatten die Kriegsereignisse von 1792? (M 2)

Arbeitsvorschläge und Fragen

5. Die Radikalisierung der Revolution

1792	Unter dem Eindruck des Vormarsches der feindlichen Truppen kommt es in Paris zu einem Massaker an politischen Gefangenen („Septembermorde"). In der Kanonade von Valmy (20. 9.) wird die preußisch-österreichische Armee zum Rückzug gezwungen.
1793	Ludwig XVI. wird zum Tode verurteilt und hingerichtet (21. 1.). Der 1. Koalitionskrieg fast aller europäischen Mächte gegen Frankreich beginnt (Februar). – Königstreue Bauern in der Vendée erheben sich gegen die Revolutionsregierung (ab März). – Mit der Verhaftung girondistischer Abgeordneter (2. 6.) beginnt die Herrschaft der radikalen Jakobiner. – Die neue republikanische Verfassung wird verkündet (24. 6.), aber wegen der allgemeinen Notsituation außer Kraft gesetzt.

Der Krieg radikalisiert die Revolution

Nach dem Sturm auf die Tuilerien setzte eine große *Verhaftungswelle* ein. Etwa 3000 Franzosen wurden als Feinde der Revolution in die Gefängnisse gesteckt. Im September 1792 belagerten die feindlichen Truppen Verdun, die letzte Festung auf dem Weg nach Paris. In Paris drangen daraufhin bewaffnete Volkshaufen, durch die Agitation radikaler Führer angestachelt, in die Gefängnisse ein, bildeten *Volksgerichte* und ließen über 1000 *Todesurteile* sofort vollstrecken. Justizminister *Danton* unternahm nichts gegen diese „Volksjustiz".

Die Errichtung der Republik

Am 20. September leitete die *Kanonade von Valmy* die überraschende Entspannung der militärischen Lage ein: die französischen Truppen zwangen die Invasionsarmee zum Rückzug. Am Tage nach Valmy trat der *Nationalkonvent*, der nach allgemeinem Wahlrecht gewählt worden war, erstmals zusammen. Er *schaffte* einstimmig die *Monarchie ab* und führte einen neuen revolutionären Kalender ein, der am 22. 9. 1792 mit dem Jahr I der „einheitlichen und unteilbaren *französischen Republik*" einsetzte.

Die politischen Gruppierungen im Konvent

Die politischen Kräfteverhältnisse hatten sich gegenüber der Gesetzgebenden Versammlung vollkommen verschoben. Auf der Rechten, wo vorher die Anhänger der konstitutionellen Monarchie saßen, waren nun 200 gemäßigte Jakobiner um Jacques Brissot. Sie nannten sich nach der Herkunft einiger Abgeordneter aus der Gironde (Südwest-Frankreich) „*Girondisten*". Auf der linken Seite saßen erhöht 120 *radikale Jakobiner* mit ihrem Wortführer *Maximilien Robespierre*. Sie wurden „Montagnards", die Bergpartei, genannt. In der „Ebene", auch „Sumpf" genannt, waren die 400 Abgeordneten der „*Dritten Partei*", die kein eigenständiges politisches Programm besaßen (vgl. S. 75, M 3).

Die Hinrichtung Ludwigs XVI.

Die Gegensätze zwischen den Girondisten und den Montagnards traten gegen Ende des Jahres 1792 infolge des *Prozesses gegen Ludwig XVI.* unversöhnlich hervor. Die Girondisten verzögerten die Anklageerhebung, weil sie einen erneuten Angriff der europäischen Fürsten auf die junge Republik befürchteten. Als in einem Wandfach des Schlosses Dokumente gefunden wurden, die Geheimverhandlungen Ludwigs XVI. mit dem Feind bewiesen, ließ sich der Königsprozeß nicht mehr vermeiden. Die Montagnards hatten von Anfang an gefordert, Ludwig XVI. wegen seines gegenrevolutionären Verhaltens abzuurteilen. Mit knapper Mehrheit fällte der Konvent schließlich das *Todesurteil*, und am 21. Januar 1793 wurde der König mit der Guillotine *hingerichtet*.

Die Krise der Revolution

Nach der Kanonade von Valmy waren die französischen Truppen überall auf dem Vormarsch: Worms, Mainz und Frankfurt wurden besetzt und im Novem-

1 Die Teuerung des Brotes. Eine Händlerin kocht hungernden Straßenarbeitern für eine Handvoll Assignaten eine einfache Suppe. Obwohl die Ernte des Jahres 1792 gut gewesen war, war das Brot nicht nur teuer, sondern knapp. Wegen des geringen Wertes der Assignaten hatten die Grundbesitzer und Pächter keine Eile, ihr Getreide auf den Markt zu bringen. (Aquarell von 1793)

ber 1792 ganz Belgien erobert. Gegen das *Vordringen des revolutionären Frankreich* brachte England 1793 eine *Koalition fast aller europäischen Mächte* zusammen. Der Krieg der Monarchien gegen die „Königsmörder" begann. In rascher Folge gingen Belgien und das linke Rheinufer für Frankreich wieder verloren. Zur gleichen Zeit, im März 1793, erhoben sich in der *Vendée* (Westfrankreich) königstreue Bauern. Mit dem Ruf: „Es lebe König Ludwig XVII., es leben die Adligen und die Priester!" widersetzten sie sich der vom Konvent geforderten Aushebung von 300 000 Soldaten und lösten einen schweren *Bürgerkrieg* aus. Die *doppelte Bedrohung* der Revolution von außen und innen wurde durch die anhaltende Wirtschaftsnot noch verstärkt. Der Fleischpreis stieg, und die Nahrungsmittel wurden knapp. Die *Wirtschaftskrise* traf besonders die „*Sansculotten*", die kleinen Handwerker, Händler und Arbeiter in Paris. Sie sahen in den Girondisten die Hauptverantwortlichen für die Notlage, denn diese hielten an den Prinzipien der Wirtschaftsfreiheit und der Unverletzlichkeit des Eigentums fest. Die Sansculotten und ihre Wortführer, radikale Revolutionäre wie *Jacques René Hébert*, erhofften sich von staatlich festgesetzten Höchstpreisen und Enteignungsmaßnahmen gegen Spekulanten eine Verbesserung der wirtschaftlichen Lage.

Die Montagnards sahen die Gelegenheit gekommen, den Machtkampf mit den Girondisten zu beenden. *Robespierre* rief die *Sansculotten* zum *Aufstand* gegen die gemäßigten Abgeordneten im Konvent auf. Am 2. Juni 1793 ließen die Sansculotten, die inzwischen die Befehlsgewalt über die Pariser Nationalgarden an sich gebracht hatten, 29 führende *Girondisten verhaften*. Viele Girondisten flohen aus Paris. Sie wiegelten in fast allen Departements die Bevölkerung zum Kampf gegen die *Herrschaft der Radikalen* in Paris auf. Im Sommer 1793 stand die Republik kurz vor dem Zerfall.

Die Entmachtung der Girondisten

Am 24. Juni 1793 wurde die neue *republikanische Verfassung* vom Konvent verabschiedet. Sie beruhte auf dem Prinzip der *Volkssouveränität*, wie es Rousseau im „Gesellschaftsvertrag" gefordert hatte. Das Volk wirkte an der Gesetz-

Die Verfassung von 1793 tritt nicht in Kraft

gebung durch das *Referendum* (Volksentscheid) direkt mit. Die Gewaltenteilung zwischen Exekutive und Legislative wurde aufgehoben. Alle männlichen Franzosen waren im *Wahlrecht gleichgestellt*. Doch der Konvent verschob das *Inkrafttreten* dieser Verfassung auf zukünftige Friedenszeiten, denn zunächst war die *Beseitigung der Krise* das dringendste Problem.

Jakobiner: Mitglieder des nach seinem Tagungsort (St. Jakobskloster in Paris) genannten wichtigsten politischen Clubs in der Revolutionszeit. 1791 spalteten sich die Jakobiner in die gemäßigten *Girondisten* und die radikalen *Montagnards*. Später wurde der Begriff „Jakobiner" gebraucht, um Demokraten, Republikaner oder Radikale zu verleumden.

Republik (lat. res publica = „Sache des Volkes"): Staatsform, in der eine oder mehrere Personen, meist (auf Zeit) vom Volk gewählt, Träger der Staatsgewalt sind. Ursprünglich bezeichnete der Begriff alle Staaten, die keine Monarchie waren; heute ist er eine Sammelbezeichnung für ganz unterschiedliche Regierungssysteme (z. B. Bundesrepublik Deutschland, Volksrepublik China, Islamische Republik Iran).

---

2   <u>Paris während der Revolution.</u> Wichtige Gebäude (in Klammern: Bedeutung während/seit der Revolution): ① Militärschule (Napoleon war hier Offiziersschüler), im NW: das Marsfeld (Platz für Revolutionsfeiern); ② Hotel des Invalides: Altersheim, Waffenarsenal (am 14. 7. 1789 erstürmt) und Invalidendom (spätere Grabstätte Napoleons); ③ Palais Bourbon (Sitz der Nationalversammlung unter dem Direktorium); ④ Dominikanerkloster St. Jakob (Jakobinerklub); ⑤ Tuilerien, kgl. Stadtschloß (1792 erstürmt, Sitz des Nationalkonvents und Wohlfahrtsausschusses); ⑥ Palais Royal (Treffpunkt der Revolutionäre); ⑦ Louvre, alte Königsresidenz; ⑧ Justizpalast und Conciergerie (Gefängnis, „Vorzimmer der Guillotine"); ⑨ Kathedrale Notre Dame („Tempel der Vernunft", Kaiserkrönung Napoleons 1804); ⑩ Le Temple, ehem. Sitz des Templerordens (Gefängnis der kgl. Familie); ⑪ Bastille (am 14. 7. 1789 erstürmt); ⑫ Panthéon, Kirche der hlg. Genoveva (Ehrenstätte für berühmte Franzosen); ⑬ Sorbonne, Universität; ⑭ Franziskanerkloster (Club der Cordeliers); ⑮ Palais Luxembourg (Staatsgefängnis; Sitz des Direktoriums/Konsulats); ⑯ Kartäuserkloster (abgerissen).

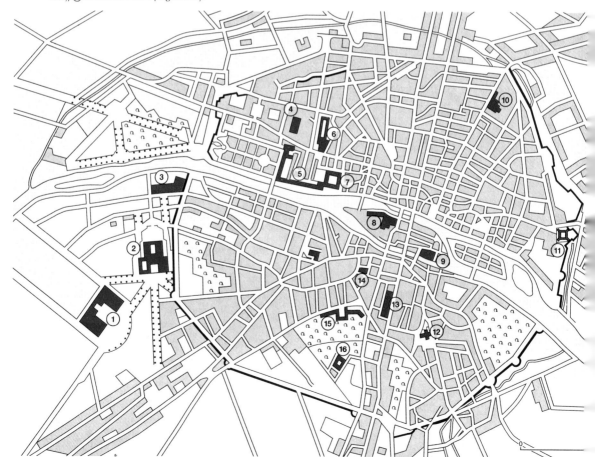

3 Politische Gruppierungen in den Nationalversammlungen

3a 1789: Verfassunggebende Nationalversammlung

Demokraten	Konstitutionelle	Monarchisten	Aristokraten
Interessenvertreter des Kleinbürgertums Forderung des allgemeinen Wahlrechts	Interessenvertreter der Bourgeoisie Befürworter einer konstitutionellen Monarchie	meist adlige Verteidiger der königlichen Vorrechte	Verteidiger der alten Privilegien

3b 1791: Gesetzgebende Versammlung

Jakobiner		Unabhängige ("Konstitutionalisten")	"Feuillants" (liberale Adlige und Bürger)
radikale	gemäßigte ("Girondisten")		
Vertreter des Kleinbürgertums	Vertreter des mittleren und gehobenen Bürgertums	ohne klare politische Konzeption, meist für Beibehaltung der konstitutionellen Monarchie	Verteidiger der Vorherrschaft der Bourgeoisie und der Beibehaltung der konstitutionellen Monarchie
meist Republikaner			

3c 1792: Nationalkonvent

"Montagnards" (Die Bergpartei)	"Plaine" (Die Ebene)/ "Marais" (Der Sumpf)	"Girondisten"
egalitäre Jakobiner, Vertreter der unteren Schichten	bürgerliche Republikaner mit Neigung nach links	gemäßigte Vertreter des Besitzbürgertums

4 Die Kontroverse zwischen Girondisten und Montagnards

4a Pierre Vergniaud, einer der führenden Girondisten, hielt im April 1793 im Konvent eine Rede zur Verteidigung der girondistischen Politik:

„Robespierre klagt uns an, wir seien plötzlich zu Gemäßigten ... geworden. Wir, Gemäßigte? ... Nein, ich bin es nicht in dem Sinne, daß ich die nationalen Energien ersticken möchte ... Aber wenn man sich unter dem Vorwand der Revolution, um als Patriot zu erscheinen, zum Schutzherrn von Mord und Raub erklären muß, dann bin ich ein Gemäßigter! Seit der Abschaffung des Königtums habe ich viel von Revolution reden hören. Ich habe mir gesagt, es sind nur noch zwei möglich: Die Revolution der Besitzverhältnisse ... und die andere, die uns zum Despotismus zurückführen würde. Ich habe mich verpflichtet, gegen die eine und gegen die andere zu kämpfen. Ich habe auch viel davon reden hören, daß man das Volk zum Aufstand bringen müsse, und darüber habe ich ... gestöhnt ... Was kann das Ziel des Aufstands sein? Die Ausübung der Souveränität, die doch der Volksvertretung anvertraut ist ... zu verlagern. 20 Also wollen die, die von Aufstand sprechen, die Volksvertretung vernichten, d. h. sie wollen die Ausübung der Souveränität einer kleinen Anzahl von Menschen oder einem einzigen Bürger übertragen ... Und wenn man ihnen zustimmen 25 muß, um als Patriot zu gelten, oder als Gemäßigter gilt, wenn man sie bekämpft, dann bin ich ein Gemäßigter ...“
(Le Moniteur XVI, S. 118 ff., zit. nach: I. und P. Hartig, a. a. O., S. 85 f.)

4b Maximilien Robespierre, der Wortführer der Montagnards, schrieb im Mai 1793 seine Erwiderung:

„Es darf nur ein einziger Wille bestehen. Er muß republikanisch oder royalistisch sein. Damit er republikanisch ist, braucht man republikanische Minister, republikanische Zeitungen, republikanische Abgeordnete, eine republikanische 5 Regierung. Die inneren Gefahren kommen von den besitzenden Bürgern, den Bourgeois; um die Bourgeois zu besiegen, muß man das Volk zu-

sammenschließen. Alles war schon vorbereitet,
10 um das Volk unter das Joch der Bourgeois zu
beugen und die Verteidiger der Republik auf
dem Schafott umzubringen. Sie haben in Marseille, Bordeaux und Lyon triumphiert … Das
Volk muß sich mit dem Konvent verbünden,
15 und der Konvent muß sich des Volkes bedienen
… Man muß den Sansculotten Waffen verschaffen, sie in Wut versetzen, sie aufklären; mit allen nur möglichen Mitteln muß man ihre republikanische Begeisterung steigern."
(A. Mathiez, La Révolution française, Bd. 3, S. 4;
übers. v. P. Hartig)

5 Sansculotte. Im Gegensatz zu den Adligen trugen die Männer des einfachen Volkes lange Hosen
(pantalons). Daher erklärt sich ihr Name: „sans
culotte" (ohne Kniehosen). (Anonymer Stich von
1792)
Sie waren – gemäß der Verfassung von 1791 – Passivbürger (vgl. M 8) und forderten das Recht auf politische Mitsprache. Ihr Sammelpunkt waren die Sek-
tionsversammlungen in Paris. Während der radikalen
Phase der Revolution (ab August 1792) setzten die
Sansculotten die politischen Gremien immer wieder
unter massiven Druck. So forderte eine sansculot-
tische Abordnung angesichts der Teuerung des Brots
(vgl. S. 73) vor dem Konvent am 12. Februar 1793: „Es
genügt nicht, wenn ihr erklärt habt, daß wir französische Republikaner sind; das Volk muß zufrieden
sein; es muß Brot haben; denn wenn kein Brot mehr
da ist, gibt es auch keine Gesetze mehr, keine Freiheit
und auch keine Republik!" (vgl. auch M 1, S. 64)

6 Großkaufleute und Sansculotten
Jacques René Hébert, einer der Fürsprecher der
Sansculotten, gehörte zu der radikalen Gruppe
der „Enragés" (Die Rasenden). In Nr. 279 der
Zeitung „Père Duchesne" (September 1793)
schrieb er:
„Das Vaterland, verdammt noch mal: die Großkaufleute haben keins. Solange sie glaubten, daß
ihnen die Revolution von Nutzen sei, waren sie
mit von der Partie. Sie haben den Sansculotten
die Hand gereicht, um Adel und Parlamente zu
vernichten. Das war aber, um sich selber an die
Stelle der Aristokraten zu setzen. Seit es nun
keine Aktivbürger mehr gibt, seit der ärmste
Sansculotte über die gleichen Rechte verfügt
wie der reichste Steuereinnehmer, haben alle
diese Scheißkerle ihre Kittel gewendet und setzen Gott und die Welt in Bewegung, um die Republik zu zerstören. Sie haben alle Nahrungsmittel, alle Bedarfsgüter gehortet, um sie uns
zum Gewicht des Goldes zurückzuverkaufen
oder uns die Hungersnot zu bringen."
(Zit. nach: W. Markov, A. Soboul, 1789. Die
Große Revolution der Franzosen, Berlin 1973,
S. 303)

7 Die 2. Erklärung der Menschen- und Bür-
gerrechte
Die republikanische Verfassung von 1793 ent-
hielt u. a. folgende Artikel:
„Art. 1. Das Ziel der Gesellschaft ist das Ge-
meinwohl. Aufgabe der Regierung ist es, dem
Menschen den Genuß seiner unverjährbaren
Naturrechte zu gewährleisten.
Art. 2. Diese Rechte sind Gleichheit, Freiheit,
Sicherheit, Eigentum.
Art. 5. Alle Bürger haben in gleicher Weise Zu-
gang zu den Beamtenstellen …
Art. 19. Niemand kann ohne seine Einwilli-
gung des geringsten Teils seines Besitzes be-
raubt werden, wenn es keine öffentliche … Not-
wendigkeit erfordert und unter der Bedingung
einer gerechten … Entschädigung.
Art. 21. Die öffentliche Unterstützung ist eine
heilige Schuld. Die Gesellschaft muß für den
Unterhalt der unglücklichen Bürger sorgen …
Art. 35. Wenn die Regierung die Rechte des
Volkes verletzt, ist für das Volk und jeden Teil
des Volkes der Aufstand das heiligste seiner
Rechte und die unerläßlichste seiner Pflichten."
(I. und P. Hartig, a. a. O., S. 86 ff.)

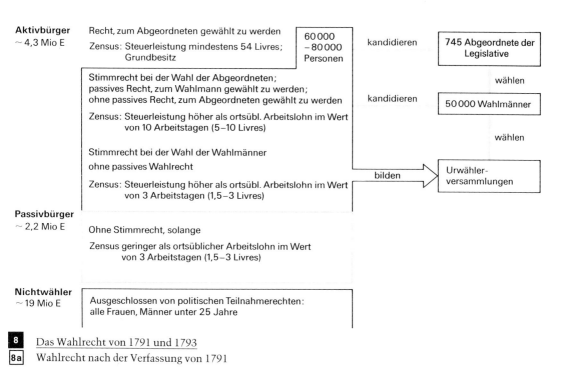

Aktivbürger ~ 4,3 Mio E	Recht, zum Abgeordneten gewählt zu werden	60 000 –80 000 Personen	kandidieren →	745 Abgeordnete der Legislative
	Zensus: Steuerleistung mindestens 54 Livres; Grundbesitz			

Stimmrecht bei der Wahl der Abgeordneten; passives Recht, zum Wahlmann gewählt zu werden; ohne passives Recht, zum Abgeordneten gewählt zu werden

kandidieren → 50 000 Wahlmänner · wählen

Zensus: Steuerleistung höher als ortsübl. Arbeitslohn im Wert von 10 Arbeitstagen (5–10 Livres)

Stimmrecht bei der Wahl der Wahlmänner

ohne passives Wahlrecht

Zensus: Steuerleistung höher als ortsübl. Arbeitslohn im Wert von 3 Arbeitstagen (1,5–3 Livres)

bilden → Urwählerversammlungen

Passivbürger ~ 2,2 Mio E

Ohne Stimmrecht, solange

Zensus geringer als ortsüblicher Arbeitslohn im Wert von 3 Arbeitstagen (1,5–3 Livres)

Nichtwähler ~ 19 Mio E

Ausgeschlossen von politischen Teilnahmerechten: alle Frauen, Männer unter 25 Jahre

8 Das Wahlrecht von 1791 und 1793

8a Wahlrecht nach der Verfassung von 1791

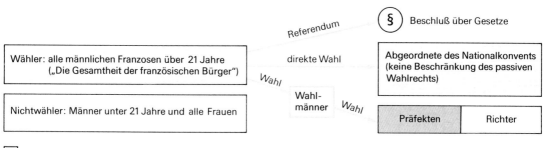

8b Wahlrecht nach der Verfassung von 1793

---

a) *Gegen welche Bestrebungen wendet sich Vergniaud? (M 4a) – Welche Position vertritt demgegenüber Robespierre? (M 4b) – Inwiefern sind beide Texte programmatisch für die politischen Standorte der Girondisten bzw. der Montagnards? Berücksichtige hierbei auch die langfristige Entwicklung, wie sie sich z. B. aus dem Schaubild M 3 ergibt.*

b) *Welche gesellschaftlichen Spannungen werden in dem Artikel des „Père Duchesne" sichtbar? Inwiefern ist dieser Artikel – auch sprachlich – typisch für die Sansculotten? (M 6) – Vergleiche dazu auch die Bilder M 1 und M 5.*

c) *Die Getreideknappheit und der Brotpreis wurden als „Fieberthermometer der Revolution" bezeichnet. Untersuche unter diesem Aspekt den Text M 6 und das Bild M 1.*

d) *Vergleiche die Erklärung der Menschen- und Bürgerrechte und das Wahlrecht von 1793 mit den entsprechenden Verlautbarungen aus den Jahren 1789 und 1791 und stelle Gemeinsamkeiten und Unterschiede fest. Wie kannst Du die Unterschiede erklären? (M 7 und M 8; S. 68, M 7)*

Arbeitsvorschläge und Fragen

6. Die Herrschaft des Schreckens

Der Wohlfahrts-ausschuß

Um den Kampf gegen den äußeren und den inneren Feind wirksam zu organisieren, wurden im Frühjahr 1793 vom Konvent verschiedene Ausschüsse gebildet. Der wichtigste war der *Wohlfahrtsausschuß*. Er setzte sich aus neun vom Konvent gewählten Vertretern zusammen. Seine Beschlüsse, besonders die zur allgemeinen Verteidigung, mußten unverzüglich ausgeführt werden. Am 10. Oktober erhielt der Wohlfahrtsausschuß *diktatorische Vollmachten:* Alle politischen und militärischen Gremien wurden seiner Überwachung unterstellt.

Die „Levée en masse"

Im Sommer 1793 wurde die Lage immer kritischer; Wohlfahrtsausschuß und Konvent erließen auf den Druck der Sansculotten am 23. August das Dekret über ein *allgemeines Volksaufgebot* („Levée en masse"). Damit wurden alle Kräfte für die Verteidigung der Nation mobilisiert. Im Kampf „gegen die Tyrannen" erwachte das französische *Nationalgefühl*.

Der Beginn der Schreckensherrschaft

Die anhaltende Dürre des Sommers 1793 verschlimmerte die Versorgungslage; viele Mühlen konnten wegen der niedrigen Wasserstände kein Getreide mahlen.

1 Die revolutionäre Situation Frankreichs 1792–1794

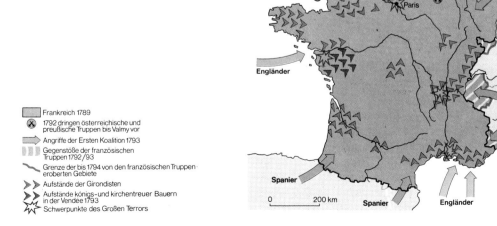

- ▨ Frankreich 1789
- ⊗ 1792 dringen österreichische und preußische Truppen bis Valmy vor
- ⇨ Angriffe der Ersten Koalition 1793
- ▯▯▯ Gegenstöße der französischen Truppen 1792/93
- ⌇ Grenze der bis 1794 von den französischen Truppen eroberten Gebiete
- ≫ Aufstände der Girondisten
- ≫ Aufstände königs- und kirchentreuer Bauern in der Vendée 1793
- ⚡ Schwerpunkte des Großen Terrors

In Paris forderten demonstrierende Sansculotten vom Konvent, zur *Bekämpfung der Notlage* „den Terror auf die Tagesordnung zu setzen." Geschickt nutzte der Wohlfahrtsausschuß, dessen führendes Mitglied seit Juli 1793 Robespierre war, den Volkszorn, um vom Konvent eine Reihe harter *Revolutionsgesetze* zu erzwingen. Am 17. September wurde das „Gesetz über die Verdächtigen" erlassen. Der Begriff „Verdächtige" war so weit gefaßt, daß mit dem Gesetz alle Gegner der Revolution getroffen werden konnten. Die Zeit des großen *Terrors*, die Schreckensherrschaft, begann. Im Herbst 1793 stieg die Zahl der Pariser Gefängnisinsassen von 1500 auf über 4500 an. Von 395 Angeklagten wurden vom *Revolutionstribunal* 177 zum Tod durch die Guillotine verurteilt. In den aufständischen Provinzen ließen Revolutionskommissare die Rebellen zu Tausenden hinrichten.

Als der Konvent Anfang September einen Höchstpreis für Getreide festsetzte, empfanden dies die Sansculotten als unzureichend. Demonstrationen vor Pariser Bäckerläden und Petitionen an den Konvent führten schließlich zur *Abkehr von der freien Wirtschaft*. Am 29. September 1793 erließ der Konvent das „Gesetz über das allgemeine Maximum". In ihm wurden *Höchstpreise für alle Grundnahrungsmittel* und wichtige Bedarfsartikel sowie *Höchstlöhne* festgelegt. Verstöße gegen dieses Gesetz wurden hart bestraft. Allerdings konnte nicht verhindert werden, daß der Schwarzmarkt blühte.

Das „Gesetz über das allgemeine Maximum"

Die ersten *Erfolge der Konzentration aller Kräfte* durch die revolutionäre Diktatur zeigten sich im Spätherbst 1793. Dank der „Levée en masse", der erhöhten Waffenproduktion in staatlichen Fabriken und der Sicherung der Versorgung der Truppen gelang es, den *Aufstand in der Vendée* und die *girondistischen* Rebellionen in den Provinzstädten blutig niederzuwerfen. Gleichzeitig drängten die Volksheere an allen Fronten die feindlichen Armeen zurück.

Die Lage entspannt sich

Als sich die Lage entspannte, brach die Einheitsfront der Revolutionäre auseinander. Die *Anhänger Héberts* entfesselten einen fanatischen Kampf gegen die „heuchlerischen Gottesdienste" und forderten eine Verschärfung des Terrors, besonders gegen diejenigen, die gegen das Maximum-Gesetz verstießen. Sie bedrohten die Machtposition Robespierres im Wohlfahrtsausschuß ebenso wie die *„Gemäßigten"* unter *Danton*, die sich gegen eine Fortführung der Schreckensherrschaft wandten. *Robespierre* ging mit äußerster Härte gegen beide Gruppen vor. Im März und April 1794 wurden ihre Führer guillotiniert.

Die revolutionäre Front bricht auseinander

Robespierre wollte den endgültigen Sieg über die „Feinde der Republik" erringen. Am 10. Juni 1794 wurden Verteidigung und Voruntersuchung bei Prozessen abgeschafft. Das Revolutionstribunal hatte nur noch die Wahl zwischen *Freispruch und Todesurteil*. Doch die Siege der Revolutionsarmeen im Sommer 1794 und diese Verschärfung des Terrors stärkten die *Opposition*. Am 9. Thermidor des Jahres II (27. 7. 1794) klagte eine Gruppe von Verschwörern – überlebende Girondisten, Hébertisten und Dantonisten – Robespierre der Tyrannei an und ließ ihn und 21 seiner engsten Mitarbeiter verhaften. Ohne Prozeß wurden sie am folgenden Tag unter dem Jubel der Volksmenge *hingerichtet*. Die *Schreckensherrschaft* war *beendet*. Sie hatte insgesamt ca. 40 000 Opfer gefordert.

Höhepunkt und Ende der Schreckensherrschaft

Um Ruhe, Rechtssicherheit und Ordnung wiederherzustellen, verabschiedete der Konvent 1795 die Direktorial-Verfassung. Die Staatsgewalten wurden streng getrennt. Ein Kollegium von *fünf Direktoren* hatte die *Exekutive* inne. *Zwei Kammern*, der Rat der Alten und der Rat der 500, übten die *Legislative* aus. Das Wahlrecht wurde wieder auf die Besitzenden beschränkt. Die neue Regierung stützte sich auf das *wohlhabende Bürgertum*.

Das Direktorium

2 Das Revolutionstribunal. Das Revolutionstribunal wurde am 10. März 1793, einen Tag nach dem Ausbruch des Vendée-Aufstandes, auf Vorschlag Dantons errichtet. Es war ein Sondergerichtshof ohne jede Berufungs- und Revisionsmöglichkeit. (Gouache [Wasserfarbenmalerei] von Le Sueur)

3   Die Krise der Revolution (1793/94)

	Ereignisse	Maßnahmen des Konvents und des Wohlfahrtsausschusses
1793		
Feb.	1. Koalitionskrieg; französische Niederlagen in Belgien	Einrichtung der revolutionären Überwachungsausschüsse durch den Konvent
März	Beginn der royalistischen Aufstände in der Vendée	Einrichtung des Revolutionstribunals
April	Teuerungswelle und Versorgungskrise	Einrichtung des Wohlfahrtsausschusses Zwangskurs für die Assignaten Zwangsanleihe bei den Wohlhabenden
Mai		Höchstpreisgesetz für Getreide und Mehl
Juni	Beginn der girondistischen Aufstände	
Juli	weiteres Vorrücken der Koalitionsarmeen und Ausweitung der Aufstände	
August	Besetzung Toulons durch die Engländer	Dekret über das Massenaufgebot („Levée en masse")
Sept.	Verschärfung der Wirtschaftskrise und der Hungersnot; Massendemonstration der Sansculotten	„Gesetz über die Verdächtigen" allgemeines Höchstpreisgesetz („Großes Maximum")
Dez.	Rückeroberung Toulons und Zurückschlagung der Invasionsarmeen; Niederschlagung der inneren Aufstände	
1794		
Feb.	Fortdauern der wirtschaftlichen Notlage	Enteignung der Güter von Verdächtigen
März/ April	Opposition von radikalen bzw. gemäßigten Jakobinern gegen Robespierre	Beihilfen für Bedürftige, Kinder und Alte Hinrichtung der Oppositionsführer
Mai	Sieg der französischen Nordarmee in Flandern	Gesetz über die soziale Sicherung der Bedürftigen
Juni	Sieg der französischen Armeen bei Fleurus (Belgien)	Verschärfung der Terrorgesetze (Abschaffung der Verteidigung, Urteil nur noch Freispruch oder Todesstrafe)
Juli		Verhaftung und Hinrichtung Robespierres

4 Die „Levée en masse"

Als im Sommer 1793 eine deutliche Verschlechterung der inneren und äußeren Lage der Republik eintrat, verabschiedete der Konvent das Dekret vom 23. August 1793:

„Vom heutigen Tage an bis zu dem Tage, an dem die Feinde vom Boden der Französischen Republik vertrieben sein werden, sind alle Franzosen dauernd zum Wehrdienst verpflichtet. Die jungen Männer ziehen in den Kampf; die Verheirateten schmieden Waffen und tragen Lebensmittel herbei; die Frauen fertigen Zelte und Kleider und dienen in den Lazaretten; die Kinder zerreißen altes Leinen zu Verbandsstoff; die Greise lassen sich auf die öffentlichen Plätze tragen, um den Mut der Krieger anzuspornen, sie mit Haß gegen die Könige und Liebe zur Einheit der Republik zu erfüllen.

Niemand kann sich in dem Dienst, zu dem er eingezogen wird, vertreten lassen. Die Aushebung wird allgemein sein; die Bürger, die nicht verheiratet sind, sowie kinderlose Witwer im Alter von 18 bis 25 Jahren werden zuerst marschieren …"

(Histoire parlementaire XXVIII, S. 469f.; übers. v. P. Hartig)

5 Robespierre über den Terror

Am 5. Februar 1794 hielt Robespierre vor dem Konvent eine programmatische Rede zur Rechtfertigung der Schreckensherrschaft:

„Welches Ziel also streben wir an? Den friedlichen Genuß der Freiheit und Gleichheit … Wir wollen eine Ordnung der Dinge, in der alle niederen und grausamen Leidenschaften unbekannt sind, wo aber zu allen wohltätigen und großherzigen Leidenschaften gesetzlich aufgefordert wird, … wo Unterschiede nur aus der Gleichheit selbst hervorgehen, wo der Bürger der Obrigkeit, die Obrigkeit dem Volke und das Volk der Gerechtigkeit unterworfen ist, wo das Vaterland das Wohlergehen eines jeden einzelnen sichert, … wo der Handel die Quelle des öffentlichen Reichtums bildet, und nicht nur des ungeheuren Überflusses einiger weniger Familien …

Welche Regierungsform kann solche Leistungen überhaupt hervorbringen? Einzig und allein eine demokratische oder republikanische, denn diese beiden Begriffe bedeuten dasselbe …

Das Grundprinzip der demokratischen oder Volksregierung bzw. ihre wesentliche Triebfeder … ist die Tugend. Ich meine hier die öffentliche Tugend …; eine Tugend nämlich, die nichts anderes als die Liebe zum Vaterland und seinen Gesetzen ist … 25

Hier könnte die Darlegung meiner Grundsätze enden, wenn das Schiff der Republik in ruhigem Wasser gleiten könnte, doch der Sturm grollt und der Stand der Revolution legt euch eine andere Aufgabe auf … 30

Wenn die Aufgabe der Volksregierung im Frieden die Tugend ist, so ist die Triebkraft der Volksregierung in der Revolution die Tugend und der Terror. Ohne Tugend ist der Terror verheerend, und die Tugend ist ohne den Terror 35 machtlos. Der Terror ist nichts anderes als ein schnelles, strenges und unerbittliches Gericht … Er ist nicht als besonderes Prinzip zu sehen, sondern als eine Folge des allgemeinen Prinzips der Demokratie, angewendet auf die dringend- 40 sten Bedürfnisse des Vaterlands …

Bezwingt die Feinde der Freiheit durch Terror, und ihr habt recht … Die Revolutionsregierung ist der Despotismus der Freiheit gegen die Tyrannis …" 45

(Zit. nach: Geschichte in Quellen, Bd. 4, S. 392f.)

6 Maximilien Robespierre (1758–1794), Rechtsanwalt aus Arras, war Mitglied der Generalstände, aller Nationalversammlungen, Wortführer im Jakobinerklub und einer der Verantwortlichen für die Schreckensherrschaft. (Zeitgenössisches Gemälde, anonym)

7 Massenexekution auf dem „Platz der Revolution". Die Guillotine, das Fallbeil, wurde auf den Rat des Arztes Guillotin als „humane" Hinrichtungsmaschine 1792 eingeführt. Unter ihr starben Ludwig XVI., Königin Marie-Antoinette, führende Politiker wie Brissot, Hébert, Danton und Robespierre. (Gemälde aus der Werkstatt von P. A. de Machy)

Arbeitsvorschläge und Fragen

a) Beschreibe die Lage, in der sich Frankreich 1793 und 1794 befand. Ziehe dazu die Übersicht (M 3) und die Karte (M 1) heran. – Welche Zusammenhänge bestehen zwischen der jeweiligen Lage und den Aktivitäten des Konvents und des Wohlfahrtsausschusses?

b) Wie erklärst Du das allumfassende Ausmaß des Dekretes über die „Levée en masse"? (M 4) – Beurteile den Grundsatz der Zwangsverpflichtung aller Angehörigen des Volkes zum Dienst für das Volk. Welche Folgen hatte das Dekret?

c) Wie rechtfertigt Robespierre in seiner Rede die Schreckensherrschaft? (M 5) – Achte dabei besonders darauf, welche Begriffe Robespierre verwendet und wie er sie miteinander verknüpft oder gegeneinandersetzt. Bestimme die Schlüsselbegriffe.

– Wie schlüssig ist seine Rechtfertigung?

– Welches eigentliche politische Ziel verfolgt Robespierre? Warum kann dieses Ziel in der damaligen Situation nicht erreicht werden?

– Wie verträgt sich „der Despotismus der Freiheit" mit dem ursprünglichen Anspruch der Revolutionäre, gegen die Despotie (Gewaltherrschaft) anzutreten?

d) Welche Aussageabsicht hat das Bild „Revolutionstribunal"? (M 2) – Was weicht von einer normalen Gerichtsverhandlung ab?

e) Beschreibe das Bild „Massenexekution". (M 7) – Achte vor allem auf die Zuschauer.

f) Wie läßt sich der Druck der Volksmassen, besonders der Sansculotten, in der radikalen Phase der Revolution (1793–1794) erklären?

g) Die Französische Revolution durchläuft verschiedene Phasen: Nenne die Phasen und die revolutionären Ziele, die jeweils angestrebt wurden. Welche Gruppen waren jeweils Träger der Revolution, wer war jeweils der Sieger?

h) Die Französische Revolution wird als „bürgerliche Revolution" bezeichnet. Versuche diesen Begriff zu erklären.

7. Napoleon errichtet in Frankreich sein Kaisertum

1795 _____	Der junge Brigadegeneral Bonaparte läßt in den Straßen von Paris einen Aufstand der Royalisten (Königsanhänger) mit Kanonen zusammenschießen.
1799 _____	Nach dem Sturz des Direktoriums wird **Napoleon Erster Konsul.**
1804 _____	Durch Volksabstimmung errichtet Napoleon sein Kaisertum.

In Paris zeigte sich rasch, daß sich die bedrängte Lage der Menschen in der Republik nach dem Tod *Robespierres* unter der Guillotine nicht besserte. Zwar war im *Frieden von Basel* (1795) *Preußen* als Kriegsgegner ausgeschieden, doch *Österreich* stand noch in Norditalien gegen Frankreich im Feld, und *englische Fregatten* blockierten die französischen Häfen. Die *Lebensmittelpreise* stiegen ins Unerschwingliche, so daß von der Pariser Bevölkerung bald berichtet wurde: „Die Öffentlichkeit interessiert sich weder für die Gesetze noch für die Verfassung, sie will nur Brot." Die dünne *Schicht vermögender Bürger* widmete sich ihren Geschäften und Vergnügungen. Sie trugen wieder elegante Roben und kostbaren Schmuck zur Schau; Theater und Festgesellschaften zeigten den gleichen Glanz wie vor der Revolution. Die bisher versteckt lebenden *Königsanhänger (Royalisten)* riefen nach einem König. Es schien, als stehe der Wiederaufrichtung der Monarchie und der Rückkehr des (in Koblenz im Exil wartenden) Bruders Ludwigs XVI. nichts mehr im Wege.

Die Königsanhänger kehren zurück

Am 5. Oktober 1795 rückten 8000 Royalisten bewaffnet gegen das Konventsgebäude vor. Im Augenblick höchster Not war es die Armee, die das Direktorium rettete und zugleich von sich abhängig machte. Ein junger Revolutionsgeneral hatte 40 Kanonen auffahren lassen, und im Kartätschenhagel brach der Aufstand zusammen. Der Name dieses Offiziers war *Napoleon Bonaparte*. Der

Kanonen gegen Royalisten

1 Der Aufstand der Königsanhänger bricht am 5. Oktober 1795 im Feuer von Kanonen zusammen. (Stich von Helman nach C. Monnet)

2 Die Französische Republik und ihre Gegner: Eroberungen und Tochterrepubliken 1792–1799

Legende:

⬤ Erste Koalition gegen Frankreich 1793–1797

◑ 1795 aus der Koalition ausgeschiedene Staaten

▶ 1792/93 französisch erobert,1797 rechtlich zu Frankreich

◀ 1796 französisch erobert,1798/1802 zu Frankreich

0 _____ 500 km

1 Batavische Republik 1795

2 Ligurische Republik 1797

3 Cisalpinische Republik 1797

4 Helvetische Republik 1798

5 Römische Republik 1798

6 Parthenopeische Republik 1799

Österreichische Gebietsverluste 1797

Österreichische Erwerbungen 1797

Grenze Polens 1772

☆ Freiheitskampf Polens (Kosciuszko 1794)

Gebiete,die Preußen,Österreich und Rußland 1793/95 bei der 2. bzw. 3.Teilung Polens erhielten

gebürtige Korse hatte in den Revolutionskriegen eine steile Karriere gemacht. Vor Toulon hatte er sich gegen die Engländer so ausgezeichnet, daß er vom Hauptmann zum Brigadegeneral befördert wurde. Seinen Ehrgeiz und seinen Machtwillen kennzeichnete sein Vorgesetzter in einem Brief: „Wenn man gegen ihn undankbar wäre, würde dieser Offizier sich selbst befördern."

Bonaparte stürzt das Direktorium

Bonaparte erhielt den Oberbefehl über die Truppen in Italien und besiegte die *Österreicher*. Bei seinen Soldaten machte er sich als „petit caporal" („kleiner Gefreiter") beliebt, indem er wie einer von ihnen ihre Not und Gefahr teilte. Wien mußte im Frieden von *Campo Formio* (1797) alle Gebiete links des Rheins an Frankreich abtreten. Als Kommandeur eines Expeditionsheeres siegte Napoleon über die Engländer in *Ägypten* zu Lande, doch versenkte die britische Flotte seine Schiffe. Er entkam und erreichte Paris, als die Gegner England, Österreich, Rußland, Portugal und Neapel eine *2. Koalition gegen die Republik* zustande gebracht hatten (1798). Für das Volk erschien *Napoleon als Retter*. Mit der ihm ergebenen Armee verjagte er in einem *Staatsstreich* (18. Brumaire = 9. Nov. 1799) das Direktorium.

1799

Drei Konsuln übernahmen die Staatsführung, doch lag die wirkliche Macht in den Händen des *Ersten Konsuls*, Napoleons, der zunächst auf 10 Jahre, dann auf Lebenszeit in dieses Amt gewählt wurde. Die neue Verfassung wurde nachträglich durch *Volksabstimmung* mit 3 012 569 Ja-Stimmen gutgeheißen; 1562 Wähler hatten mit „Nein" gestimmt. Vor der Nationalversammlung setzte Napoleon fest: *„Die Revolution ist beendet."*

Napoleon regiert als Erster Konsul diktatorisch

Die Zustimmung war deshalb so groß, weil er dem Wunsch des Volkes nach Ruhe entgegenkam: Die durch die Revolution geschaffene *Neuverteilung des Besitzes* blieb unangetastet. Die Bauern behielten das enteignete Land der Feudalherren, die Güter der geflohenen Adligen besaßen die bürgerlichen Käufer zu Recht. Ein *Konkordat* (1801) brachte einen Ausgleich mit dem Papst. Seit 1802 wurde sogar den *Emigranten* die Rückkehr gestattet; sie hatten ihre Güter verloren, dafür winkten ihnen jetzt Karrieren in Staat und Armee. So wurden sie dem neuen Machthaber Bonaparte verpflichtet, in dessen Hand sämtliche Fäden der Verwaltung zusammenliefen, der alles persönlich kontrollierte. Die Presse unterlag strenger *Zensur*. Wer sich, wie manche alte Jakobiner, nicht einfügte, wurde deportiert. Eine *Diktatur* war errichtet.

In den Departements wurde die *Selbstverwaltung* abgeschafft; die Leitung erhielten von Napoleon ernannte *Präfekten*. Durch ein straffes Steuersystem wurde der *Staatshaushalt* gefestigt; die 1800 gegründete Banc de France erhielt das Währungsmonopol. Einheitliche Münzen, Maße und Gewichte, vor allem aber ein einheitliches Zivilrecht (*Code civil*, 1804) erfüllten Grundforderungen der Revolution nach Gleichheit und persönlicher Freiheit der Bürger; als *Code Napoléon* wurde das Rechtsbuch später über halb Europa verbreitet und blieb in Deutschland links des Rheins bis 1900 in Gebrauch.

Alles in Frankreich war auf die Person Napoleons zugeschnitten, so daß ihm nur noch eine Krone fehlte. Wiederum durch eine Volksabstimmung wandelte er 1804 Frankreich in ein *Erbkaiserreich (Empire)* um und setzte sich in einem feierlichen Krönungsakt in Notre-Dame in Anwesenheit des Papstes Pius VII. selbst die Kaiserkrone aufs Haupt. Die Salbung durch den Papst unterstrich Napoleons Anspruch, in die Nachfolge Kaiser Karls des Großen einzutreten.

Napoleons Kaisertum und die alten Monarchien Europas

Die alten Monarchien Europas schauten zunächst geringschätzig auf den Emporkömmling herab, der sich später – als Herrscher über halb Europa – als *„Sohn des Glücks"* bezeichnete: „Meine Herrschaft überdauert den Tag nicht, an dem ich aufgehört habe, stark und folglich gefürchtet zu sein" (zu Fürst Metternich, 1813). Von seiner Frau Josephine Beauharnais ließ Napoleon sich scheiden, um die *österreichische Kaisertochter* Marie Louise zu heiraten (1810) und damit in die Reihe der alten Dynastien Europas einzurücken.

Empire (von lat. imperium = Reich. vgl. frz. empereur von lat. imperator = Kaiser): Der Begriff bezeichnet zugleich das Kaiserreich Napoleons und den Mode- und Kunststil der Zeit, der sich an die Formensprache der Antike anlehnte. Von der Baukunst dieser Zeit *(Klassizismus)* sind auch in Deutschland viele Zeugnisse erhalten (z. B. das Brandenburger Tor in Berlin; die evangelische Stadtkirche in Karlsruhe; das Schloß Rosenstein in Stuttgart).

3 Stationen auf dem Lebensweg Napoleon Bonapartes

1769 Napoleon wird als Sohn eines Advokaten in Ajaccio/Korsika geboren.

1793 Er steigt zum Brigadegeneral der Revolution auf.

Bis 1797 Seine Siege stützen das Direktorium.

1799 Durch einen Staatsstreich wird er Erster Konsul.

1802 Durch Volksabstimmung wird er „Konsul auf Lebenszeit".

1804 Eine erneute Volksabstimmung bestätigt ihn als „Kaiser der Franzosen" und begründet eine Erbmonarchie.

1808 Der Fürstentag von Erfurt zeigt Napoleon auf dem Höhepunkt der Macht und Anerkennung.

1810 Heirat mit der österreichischen Kaisertochter Marie-Louise.

1814 Napoleons Sturz. Er erhält Elba als Fürstentum.

1815 Rückkehr nach Paris, „Herrschaft der hundert Tage"; nach der Niederlage von Waterloo: Verbannung nach St. Helena.

1821 (5. Mai) Tod. – Heute Gruft im Invalidendom/Paris.

5 Napoleon (Unvollendetes Gemälde von J. L. David)

4 Napoleons Lebenslauf. Kolorierte Radierung nach einer deutschen Karikatur aus der Zeit nach der Völkerschlacht bei Leipzig (1813, vgl. S. 99).

6 Beschränkung der Pressefreiheit

Ein Gesetz vom 17. Januar 1800 bestimmte:

„Ab sofort sind alle Zeitungen zu verbieten, deren Artikel der Achtung vor der Verfassung, vor der Volkssouveränität und vor dem Ruhm der Armee widersprechen. Das Verbot richtet sich auch gegen Zeitungen, die Angriffe gegen Regierungen und Nationen veröffentlichen, die mit der Republik befreundet oder verbündet sind."

7 Das Kaisertum – der „wahre Wunsch der Nation"?

François Joubert, Abgeordneter und Vertrauter Napoleons, sagte in einer Rede (Mai 1804):

„Wie ergriffen waren wir, als am 10. November 1799 der Retter Frankreichs die denkwürdigen Worte vernehmen ließ: ‚Die Revolution ist an die Grundsätze gebunden, mit denen sie begonnen hat.' Was wollten wir 1789? Das Eingreifen unserer Vertreter bei der Festlegung der Steuern, die Abschaffung des Feudalsystems, die Vernichtung jeglicher für die moralischen und intellektuellen Kräfte beleidigenden Unterscheidungen, die Beseitigung der Mißbräuche, die Pflege aller freiheitlichen Gedanken, die Garantie für den Wohlstand im Inneren und für unsere Achtung im Ausland: das sind die wahren Wünsche der Nation gewesen, und alle Franzosen hatten gespürt, daß sich diese Wünsche nur mit einer Erbdynastie ... verwirklichen ließen ... [Napoleon Bonaparte] gibt dem Kontinent den Frieden ... Ja, wer könnte all die Wunder nennen, die er seit seinem Aufstieg zum Konsulat vollbracht hat ... All diese Leistungen werden den kommenden Jahrhunderten die tiefe Ergebenheit erklären, von der die Franzosen für Napoleon Bonaparte durchdrungen sind, so

auch die Zeugnisse der Liebe, die ihm die Nation entgegenbringt, diesen so stark ausgesprochenen Wunsch: daß jener, dem die Republik so großen Ruhm und große Wohltaten verdankt, einwilligen möge, ihr Kaiser genannt zu werden und die ausführende Gewalt in seiner Familie festzulegen."

(Le Moniteur universel, 2. Mai 1804, Nr. 223, S. 1011)

8 Grundsätze des Herrschens aus Napoleons Sicht

8a Aus einem Gespräch mit einer Hofdame (1804):

„Die Freiheit ist nur ein Vorwand. Die Gleichheit ist euer Steckenpferd, und das Volk ist zufrieden, einen Mann zum Fürsten gewählt zu haben, der aus den Reihen der Soldaten hervorging. Männer wie der Abbé Sieyès ... können immerhin schreiben: Despot! Meine Macht wird stets populär bleiben. Ich habe heute das Volk und die Armee für mich; wer unter solchen Bedingungen nicht regieren könnte, wäre sehr dumm."

(Zit. nach: Gespräche mit Napoleon, hrsg. v. F. Sieburg, München 1962, S. 85 f.)

8b In einer Weisung Kaiser Napoleons an den französischen Gouverneur von Kurhessen (1806) heißt es:

„Entwaffnen Sie das Land durchaus, daß nicht eine Kanone, nicht eine Flinte darin bleibe. Im übrigen kann man das Land mit Milde behandeln, allein, wenn sich die geringste Bewegung irgendwelcher Art zeigt, geben Sie ein fürchterliches Beispiel. Das erste Dorf, welches sich muckst, soll geplündert und verbrannt werden."

a) Mit welchen Mitteln gelangte Napoleon zur Herrschaft?

b) Wie verstehst Du Napoleons Ausspruch „Die Revolution ist beendet!" und Jouberts Deutung der Revolution von 1789? (M 7)

c) Worin erblickte Napoleon die Stützen seiner Macht? (M 8 a, 8 b)

d) Wie sind die Rollen Napoleons und des Papstes in Davids Krönungsgemälde zu deuten? (S. 55, M 3) – Vergleiche damit die Krönung Karls des Großen.

e) Erläutere, wie der Karikaturist Napoleons Lebensweg sieht. (M 4, vgl. M 3)

Arbeitsvorschläge und Fragen

8. Das Heilige Römische Reich zerfällt

1797/1801	Mit den Frieden von Campo Formio und Lunéville gewinnt Napoleon Norditalien und das linke Rheinufer.
1803	Im sog. *Reichsdeputationshauptschluß* werden die Kirchengüter im Reich verstaatlicht und die kleinen reichsfreien Herrschaften einem Fürstentum unterstellt.
1805	Napoleon beherrscht nach dem Sieg von Austerlitz den Kontinent, verliert aber bei Trafalgar seine Flotte gegen England und damit die Herrschaft zur See.
1806	**Der Austritt der Rheinbund-Staaten aus dem Reichsverband bedeutet zugleich das Ende des Reiches.** Der Sieg Napoleons bei Jena und Auerstedt besiegelt die Niederlage und Teilung Preußens. Die *Kontinentalsperre* soll England wirtschaftlich in die Knie zwingen.
1807	Der Frieden von Tilsit hebt Napoleon auf den Gipfel seiner Macht.

Die französische Republik setzt sich gegen die alten Mächte durch

Vergeblich hatten Truppen *Österreichs* und aus dem *Reich* versucht, die Revolution in Frankreich zu ersticken und einen Bourbonen auf den Königsthron zurückzuführen. Der russische Vorstoß zu weiteren *Teilungen Polens* lenkte das Interesse der Verbündeten zudem nach Osten, da sie bei der Aufteilung nicht zu spät kommen wollten. So gelang es den Armeen der Republik, bis zur *Rheinlinie* vorzustoßen (S. 84, M 2). 1792 wurde *Mainz* vorübergehend französisch, die erste deutsche *Republik* entstand nach jakobinischem Muster. Holland wurde erobert und zur „Batavischen Republik" erklärt (1795). Militärische Vorstöße in Süddeutschland und Italien zielten gegen Österreich, das nach 1795 allein stand; denn Preußen hatte im Sonderfrieden von Basel die Franzosen im Besitz des linken Rheinufers bestätigt und sich zurückgezogen. *England* beherrschte zwar die *Meere*, im Landkrieg gelang nur der Überfall auf *Toulon*, das die Revolutionstruppen dank des Hauptmanns der Artillerie Bonaparte bald zurückeroberten. Napoleons Siegeslauf begann. Im Frieden von Campo Formio mußte Österreich die Lombardei aufgeben und die *Rheingrenze* anerkennen. Die Revolution hatte sich nicht nur gegen die alten Mächte behaupten können, sondern Frankreich hatte auch sein Staatsgebiet vergrößert.

Eine Neuordnung des Reichs beginnt

Das *Freiheitsideal der Revolution* übte starke Wirkungen auf große Teile der gebildeten Deutschen (wie den Philosophen Kant oder die Dichter Wieland und Schiller) aus, aber auch auf den deutschen „Dritten Stand", besonders auf das *Bürgertum* der Handelsstädte längs des Rheins. Gesetze der Franzosen hoben in den besetzten Gebieten die Feudallasten, Zollgrenzen und Zunftordnungen auf und vereinheitlichten Gewichte, Maße und Münzen; dadurch wurden *Handel und Gewerbe* gefördert. Als Napoleon Köln besuchte, wurde er begeistert gefeiert. 1801 trat auch das Reich (im Frieden von Lunéville, der einen 2. Koalitionskrieg abschloß) das linke Rheinufer ab. Daraufhin beriet eine Reichskommission *(Reichsdeputation)* unter französischem Einfluß über die Entschädigung der Fürsten, die linksrheinisch Territorien verloren hatten. Das Ergebnis (der *Reichsdeputationshauptschluß, 1803)* war: Aller *Kirchenbesitz* wurde enteignet *(säkularisiert*, d.h. in weltliche Hand gegeben) und alle kleineren reichsfreien Herrschaften und Städte wurden einem größeren Nachbarstaat zugeschlagen. Sie unterstanden nur noch *mittelbar (Mediatisierung)* dem Kaiser. Nutznießer waren die *Fürsten am Rhein*. Dadurch wuchs ihr politisches

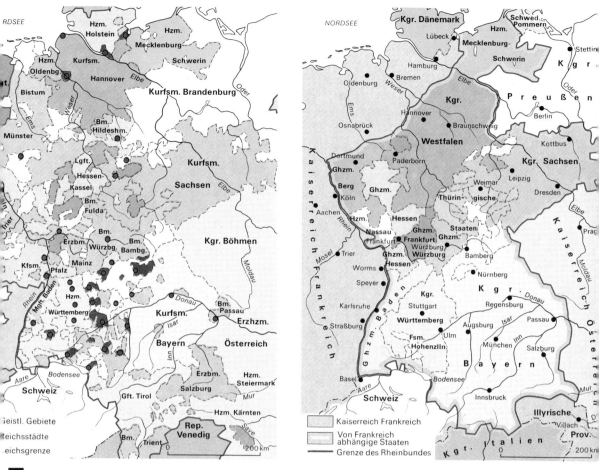

1 Die politische Gestalt Deutschlands vor (1790) und nach (1812) der Neuordnung durch Napoleon (1803/1806).

Gewicht, und Napoleon hatte sein Ziel erreicht, sie dem Reich zu entfremden. Für das *„Heilige Römische Reich Deutscher Nation"*, wie es seit dem 15. Jahrhundert hieß, waren die *geistlichen Fürstentümer* und die *reichsunmittelbaren* etwa 500 *Grafschaften, Reichsritterschaften* und *Reichsstädte* eine wichtige Stütze gewesen. Der habsburgische *Kaiser* war längst nur als der Interessenvertreter Österreichs erschienen, der seine *Hausmacht* über die Belange des Reichs gestellt hatte und keinen sicheren Schutz gegen Napoleon bot. Den *Fürsten im Westen* des Reiches erschien Frankreich als übermächtig; die Bevölkerung ihrer Länder war weithin für das fortschrittliche Frankreich eingenommen; daher suchten sie die enge *Bindung an Napoleon,* dem sie den Gebietszuwachs verdankten. Das galt besonders für das Land *Baden,* das erst um das Kerngebiet Baden-Durlach (Karlsruhe) neu gebildet worden war. Der aufgeklärte badische Markgraf Karl-Friedrich hatte schon früh mit Reformen begonnen. Über ihn sagte der Theologe und Philosoph Herder, er sei, „der beste Fürst, der vielleicht in Deutschland lebt". 1803 erhielt er die Kurwürde der aufgelösten Kurpfalz, 1806 heiratete der Kurprinz Karl die Adoptivtochter Napoleons, Stephanie.

1801 war die *„natürliche Grenze"* am Rhein in Lunéville festgeschrieben worden; 1802 hatte ein günstiger *Friede mit England* (Amiens) Frankreich eine Atempause geschaffen. Doch schon 1803 rückten französische Besatzungen in das säkularisierte rechtsrheinische Gebiet und in Hannover ein. Zeitweise liefen sogar Vorbereitungen für eine Invasion der britischen Insel. England, Öster-

Die Fürsten im Westen des Reiches orientieren sich an Frankreich

Der Rheinbund führt zum Ende des Heiligen Römischen Reiches

89

reich, Rußland und Schweden eröffneten daher 1805 einen *3. Koalitionskrieg*, um das europäische Gleichgewicht wiederherzustellen. Spanien und die süddeutschen Staaten kämpften für Napoleon, Preußen blieb neutral. Zwar konnte 1805 die englische Flotte unter Lord Nelson bei *Kap Trafalgar* die französische vernichten, aber Napoleons Sieg in der *Dreikaiserschlacht* bei Austerlitz (1805) entschied den Krieg. Französische Truppen zogen in Wien ein. Danach konnte Napoleon durchsetzen, daß 16 deutsche Fürsten sich zum „*Rheinbund*" zusammenschlossen und offiziell aus dem Reichsverband ausschieden. Bayern und Württemberg wurden zu Königreichen befördert, Baden, Hessen-Darmstadt und andere zu Großherzogtümern. Ein Ultimatum aus Paris bewog Kaiser Franz II., die deutsche *Kaiserkrone* niederzulegen; er behielt als Franz I. die *österreichische Kaiserwürde*, die er, vorausschauend, 1804 geschaffen hatte. Das Deutsche Reich hatte aufgehört zu bestehen.

Preußen mußte um seine westlichen Provinzen fürchten. Durch ein Bündnis mit Rußland ermutigt, erklärte es Napoleon den Krieg. Alleingelassen, wurde die militärisch veraltete *Armee Friedrichs des Großen* bei Jena und Auerstedt vernichtend *geschlagen* (1806). Die Berliner Bevölkerung nahm an Staatsdingen kaum noch inneren Anteil und befolgte den Aufruf des Stadtkommandanten, Ruhe zu bewahren. Am Abend des Zusammenbruchs ging man in die Oper. Der Hof floh nach Memel. Zar Alexander I. begann mit Napoleon zu verhandeln, und Preußen verlor im *Frieden von Tilsit* (Juli 1807) allen Besitz westlich der Elbe.

Schon in Berlin hatte Napoleon eine Handelssperre gegen England für alle europäischen Häfen verhängt. Der Zar mußte dieser *Kontinentalsperre* beitreten. Der Wille des Kaisers der Franzosen mußte nun auf dem ganzen Kontinent respektiert werden. Für alle Welt deutlich wurde dies auf dem *Fürstentag von Erfurt* (1808), wo Napoleon mit dem Zaren über die *Aufteilung der Welt in Interessensphären* sprach und wo ihm bedeutende Deutsche wie der Dichter Goethe Aufwartung machten.

1806

Die Niederlage Preußens

Kontinentalsperre. Napoleon diktiert Europa seinen Willen

2 Napoleons Einzug in Berlin, 27. Oktober 1806. (Stich nach einer Zeichnung von Ludwig Wolf)

Säkularisation (auch: Säkularisierung, von lat. saeculum = Zeitalter, Zeitlichkeit, Welt, weltlicher Bereich, Staat): Der Begriff bezeichnet die „Verweltlichung" theologischer Begriffe und religiösen Denkens durch die Aufklärung, aber auch die Enteignung von Kirchengut, die „Verstaatlichung" von Kirchenbesitz, die bereits im Mittelalter, in der Reformationszeit und vor allem während der Französischen Revolution vorgekommen war. „Säkularisierung" meint besonders die Vorgänge, die als Folgen der Frieden von Basel (1795) und Lunéville (1801) eintraten: die Aufhebung der Klöster, Stifte und Orden und die Beseitigung geistlicher Herrschaft.

3 Freiheitssehnsucht in Deutschland

Der Dichter Friedrich Schiller drückte 1804 in seinem Drama „Wilhelm Tell" den Freiheitsgedanken eines großen Teils des deutschen Bürgertums aus:

„Nein, eine Grenze hat Tyrannenmacht: / Wenn der Gedrückte nirgends Recht kann finden, / Wenn unerträglich wird die Last – greift er / Hinauf getrosten Mutes in den Himmel / Und holt herunter seine ew'gen Rechte, / Die droben hangen unveräußerlich / Und unzerbrechlich, wie die Sterne selbst – / ... / Zum letzten Mittel, wenn kein andres mehr / Verfangen will, ist ihm das Schwert gegeben – / Der Güter höchstes dürfen wir verteidigen / Gegen Gewalt – Wir stehn vor unser Land, / Wir stehn vor unsre Weiber, unsre Kinder!"

„Laßt uns den Eid des neuen Bundes schwören. / Wir wollen sein ein einzig Volk von Brüdern, / In keiner Not uns trennen und Gefahr. / – Wir wollen frei sein, wie die Väter waren, / Eher den Tod, als in der Knechtschaft leben. / – Wir wollen trauen auf den höchsten Gott / Und uns nicht fürchten vor der Macht der Menschen."

(F. Schiller, Wilhelm Tell, II,2; V. 1275–1288, V. 1447–1453)

4 Ein süddeutscher Fürst zwischen französischem Einfluß und alter Bindung an das Reich

Aus den privaten Papieren des Großherzogs Karl Friedrich von Baden (†1811):

„Das Volk oder die oberste Gewalt, in deren Hände die Rechte des Volks niedergelegt sind, ist allein vermögend, zu beurteilen, ob irgend eine Einrichtung mit dem gemeinen Besten übereinkomme. Ich sollte denken, die Staatsverwaltung hätte davor zu sorgen, daß das Volk instand gesetzt würde, selbst zu beurteilen, was ihm nützlich oder schädlich ist. ...

... Die Ausdrücke: Gut kaiserlich und nicht gut kaiserlich, gut preußisch und nicht gut preußisch, schicken sich vor einem patriotisch denkenden Reichsstand nicht. Gut deutsch, gut vor's Vaterland gesinnet sein, seine Obliegenheiten gegen Kaiser und Reich beobachten, alle Tyrannei, sie komme, von wem sie wolle, hassen und verabscheuen, zur Aufrechterhaltung der deutschen Freiheit ... Bündnisse sowohl mit seinen Mitständen als auswärtigen Mächten zu schließen ... sein Land als einen Staat ansehen, dessen Wohlfahrt und Ansehen auf alle mögliche, jedoch gesetzmäßige Art zu erhalten und zu befördern ist ... ist das Glaubensbekenntnis eines deutschen Reichsfürsten, welcher den Kaiser und sein Amt und Würde verehret und hochschätzet, vor seinen Mitständen die gebührende Achtung träget und dabei kennet, was er sich selbst, seinem Haus und seinen Untertanen schuldig ist."

(Aus Karl Friedrichs hinterlassenen Papieren, in ZGO, Bd. 26, 1911, S. 448 ff.; zit. nach: Quellenbuch z. badischen Geschichte seit d. Ausgang d. Mittelalters, hrsg. v. Karl Hoffmann, Karlsruhe / Leipzig 1913, S. 109–112)

5 Anschlag des Berliner Stadtkommandanten nach der preußischen Niederlage bei Jena und Auerstedt

Der König hat eine Bataille verlohren. Jetzt ist Ruhe die erste Bürgerpflicht. Ich fordere die Einwohner Berlins dazu auf. Der König und seine Brüder leben!

Berlin, den 17. October 1806.

Graf v. d. Schulenburg.

6 <u>Kontinentalsperre</u> (zeitgenössische französische Karikatur, etwa 1806/07)

7 Der Rheinbund

Aus der „Rheinischen Bundes-Acte" (12. 7. 1806):
Art. 1 Die Staaten [Bayern, Württemberg, Baden, Berg und Cleve, Hessen-Darmstadt, Hohenzollern und weitere kleinere Herrschaften] sollen für immer vom Gebiet des deutschen Reichs ge-
5 trennt bleiben und durch eine besondere Einigung unter dem Namen ‚Rheinische Bundesstaaten' verbunden werden ...
Art. 12 Se. Majestät der Kaiser der Franzosen soll als Protektor des Bundes proklamiert wer-
10 den ...
Art. 35 Zwischen dem fränkischen Reiche und den Staaten des Rheinischen Bundes insgesamt und einzeln besteht eine Allianz, welcher zu Folge jeder Kontinentalkrieg, in den einer verwickelt wird, unmittelbar allen übrigen gemeinschaftlich ist ...
Art. 38 Das von jedem Bundesgenossen im Fall eines Kriegs zu stellende Kontingent ist folgendermaßen bestimmt: Frankreich stellt 200 000 Mann von allen Waffengattungen; der König von Bayern 30 000; der König von Württemberg 12 000; der Großherzog von Baden 8000; der Großherzog von Berg 5000; der Großherzog von Darmstadt 4000.
Geschehen zu Paris, den 12. Juli 1806
(Zit. nach: Hoffmann, a. a. O., S. 97–99)

Arbeitsvorschläge und Fragen	*a) In welchen Etappen und aus welchen Gründen gewann Napoleon Einfluß in den deutschen Staaten?* *b) Welche Auswirkungen hatten der „Reichsdeputationshauptschluß" von 1803 auf Deutschland? (M 1)* *c) Erläutere die Auffassung Karl Friedrichs von Baden von seinem Beruf als Fürst. Vergleiche seine Vorstellung von Freiheit mit der Schillers. (M 3, M 4)* *d) Welche Stellung von Regierung und Bürger wird aus dem Aufruf von der Schulenburgs (1806) erschließbar? Welches Bewußtsein förderte dagegen die Französische Revolution? (M 5)* *e) Welches Interesse hatte Napoleon am Rheinbund, welches seine Mitglieder? (M 7)* *f) Welche Erwartung drückt die französische Karikatur zur Kontinentalsperre aus? (M 6) – In welchen Zugzwang brachte sich Napoleon durch die Sperrung des Kontinents? (S. 93, M 1)*

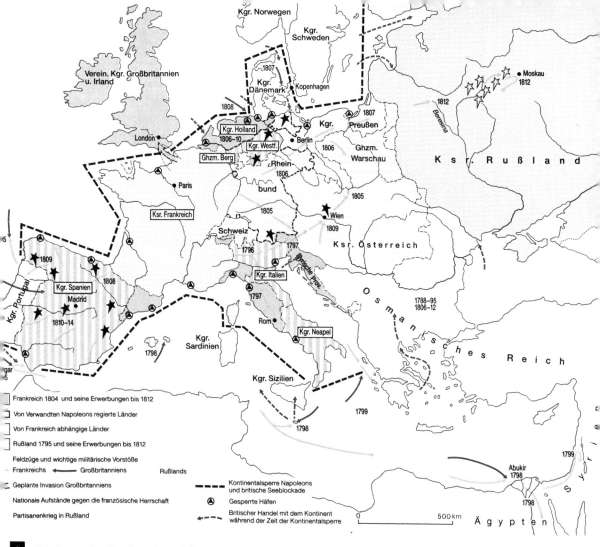

Kgr. Norwegen

Kgr. Schweden

Verein. Kgr. Großbritannien u. Irland

Moskau 1812

1807

Kgr. Dänemark

Kopenhagen

Beresina 1812

London

1808

Kgr. Holland 1806-10

Kgr. Westf.

Berlin

Kgr. Preußen

1807

1806

Ghzm. Warschau

Ksr. Rußland

Paris

Ghzm. Berg

Rhein-

1806

bund

1805

Ksr. Frankreich

1805

Wien 1809

Wien 1805

1809

Schweiz

1796

1797

Ksr. Österreich

1809

Kgr. Spanien Madrid

1808

1797

Kgr. Italien

Illyrische Prov.

Kgr. Portugal

1810-14

1798

Kgr. Sardinien

Rom

Kgr. Neapel

Osmanisches Reich

1788-95 1806-12

Kgr. Sizilien

1799

1798

Abukir 1798

1799

1798

Syrien

Ägypten

Frankreich 1804 und seine Erwerbungen bis 1812

Von Verwandten Napoleons regierte Länder

Von Frankreich abhängige Länder

Rußland 1795 und seine Erwerbungen bis 1812

Feldzüge und wichtige militärische Vorstöße Frankreichs ⟵ Großbritanniens Rußlands

Geplante Invasion Großbritanniens

Nationale Aufstände gegen die französische Herrschaft

Partisanenkrieg in Rußland

Kontinentalsperre Napoleons und britische Seeblockade

Gesperrte Häfen

Britischer Handel mit dem Kontinent während der Zeit der Kontinentalsperre

0   500 km

1 Die Expansion Frankreichs und die europäischen Gegenkräfte (bis 1812)

9. Reformer erneuern den preußischen Staat. Erste Erhebungen gegen Napoleon

1807–1814	Der Freiherr vom Stein, Hardenberg, Humboldt, Scharnhorst und Gneisenau führen in Preußen durchgreifende Reformen durch, eine „Revolution von oben".
Seit 1808	In Spanien, Tirol und Preußen flammt lokal der Volkskrieg gegen die französische Fremdherrschaft auf.

Die Begeisterung, mit der sich die französischen Revolutionssoldaten für ihre „patrie" einsetzten, traf in Deutschland auf verwandte Empfindungen. Die gebildeten Deutschen fühlten sich seit Ende des 18. Jahrhunderts als Angehörige einer Nation, und das Wort „Vaterland" bekam einen bedeutenden Klang.

Nationalgefühl und Reformbestrebungen in Deutschland

93

Belebt wurde das deutsche *Nationalgefühl* auch durch Gelehrte und Dichter wie Herder, Schiller, Kleist, Wilhelm von Humboldt oder die Gebrüder Grimm. *Reform* war der Hauptgedanke der Zeit. In *Baden* wirkte der Staatsminister von Reitzenstein, in *Bayern* Graf Montgelas, in *Österreich* der Kanzler Graf Stadion.

Die Niederlage von Jena und Auerstedt löste in *Preußen* einen Schock aus. Das für unbesiegbar gehaltene Preußen Friedrichs des Großen war besiegt worden. Nun fanden sich weitsichtige Männer, welche die Ursachen in der Erstarrung in lebloser Tradition erkannten; sie erarbeiteten Reformen, für die die süddeutschen Staaten Anregungen lieferten. Unangetastet sollte die Monarchie in ihren Rechten bleiben. Im übrigen aber wollten die Reformer durch tätige *Mitbeteiligung der Bürger im Staat* ihr Interesse an Dingen des öffentlichen Lebens und sein Verantwortungsbewußtsein für das allgemeine Wohl wecken. Geplant wurde ein Wandel der Gesellschaft durch eine „*Revolution von oben*".

Der Reichsfreiherr Karl vom Stein: Reformer in Preußen

Für *Preußen* kam der Anstoß von außen, von einem Freiherrn aus Nassau, *Karl vom und zum Stein*, der 1803 seine Reichsfreiheit verloren hatte. Stein wurde bereits von Friedrich dem Großen gefördert und hatte sich in Bergbau, Eisenverhüttung und Verwaltung umfassende Kenntnisse erworben. Reisen durch viele Länder gaben ihm Vergleichsmöglichkeiten. Beeindruckt von Resten dörflicher Selbstverwaltung in Westfalen und bestürzt über die Ausnutzung der Bauern östlich der Elbe richtete er scharf formulierte Denkschriften an den König, der ihn aber unter dem Einfluß seiner adligen Umgebung in Ungnade entließ. Nach dem Frieden von Tilsit, in größter Not, holte man Stein zurück, und unverzüglich nahm er seine Reformpläne auf. Gleiche Rechte und Pflichten für alle Staatsbürger war eines seiner Hauptziele.

Bauernbefreiung

Zunächst befreite ein Edikt vom 9. Oktober 1807 die Mehrzahl der Bauern aus der Erbuntertänigkeit. Bisher benötigten sie als Leibeigene die Erlaubnis des Grundherrn bei Heirat und Berufswahl; sie waren an die Scholle gebunden und zu unbezahlten Hand- und Spanndiensten verpflichtet. Die *Bauernbefreiung* wurde später durch die Ablösung der grundherrlichen Lasten ergänzt. Die noch geltenden Standesschranken zwischen Adel, Bürgern und Bauern bei Grunderwerb und -nutzung wurden aufgehoben.

Städteordnung

Die *Städte* erhielten 1808 das Recht zur *Selbstverwaltung*. Die Bürger wählten nach einem Zensuswahlrecht Stadtverordnete und den Magistrat als Vollzugsorgan; der König ernannte aus drei Vorschlagskandidaten den Bürgermeister. Jede Stadt verwaltete ihre Finanzen, das Schulwesen und die Polizei.

Verwaltungsreform

Auf Steins Vorschlag wurde die oberste Staatsbehörde, das Generaldirektorium, durch *fünf Ministerien* mit den Fachbereichen (*Ressorts*): Inneres, Finanzen, Außenpolitik, Krieg, Justiz ersetzt. Der Staat wurde in neue Verwaltungseinheiten aufgeteilt: in Provinzen, Regierungsbezirke und Kreise.

Der Fortsetzer der Reformen: Staatskanzler von Hardenberg

Ein Brief, in dem Stein an Erhebungen gegen Napoleon in Spanien, Tirol und Norddeutschland Hoffnungen knüpfte, wurde abgefangen. Friedrich Wilhelm III. mußte ihn entlassen. Von Napoleon geächtet, floh Stein nach Böhmen, später an den Zarenhof. Die Reform setzte sein Nachfolger, Karl August Friedrich *von Hardenberg*, fort:

– Verbrauchssteuer für alle Bürger: mehr *Steuergerechtigkeit*;
– Befreiung vom Zunftzwang: *Gewerbefreiheit* (1810/11);
– Aufhebung der Steuerfreiheit des Adels: *Ende der Standesprivilegien*;
– Ablösung der grundherrlichen Lasten durch Entschädigungsleistungen der Bauern: *Regulierungsedikt* (1811);
– bürgerliche Gleichberechtigung der Juden: *Judenemanzipation* (1812).

94

2 <u>Preußische Reformer.</u> (von links nach rechts:) Karl vom und zum Stein (1757–1831) – Karl von Hardenberg (1750–1822) – Gerhard von Scharnhorst (1755–1813) – Wilhelm von Humboldt (1767–1835)

Das „Regulierungsedikt" von 1811 sollte die Bauernbefreiung vollenden. Es sah vor, daß die Bauern die Frondienste und Abgaben durch eine Entschädigung an den Grundherrn ablösen konnten. Durch die fälligen Geldzahlungen oder Landabtretungen verschuldeten viele bäuerliche Betriebe, wurden unrentabel und schließlich von wohlhabenden Nachbarn aufgekauft. Fast 7000 Vollbauernhöfe gingen durch dieses *Bauernlegen* verloren. Die landlosen Bauern wurden zu schlechtverdienenden Landarbeitern, zogen in die rasch wachsenden Städte mit ihrer Industrie oder wanderten aus.

Von größter Bedeutung war die rechtliche Gleichstellung der *Juden*. Einerseits wurde damit die Forderung nach *Rechtsgleichheit* verwirklicht, andererseits wurde ihre Angleichung an die mitteleuropäische Gesellschaft gefördert. Für Staatsämter wurde jedoch weiterhin die christliche Religionszugehörigkeit verlangt, so daß der Dichter Heinrich Heine (aus jüdischer Familie in Düsseldorf) die Taufe von Juden als „Eintrittskarte" in die höhere Gesellschaft bezeichnen konnte. (Vgl. zu den Preußischen Reformen auch S. 162 ff.)

Geprägt von den Idealen der Humanität der Aufklärung entwickelte der Gelehrte Wilhelm *von Humboldt* Richtlinien, die bis heute *Gymnasien* und *Universitäten* in Deutschland prägen. Bildungsziel war der (auf der Grundlage breitgestreuter allgemeiner Kenntnisse) einsichtsfähige „aufgeklärte Mensch und Bürger". Die alten Sprachen, aber auch der „mathematische und historische Unterricht" wurden gepflegt. Die 1810 gegründete Berliner Universität wurde eine Stätte „akademischer Freiheit", in der die „Einheit von Forschen, Lehren und Lernen" verwirklicht werden sollte.

Humboldt reformiert das Bildungswesen

Die allgemeine Schulpflicht (seit 1717) wurde strenger durchgeführt; die Volksschulen erhielten neue Lehrpläne, und die Lehrerbildung wurde verbessert.

Die preußische Armee hatte sich 1806 als untauglich erwiesen. Unterstützt von einsichtigen Offizieren wie *Gneisenau*, gelang *Scharnhorst* der Neuaufbau. Angeworbene oder zum Dienst gepreßte Soldaten hatten sich dem Kampfgeist der französischen Volksheere unterlegen gezeigt. Nun wurde auch in Preußen als Pflicht des mündigen Staatsbürgers die *allgemeine Wehrpflicht* eingeführt. Entehrende Strafen wurden abgeschafft, Offiziersstellen für Bürgerliche geöffnet und auch nach Tüchtigkeit, nicht mehr allein nach Herkunft besetzt. Die von Napoleon aufgezwungene Begrenzung auf 42 000 Mann umging Preußen dadurch, daß die Wehrfähigen in raschem Wechsel zur Kurzausbildung eingezogen wurden. Neben dem *stehenden Heer* (‚Linie') bildeten ungediente ältere Jahrgänge und Reservisten die *Landwehr*, letztes Aufgebot war der *Landsturm*.

Scharnhorst und Gneisenau schaffen eine Volksarmee

3 „3. Mai 1808". Spanische Aufständische werden am frühen Morgen vor den Toren Madrids von einem französischen Erschießungskommando exekutiert. (Gemälde des spanischen Malers F. Goya)

Der Widerstand gegen Napoleon wächst

Um die Kontinentalsperre durchzusetzen, hatte Napoleon *Spanien* und *Portugal* 1808 überrannt. Erstmals gelang ihm hier der Sieg nicht. In ständigem Kleinkrieg (*guerilla*) rieben die Bewohner – Kinder, Frauen, Männer, Greise – die Truppen der Eroberer auf. Der Widerstand der Spanier erlahmte trotz härtester Vergeltungsmaßnahmen nicht. Sie erhielten Hilfe durch englische Lieferungen und Freiwillige wie der *„Schwarzen Schar"* des jungen Herzogs von Braunschweig, der nach kühnem Zug durch das französisch besetzte Norddeutschland über England entkommen war.

Weniger glücklich kämpfte der preußische Husarenmajor *von Schill*, der sich auf eigene Faust zum Aufstand entschlossen hatte. Er fiel in Stralsund im Straßenkampf. Elf seiner Offiziere wurden in Wesel standrechtlich erschossen; über 500 seiner Leute kamen auf französische Galeeren.

Großen Widerhall fand der österreichische Freiheitskampf, besonders der Kampf Tiroler Bergbauern, die unter *Andreas Hofer*, Gastwirt aus dem Passeiertal, Innsbruck erobern konnten. *Napoleon* eilte von Spanien nach Österreich und wurde von Erzherzog Karl bei *Aspern* (nahe Wien) – zum ersten Mal geschlagen. Doch sein Sieg bei Wagram nötigte Österreich zum Frieden (1809). Hofer wurde durch Verrat gefangen und in Mantua erschossen (1810).

Guerilla (Verkleinerungsform von span. guerra = Krieg): „Kleinkrieg", den kleinere reguläre Truppeneinheiten oder illegale, bewaffnete Gruppen (Freischärler) in enger Verbindung mit der einheimischen Bevölkerung gegen feindliche Einfälle oder Besatzer führen. Nicht nur in der spanisch sprechenden Welt steht heute „guerilla" für die Kampftaktik von Partisanen, Freischärlern, Widerstandskämpfern, Aufständischen.

---

4 Die Stein-Hardenberg'schen Reformen

4a „Oktoberedikt", 9. Oktober 1807:

„§ 2 Jeder Edelmann ist, ohne allen Nachteil seines Standes, befugt, bürgerliche Gewerbe zu treiben; und jeder Bürger ist berechtigt, aus dem Bauern- in den Bürger- und aus dem Bürger- in

den Bauernstand zu treten.

§ 10 Nach dem Datum dieser Verordnung entsteht fernerhin kein Untertänigkeitsverhältnis, weder durch Geburt, noch durch Heirat, noch durch Übernehmung einer untertänigen Stelle, noch durch Vertrag."

§ 12 Nach dem Martinitag [11. Nov.] 1810 gibt es nur freie Leute …"

4b Edikt vom 19. November 1808:

„*§ 15* Das Bürgerrecht besteht in der Befugnis, städtisches Gewerbe zu treiben und Grundstücke im Polizeibereich der Stadt zu besitzen. Wenn der Bürger stimmfähig ist, erhält er zugleich das Recht, an der Wahl der Stadtverordneten teilzunehmen, zu öffentlichen Stadtämtern wahlfähig zu sein …

§ 19 Stand, Geburt, Religion und überhaupt persönliche Verhältnisse machen bei Gewinnung des Bürgerrechts keinen Unterschied."

4c Edikt vom 28. Oktober 1810:

„Unter den Mitteln zu [einer Vermehrung der Staatseinnahmen] hat uns die Einführung einer allgemeinen Gewerbesteuer für unsere Untertanen weniger lästig geschienen, besonders da Wir [König Friedrich Wilhelm III.] damit die Befreiung der Gewerbe von ihren drückendsten Fesseln verbinden."

4d Edikt vom 11. Mai 1812:

„*§ 3* Binnen sechs Monaten … muß jeder geschützte oder konzessionierte Jude vor der Obrigkeit seines Wohnortes sich erklären, welchen Familien-Namen er beständig führen will.

§ 7 Die für Einländer zu achtenden Juden … sollen, in so fern diese Verordnung nichts Abweichendes enthält, gleiche bürgerliche Rechte und Freiheiten mit den Christen genießen.

§ 8 Sie können daher akademische Lehr- und Schul- auch Gemeinde-Ämter, zu welchen sie sich geschickt gemacht haben, verwalten.

§ 9 In wie fern die Juden zu andern öffentlichen Bedingungen und Staats-Ämtern zugelassen werden können, behalten Wir Uns vor, in der Folge der Zeit, gesetzlich zu bestimmen."

4e Aus der Verordnung vom 9. Februar und vom 21. April 1813 zur Heeresreform:

„… verordnen wir, daß für die Dauer des Krieges alle Ausnahmen von der Verpflichtung zum Militärdienst … hiemit aufgehoben seyn sollen."

„Hat auch der Angreifer die Wahl des Angriffspunktes für sich, Vaterlandsliebe, Ausdauer, Erbitterung, nähere Hülfsquellen geben, auf die Länge, dem Verteidiger das Übergewicht."

„*§ 1* Jeder Staatsbürger ist verpflichtet, sich dem andringenden Feinde mit Waffen aller Art zu widersetzen, seinen Befehlen und Ausschreibungen nicht zu gehorchen, und wenn der Feind solche mit Gewalt beitreiben will, ihm durch alle nur aufzubietenden Mittel zu schaden.

§ 5 Jeder Staatsbürger, der nicht schon bei dem stehenden Heere oder der Landwehr wirklich fechtend gegen den Feind steht, ist verpflichtet, sich zum Landsturm zu stellen, wenn das Aufgebot eintritt."

5 Die Reformen in der Sicht eines Adligen

„Er [Stein] fing nun … die Revolutionierung des Vaterlandes an, den Krieg der Besitzlosen gegen das Eigentum, der Industrie gegen den Ackerbau, des Beweglichen gegen das Stabile, des krassen Materialismus gegen die von Gott eingeführte Ordnung, des [eingebildeten] Nutzens gegen das Recht …, der Spekulanten und Comptoire [Geschäftshäuser] gegen die Felder und Gewerbe … [Es sollte jeder] Edelmann Bauerngüter, jeder Bürger und Bauer Rittergüter kaufen können. Damit fiel die bisherige Sicherheit der Bauern in ihrem Grundbesitz weg; jeder reiche Gutsbesitzer konnte sie jetzt auskaufen und fortschicken … Zum Schluß folgte der pomphafte Ausruf: ‚Mit dem Martinstag 1810 gibt es also in Unseren Staaten nur freie Leute!' … gleich als ob bis dahin irgendwo in unserem Lande Sklaverei oder Leibeigenschaft existiert hätte! – Letztere fing vielmehr alsbald zu entstehen an, nämlich des Armen und Kranken gegen die Polizei und Armenanstalten –, denn mit der Pflichtigkeit war natürlich die Verpflichtung des Schutzherrn zur Vorsorge aufgehoben."

(Friedr. Aug. Ludw. von der Marwitz, zit. nach: W. Conze (Hrsg.), Die preußische Reform unter Stein und Hardenberg, Stuttgart, 3. Aufl. 1970, S. 41 ff.)

---

a) Welchen Zielen dienten die Reformen in Preußen, und unter welchem Einfluß standen sie? (M 4, vgl. Kap. 8 und oben S. 66 ff.)

b) Warum war die Bauernbefreiung überfällig? Warum gab es Widerstand dagegen? (M 4 a und 5)

c) Was unterscheidet das Volksheer vom Militär des Absolutismus? (M 4 e)

d) Wie war die Lage der Juden vor 1812, wie wurde sie verändert? (M 4 d)

Arbeitsvorschläge und Fragen

10. Napoleons Kaiserreich bricht zusammen.
Die Ordnung des Wiener Kongresses

1812	Die „Grande Armée" (Große Armee) Napoleons geht in Rußland unter.
1813	Preußen erhebt sich zum Befreiungskrieg gegen Napoleon.
1815	**Napoleon wird bei Waterloo vernichtend geschlagen und auf die Insel St. Helena verbannt.**
1814/15	**Der Wiener Kongreß: Frieden und Mächtegleichgewicht in Europa**

Die „Grande Armée" marschiert gegen Rußland

Das Bündnis Napoleons mit dem Zaren hatte nur so lange gehalten, bis beide 1807 die preußische Beute verteilt hatten. Das Agrarland Rußland wurde von der *Kontinentalsperre* so empfindlich getroffen, daß der Zar 1810 seine Häfen wieder öffnen mußte. Da schien es Napoleon – auf dem Gipfel seiner Macht – möglich, *Rußland* zu erobern. Für den Feldzug mußten die unterworfenen Staaten des Empire die Hauptmasse der Soldaten liefern. Polen stellte ein großes Kontingent; man hatte dort die Meinung zu verbreiten gewußt, es gehe um die Wiederaufrichtung des polnischen Königreiches. Militärbündnisse zwangen Österreich und Preußen, den Flankenschutz der Hauptarmee zu sichern. So waren insgesamt über 600000 Mann aufmarschiert – die bislang stärkste Angriffsarmee der Geschichte. Ohne Kriegserklärung überschritt Napoleon im Juni 1812 den Grenzfluß Njemen. Bei Smolensk und Borodino kämpfte er sich den Weg nach Moskau frei und besetzte es kampflos. Hier hoffte er, den Frieden zu diktieren und überwintern zu können.

Der Brand von Moskau und die Katastrophe des Rückzuges

Die erwarteten russischen Unterhändler blieben aus. Vielmehr drängte die russische Generalität unter Kutusow und der Freiherr von Stein den Zaren, den Kampf fortzusetzen. Die riesige Weite des schwachbesiedelten Rußlands mußte dem Feind verderblich werden, wenn ständige Angriffe, Nachschubmangel und der hereinbrechende Winter ihm zusetzten. An vielen Stellen flammte es in *Moskau* auf, bald stand die von ihren Bewohnern verlassene Stadt von einem Ende zum andern in Brand. Die Russen hatten ihre Hauptstadt geopfert, um den Feind zum Weichen zu zwingen. Napoleon befahl den Rückzug. Aber die Russen hatten alle Quartiere zerstört und die Vorräte vernichtet. Hunger, Wunden, Kälte, Erschöpfung und ständige Attacken verminderten die demoralisierten Verbände. Beim Übergang über die *Beresina* löste sich der Rest der Truppen vollends auf, und nur etwa 5000 Soldaten der Hauptarmee erreichten geordnet Deutschland. Napoleon war verkleidet nach Paris vorausgeeilt. „Die Gesundheit seiner Majestät war nie besser", ließ er verkünden.

Die Konvention von Tauroggen

Die Katastrophe der „Grande Armée" gab das Signal, daß der Augenblick gekommen sei, die französische Fremdherrschaft abzuschütteln. Ohne von König Friedrich Wilhelm III. ermächtigt zu sein, schloß der Kommandeur der preußischen Hilfstruppen, General *Yorck* von Wartenburg, mit dem Befehlshaber der Gegenseite, dem russischen General Diebitsch, in dem Dorfe *Tauroggen* ein *Neutralitätsabkommen* (Dez. 1812). Er öffnete damit dessen Truppen den Weg durch Ostpreußen. Unterstützt von Stein und dem General Clausewitz, die beide auf russischer Seite für den Kampf gegen Napoleon tätig waren, begannen die preußischen Behörden mit der Aufstellung von *Landwehreinheiten* gegen die französischen Besatzungen. Die Reformer wollten zusammen mit Yorck den widerstrebenden König, der sich noch im französischen Machtbereich aufhielt, zu einer allgemeinen Erhebung des Landes mitreißen.

Der König konnte sich der immer stärker werdenden Begeisterung schließlich nicht mehr entziehen. Er verließ Berlin und begab sich nach Breslau. Als sich der Zar im *Vertrag von Kalisch* (Februar 1813) verpflichtete, den Staat Preußen wiederherzustellen, stellte sich der König, gedrängt von preußischen Reformern wie Hardenberg oder Scharnhorst, an die Spitze der Erhebung. Sein *„Aufruf an mein Volk"* rief zum Befreiungskrieg gegen Napoleon auf und traf auf begeisterten Widerhall. Die Opferbereitschaft im Volk war groß. Ein erheblicher Teil der Kosten für die Ausrüstung der Truppen wurde durch Spenden finanziert. Auf Grund der *allgemeinen Wehrpflicht* wurden alle Wehrfähigen zu den Linientruppen eingezogen. Daneben strömten von allen Seiten Freiwillige zu den Fahnen: *Freikorps* entstanden, z.B. die Lützowschen Jäger mit den Farben Schwarz-Rot-Gold. Zur Anerkennung für patriotischen Einsatz stiftete der König das Eiserne Kreuz.

Der Befreiungskrieg beginnt

Das Bündnis zwischen Preußen und Rußland wurde durch den Beitritt Schwedens und Englands verstärkt. Napoleons Armeen blieben jedoch in den ersten Schlachten trotz hoher Verluste siegreich. Scharnhorst, der das preußische Volksheer aufgebaut hatte, wurde gleich zu Kriegsbeginn tödlich verwundet. Als Napoleon überraschend einen befristeten Waffenstillstand vereinbarte, traten auch Österreich und Bayern, das den Rheinbund verließ, der *Koalition* bei – der größten, die sich bisher gegen Napoleon zusammengeschlossen hatte. Über 300 000 Soldaten standen gegen Napoleon im Krieg. Die *„Völkerschlacht" bei Leipzig* (16.–19. Oktober 1813), die beide Seiten über 100 000 Tote und Verwundete kostete, brachte die Entscheidung: Napoleon mußte sich mit dem Rest seiner Armee fluchtartig zurückziehen. Sein letzter Verbündeter, der König von Sachsen, wurde als Kriegsgefangener nach Berlin gebracht. Der *Rheinbund* löste sich auf; das Staatssystem des Eroberers zerfiel. Spanien hatte sich schon 1812 mit englischer Hilfe befreien können. Im Frühjahr 1814 zogen der Zar und der preußische König in *Paris* ein. Napoleon dankte ab. Die Insel *Elba* wurde ihm als Herzogtum angewiesen. In Frankreich bestieg der Bruder des 1793 hingerichteten Königs (s. S. 72) als *Ludwig XVIII.* den Thron (s. S. 112).

„Völkerschlacht" bei Leipzig. Abdankung Napoleons

In *Wien* trafen sich die Sieger, um Europa neu zu ordnen. Der österreichische Staatskanzler Fürst *Metternich* hatte kein Interesse, Frankreich zu sehr zu

In Wien soll Europa neu geordnet werden

schwächen, denn er fürchtete eine wachsende Macht Preußens und Rußlands. Daher durfte Frankreich seine Grenzen von 1792 behalten. Die Revolution schien nun überwunden, und überall drängten adlige Emigranten auf Vergeltung und Wiederherstellung ihrer alten Rechte. Viele Fürsten waren nicht abgeneigt, das „ancien régime" wieder erstehen zu lassen. Reformer wie Stein oder Clausewitz waren nun nicht mehr erwünscht.

Napoleons Regierung der 100 Tage. Waterloo 1815

Anfang März 1815 schreckte eine Nachricht die Versammlung in Wien auf und einte sie: Napoleon hatte Elba verlassen und war in einem Triumphzug von Fréjus aus nach Paris marschiert. Ludwig XVIII., der sich durch seine Verfolgung der Napoleonanhänger verhaßt gemacht hatte, räumte den Thron kampflos, denn seine Truppen gingen jubelnd zu ihrem Empereur über. Noch einmal war Napoleon Kaiser.

Sofort erhielten die noch am Rhein stehenden preußischen und englischen Regimenter unter Blücher und Wellington Marschbefehl. Um ihre Vereinigung zu verhindern, griff Napoleon bei *Waterloo* in Belgien die Stellungen Wellingtons an. Doch das rechtzeitige Eintreffen Blüchers entschied die Schlacht. Napoleons *„Herrschaft der 100 Tage"* war zu Ende. Auf einer englischen Fregatte wurde der ehemalige Beherrscher Europas zur britischen Felseninsel *St. Helena* im Südatlantik deportiert, wo er 1821 starb.

Der Wiener Kongreß: Legitimität, Restauration, Solidarität der Fürsten

Unterdessen hatten die in Wien versammelten Fürsten weiterverhandelt. Am 8. Juni 1815 setzten sie ihre Unterschrift unter die *Wiener Schlußakte*. Die fünf Großmächte Österreich, Preußen, England, Rußland und Frankreich hatten eine *territoriale Neuordnung* Europas und ein *Mächtegleichgewicht* ausgehandelt. Die Mehrzahl der Fürsten und ihre Berater waren sich einig, daß die Ideen der französischen Revolution, besonders der Gedanke der Volkssouveränität, der Freiheit und der Gleichheit, die einem Napoleon den Aufstieg ermöglicht

2 Teilnehmer des Wiener Kongresses. (Stich von Godefroy und Isabey) – Unter den Vertretern der führenden Mächte u. a. ① Wellington, ② Hardenberg, ③ Metternich, ④ Talleyrand, ⑤ W. v. Humboldt.

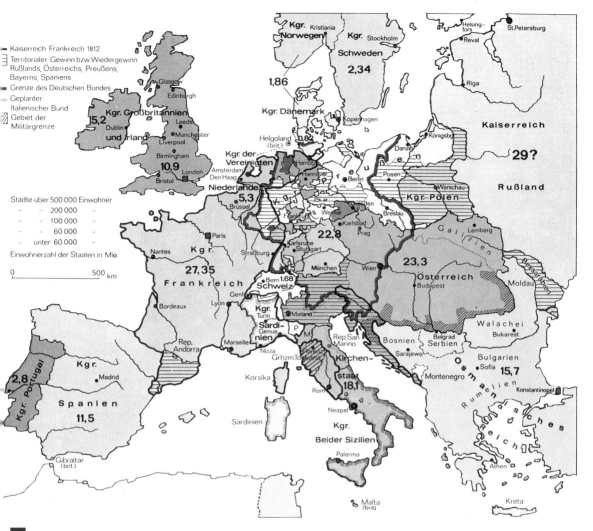

Legend (map):

- Kaiserreich Frankreich 1812
- Territorialer Gewinn bzw. Wiedergewinn Rußlands, Österreichs, Preußens, Bayerns, Spaniens
- Grenze des Deutschen Bundes
- Geplanter Italienischer Bund
- Gebiet der Militärgrenze

Städte über 500 000 Einwohner
- „ „ 200 000
- „ „ 100 000
- „ „ 60 000
- „ unter 60 000

Einwohnerzahl der Staaten in Mio

0 ___ 500 km

Map labels:

Kgr. Norwegen · Kristiania · Kgr. Schweden · Stockholm · 2,34 · 1,86 · Helsingfors · Reval · St.Petersburg · Riga · Kaiserreich Rußland 29? · Kgr. Dänemark · Kopenhagen · Helgoland (brit.) 0,82 · Königsbg · Danzig · Hamburg · Hannover · Berlin · Posen · Warschau · Kgr. Polen · Glasgow · Edinburgh · 15,2 · Kgr. Großbritannien und Irland · Dublin · Leeds · Manchester · Liverpool · Birmingham · 10,9 · London · Bristol · Amsterdam · Den Haag · Kgr. der Vereinigten Niederlande 5,3 · Brüssel · Dresden · Breslau · Lemberg · Galizien · Bessarabien · Frankfurt · Weimar · Karlsbad · Prag · 22,8 · 23,3 · Österreich · Karlsruhe · Stuttgart · München · Wien · Budapest · Moldau · Paris · Kgr. Frankreich 27,35 · Nantes · Straßburg · Bern 1,68 · Schweiz · Genf · Walachei · Bukarest · Lyon · Kgr. Turin Sardinien Genua · Mailand · P · M. · Rep.San Marino · Bosnien · Belgrad Serbien · Sarajewo · Bordeaux · Rep. Andorra · Marseille · Nizza · Grhzm.Toskana · Kirchen-staat 18,1 · Rom · Montenegro · Bulgarien · Sofia · 15,7 · Korsika · Neapel · Konstantinopel · Kgr. 2,8 Portugal · Kgr. Spanien 11,5 · Madrid · Sardinien · Kgr. Beider Sizilien · Palermo · Osmanisches Reich · Rumelien · Athen · Gibraltar (brit.) · Malta (brit.) · Kreta

---

3   Europa nach dem Wiener Kongreß (1815)

hatten, eine Gefahr für Europa darstellten. Sie verteidigten daher die Recht-
mäßigkeit *(Legitimität)* der monarchischen Herrschaft von „Gottes Gnaden"
durch die angestammten Fürstenhäuser. Die Wiederherstellung *(Restauration)*
der alten Ordnung erschien besonders dem Zaren und Metternich als der geeig-
nete Weg, stabile Verhältnisse zu schaffen. Die *Solidarität* (Pflicht zur gegenseitigen Hilfe) der Fürsten sollte das „Drachenhaupt der Revolution" niederhalten
und so die neue Ordnung sichern. Der Zar trieb dieses Anliegen bis zu einem
Bündnis, der *Heiligen Allianz*; die Bündnispartner verpflichteten sich zum
gemeinsamen Eingreifen *(Intervention)* gegen alle revolutionären Bewegungen
und Umsturzversuche (s. S. 109). Außer dem türkischen Sultan, dem Papst und
dem englischen König traten alle europäischen Herrscher der Allianz bei. Bald
wurde jede Freiheitsbewegung und jede patriotische Begeisterung, die zum
Kampf gegen Napoleon so willkommen gewesen war, mit Polizeistaatsmetho-
den verfolgt.

Die Ergebnisse des Wiener Kongresses enttäuschten das deutsche Bürgertum
zutiefst. Es hatte in den Befreiungskriegen für Freiheit und Vaterland gekämpft
und große Opfer gebracht, aber zwei Ziele nicht erreicht: die Einführung *liberaler Verfassungen* und die Erneuerung des Reiches als *deutschen Nationalstaat*.

**Die Gründung des
Deutschen Bundes:
weder Einheit noch
Freiheit**

Das in Spanien aufgekommene Wort „*liberal*" (für „freiheitlich") stand für die Forderung, daß die persönlichen und politischen Rechte der Bürger gleich sein und in Verfassungen festgelegt werden müßten, durch die auch die Staatsgewalt geteilt und kontrollierbar gemacht werden müsse. Der Fürstenkongreß umging diese Forderung dadurch, daß er zwar feststellte: „In allen Bundesstaaten wird eine landständische Verfassung stattfinden." (Art. 13 der Bundesakte), aber weder klärte, was das Wort „*landständisch*" bedeutete, noch einen Zeitpunkt festlegte, wann Verfassungen gewährt werden sollten. (Vgl. S. 106 ff.)

Anstatt das Reich zu erneuern, hatten die Fürsten den „*Deutschen Bund*" gegründet: 34 (später 35) souveräne Staaten und die vier freien Reichsstädte Hamburg, Lübeck, Bremen und Frankfurt/M. bildeten einen Staatenbund, dessen Zweck die „Erhaltung der äußeren und inneren Sicherheit Deutschlands, die Unabhängigkeit und Unverletzlichkeit der einzelnen deutschen Staaten" (Art. 2 der Bundesakte) war. Einzige zentrale Einrichtung des Bundes war der *Bundestag*, der in Frankfurt tagte, ein Kongreß, auf dem die Mitglieder des Bundes durch Gesandte vertreten waren; den Vorsitz führte Österreich. Der König von England vertrat als Mitglied Hannover, der dänische König Holstein und der holländische Luxemburg. Die beiden Vormächte des Bundes, *Österreich* und *Preußen*, waren nur mit einem Teil ihres Gebietes Mitglieder. Österreich, ein Vielvölkerstaat, in dem die Deutschen in der Minderheit lebten, war nach der Aufgabe seiner Besitzungen in den Niederlanden und am Oberrhein zur Balkanmacht geworden. Innerhalb Deutschlands hatte Preußen durch den Zugewinn der Rheinprovinz das Übergewicht. Bald traten beide Großmächte als Rivalen um die Vormachtstellung in Deutschland auf (österreichisch-preußischer *Dualismus*).

Restauration Der Begriff Restauration (lat. restaurare = wiederherstellen) kennzeichnet die Wiederherstellung gesellschaftlicher, politischer und staatlicher Ordnungen nach „alten" Prinzipien, die als bewährt gelten. Im engeren Sinn wird mit Restauration die europäische Epoche 1815–1848 bezeichnet, in der politische Zustände geschaffen wurden, die denen der Zeit vor der Französischen Revolution in starkem Maße entsprachen. Das galt vor allem für die Stellung der Fürsten und Könige, deren Macht nicht durch Körperschaften des Staates eingeschränkt werden sollte.

Legitimität (lat. legitimus = rechtmäßig, gebührend) ist das hauptsächliche Prinzip der Rechtfertigung für die (erneuerte) Macht der Fürsten, vor allem nach Beendigung der Französischen Revolution: Ererbte Herrschaft eines Fürsten sei, da sie von Gott herrühre, rechtmäßige Machtausübung; die Zustimmung der Beherrschten wird vorausgesetzt. – Durch den französischen Außenminister Talleyrand (1754–1838) wurde auf dem Wiener Kongreß Legitimität zum anerkannten Herrschaftsprinzip.

Später wird der Begriff Legitimität ausgeweitet auf alle Formen von Herrschaft, die von der überwiegenden Anzahl der Beherrschten aus freien Stücken bejaht wird.

---

4 Die Interessen der deutschen Nation und Europas (Stein)

1812 schrieb Freiherr vom Stein dem englisch-hannoverschen Minister in London:

„Es tut mir leid, daß Eure Exzellenz in mir den Preußen vermuten und in sich den Hannoveraner entdecken. Ich habe nur ein Vaterland, das heißt Deutschland ... so bin ich auch nur ihm und nicht einem Teil desselben von ganzem Herzen ergeben. Mir sind die Dynastien in diesem Augenblick großer Entwicklung vollkommen gleichgültig, es sind bloß Werkzeuge; mein Wunsch ist, daß Deutschland groß und stark werde, um seine Selbständigkeit, Unabhängigkeit und Nationalität wieder zu erlangen und beides in seiner Lage zwischen Frankreich und

Rußland zu behaupten; das ist das Interesse der Nation und ganz Europas; es kann auf dem Wege alter zerfallener und verfaulter Formen nicht erhalten werden; dies hieße ein System einer militärischen, künstlichen Grenze auf den Ruinen der alten Ritterburgen, und den mit Mauern und Türmen befestigten Städten gründen zu wollen … Mein Glaubensbekenntnis … ist Einheit."
(Freiherr vom Steins Ausgewählte Schriften, hrsg. v. Klaus Thiede, Jena 1929, S. 178)

5 Grundsätze der europäischen Politik (Metternich)

Metternich hat seine politischen Grundüberzeugungen, die ihn zur Zeit des Wiener Kongresses und später leiteten, wiederholt geäußert:

„Das erste Ziel der Bemühungen unserer Regierung und aller seit der Wiederherstellung der Unabhängigkeit Europas mit ihr verbündeten Regierungen ist die Aufrechterhaltung der gesetzlichen Ordnung, die das glückliche Ergebnis dieser Wiederherstellung ist; eines Zustandes der Ruhe, der allen die Früchte eines so teuer erkauften Friedens sichert … Seit einigen Jahren sehen wir zu unserer Genugtuung, wie mehrere Regierungen … sich endlich zu der Überzeugung durchrangen, daß die Unterdrückung des noch bestehenden Übels die erste und unerläßlichste Vorbedingung dafür ist. … Dieses Übel ist der revolutionäre Geist, geboren aus jener ordnungswidrigen Unruhe, welche die Umwälzungen der Epoche der heutigen Generation aufgeprägt haben, gespeist durch begehrliche Leidenschaften und tiefe Entsittlichung … Systematisch in ihren Plänen, streng folgerichtig in ihrem lichtscheuen Treiben finden die Führer dieser gottlosen Sekte, die sich zum Umsturz der Altäre und Throne zusammenschloß, von

einem Ende Europas zum andern Verbündete für die Durchführung ihrer verbrecherischen Unternehmungen, überall da, wo dieselben Leidenschaften, dieselben sozialen Verhältnisse in gleicher Weise auf die Geister sich auswirken."
(Metternich an den österreichischen Gesandten in der Schweiz 1826, zit. nach: Geschichte in Quellen, Bd. 5, 1980, S. 36 f.)

6 Der Deutsche Bund in der Sicht Steins

„Unsere neuen Gesetzgeber haben an die Stelle des alten Deutschen Reiches mit einem Haupte, gesetzgebender Versammlung, Gerichtshöfen, einer innern Einrichtung, die ein Ganzes bildete – einen Deutschen Bund gesetzt, ohne Haupt, ohne Gerichtshöfe, schwach verbunden für die gemeine Verteidigung. Die Rechte der Einzelnen sind durch nichts gesichert als die unbestimmte Erklärung, ‚daß es Landstände geben solle'; ohne daß etwas über deren Befugnisse festgestellt ist (Art. 13); und durch eine Reihe Grundsätze (Art. 18) über die Rechte jedes Deutschen, worunter man die Habeas corpus [vgl. S. 34], die Abschaffung der Leibeigenschaft ausgelassen hat, und welche durch keine schützende Einrichtung verbürgt werden …
Von einer so fehlerhaften Verfassung läßt sich nur ein sehr schwacher Einfluß auf das öffentliche Glück Deutschlands erwarten, und man muß hoffen, daß die despotischen Grundsätze, von denen mehrere Kabinette sich noch nicht losmachen können, nach und nach durch die öffentliche Meinung, die Freiheit der Presse und das Beispiel zerstört werden, welches mehrere Fürsten, besonders Preußen, geben zu wollen scheinen, indem sie ihren Untertanen eine weise und wohltätige Verfassung erteilen."
(Denkschrift Steins vom 24. Juni 1815, zit. nach: Geschichte in Quellen, Bd. 5, 1980, S. 26)

a) Erläutere an Hand der Karte (M 3) die territoriale Neuordnung Europas unter dem Gesichtspunkt des Mächtegleichgewichts und der Restauration.
b) Welche Erwartungen hegte Stein für Deutschland? Wie begründete er seine Kritik am Deutschen Bund, und welche Hoffnungen hatte er? (M 4 u. 6)
c) In welchem Lichte erscheinen die Erwartungen Steins, wenn man sie mit Metternichs Grundsätzen vergleicht? (M 5; vgl. M 4 u. 6)
d) Sprecht über die These, der Wiener Kongreß habe eine dauerhafte Friedensordnung eingeleitet. Unterscheidet zwischen dem Frieden unter den Staaten und dem Frieden innerhalb der Staaten. (Vgl. die Kapitel der folgenden Einheit, S. 106 ff.)

Arbeitsvorschläge und Fragen

Die Deutsche Frage im 19. Jahrhundert

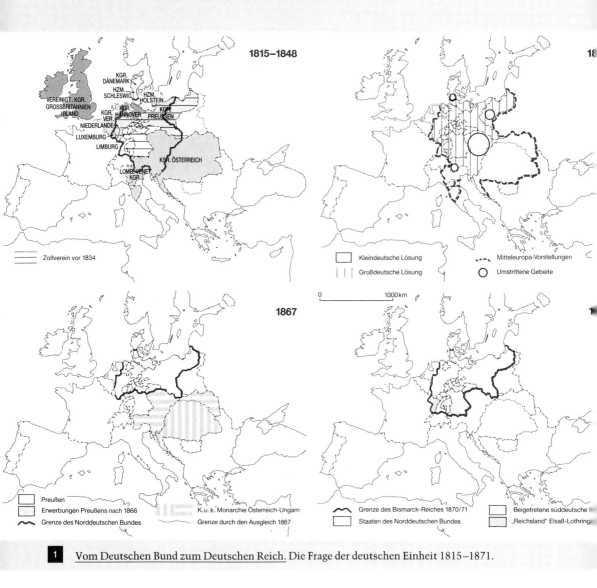

1815–1848

Zollverein vor 1834

Kleindeutsche Lösung   Mitteleuropa-Vorstellungen
Großdeutsche Lösung   Umstrittene Gebiete

0   1000km

1867

Preußen
Erwerbungen Preußens nach 1866
Grenze des Norddeutschen Bundes
K.u.k. Monarchie Österreich-Ungarn
Grenze durch den Ausgleich 1867

Grenze des Bismarck-Reiches 1870/71
Staaten des Norddeutschen Bundes
Beigetretene süddeutsche
„Reichsland" Elsaß-Lothring

1 Vom Deutschen Bund zum Deutschen Reich. Die Frage der deutschen Einheit 1815–1871.

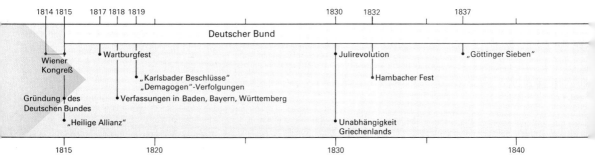

Deutscher Bund

Wiener Kongreß

Wartburgfest

Julirevolution   „Göttinger Sieben"

„Karlsbader Beschlüsse"
„Demagogen"-Verfolgungen

Hambacher Fest

Gründung des
Deutschen Bundes

Verfassungen in Baden, Bayern, Württemberg

„Heilige Allianz"

Unabhängigkeit
Griechenlands

1814 1815   1817 1818 1819   1830   1832   1837

1815   1820   1830   1840

2 Ablehnung der Kaiserkrone durch den preußischen König. Abgeordnete der Nationalversammlung mit ihrem Präsidenten Eduard Simson (später: Präsident des Deutschen Reichstags) bieten König Friedrich Wilhelm IV. am 2. April 1849 die deutsche Kaiserkrone an. (Zeitgenössischer Holzschnitt) – Vgl. S. 129

3 Kaiserproklamation im Spiegelsaal des Versailler Schlosses, 18. Januar 1871. Der preußische König Wilhelm I. wird von den anwesenden Fürsten und Offizieren zum Kaiser ausgerufen; in der (unhistorischen) weißen Uniform Otto v. Bismarck. (Historiengemälde von Anton von Werner) – Vgl. S. 146 ff.

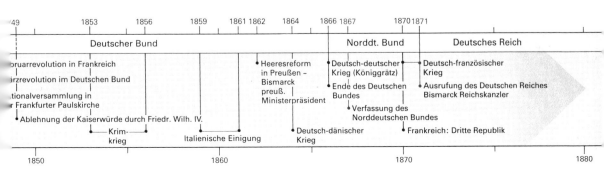

49   1853   1856   1859   1861 1862   1864   1866 1867   1870 1871

Deutscher Bund | Norddt. Bund | Deutsches Reich

Februarrevolution in Frankreich

Märzrevolution im Deutschen Bund

Nationalversammlung in der Frankfurter Paulskirche

Ablehnung der Kaiserwürde durch Friedr. Wilh. IV.

Krimkrieg

Italienische Einigung

Heeresreform in Preußen – Bismarck preuß. Ministerpräsident

Deutsch-dänischer Krieg

Deutsch-deutscher Krieg (Königgrätz)

Ende des Deutschen Bundes

Verfassung des Norddeutschen Bundes

Deutsch-französischer Krieg

Ausrufung des Deutschen Reiches Bismarck Reichskanzler

Frankreich: Dritte Republik

1850   1860   1870   1880

1. Restauration und Hoffnung auf Bürgerfreiheit

1815	Die deutschen Fürsten vereinbaren, allen Staaten des Deutschen Bundes eine Verfassung zu gewähren.
1817	Auf dem Wartburgfest der Deutschen Burschenschaft fordern die Studenten Freiheit und Einheit.
1818/1819	In Baden, Bayern und Württemberg werden Verfassungen erlassen.
1819	Mit den „Karlsbader Beschlüssen" beginnt die „Demagogen"-Verfolgung im Deutschen Bund.
1820/1822	Die Großmächte beschließen gegen den Willen Großbritanniens die militärische Niederwerfung liberaler und nationaler Aufstände in Italien und Spanien.
1821–1829/30	Die Griechen erkämpfen ihre Unabhängigkeit vom Osmanischen Reich.

Hoffnungen in Deutschland: Freiheit und Einheit

Viele Deutsche waren mit der Restauration alter Fürstenmacht durch den Wiener Kongreß (1814/15) nicht zufrieden. Die Soldaten, zahlreiche Gymnasiasten und Studenten unter ihnen, hatten gegen Napoleon einen *„Krieg für das Vaterland und die Freiheit"* geführt und nicht als Bayern oder Hessen oder Preußen gekämpft, sondern als *„Deutsche für Deutsche"*. Sie hatten gegen die französische Herrschaft in einem Bewußtsein gekämpft, das französisch-revolutionärem Denken nicht allzu fern war. *Freiheit* und *Einheit* waren die großen Parolen der Zeit. Nach den Befreiungskriegen, nach den großen freiwilligen Leistungen des Volkes schien ihnen eine absolute Machtstellung der Fürsten unmöglich; die Bürger sollten verbriefte Rechte erhalten, und ihre Mitwirkung am politischen Geschehen sollte garantiert sein.

Das Verfassungsversprechen ist auslegbar

Die Fürsten schienen solche Erwartungen anzuerkennen. In der *Deutschen Bundesakte* von 1815 (Art. 13) versprachen sie ihren Staaten jeweils eine *„landständische Verfassung"* (für alle Stände des Landes). Viele Herrscher ließen sich Zeit, ihr Versprechen einzulösen. Die beiden mächtigsten deutschen Staaten, die zugleich europäische Großmächte waren, verzichteten gänzlich auf gesamtstaatliche Verfassungen. In *Preußen* richtete der König immerhin *Provinziallandtage* ein (1823/24), Vertretungen der Stände in den Provinzen.

1 Der Elektrisierapparat der Freiheit: „Massensturz der Throne" Europas. (Französische Karikatur, 1800)

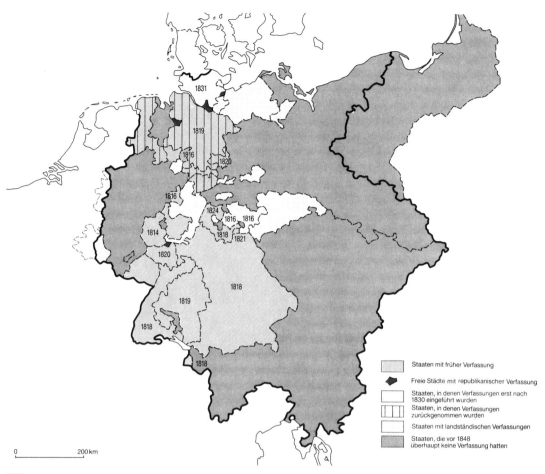

░░	Staaten mit früher Verfassung
◢	Freie Städte mit republikanischer Verfassung
☐	Staaten, in denen Verfassungen erst nach 1830 eingeführt wurden
▥	Staaten, in denen Verfassungen zurückgenommen wurden
☐	Staaten mit landständischen Verfassungen
▓	Staaten, die vor 1848 überhaupt keine Verfassung hatten

0 —————— 200 km

2 Verfassungsentwicklung in Deutschland 1815–1848

Fortschrittlich waren demgegenüber die süddeutschen Staaten. Hier gewährten die Fürsten ansatzweise *liberale Verfassungen:* Die in die Zweiten Kammern gewählten Vertreter des Bürgertums, des niederen Adels und der Geistlichkeit nahmen ihre politische Mitwirkung jeweils für den Gesamtstaat wahr. Zwar konnten sie keine Gesetze einbringen, aber sie hatten das Recht der Beschlußfassung. Die Verfassung *Badens* galt damals für viele Menschen als vorbildlich (vgl. M 5 und 6) hinsichtlich der politischen Rechte des Volkes.

Die süddeutschen Verfassungsstaaten

Freiheitliches und nationales Denken hatte sich nach den erfolgreichen Befreiungskriegen zuerst an den *Universitäten* bei der studentischen Jugend verbreitet. Im Juni 1815 wurde die *Jenaer Burschenschaft* gegründet, in die Studenten aus allen deutschen Staaten aufgenommen werden konnten. Als Fahne wählten sie sich die „deutschen" Farben *Schwarz, Rot, Gold;* das waren die Farben des Lützower Freikorps, eines Freiwilligenverbandes in den Befreiungskriegen; zugleich konnte man darin die alten deutschen *Reichsfarben* wiedererkennen (schwarzer Adler, rote Fänge, goldener Grund). Weitere Burschenschaften folgten in anderen Universitätsstädten, und schon im Oktober 1818 entstand als Gesamtverband die *Allgemeine Deutsche Burschenschaft.*

Die Gründung der deutschen Burschenschaft

Das Wartburgfest

Ihre erste gemeinsame Kundgebung hielten die Burschenschaftler bereits im Oktober 1817 auf der *Wartburg* bei Eisenach ab – in Erinnerung an die *Völkerschlacht* bei Leipzig (Okt. 1813) und den Beginn der *Reformation* (Okt. 1517). Neues Selbstgefühl und Hoffnungen auf eine *nationale* und *liberale Politik* in Deutschland brachte der burschenschaftliche Wahlspruch zum Ausdruck: „Ehre, Freiheit, Vaterland". Radikale Studenten führten (im Andenken an Luthers Verbrennung der Bannandrohungsbulle) eine *Bücherverbrennung* durch; sie verbrannten ihrer Meinung nach „undeutsche" Schriften, z.B. Karl Ludwig von Hallers und August von Kotzebues, preußische Polizeigesetze; dazu Zopf und Korporalstock als Zeichen des vorrevolutionären stehenden Heeres. In den Festreden der Professoren und Studenten wurde die Enttäuschung über die Politik der Fürsten deutlich ausgesprochen.

Ein politischer Mord erregt die Öffentlichkeit

Innerhalb der Burschenschaft tauchten immer radikalere Forderungen auf. Studenten riefen nach *Volkswahlen für eine einheitliche Republik* und schlossen Gewaltanwendung und politischen Mord nicht aus. Am 23. März 1819 ermordete der 23jährige Theologiestudent Karl Ludwig *Sand* in Mannheim den Schriftsteller August von *Kotzebue*; er hatte die Burschenschaft verhöhnt, auch war verbreitet worden, daß er an deutschen Universitäten für die russische Regierung spioniert habe. Die Tat Sands löste Abscheu, aber auch große Anteilnahme aus. Manche Universitätsangehörige hielten Sand, nachdem das Todesurteil vollstreckt war, für einen nationalen Märtyrer.

„Demagogen"-Verfolgung durch die „Karlsbader Beschlüsse"

Der österreichische Staatskanzler Metternich sah in dem Attentat heraufziehende Gefahren für die „legitimen" Herrscher. Er konnte sich schnell mit den anderen Fürsten darüber einigen, „revolutionäre Umtriebe" der „Demagogen" (Volksverführer) mit polizeilichen Mitteln zu unterbinden (Karlsbader Beschlüsse, 20. 9. 1819).

3 „Der Denker-Club. Auch eine neue deutsche Gesellschaft." (Anonyme Lithographie, um 1830)

Kaum schien der Deutsche Bund durch drastische innenpolitische Maßnahmen „stabilisiert" zu sein, ging Gefahr von den Flanken Europas aus. *Liberale Aufstandsbewegungen* brachten „legitime" Herrschaft, etwa in *Spanien, Portugal, Neapel-Sizilien* und *Piemont-Sardinien,* ins Wanken. Metternich und Zar Alexander I. plädierten für ein Einschreiten von außen; der Zar wollte gar das grundsätzliche *Interventionsrecht* durchsetzen, falls „Aufruhr" zu Regierungsveränderung geführt habe (1820). Obwohl der englische Außenminister *Castlereagh protestierte,* beschlossen die drei östlichen Großmächte in Laibach (1821), *Österreich* in Italien eingreifen zu lassen. Auf der Konferenz zu Verona (1822) gesellte sich auch noch *Frankreich* zu den *Interventionsmächten,* dem gestattet wurde, gegen das aufrührerische Spanien vorzugehen.

Interventionen europäischer Mächte

Hingegen wurde der *Unabhängigkeitskampf der Griechen* (seit 1821) gegen die *osmanische Fremdherrschaft* von den europäischen Mächten, teilweise auch militärisch, unterstützt. In diesem Fall der Einmischung waren sie nicht an der Stabilisierung einer überkommenen Herrschaft interessiert, sondern vielmehr an der Schwächung einer Gegenmacht. Durch britische, französische und russische Hilfe erlangten die Griechen im *Friedensschluß zu Adrianopel* (1829) von der Türkei die *Unabhängigkeit,* die 1830 in London garantiert wurde.

Unterstützung der Griechen in ihrem Unabhängigkeitskrieg

4 Was bedeutet Restauration?
„1. Die Fürsten … herrschen nicht aus anvertrauten, sondern aus eigenen Rechten … Es ist ihnen keine Gewalt von dem Volk übertragen worden …

2. Sie sind also nicht von dem Volk gesetzt oder geschaffen, sondern sie haben im Gegenteil dieses Volk (die Summe aller ihrer Untergebenen) nach und nach um sich her versammelt, in ihren Dienst aufgenommen, sie sind die Stifter und Väter dieses wechselseitigen Verbandes. Das Volk ist ursprünglich nicht vor dem Fürsten, sondern im Gegenteil der Fürst vor dem Volk, gleichwie der Vater vor seinen Kindern, der Herr vor den Dienern, überall der Obere vor den Untergebenen, die Wurzel und der Stamm vor den Ästen, Zweigen und Blättern existiert.

3. Die Fürsten sind nicht Administratoren eines gemeinen Wesens, … nicht die ersten Diener des Staates, denn außer ihnen ist der Staat nichts, ihre Selbständigkeit allein macht das gesellige Verband zum sogenannten Staate aus. … Sie sind unabhängige Herren, die gleich anderen Herren wesentlich und nach den Regeln der Gerechtigkeit nicht fremde, sondern nur ihre eigne Sache regieren …

4. Die Befugnis und die Ausübung jenes Regierens ist daher in ihren Händen ein Recht und nicht eine Pflicht. … Nur die Art der Regierung ist eine Pflicht, darin nämlich, daß sie nicht fremde Rechte beleidige, sondern vielmehr förderde und begünstige. In diesem Sinn wird die fürstliche Gewalt mit Recht als ein von Gott erhaltenes Amt betrachtet …"
(Auszüge aus: Karl Ludwig von Haller, Restauration der Staatswissenschaft, 1816–1834; zit. nach: Geschichte in Quellen, Bd. 5, S. 70)

5 Bestimmungen der Badischen Verfassung
Aus der Verfassungsurkunde für das Großherzogtum Baden vom 22. August 1818:
„§ 8 Alle Badener tragen ohne Unterschied zu allen öffentlichen Lasten bei …

§ 9 Alle Staatsbürger der drei christlichen Konfessionen haben zu allen Zivil- und Militärstellen und Kirchenämtern ihrer Konfession gleiche Ansprüche …

§ 13 Eigentum und persönliche Freiheit der Badener stehen für alle auf gleiche Weise unter dem Schutz der Verfassung.

§ 14 Die Gerichte sind unabhängig innerhalb der Grenzen ihrer Kompetenz …

§ 15 Niemand darf in Kriminalsachen seinem ordentlichen Richter entzogen werden. Niemand kann anders als in gesetzlicher Form verhaftet und länger als zweimal 24 Stunden im Gefängnis festgehalten werden, ohne über den Grund seiner Verhaftung vernommen zu sein …

§ 17 Die Preßfreiheit wird nach den künftigen Bestimmungen der Bundesversammlungen gehandhabt werden.

§ 18 Jeder Landeseinwohner genießt der ungestörten Gewissensfreiheit und in Ansehung der Art seiner Gottesverehrung des gleichen Schutzes.

25 § 36 Alle Staatsbürger, die das 25. Lebensjahr zurückgelegt haben, im Wahldistrikt als Bürger angesessen sind, oder ein öffentliches Amt bekleiden, sind bei der Wahl der Wahlmänner stimmfähig und wählbar.

30 § 37 Zum Abgeordneten kann ernannt werden ..., der

1. einer der drei christlichen Konfessionen angehört,

2. das 30. Lebensjahr zurückgelegt hat, und

35 3. in dem Grund-, Häuser- und Gewerbesteuerkataster wenigstens mit einem Kapital von 10000 Gulden eingetragen ist, oder eine jährliche lebenslängliche Rente von wenigstens 1500 Gulden von einem Stamm- oder Lehens-

40 guts-Besitze oder einer fixen ständigen Besoldung oder Kirchenpfründe vom gleichen Betrag als Staats- oder Kirchendiener bezieht ...

§ 66 Der Großherzog bestätigt ... die Gesetze."
(Zit. nach: Franz X. Vollmer, Vormärz u. Revolution 1848/49 in Baden, Frankf./M. 1979, S. 31–32.)

7 Studentische Stimmen zur Politik
Studenten äußern sich 1817/1818 zur politischen Situation in Deutschland:

„Wir wünschen unter den einzelnen Staaten Deutschlands einen größeren Gemeinsinn, größere Einheit in ihrer Politik und in ihren Staatsmaximen (Maxime: Grundsatz); keine eigene Politik der einzelnen Staaten, sondern das engste Bundesverhältnis; überhaupt, wir wünschen, daß Deutschland als e i n Land und das deutsche Volk als e i n Volk angesehen werden könne. So wie wir dies so sehr als möglich in der Wirklichkeit wünschen, so zeigen wir dies in der Form unsres Burschenlebens. Landsmannschaftliche Parteien sind verbannt, und wir leben in einer deutschen Burschenschaft, im Geiste als ein Volk, wie wir es in ganz Deutschland gerne in Wirklichkeit täten ... Wir wünschen eine Verfassung für das Volk nach dem Zeitgeiste und nach der Aufklärung desselben, nicht daß jeder Fürst seinem Volke gibt, was er Lust hat und wie es seinem Privatinteresse dienlich ist. Überhaupt wünschen wir, daß die Fürsten davon ausgehen und überzeugt sein möchten, daß sie des Landes wegen, nicht aber das Land ihretwegen existiere ..."

6 Badische Verfassung (1818)

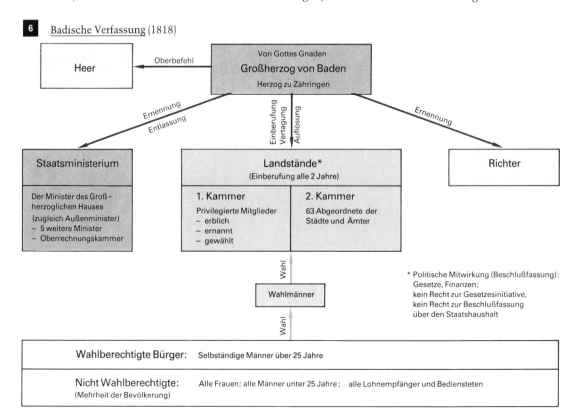

110

(Stud. iur. Heinrich von Gagern, der spätere Präsident der deutschen Nationalversammlung in der Paulskirche, in einem Brief an seinen Vater, 17. Juni 1818, Jena; zit. nach: Geschichte in Quellen, Bd. 5, S. 83)

8 Die Karlsbader Beschlüsse

Das Plenum des Bundestages verabschiedete am 20. Sept. 1819 die folgenden Gesetze: *1. Das Universitätsgesetz; 2. Das Preßgesetz; 3. Das Untersuchungsgesetz; 4. Die vorläufige Exekutionsordnung* (endgültige Durchführungsverordnung am 3. 7. 1820).

Die wichtigsten Einzelbestimmungen sind (in geraffter Wiedergabe) folgende:

Zu 1.: a) Die Regierungen stellen an allen Universitäten „landesherrliche Bevollmächtigte" an, die das akademische Leben zu überwachen haben. – b) Lehrpersonen sind aus ihren Ämtern zu entfernen, wenn sie nachweislich durch Rede oder Schrift die „öffentliche Ordnung" oder „bestehende Staatseinrichtungen" untergraben. Solcherart entlassene Lehrer dürfen an keiner anderen Universität eines deutschen Bundesstaates wieder angestellt werden. – c) Die Deutsche Burschenschaft wird verboten. Burschenschaftler, die ihrem Verbande treu bleiben, dürfen kein öffentliches Amt erhalten. – d) Ein verwiesener Student darf von einer anderen Universität nicht aufgenommen werden.

Zu 2.: Regelmäßig erscheinende Zeitschriften einerseits, Bücher von weniger als 20 Bogen (320 Seiten) andererseits dürfen nur nach Unbedenklichkeitsprüfungen verbreitet werden.

Zu 3.: In Mainz wird eine „Zentral-Untersuchungs-Kommission" eingesetzt, die innerhalb des Deutschen Bundes „revolutionäre Umtriebe" und „demagogische Verbindungen" zu untersuchen und festzustellen hat.

9 Auswirkungen der Karlsbader Beschlüsse an den Universitäten

Der preußische Staatskanzler, Fürst von Hardenberg, übersendet dem Oberpräsidenten v. Ingersleben und dem Kommandierenden General v. Hacke in Koblenz die Kabinettsordre König Friedrich Wilhelms III.:

„30. September / 1. Oktober 1819

Ew. Excellenzien erhalten hierbei einen Königlichen allerhöchsten Befehl wegen Verhaftung des Professors Görres. Ich zweifle nicht, daß Sie solchen mit der erforderlichen Vorsicht und 5 Schnelligkeit und mit sicherm Erfolg ausrichten werden ...

Die Straffälligkeit des Professor Görres, welcher sich nicht enthalten hat, sich in seiner dem Druck übergebenen Schrift ‚Teutschland und die 10 Revolution', obgleich er von der Freigebigkeit des Staats ein Wartegeld von 1800 Talern genießt, Beleidigungen seines und fremder Landesherren in den unehrerbietigsten Ausdrücken zu gestatten, und zu versuchen, unter dem 15 Schein, als ob er gegen die Revolution und ungesetzliche Gewalttätigkeiten warne und zum Frieden rate, das Volk durch den frechsten Tadel der Maßregeln der Regierung zur Erbitterung und Unzufriedenheit aufzureizen, liegt so klar 20 am Tage, daß Ich Ihnen hierdurch auftrage, ihn sofort arrestieren und unter sicherer Begleitung nach Glatz auf die Festung transportieren zu lassen ... Sie werden dafür sorgen, daß diese Maßregeln mit gehöriger Vorsicht und ohne unnötiges Aufsehen ausgeführt werde ..." [Joseph 25 Görres (1776–1848) entzog sich der Verhaftung durch Flucht nach Straßburg; er wurde 1827 Geschichtsprofessor in München.]

(Zit. nach: Bundesarchiv, Außenstelle Rastatt, Erinnerungsstätte ..., Katalog der ständigen Ausstellung, Koblenz 1984, S. 38–40)

a) Vergleiche von Hallers Grundsätze über die Fürstenherrschaft mit der Badischen Verfasung einerseits, mit den politischen Vorstellungen des Studenten Heinrich von Gagern andererseits. (M 4–7)

b) Erkläre und deute die Karikatur „Elektrisierapparat der Freiheit". Stelle Dir eine Gegenkarikatur um 1815/1816 aus deutscher Sicht vor. (M 1)

c) Setze die Ausführungen von Gagerns in Beziehung zur Verfassungsentwicklung in Deutschland. (M 7 und M 2)

d) Äußere Dich zu Auswirkungen der Karlsbader Beschlüsse auf das geistige und politische Leben (z. B. Wissenschaft, Kunst; öffentliche Meinung) wie auf den privaten Bereich der Menschen (z. B. Familienleben, Freizeitbeschäftigung). (M 3, M 8 und M 9)

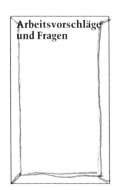

Arbeitsvorschläge und Fragen

2. Die Julirevolution in Frankreich und ihre Wirkungen in Europa

1830	Die Julirevolution in Frankreich führt zu neuen nationalen und liberalen Erhebungen in Europa.
1832	**Schloß Hambach in der Pfalz wird zum Schauplatz einer Massenversammlung, auf der nationale, liberale und soziale Forderungen vertreten werden.**
1837	Der König von Hannover schließt sich Demagogenverfolgungen in anderen deutschen Staaten an und enthebt sieben Göttinger Professoren (die „Göttinger Sieben") des Amtes.

Die „Charte constitutionnelle"

Die *„Charte constitutionnelle"* (Verfassungsurkunde) König Ludwigs XVIII. hatte Vorbildcharakter für die *süddeutschen Verfassungen*; sie beließ dem *König* die gesamte *Exekutive*, räumte aber den *Ständen politische Mitwirkung* ein, und zwar bei der *Gesetzgebung* und der *Steuerbewilligung*; zudem erhielten die Menschen *Grundrechte* zugebilligt (z.B. Schutz des Eigentums und Religionsfreiheit). Das *indirekte Wahlrecht* war allerdings an einen recht hohen *Zensus* gebunden; das Recht, Gesetze vorzuschlagen, oblag allein dem König.

Absolutistisches Verhalten des französischen Königs

Die Historiker Adolphe *Thiers* und François *Guizot* z.B. erinnerten immer wieder an die Revolution und forderten eine *Stärkung des Parlaments* in der Verfassung. *Karl X.* aber (1824–1830), der Bruder und Nachfolger Ludwigs XVIII., war mit jeglicher Einschränkung seiner Macht durch die Verfassung nicht einverstanden. Er war bestrebt, das konstitutionelle System aufzuheben. Die öffentliche Meinung war gegen den neuen König. Auf verstärkte *Opposition* antwortete er mit *Kammerauflösungen*. Schließlich verfügte er *Änderungen des Wahlrechts* zuungunsten des Bürgertums und hob in den *„Juli-Ordonnanzen"* die Pressefreiheit auf.

Barrikadenkämpfe in Paris, Juli 1830

Bürger, Arbeiter und Studenten waren empört. Die kurz vorher durchgeführte *Eroberung Algiers* konnte von der innenpolitischen Krise nicht ablenken. In den letzten *Julitagen* des Jahres *1830* tobten *Barrikadenkämpfe* in Paris. Die Trikolore, das Kampfzeichen der Revolution, tauchte in den Straßen auf. Die Soldaten der Regierung solidarisierten sich z.T. mit den Aufständischen. Die Lage des Königs erwies sich bald als aussichtslos, er floh nach England.

Revolutionäre Forderungen und die Berufung Louis Philippes zum König

Die revolutionären Forderungen wurden lauter und radikaler. Schon war der Ruf nach Abschaffung des Königtums zu hören. Von den gewählten Abgeordneten dachten aber nur die wenigsten republikanisch. Die Kammer handelte schnell und berief den Herzog *Louis Philippe* von Orléans (geb. 1773, gest. 1850) zum neuen *„Bürgerkönig"*. Er mußte auf die revidierte Verfassung schwören, die das *Verbot der Zensur* und die *Gesetzesinitiative* für das *Parlament* vorsah und das *Wahlrecht* erweiterte. Die politische Mitwirkung blieb aber weiterhin einer Minderheit vorbehalten: Statt 90000 im Jahr 1814 durfen 1830 ca. 170000 wählen (von 1000 Franzosen hatten 5 das Wahlrecht). Die *Trikolore* wurde Nationalflagge. Im übrigen Europa löste die Julirevolution Freiheitskämpfe aus.

Belgien wird ein unabhängiger Staat

Die vornehmlich katholischen *Belgier*, seit 1815 mit den *Holländern* im Königreich der *Vereinigten Niederlande* zusammengeschlossen, fühlten sich von Holland unterdrückt und sympathisierten mit den Franzosen. Die Nachrichten von den Vorgängen in Frankreich lösten *Aufstände* in Belgien aus, die sich vor allem gegen den niederländischen König richteten. Die europäischen Groß-

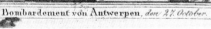

1 <u>Schauplätze der Revolution von 1830.</u> (Nürnberger Bilderbogen)

mächte griffen ein und schufen durch Beschlüsse auf einer Konferenz in London das *unabhängige Königreich Belgien*; der belgische Nationalkongreß erließ eine freiheitliche Verfassung, die die königliche Macht beschränkte. Belgien galt fortan als vorbildliche *konstitutionelle Monarchie*.

Die nationale und liberale Frage in Polen

Die Neuordnung von 1814/1815 in Europa hatte keine Wiederherstellung des polnischen Staates gebracht. Das 1815 entstandene *„Königreich Polen"* (*„Kongreßpolen"*) regierte der russische *Zar*, der in *Personalunion* König von Polen war. Zwar gewährte Zar Alexander eine Verfassung, die dem *polnischen Reichstag*, dem *Sejm*, Rechte einräumte, aber er setzte eine ihm treu ergebene Regierung mit einem „Statthalter" an der Spitze ein, so daß Polen von Rußland völlig *abhängig* blieb. Schließlich trug er sich mit dem Gedanken, die Verfassung wieder aufzuheben, als eine *liberale Opposition* entstand. Die Unzufriedenheit mit dem Zarenregime brach hervor, als verlautete, daß Zar Nikolaus I. (1825–1855) die polnische Armee gegen aufständische Belgier heranziehen wollte. Soldaten verweigerten den Gehorsam, und im November *1830* wagten Offiziere, Studenten und Adlige den *Aufstand*. Der Sejm erklärte Polen für unabhängig.

Der polnische Freiheitskampf und sein Scheitern

Unter den Liberalen Europas erweckte der *polnische Freiheitskampf* große Solidarität. Monatelang widerstanden die Polen einem mächtigen Aufgebot an Militär, dann mußten sie aufgeben. *Kongreßpolen* wurde dem *Zarenreich* direkt *eingegliedert*, die konstitutionellen Ansätze wurden beseitigt. Freiheitskämpfer entkamen ins *Exil* (vornehmlich nach Frankreich), wurden *verhaftet* oder nach Sibirien *verbannt*. Durch *polizeistaatliche Kontrollen* und scharfe *Unterdrückung* schalteten die Zaren Freiheitsbewegungen im russischen Teilgebiet Polens auf längere Zeit aus.

Auswirkungen der Julirevolution im Deutschen Bund

Auch in den *deutschen Staaten* hatte die Julirevolution deutliche Nachwirkungen. Bürger bekamen wieder Mut, sich politisch zu äußern. Viele sympathisierten offen mit den *polnischen Freiheitskämpfern* und unterstützten *Emigranten*. Parlamentsdebatten und Zeitschriftenaufsätze erregten das allgemeine Bewußtsein. Liberale Persönlichkeiten, z.B. die süddeutschen Abgeordneten Karl von Rotteck und Karl Theodor Welcker, der Historiker Leopold von Ranke oder der Publizist Josef Görres (S. 111, M 9), beeinflußten entscheidend die *öffentliche Meinung*. Es kam zu einigen lokal begrenzten, gewalttätigen *Ausschreitungen*, z.B. in Braunschweig und Dresden.

Manche Fürsten schienen der Erregung Verständnis entgegenzubringen; einige gewährten (z.B. in Kurhessen und Sachsen) oder liberalisierten (z.B. in Hannover und Braunschweig) *Verfassungen*.

Das Hambacher Fest 1832

Die Breite der liberalen Strömungen zeigte das *„Hambacher Fest"* (genannt nach der Schloßruine Hambach bei Neustadt a.d. Haardt). Die Journalisten Jacob Siebenpfeiffer und August Wirth hatten zum *„Fest der deutschen Nation"* im Mai 1832 Männer und Frauen aller Schichten eingeladen, auch polnische Emigranten und französische Demokraten waren willkommen. 30000 Menschen strömten in die Pfalz. *Gemäßigte Demokraten* forderten freiheitlichere Verfassungen. *Radikale* griffen die Fürstenherrschaft grundsätzlich an. Es tauchte gar die Idee eines *„konföderierten republikanischen Europas"* auf. Auch *soziale Forderungen* wurden erhoben: Bildung und Wohlstand für alle, Steuergerechtigkeit, Gleichberechtigung für Frauen und Juden. Ärmere Schichten sollten politisch mitbestimmen können.

Verschärfte „Demagogen"-Verfolgung

Die gemäßigten Stimmen, die die Fürstenherrschaft nicht in Frage stellten, waren im ganzen in der Mehrheit. *Metternich* aber sah „die Ruhe der Welt" schlimmer als 1817/1819 gefährdet. Er konnte die Regierungen des Deutschen

Bundes zu noch stärkeren *Unterdrückungsmaßnahmen* gegen liberale und nationale Aktionen bestimmen. Die Polizei überwachte strenger, *Verhaftungen* wurden in großer Zahl vorgenommen, die *Zensur* war schärfer denn je. *Rede- und Versammlungsfreiheit* wurden *aufgehoben*.

In der *württembergischen Kammer* opponierten die Liberalen, insbesondere Paul Pfizer, gegen die restriktiven Gesetze des Bundestages; daraufhin erfolgte die *Auflösung des Landtages*. Die *badische Regierung* schloß die Universität Freiburg; die liberalen Professoren Rotteck und Welcker wurden entlassen.

Der König von *Hannover*, Ernst August, konnte es wagen, die 1833 zugestandene liberale Revision der *Verfassung* wieder *aufzuheben*. Sieben Göttinger Professoren („*Die Göttinger Sieben*") protestierten dagegen und wurden deshalb amtsenthoben; der Germanist Jacob Grimm und die Historiker Georg Gottfried Gervinus und Friedrich Christoph Dahlmann wurden sogar des Landes verwiesen.

Die Göttinger Sieben

Kritische Intellektuelle waren zur Flucht genötigt; viele wählten *Paris* zum *Zufluchtsort*, z.B. Ludwig Börne, Heinrich Heine, Karl Marx oder Richard Wagner. Auch der Dichter Heinrich Hoffmann von Fallersleben, der Verfasser des Deutschlandliedes, mußte emigrieren.

Emigration

Zensur/Pressefreiheit: *Zensur* (lat. censor – Schätzer, strenger Richter) ist eine Meinungskontrolle, die allgemein wirken soll; sie erstreckt sich auf alle Druckerzeugnisse, besonders auf Zeitschriften und Zeitungen (die „Presse" im engeren Sinne). In der Epoche der Restauration wurde im Deutschen Bund (seit 1819) mit polizeistaatlichen Mitteln die *Vorzensur* praktiziert: die Überprüfung von Presseerzeugnissen vor ihrer Drucklegung. Der Gegenbegriff war die *Pressefreiheit*, die als Menschenrecht („Denkfreiheit", „Gedankenfreiheit", „Gewissensfreiheit") gefordert wurde. – Zur Zeit des Absolutismus war freie Meinungsäußerung in der Presse (Zeitschriften und Zeitungen gibt es seit 1609/1650) Gnadenerweis. In modernen westlichen Demokratien ist in der Regel die Pressefreiheit (ausgedehnt auf Film, Funk und Fernsehen) verfassungsrechtlich garantiert.

3 „Könige Europas, seid auf der Hut; der Monat Juli tut euch nicht gut!" Diese Unterschrift gab der Zeichner, Honoré Daumier, seinem Holzschnitt von 1834.

4 „Polens Freiheitskampf." (Deutsches Werbeblatt für den polnischen Aufstand 1830)

6 Pressezensur. (Zeitgenössische Karikatur über die Lage des politisch engagierten Journalisten, Schriftstellers und Dichters in Deutschland.)

5 Das Hambacher Fest, 1832

Vom Hambacher Fest berichtet ein Regierungsanhänger:

„Von dem höchsten Turm [der Schloßruine] flatterte eine große Fahne von den deutschen Farben schwarz, rot und gold. Auf einem niedrigeren Absatz des Gemäuers erblickte man eine weiße und rote Fahne mit dem weißen Adler, die polnische … Nun betrat Dr. Wirth die Rednertribüne. Ihm scholl ein lautes und allgemeines Lebehoch entgegen.

Er verbreitete sich über die Getrenntheit der deutschen Staaten, über das hieraus entspringende Elend der Einwohner, und wie ganz anders und besser für den Landmann und alle es sein würde, wenn die deutschen Völker vereint unter einem einzigen Oberhaupt wären … Er erörterte, wie es immer die Absicht der Regenten sei, Haß und Zwist unter den Völkern zu erhalten, … und daß nicht eher Glück und Eintracht stattfinden würde, bis die Könige und Regenten alle weggejagt worden wären. So schmachteten Ungarn, Polen, Italien unter der Knechtschaft, unzugänglich für Deutschland, daher die Hemmnis im Handel, das Elend der Landleute … Er schloß dann, nachdem er … den Kaiser von Rußland als den größten Bluttyrannen bezeichnet, auf den Bundestag die größten Schmähungen ausgestoßen hatte, mit der Hoffnung eines vereinten, freien, republikanischen Europas … In den niederen Regionen hatten sich während dem Nachmittage unzählige Gruppen gebildet, welche tranken und Freiheitslieder sangen … Studenten von Heidelberg gaben den Ton an. Viele andere Gruppen von Landbauern, Knechten und Weibern sangen zwar auch bei ihren Bier- und Weinkannen der Freiheit Lieder und jauchzten ihr ein Lebehoch zu, indessen schienen sie, was höher oben verhandelt wurde, doch nicht zu begreifen."

(Zit. nach: V. Valentin, Das Hambacher Nationalfest, Berlin 1932, S. 110–119)

7 Als „Demagoge" verurteilt

Der Schriftsteller Heinrich Laube berichtet über seine Verurteilung als „Demagoge" in Preußen, 1837:

„In der Folge der großen Mainzer Untersuchungskommission gegen die burschenschaftliche Demagogie war ein Gesetz erlassen worden, nach welchem jede Teilnahme an einer Burschenschaft mit sechs Jahren Festung bestraft wurde. Sechs Jahre Festungsstrafe für Teilnehmer an einer Studentenverbindung, weil sie die Einigung Deutschlands vorbereiten wollte! ...

Mir war nachgewiesen, daß ich Anno 26 und 27, also vor zehn Jahren, Teilnehmer an einer Studentenverbindung in Halle gewesen, welche zwar nicht alle Formen, aber doch die Ideen der Burschenschaft betrieben habe. Mir gebührten also sechs Jahre Festungsstrafe.

Für meine schriftstellerischen Bestrebungen war ein Jahr Festung als Entgelt ermittelt worden ... Der erste Band [des Werkes „Das neue Jahrhundert"] enthielt eine Geschichte Polens bis zum großen Aufstande 1830 und 1831. In dieser Geschichte Polens sei der Kaiser von Rußland beleidigt worden. Dieser, ein Schwager des regierenden Königs von Preußen, sei ein Alliierter des Königs von Preußen, und weil dieser Alliierte beleidigt worden sei, sei ein Strafmaß von einem Jahre gerechtfertigt. Summa sieben Jahre. ...

Was vor dem Jahre 1830 lag, also vor dem Ausbruche politischer Bewegungen, das wurde als Romantik ... erachtet. Burschenschaften vor dem Jahre 1830 waren also von sechs Jahren auf sechs Monate herabgesetzt. Burschenschaften nach 1830 galten für voll, ... wert sechs Jahre. Mir gebührten also nach dem eingeführten Usus [Brauch] für mein Studententum nur sechs Monate. Von dem Strafjahre für Rußland wurde mir aber nicht ein Tag erlassen – ich hatte also anderthalb Jahre abzusitzen. Meine arme Frau sah trostlos drein. An solchen Verbrecher war sie geraten!"

(Heinrich Laube, Erinnerungen 1810–1840, Wien 1875, S. 336ff.; zit. nach: Geschichte in Quellen, Bd. 5, S. 129–130.)

8 Ein Emigrant dichtet unsere Nationalhymne

Der Dichter August Heinrich Hoffmann von Fallersleben (1798–1874) schuf 1841 in der Emigration auf der Insel Helgoland, die damals zu England gehörte, das „Lied der Deutschen". Haydns Musik machte es volkstümlich. Hoffmann wurde wegen seiner „Unpolitischen Lieder" (1840–1841) verdächtigt und 1842 als Professor für deutsche Sprache und Literatur aus dem preußischen Staatsdienst entlassen und des Landes verwiesen.

„Deutschland, Deutschland über alles,/ Über alles in der Welt,/ Wenn es stets zu Schutz und Trutze/ Brüderlich zusammenhält;/ Von der Maas bis an die Memel,/ Von der Etsch bis an den Belt:/ Deutschland, Deutschland über alles,/ Über alles in der Welt! 5

Deutsche Frauen, deutsche Treue,/ Deutscher Wein und deutscher Sang/Sollen in der Welt behalten/Ihren alten, schönen Klang,/ Uns zu edler Tat begeistern/Unser ganzes Leben lang:/ Deutsche Frauen, deutsche Treue,/ Deutscher 10 Wein und deutscher Sang!

Einigkeit und Recht und Freiheit/Für das deutsche Vaterland!/ Danach laßt uns alle streben/ Brüderlich mit Herz und Hand!/ Einigkeit und Recht und Freiheit/ Sind des Glückes Unter- 15 pfand:/ Blüh im Glanze dieses Glückes,/ Blühe, deutsches Vaterland!"

Deutsche Soldaten sangen das Lied im Ersten Weltkrieg. In der Weimarer Republik wurde es (1922) zur Nationalhymne Deutschlands erklärt, 1945 verboten. Seit 1952 wird die dritte Strophe als offizielle Hymne der Bundesrepublik Deutschland gesungen.

a) *Erläutere, warum die Julirevolution in Frankreich Vorbildcharakter für viele Menschen in Europa gewonnen hat. (Text S. 118f., M 2–5)*
b) *Vergleiche das Hambacher Fest mit dem Wartburgfest. (M 2, 5; S. 108)*
c) *Warum greifen die Fürsten zu verschärfter Zensur? Welche Konsequenzen hatte die verschärfte Pressezensur? (Text S. 114f., M 6–8)*
d) *Deute das Deutschlandlied (insbesondere die Strophen 1 und 3) aus der Sicht eines Emigranten. (M 8)*

Arbeitsvorschläge und Fragen

3. Von der französischen Februarrevolution zur deutschen Märzrevolution

Febr. 1848	Februarrevolution in Frankreich: Bürger, Arbeiter und Nationalgarde erzwingen die Abdankung des Königs Louis Philippe.
März 1848	**Märzrevolution im Deutschen Bund: Bürger, Bauern, Studenten und Arbeiter erheben sich gegen Unterdrückung und Not und erzwingen Grundrechte, Verfassungen wie auch Wahlen zu einem nationalen Parlament.**

Soziale Not in Europa

Die *Bevölkerung* Europas war seit 1815 beträchtlich *gewachsen*. Die beginnende *Industrialisierung* (S. 150 ff.) hatte viele Menschen in die Städte gezogen. Durch die *Konkurrenz* der entstehenden Fabriken drohte vielen Handwerksmeistern der wirtschaftliche *Ruin*, Gesellen fanden keine Arbeit mehr. Die noch weitverbreitete *Heimarbeit* sicherte den Familien nicht mehr ihre Existenz. Zusätzlich gerieten durch landesweite *Mißernten* (insbesondere in den Jahren 1846 und 1847) die Bauern in Not, und die Versorgung der ärmeren Schichten mit Nahrungsmitteln war nicht mehr gewährleistet; Hungerepidemien suchten Europa heim.

Aufstände und Forderungen

Die Menschen verlangten sofortige Hilfe in ihrer Not; so erhoben sich die *schlesischen Weber* (1844); in Oberschlesien brachen Hungerrevolten aus (1847). Auch neue Rechtsverhältnisse wurden gefordert. In *Österreich* z. B. bestand noch die rechtliche *Abhängigkeit der Bauern* von Guts- und Grundherren. Andererseits gerieten die „*befreiten*" Bauern (z. B. in *Preußen*) in eine *erneute Abhängigkeit* von ihren früheren Herren, weil die kleinen selbständigen Betriebe die Ablösesummen nicht aufbringen konnten. Bürger und Beamte, die nicht unmittelbare wirtschaftliche Not litten, forderten immer wieder bürgerliche Grundrechte und politische Mitverantwortung; in den beiden großen deutschen Staaten hatten die Könige ihr *Verfassungsversprechen* noch immer *nicht eingelöst*. Eine gespannte Atmosphäre herrschte.

Hoffnungen nach der Gründung des Zollvereins

Seitdem der *Zollverein* (1834) bestand (vgl. S. 168 ff.), gab es aber auch Zuversicht im Deutschen Bund. Durch die Abschaffung vieler Zollgrenzen hatte der Handel einen wesentlichen *Aufschwung* genommen, und das *Eisenbahnnetz* konnte zügig ausgebaut werden; der Eisenbahnbau brachte gewinnträchtige Aufträge und schuf Arbeitsplätze. Und da die *wirtschaftliche Einheit* weithin erreicht war, wurde das Bestreben nach *politischer Einheit* noch größer. Der württembergische liberale Landtagsabgeordnete Paul Pfizer formulierte im Jahre 1842: „So gilt der Zollverein mit Recht jetzt für den ersten Vorkämpfer und Verteidiger des neuen Deutschlands."

23. Februar 1848: Revolution in Frankreich

Am 22. Februar 1848 sah sich der französische „*Bürgerkönig*" Louis Philippe einer breiten *republikanischen Massendemonstration* konfrontiert, die das *allgemeine Wahlrecht* forderte und für *soziale Gerechtigkeit* eintrat. Am nächsten Tag stießen die Demonstranten, vor allem Arbeiter und Studenten, mit *Polizei* und *Militär* zusammen, eine Schießerei entstand (52 Tote, 74 Verletzte). In Kürze war ganz *Paris in Aufruhr*, 1500 Barrikaden wurden gebaut.

König *Louis Philippe* sah nicht mehr die Möglichkeit, seine Herrschaft aufrechtzuerhalten; fluchtartig *verließ* er *Frankreich* und begab sich nach England.

Eine revolutionäre Regierung

Schon am 25. Februar war eine *neue Regierung* geschaffen. Die Büros zweier radikaler Zeitungen stellten die Mitglieder der Provisorischen Regierung; der

Dichter Lamartine leitete sie, der *Sozialist Louis Blanc* wurde Arbeitsminister. Sofort verkündete die neue Regierung die *Republik* und versprach Wahlen für eine *Nationalversammlung.* Die soziale Not und die große *Arbeitslosigkeit* versuchte sie durch sofortige Maßnahmen zu mildern: In *„Nationalwerkstätten"* (das waren Arbeitsprojekte, die der Staat beschaffte, z.B. Straßenbaumaßnahmen) sollte jeder Arbeitssuchende das Anrecht auf einen Garantielohn erhalten; 2 Francs täglich, wenn er arbeitete, 1 Franc, wenn er keine Arbeit hatte.

Die französische Februarrevolution wirkte für die *deutschen Staaten* wie ein Signal. *Bürger, Bauern, Handwerker,* an einigen Orten *auch Arbeiter,* erhoben auf *Massendemonstrationen* ihre Forderungen. In *Baden* zündete der revolutionäre Funke zuerst; hier wurden schon am 27. 2. die Forderungen formuliert, die im Verlauf des März als *„Märzforderungen"* in allen Staaten des Bundes auftauchten. – Die *Revolution* breitete sich schnell aus. Die *großen Städte* wurden zu *Zentren* des revolutionären Geschehens: München, Köln, Wien, Berlin, Frankfurt. Auswirkungen in den deutschen Staaten

Durch Einsatz von Militär konnten die großen und zahlreichen Massenversammlungen nicht verhindert werden. Barrikadenkämpfe schreckten die Fürsten. *Metternich,* der das verhaßte alte System verkörperte, mußte schon am 13. März *zurücktreten;* der *preußische König* verneigte sich vor gefallenen Revolutionskämpfern und *erkannte* die *Forderungen der Revolutionäre an;* der bayerische König überließ seinem Sohn die Verantwortung. In allen Staaten des Bundes setzten die Fürsten *liberale Regierungen* ein. *Wahlen* zu einzelstaatlichen Nationalversammlungen und zu einem *gesamtdeutschen Parlament* wurden zugelassen und durchgeführt. Erfolge der Revolution

1 Emigration Metternichs (im Karren); links vorne: der „Kartätschen-Prinz" Wilhelm von Preußen; sitzend auf der „Cassa": König Louis Philippe; ihm gegenüber: Louis Napoléon. (Zeitgenössische Karikatur, 1848)

Märzforderungen / Märzerrungenschaften: Die Begriffe kennzeichnen die revolutionären Forderungen bzw. Erfolge, die Bürger zusammen mit Handwerkern, Bauern und Studenten in den Staaten des Deutschen Bundes im März des Jahres 1848 erhoben oder durchgesetzt haben: Pressefreiheit, Schwurgerichte, Volksbewaffnung, Einberufung von verfassunggebenden Versammlungen, Einsetzung von liberalen Regierungen.

Vormärz: Aus der Sicht der revolutionären Ereignisse des März erscheinen die politischen, gesellschaftlichen und kulturellen Geschehnisse seit 1815 ausgerichtet auf die Errungenschaften der Märzrevolution. Die Epoche der Restauration (1815–1848) wird deshalb auch „Vormärz" genannt; im engeren Sinne bezeichnet man die Zeit seit 1830 oder seit dem Regierungsantritt Friedrich Wilhelms IV. (1840) bis zur 48er Revolution als deutschen „Vormärz".

Berlin 1848 – Ein Schauplatz der Revolution

Seit dem 7. März	Es bilden sich spontane *Volksversammlungen*. Petitionen werden eingereicht, sozialpolitische Forderungen erhoben; sichtbare *Truppenansammlungen* in Berlin.
13. März	Arbeiter, Handwerksgesellen, Kleinbürger und Studenten demonstrieren. *Zusammenstöße* zwischen Militär und Demonstranten.
17. März	Berliner Bürger fordern die *„Zurückziehung der militärischen Macht"* und die *„Organisation einer bewaffneten Bürgergarde"*.
18. März	*König* Friedrich Wilhelm IV. *hebt die Zensur auf*. Er beruft den *Vereinigten Landtag* ein und anerkennt die Notwendigkeit einer *„konstituierenden Verfassung"*. Auch spricht er sich für eine Reorganisation des Deutschen Bundes aus. Der *König* zeigt sich am Nachmittag einer großen Menge auf dem *Schloßplatz*. Der Bürgermeister verkündet die Zugeständnisse des Königs. *Ovationen* wechseln mit der Forderung, die Soldaten abzuziehen. Als auf Anordnung das *Militär* den Schloßplatz räumt, lösen sich unbeabsichtigt einzelne *Schüsse*. Die Stimmung der Menge schlägt plötzlich um, sie fühlt sich vom König verraten. Ein *Straßen- und Barrikadenkampf* bricht los, der in der ganzen Nacht die Stadt durchtobt (230 Tote). In seinem Aufruf *„An meine lieben Berliner!"* beschwört der König seine Untertanen, den „unseligen Irrtum" zu erkennen und zum Frieden zurückzukehren, um „größerem Unheil vorzubeugen".
19. März	Der *König zieht* die *Truppen aus der Hauptstadt* ab und *ehrt die Toten* der Revolution. Schaffung einer *Bürgerwehr*; Flucht des Prinzen Wilhelm, des späteren Königs und Kaisers, nach England.
20. März	*Amnestie* für politische Gefangene.
21. März	Der *König* unternimmt einen feierlichen *Umritt* und trägt dabei eine *schwarz-rot-goldene Armbinde*. In seiner Proklamation *„An mein Volk"* bekennt sich der König zu einer *gesamtdeutschen Verfassung*, zu *Einheit* und *Freiheit*.
22. März	Anerkennung von *Grundrechten*, Zusage von *Ministerverantwortlichkeit* und *Schwurgerichten*.
29. März	Berufung einer *liberalen Regierung* mit Ludolf Camphausen und David Hansemann (Vertretern des Großbürgertums).
2. April	Der Vereinigte Landtag tritt zusammen, spricht dem König Dank aus und beschließt *Wahlen* zu einer *preußischen Nationalversammlung* nach „demokratischem" Wahlrecht.

2 „Die Barrikade an der Kronen- und Friedrichstraße am 18. März 1848 von einem Augenzeugen". (Farblithographie von F. G. Nordmann, Berlin 1848) – Hinter der Barrikade werden Bleikugeln gegossen.

3 Der Hessische Landbote

Der Mediziner und Dichter Georg Büchner (1813–1837) wendet sich mit dem Schlachtruf der Französischen Revolution „Friede den Hütten! Krieg den Palästen!" hauptsächlich an die Bauern Hessens. Büchner gründete 1834, zusammen mit einem Pfarrer, die geheime „Gesellschaft für Menschenrechte". Der Verhaftung entzog sich Büchner durch die Flucht nach Straßburg.

„Der Hessische Landbote
Erste Botschaft
Darmstadt, im Juli 1834
Friede den Hütten! Krieg den Palästen!

Im Jahr 1834 siehet es aus, als würde die Bibel Lügen gestraft. Es sieht aus, als hätte Gott die Bauern und Handwerker am 5ten Tage, und die Fürsten und Vornehmen am 6ten gemacht, und als hätte der Herr zu diesen gesagt: Herrschet über alles Getier, das auf Erden kriecht, und hätte die Bauern und Bürger zum Gewürm gezählt. Das Leben der Vornehmen ist ein langer Sonntag, sie wohnen in schönen Häusern, sie tragen zierliche Kleider, sie haben feiste Gesichter und reden eine eigne Sprache; das Volk aber liegt vor ihnen wie Dünger auf dem Acker. Der Bauer geht hinter dem Pflug, der Vornehme aber geht hinter ihm und dem Pflug und treibt ihn mit den Ochsen am Pflug, er nimmt das Korn und läßt ihm die Stoppeln. Das Leben des Bauern ist ein langer Werktag; Fremde verzehren seine Äcker vor seinen Augen, sein Leib ist eine Schwiele, sein Schweiß ist das Salz auf dem Tische des Vornehmen."

(Georg Büchner, Sämtliche Werke, hrsg. von Werner R. Lehmann, Zweiter Band, München 1972, S. 34 und 36)

4 Baden und die Februarrevolution

Die Pariser Februarrevolution zeigt schnelle Auswirkungen in Südwestdeutschland; zuerst in Mannheim, wo Gustav Struve bei der Bevölkerung Resonanz findet. Es kommt zu Volksversammlungen, auf denen Forderungen gestellt werden. Petitionen sollen die Regierung zu Zugeständnissen veranlassen.

4a Mannheimer Aufruf an das Volk – 27. Februar 1848.

„Das französische Volk hat Ludwig Philipp abgesetzt, hat das Joch der Tyrannei gebrochen. …
Sollen wir Deutsche … unter dem Joche der Knechtschaft verbleiben? Der entscheidende
5 Augenblick ist gekommen. Der Tag der Freiheit ist angebrochen. Vorwärts! ist der Ruf der Zeit.
Die Not des Volkes muß ein Ende nehmen. Unser Wahlspruch sei:

Wohlstand, Bildung und Freiheit
10   für alle Klassen des Volkes!

Überall in Deutschlands Gauen, in Stadt und Land mögen die Männer der Tat zusammentreten, beschließen und vollziehen, was dem Volke not tut, die ewigen Rechte des Volkes sollen
15 und müssen jetzt zur Wahrheit werden.
In diesem Geiste haben viele Bürger und Einwohner Mannheims die beifolgende Petition beschlossen und unterzeichnet, welche sie in großer Anzahl Mittwoch den 1. März der Zweiten
20 Kammer der Landstände überbringen werden.
Wir hoffen und erwarten, daß ähnliche Schritte in allen Teilen des Vaterlandes vorbereitet und sogleich ausgeführt werden. …   Das Comité.

4b Aus der Bittschrift der Mannheimer Bürger an die badische Zweite Kammer:

„Das deutsche Volk hat das Recht zu verlangen: … 1. Volksbewaffnung mit freien Wahlen der Offiziere. 2. Unbedingte Pressefreiheit.
3. Schwurgerichte nach dem Vorbilde Englands.
5 4. Sofortige Herstellung eines deutschen Parlaments.“
(Zit. nach: Bundesarchiv, Außenstelle Rastatt, Erinnerungsstätte, Katalog, S. 172, und Friedrich Hecker, Die Erhebung des Volkes in Baden, Basel 1848, S. 17 f.)

5 Der Umritt des preußischen Königs – Schauspielerei, Ernst oder Irrtum?

5a Varnhagen von Ense, Diplomat und Schriftsteller (1765–1858) in seinem Tagebuch:
„21. März 1848 … Der Umritt des Königs mit der deutschen Fahne und sein Benehmen dabei, seine Ansprachen, seine Austeilung deutschen Bandes sollen ein elendes, lächerliches Ansehen gehabt und nur dem untersten Volke gefallen haben. Die Adeligen, die Offiziere, die Hofleute sind außer sich darüber. Dennoch kann diese Wendung, die der König seiner Sache zu geben versucht, von großen und guten Folgen sein; es kommt darauf an, ob die Demonstration nicht bloße Schauspielerei, sondern ehrlicher Ernst ist, ob sie nachhaltig durchgeführt, mit Kraft vertreten wird. Viele leugnen das und meinen, der König habe nur aus der augenblicklichen Schmach herauskommen wollen und dazu dies Gaukelwesen tauglich erachtet …“

5b Otto von Bismarck (vgl. S. 139 ff.) lehnte auf dem Vereinigten Landtag am 2. April 1848 die beantragte Dankadresse an den König ab:
„… Was mich aber veranlaßt, gegen die Adresse zu stimmen, sind die Äußerungen von Freude und Dank für das, was in den letzten Tagen geschehen ist. Die Vergangenheit ist begraben, und ich bedaure es schmerzlicher als viele von Ihnen, daß keine menschliche Macht imstande ist, sie wieder zu erwecken, nachdem die Krone selbst Erde auf ihren Sarg geworfen hat. Aber wenn ich dies, durch die Gewalt der Umstände gezwungen, akzeptiere, so kann ich doch nicht aus meiner Wirksamkeit auf dem Vereinigten Landtage mit der Lüge scheiden, daß ich für das danken und mich freuen soll über das, was ich mindestens für einen irrtümlichen Weg halten muß …“
(Zit. nach: Geschichte in Quellen, Band 5, S. 155 [5a] bzw. 160 [5b])

Arbeitsvorschläge und Fragen	*a) Worauf zielen die Aussagen des „Hessischen Landboten"? Warum sahen die Fürsten darin ein besonders krasses Beispiel von Demagogie? (M 3)* *b) Äußere Dich zu der Frage, ob „die Demonstration" des Königs am 21. März „bloße Schauspielerei" war. (M 5 a; vgl. die Zeittafel „Berlin 1848", S. 120)* *c) Beurteile Bismarcks Ablehnung der Dankadresse an den König. (M 5 b)* *d) Setze den „Mannheimer Aufruf an das Volk" und die badische Petition in Beziehung zu der „Karikatur auf die Emigration". Erläutere die Hoffnungen der deutschen Bevölkerung Ende März/Anfang April 1848. (M 4; vgl. M 1)*

4. Das erste deutsche Nationalparlament

18. Mai 1848	In der Frankfurter Paulskirche tritt die erste deutsche Nationalversammlung zusammen.
29. Juni 1848	Erzherzog Johann von Österreich wird zum Reichsverweser gewählt.
Juli 1848 bis März 1849	Das deutsche Gesamtparlament verankert Grundrechte in der Verfassung und schafft das Modell eines neuen deutschen Bundesstaates mit Erbkaisertum, aber unter Ausschluß Österreichs.
3./28. April 1849	Der preußische König Friedrich Wilhelm IV. lehnt die Kaiserkrone ab.

Das Vorparlament und die deutsche Nationalversammlung

Parallel zum Bundestag (der Bundesversammlung des Deutschen Bundes) trat in *Frankfurt* das *Vorparlament* zusammen (31. 3. – 3. 4. 1848). Es war aus der *revolutionären Bewegung* hervorgegangen, beschloß Wahlen zu einer gesamtdeutschen *Nationalversammlung* und gab den Bundesstaaten Wahlrechtsempfehlungen. Das Gesamtparlament sollte eine *Verfassung* für den neuen deutschen Nationalstaat ausarbeiten. Am 18. 5. 1848 trat in der *Paulskirche* zu Frankfurt die erste deutsche Nationalversammlung zusammen (zunächst 330, später 585 Mitglieder).

Das Wahlverfahren

Die Wahlen wurden – mit regionalen Unterschieden – nach *allgemeinem und gleichem Stimmrecht* durchgeführt (für Männer, die „selbständig" waren); ein Abgeordneter vertrat 50000 Wähler, die ihre Stimme *meist indirekt* (über *Wahlmänner*), *häufig öffentlich* abgaben. Es wurde in allen Staaten des Deutschen Bundes gewählt, zusätzlich in Schleswig, das zu Dänemark gehörte, sowie in West- und Ostpreußen. Die Tschechen Böhmens und Mährens allerdings lehnten die Wahl zum deutschen Parlament aus nationalen Gründen ab.

Die doppelte Aufgabe der Nationalversammlung

Die Revolution hatte sich ihr Parlament geschaffen. Es mußte eine doppelte Aufgabe erfüllen: Einen *neuen Staat* gründen und ihm eine *Verfassung* geben. Das Parlament mußte gegenüber den bestehenden Gewalten der Einzelstaaten handlungsfähig sein, deshalb brauchte es zunächst eine eigene Regierung.

Das Arbeitsprogramm der gewählten Vertreter war umfangreich, und die Zeit drängte. Je länger sich die Diskussionen im Parlament hinzogen und je mehr Zeit die *alten Gewalten* hatten, sich in den Teilstaaten verstärkt Geltung zu verschaffen, desto geringer wurde die Aussicht, daß die Arbeit des Parlaments von den Fürsten unterstützt oder auch nur toleriert wurde.

Das „Professorenparlament"

In die „Paulskirche" – so wurde bald die Parlamentsversammlung genannt – waren viele Gebildete und Gelehrte gewählt worden; „Professorenparlament" konnte man mit einem gewissen Recht sagen. Es gab noch *keine Parteien* – aber *Wahlvereine, Komitees, Ausschüsse*, anberaumte Versammlungen; als Wahlmann oder als Abgeordneter wurde gewählt, wer bekannt war, wirkungsvoll reden konnte und Vertrauen erweckte. Die Wahlen zur Nationalversammlung waren vor allem *Persönlichkeitswahlen*.

Fraktionen der Paulskirche und der Parlamentspräsident

Während der Debatten bildeten sich „Fraktionen" heraus; sie erhielten die Namen der Gasthöfe, in denen man sich am Abend zur Beratung traf: *Café Milani, Casino, Württemberger Hof, Deutscher Hof*. Die Fraktionen repräsentierten politische Grundauffassungen von *rechts* (Milani) über die *Mitte* (Casino, Württemberger Hof; Liberale) nach *links* (Deutscher Hof; Republikaner). Später gab es weitere Aufspaltungen (vgl. S. 124, M 2). Die Gruppierungen waren *Vorformen der* nach 1860 entstandenen *Parteien*.

1 Die Eröffnung der Nationalversammlung in der Paulskirche (18. 5. 1848)

2 Politische Gruppierungen der Nationalversammlung (1848/49)

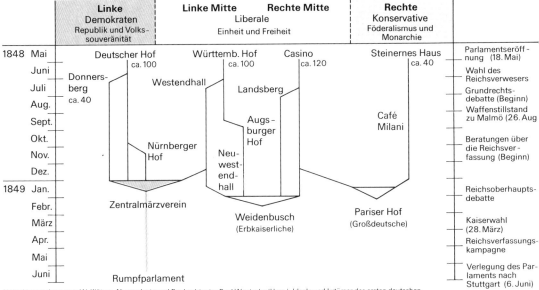

	Linke Demokraten Republik und Volks- souveränität	Linke Mitte Rechte Mitte Liberale Einheit und Freiheit	Rechte Konservative Föderalismus und Monarchie	
1848 Mai	Deutscher Hof ca. 100	Württemb. Hof Casino ca. 100 ca. 120	Steinernes Haus ca. 40	Parlamentseröff- nung (18. Mai)
Juni	Donners- berg ca. 40	Westendhall Landsberg		Wahl des Reichsverwesers
Juli				Grundrechts- debatte (Beginn)
Aug.				Waffenstillstand zu Malmö (26. Aug)
Sept.		Augs- burger Hof	Café Milani	
Okt.	Nürnberger Hof			Beratungen über die Reichsver- fassung (Beginn)
Nov.		Neu- west- end- hall		
Dez.				
1849 Jan.				Reichsoberhaupts- debatte
Febr.	Zentralmärzverein		Pariser Hof (Großdeutsche)	
März		Weidenbusch (Erbkaiserliche)		Kaiserwahl (28. März)
Apr.				Reichsverfassungs- kampagne
Mai				
Juni	Rumpfparlament			Verlegung des Par- laments nach Stuttgart (6. Juni)

Unter Verwendung von: W. Klötzer, Abgeordnete und Beobachter in: Paul Wentzcke (Hrsg.), Ideale und Irrtümer des ersten deutschen
Parlaments (1848–1849), Heidelberg 1959, im Anschluß an S. 319.

124

Zum *Präsidenten* des Parlaments wurde *Heinrich von Gagern* (1799–1880; vgl. S. 110f., M 7) gewählt; er war der rechten Mitte (Casino) zuzurechnen. Er leitete die Nationalversammlung vom 19. Mai bis zum 18. Dezember 1848.

Die Entscheidung über die *Zentralgewalt*, die im Namen des Parlaments ausgeübt werden sollte, schien zunächst schwierig. Die „Rechten" wollten eine mit den *Fürsten* abgestimmte Lösung, die „Linken" wünschten einen *parlamentarischen „Vollzugsausschuß"*. In der schwierigen Situation tat von Gagern einen „kühnen Griff": Er schlug dem Parlament vor, „die provisorische Zentralgewalt" selbst zu schaffen und zu wählen – einen *„Reichsverweser"*, der dem Parlament nicht verantwortlich sei; aber dieser solle eine *Regierung* berufen, die vom *Vertrauen des Parlaments* getragen sein müsse. Den Vorschlag nahmen die Abgeordneten mit großer Mehrheit an. Zum Reichsverweser wurde der *österreichische Erzherzog Johann* gewählt; Ministerpräsident wurde Fürst Karl Leiningen, Innenminister der Österreicher Anton von Schmerling, Kriegsminister der preußische General von Peucker.

Der Reichsverweser als provisorische Zentralgewalt

Die Bundesversammlung des Deutschen Bundes erkannte die Wahl des Reichsverwesers an. Aber es mangelte der neuen Zentralgewalt an *Macht*. Vor allem fehlte der eigene *Beamtenapparat* und das eigene *Heer*. Der Kriegsminister drängte darauf, daß die Truppen der Einzelstaaten dem Reichsverweser huldigten, doch die großen Staaten weigerten sich: Preußen, Österreich, Bayern, Hannover.

Die geringe Machtbasis der Zentralgewalt

Hauptaufgabe der Paulskirche war nun die Beratung und Verabschiedung der *Verfassung*. Die Abgeordneten beschlossen, mit der *Grundrechtsdebatte* zu beginnen (sie dauerte vom 3. Juli bis zum 20. Dezember 1848). Rechte sollten gesichert werden, die den Deutschen im Vormärz verweigert worden waren. Seit Ende Oktober (bis März 1849) wurden Fragen der *Reichseinheit*, des *Reichsoberhaupts* und der *Grenzen des Reichs* behandelt.

Die Arbeit an der Verfassung

Linke Parlamentarier wollten einen *Einheitsstaat* oder eine *Föderation von Republiken*, unabhängig von gewachsenen politischen Einheiten. Die große Mehrheit der Abgeordneten war dafür, *historisch Gewachsenes* hinüberzunehmen in einen neuen Staat: Die Einzelstaaten sollten erhalten bleiben und zu einem *Bundesstaat* mit *zwei Kammern* (Volkshaus und Staatenhaus) zusammengefügt werden. Viele Mitglieder der Paulskirche hatten die *Vereinigten Staaten von Amerika* als Vorbild vor Augen.

Einheitsstaat, Föderation oder Bundesstaat

Das Parlament entschied sich für das *suspensive* (aufschiebende) *Veto des Staatsoberhauptes*, das *parlamentarische Regierungssystem* und das *allgemeine Wahlrecht*, allerdings *ohne das Frauenwahlrecht*. Kompliziert war die Einigung auf die Grenzen des Reiches und die Person des Staatsoberhauptes. Teilweise gab es Meinungsverschiedenheiten innerhalb der einzelnen Fraktionen bei der Diskussion dieser Fragen. Schließlich ergab sich eine Mehrheit für die *kleindeutsche Lösung* (Ausschluß Österreichs) und das *Erbkaisertum* (vgl. S. 104, M 1). Der *preußische König*, Friedrich Wilhelm IV., wurde zum *Kaiser* der Deutschen gewählt. Die Annahme des gesamten Verfassungswerkes fiel knapp aus (267 zu 263 Stimmen). (Zur Verfassung vgl. das Schaubild M 3 auf S. 133).

Regierung, Staatsoberhaupt, Wahlrecht

Die *Mehrzahl der deutschen Staaten* stimmte der Verfassung des Nationalparlaments zwar *zu* (schließlich waren es 29); aber die *großen Staaten* (Österreich, Preußen und Bayern) *lehnten* sie *ab*; daneben gab es zahlreiche Änderungswünsche. Der härteste Schlag jedoch für die Abgeordneten war die *Ablehnung der Kaiserkrone durch den preußischen König* (endgültig am 28. April 1849). Gagern, inzwischen Ministerpräsident der Paulskirchenregierung, trat zurück; viele Abgeordnete sahen in ihrer Tätigkeit keinen Sinn mehr und blieben dem

Das Scheitern der Paulskirche

Parlament fern, manche Einzelstaaten zogen ihre Volksvertreter aus Frankfurt ab. Das nach Stuttgart verlegte „Rumpfparlament" wurde am 18. Juni 1849 durch württembergisches Militär aufgelöst.

Nation, Nationalbewußtsein: Als *Nation* (lat. natio: Geburt, Geschlecht, Art, Stamm, Volk) fühlen sich Menschen derselben Sprache und Herkunft, mit gleicher politischer und kulturel-ler Tradition. Insbesondere seit der Französischen Revolution und den Befreiungskriegen gegen Napoleon war in Europa das Bestreben deutlich, *Nationalstaaten* zu bilden, d.h. die Menschen je einer Nation in einem Staat zu vereinigen.

Mit dem *Nationalbewußtsein* (Stolz auf die eigene Nation und Zielsetzung nationalstaatlicher Politik) verbanden sich zur Zeit der Restauration (nach 1815) und des Vormärz (nach 1815/ 1830/1840) liberale und soziale Forderungen, z.B. Pressefreiheit, Verfassungen, Parlamente, Wohlstand und Bildung für alle.

Seit der zweiten Hälfte des 19. Jhs. wurden nationale Bestrebungen vielfach von demokrati-schen Strömungen abgekoppelt und zum *Nationalismus*, der in der Zeit des Nationalsozialis-mus (1933–1945) in Verbindung mit Rassenideologie und Menschenverachtung wahnhaft und zerstörerisch übersteigert wurde.

---

3 Der Deutsche Bund 1848/49 – Natio-nalitätsfragen in Mittel- und Ost-mitteleuropa

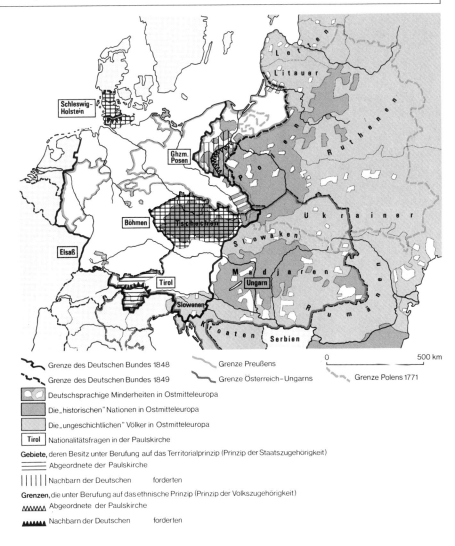

Grenze des Deutschen Bundes 1848

Grenze des Deutschen Bundes 1849

Grenze Preußens

Grenze Österreich–Ungarns

Grenze Polens 1771

0   500 km

Deutschsprachige Minderheiten in Ostmitteleuropa

Die „historischen" Nationen in Ostmitteleuropa

Die „ungeschichtlichen" Völker in Ostmitteleuropa

Tirol   Nationalitätsfragen in der Paulskirche

Gebiete, deren Besitz unter Berufung auf das Territorialprinzip (Prinzip der Staatszugehörigkeit)

Abgeordnete der Paulskirche

| | | | | Nachbarn der Deutschen   forderten

Grenzen, die unter Berufung auf das ethnische Prinzip (Prinzip der Volkszugehörigkeit)

Abgeordnete der Paulskirche

Nachbarn der Deutschen   forderten

4 Die erste Aufgabe der Paulskirche: Volksbewaffnung oder Grundrechtsdebatte?

4a Der Komponist Richard Wagner schrieb dem Abgeordneten Jacob Wigand (19. 5. 1848):
„Ich besorge viel Unheil, wenn das deutsche Parlament zunächst nicht folgenderweise beschließt: ... Der bisherige deutsche Bundestag ist aufgehoben: Das Parlament schließt somit
5 die einzige konstituierende Gewalt in sich sowie die Befugnis, die exekutive Gewalt provisorisch aus ihrer Mitte als Ausschuß zu ernennen. ... Sofortige Einführung der Volksbewaffnung. ... Nun hängt es von dem Benehmen der
10 Fürsten ab, welches Los sie sich bereiten wollen: beginnen sie feindselig, protestieren sie, so sind sie samt und sonders in Anklagezustand zu versetzen. ... Erst wenn diese Frage entschieden [ist] ..., möge die Versammlung an die Verfas
15 sungsarbeit gehen ... Wie nutzlos würde eine Verfassung dem jetzigen Zustande Deutschlands gegenüber sein! Das Parlament muß die einzelnen Staaten erst noch vollkommen revolutionieren."
(Revolutionsbriefe 1848/49, hrsg. v. Rolf Weber, Frankfurt a. M. 1973, S. 148 ff.)

4b Der liberale Abgeordnete Georg Beseler sagte am 3. Juli im Plenum (der Vollversammlung) des Parlaments:
„Ihr Ausschuß [der von den Abgeordneten eingesetzte Verfassungsausschuß] hat sich ... zu dem Beschluß vereinigt, mit der Feststellung dieser ... Grundrechte zu beginnen. Es waren
5 insbesondere zwei Erwägungen, die uns hierzu veranlaßt haben. Einmal hielten wir es für notwendig, daß bei der großen sozialen Bewegung, die ganz Deutschland ergriffen hat, von uns aus ein Wort darüber gesprochen werde, wo wir die
10 Grenzen finden, über welche die Bewegung nicht hinausgeführt werden soll ... Sodann hat uns aber noch ein anderer Umstand zu diesem Beschluß bewogen. Wir haben unsere Arbeiten zu Anfang der Sitzung begonnen ... wo die Mit
15 glieder der Nationalversammlung ... sich ... noch sehr wenig [haben] kennenlernen [können] ... Da erschien es uns bedenklich, sofort mit den höchsten politischen Fragen unserer Arbeit zu beginnen."
(Stenographische Berichte ... der deutschen ... Nationalversammlung, hrsg. v. Franz Wigard, Frankfurt a. M. 1848/49, Bd. 1, S. 700)

5 Zusammensetzung der „Paulskirche"
Von den 812 Abgeordneten waren:
115 höhere Verwaltungsbeamte
110 Richter und Staatsanwälte
106 Rechtsanwälte
 94 Universitäts- und Gymnasialprofessoren
 46 Landwirte
 44 Berufslose
 39 Geistliche
 37 mittlere Beamte
 35 sonstige Akademiker
 35 Kaufleute
 30 Lehrer
 23 Ärzte
 21 Bürgermeister
 20 Schriftsteller
 18 Offiziere
 14 Fabrikanten
 11 Diplomaten
  7 Verleger und Buchhändler
  4 Handwerker
  3 Bibliothekare
(Nach: E. R. Huber, Deutsche Verfassungsgeschichte, Bd. 2, Stuttgart 1968, S. 610 f.)

6 Erzherzog Johann (links) zieht am 11. Juni 1848 in Frankfurt ein.

7 Grundrechte 1848 und 1949 im Grundgesetz der Bundesrepublik Deutschland

Grundrechte 1848:

§ 133
Jeder Deutsche hat das Recht, an jedem Orte des Reichsgebietes seinen Aufenthalt und Wohnsitz zu nehmen, …

§ 137
Vor dem Gesetz gilt kein Unterschied der Stände. Der Adel als Stand ist aufgehoben.

§ 138
Die Freiheit der Person ist unverletzlich.

§ 140
Die Wohnung ist unverletzlich.

§ 143
Jeder Deutsche hat das Recht durch Wort, Schrift, Druck und bildliche Darstellung seine Meinung frei zu äußern.

§ 144
Jeder Deutsche hat volle Glaubens- und Gewissensfreiheit.

§ 152
Die Wissenschaft und ihre Lehre sind frei.

§ 161
Die Deutschen haben das Recht, sich friedlich und ohne Waffen zu versammeln.

§ 164
Das Eigentum ist unverletzlich.

Grundgesetz für die Bundesrepublik Deutschland:

Artikel 11 Abs. 1:
Alle Deutschen genießen Freizügigkeit im ganzen Bundesgebiet.

Artikel 3 Abs. 1:
Alle Menschen sind vor dem Gesetz gleich.

Artikel 2 Abs. 2:
Jeder hat das Recht auf Leben und körperliche Unversehrtheit. Die Freiheit der Person ist unverletzlich …

Artikel 13 Abs. 1:
Die Wohnung ist unverletzlich.

Artikel 5 Abs. 1:
Jeder hat das Recht, seine Meinung in Wort, Schrift und Bild frei zu äußern und zu verbreiten und sich aus allgemein zugänglichen Quellen ungehindert zu unterrichten …

Artikel 4 Abs. 1:
Die Freiheit des Glaubens, des Gewissens und die Freiheit des religiösen Bekenntnisses sind unverletzlich.

Artikel 5 Abs. 3:
Kunst und Wissenschaft, Forschung und Lehre sind frei. Die Freiheit der Lehre entbindet nicht von der Treue zur Verfassung.

Artikel 8 Abs. 1:
Alle Deutschen haben das Recht, sich ohne Anmeldung oder Erlaubnis friedlich und ohne Waffen zu versammeln.

Artikel 14 Abs. 1:
Das Eigentum und das Erbrecht werden gewährleistet …

Auszüge aus: Verfassung des Deutschen Reiches, 28. März 1849; Grundgesetz für die Bundesrepublik Deutschland, 23. Mai 1949. (Nach Katalog Erinnerungsstätte Rastatt, S. 249/250.)

8 Eine Eingabe an die Nationalversammlung

Aus der Eingabe der Berliner Arbeiter an die Nationalversammlung (25. Mai 1848):
„Abgeordnete des Volkes! Es spricht zu Ihnen der große Teil der Nation, durch dessen Fleiß und Anstrengung die kostbarsten wie die notwendigsten Güter des Lebens geschaffen werden, der in Elend verdirbt, wenn er müßig gehen muß, der oft genug noch darbt und leidet, wenn er arbeitet. Wir sind die ernährende, die erhaltende Macht des Staates. Vergessen Sie uns nicht in Ihren Beschlüssen, [so] wie man in dem Ihnen vorgelegten Verfassungsentwurf uns vergessen [hat] … Wir verlangen, daß es in der Verfassung heißt:
Der Staat verpflichtet sich, einem jeden, der arbeiten will, eine den menschlichen Bedürfnissen angemessene Existenz zu geben. Der Staat übernimmt die unentgeltlich zu leistende Erziehung der Jugend."
(Dokumente des Sozialismus, Bd. 3, 1903, S. 40)

9 Friedrich Wilhelm IV. und die Verfassungsfrage. (Zeitgenössische Karikatur) – Der König hatte am 11. 4. 1847 vor dem Vereinigten Landtag gesagt, er werde „nimmermehr zugeben, daß sich zwischen unserm Herrgott im Himmel und diesem Lande ein beschriebenes Blatt … eindrängte".

10 Ablehnung der Kaiserkrone

10a König Friedrich Wilhelm IV. antwortete auf die Ansprache Simsons (2. 4. 1849; vgl. S. 105):
„Die deutsche Nationalversammlung hat auf mich vor allem gezählt, wo es gilt, Deutschlands Einheit und Kraft zu gründen. Ich ehre ihr Vertrauen, sprechen Sie ihr meinen Dank dafür aus. Ich bin bereit, durch die Tat zu beweisen, daß die Männer sich nicht geirrt haben, welche ihre Zuversicht auf meine Hingebung, auf meine Treue, auf meine Liebe zum gemeinsamen deutschen Vaterlande stützen.
Aber, meine Herren, ich würde Ihr Vertrauen nicht rechtfertigen, ich würde dem Sinne des deutschen Volks nicht entsprechen, ich würde Deutschlands Einheit nicht aufrichten, wollte ich mit Verletzung heiliger Rechte und meiner früheren ausdrücklichen und feierlichen Versi- 15 cherung, ohne das freie Einverständnis der gekrönten Häupter, der Fürsten und der freien Städte Deutschlands eine Entschließung fassen, welche für sie und die von ihnen regierten deutschen Stämme die entschiedensten Folgen ha- 20 ben muß … Dessen aber möge Deutschland gewiß sein und das, meine Herren, verkündigen Sie in allen seinen Gauen: bedarf es des preußischen Schildes und Schwertes gegen äußere und innere Feinde, so werde ich auch ohne Ruf nicht 25 fehlen; ich werde dann getrost den Weg meines Hauses und meines Volkes gehen, den Weg der deutschen Ehre und Treue."
(Zit. nach: Geschichte in Quellen, Band 5, S. 221–222)

10b Schon als die Möglichkeit einer Wahl diskutiert wurde, hatte Friedrich Wilhelm IV. an seinen Freund Freiherr von Bunsen geschrieben: „Die Krone, die ein Hohenzoller nehmen dürfte, … ist eine, die den Stempel Gottes trägt … *Die aber, die Sie – leider – meinen, verunehrt überschwenglich mit ihrem Ludergeruch der Revo-* 5 *lution von 1848* … Einen solchen imaginären Reif, aus Dreck und Letten gebacken, soll ein legitimer König von Gottes Gnaden sich geben lassen? … Soll die tausendjährige Krone deutscher Nation, die 42 Jahre geruht hat, wieder einmal vergeben werden, so bin ich es und mei- 10 nesgleichen, die sie vergeben werden; und wehe dem, der sich anmaßt, was ihm nicht zukommt."
(13. 12. 1848 – L. von Ranke, Aus dem Briefwechsel Friedrich Wilhelms IV. mit Bunsen, Leipzig 1873, S. 233 f.)

a) Vergleiche die Auffassung des Komponisten Richard Wagner mit der des Abgeordneten Beseler. (M 4a/b)
b) Erläutere die Feststellung, die Paulskirche sei ein „Professorenparlament" gewesen. (M 5)
c) Vergleiche die Petition der Arbeiter mit dem Grundrechtskatalog; äußere Dich dazu, warum die Kleinverdiener ihre Interessen in der Nationalversammlung nicht ausreichend vertreten sahen. (M 8)
d) Deute die Ablehnung der Kaiserkrone durch Friedrich Wilhelm IV. (M 9, 10; vgl. S. 104, M 2) – Ziehe auch M 4 von S. 109 heran.
e) Erläutere an Hand der Karte, welche Bevölkerungsgruppen aus nationalen Gründen das Verfassungswerk der Paulskirche skeptisch betrachten oder ablehnen würden. (M 3)

Arbeitsvorschläge und Fragen

5. Die Niederlage der Revolution

26. August 1848 ——	Der Waffenstillstand zu Malmö löst nationale und radikale (Septemberaufstand in Frankfurt) Proteste aus.
21. bis 25. Sept. 1848	Gustav von Struve unternimmt in Baden einen Putschversuch.
5. Dezember 1848 —	Friedrich Wilhelm IV. löst die Berliner Nationalversammlung auf und oktroyiert (verfügt) eine Verfassung für Preußen.
April bis Juli 1849 —	Kampagnen für die Reichsverfassung und revolutionäre Aufstände in Sachsen, in der Pfalz und in Baden bleiben ohne Breitenwirkung.

Die Schleswig-Holstein-Frage führt zur nationalen Empörung

Seit dem Wiener Kongreß gehörte *Holstein* zum Deutschen Bund, *Schleswig* aber zu Dänemark, und der *dänische König* regierte beide Herzogtümer in *Personalunion*. Freiheitlich-national gesinnte Schleswig-Holsteiner hatten eine von den Dänen unabhängige *provisorische Landesregierung* für Schleswig und Holstein in *Kiel* gebildet. Dänemark antwortete mit dem Einmarsch seiner Truppen. *Preußen* hingegen hatte – im Einverständnis mit der Paulskirche – den Schutz der revolutionären Landesregierung übernommen. Von England und Rußland unter Druck gesetzt, nahm Preußen aber seine Truppen zurück, ließ die Kieler Regierung im Stich und schloß den *Waffenstillstand zu Malmö* (26. 8. 1848). Die Empörung im Frankfurter Parlament war groß. Preußen hatte ohne Beauftragung durch die Regierung Leiningen gehandelt und, das war die Meinung der meisten Abgeordneten, nationale Interessen verraten. Die Paulskirche sah sich dennoch am Ende gezwungen, den Waffenstillstand zu billigen.

Der September-aufstand in Frankfurt und die Machtlosigkeit der Paulskirche

Die sichtbar werdende Ohnmacht der Paulskirchenversammlung gegenüber den großen deutschen Staaten in der Schleswig-Holstein-Frage führte zum *Septemberaufstand* in *Frankfurt*. Unter dem Druck aufbegehrender Massen, die von radikalen, republikanisch gesinnten Demokraten geführt wurden, sahen sich Parlament und Regierung in Frankfurt genötigt, *österreichisches und preußisches Militär* zum Schutz anzufordern. Am 18. September herrschte in der Stadt *Bürgerkrieg*. Die konservativen Abgeordneten Fürst Lichnowsky und Hans von Auerswald wurden dabei durch Aufständische ermordet. Mehr als 80 Todesopfer waren insgesamt zu beklagen.

Struves Aufstand in Baden

Der Frankfurter Septemberaufstand war für *Gustav von Struve* das Signal, die Erhebung in Baden erneut zu schüren. – Schon im April hatte *Friedrich Hecker* (bis 1847 Mitglied der Zweiten badischen Kammer) eine republikanische Volkserhebung an der schweizerischen Grenze organisiert. Sie war schon nach wenigen Tagen durch badische Truppen niedergeschlagen worden. Hecker war nach Amerika emigriert. – Struve, der am Heckerzug teilgenommen hatte, hielt sich als Flüchtiger in der Schweiz auf. Er überschritt am 21. September die Grenze nach Baden, gewann in Lörrach die bewaffnete Bürgerwehr für sich, rief vom dortigen Rathause die „*Republik*" aus und erklärte sich zur provisorischen Regierung. Schnell konnte er eine bewaffnete Freischar von etwa 10000 Mann aufstellen. Der improvisierte Putsch fand aber ein schnelles Ende: Am 25. September wurde Struve mit seinen Männern von *badischem Militär* geschlagen, er selbst auf der Flucht verhaftet.

Die außerparlamentarische revolutionäre Bewegung

Durch die Niederlage Struves wurde das verbreitete revolutionäre Bewußtsein in der Bevölkerung nicht gebrochen. Neben demokratisch-republikanischen „*Volksvereinen*" organisierten sich zahlreiche *Arbeitervereine*. Einflußreich unter der Arbeiterschaft wurde der Schriftsetzer *Stephan Born*; weniger direkte

Wirkung erlangten vorerst *Friedrich Engels* und *Karl Marx* (Herausgeber der „Neuen Rheinischen Zeitung"; s. S. 192ff.).

So entstand eine beachtliche *außerparlamentarische Bewegung*, die gegen die liberale Mitte der Paulskirche gerichtet war. Die Revolution war gespalten.

Ende Oktober 1848 eroberte Fürst Windischgrätz *Wien* zurück, das Anfang des Monats in die Hände von Aufständischen gefallen war. Wegen seiner Teilnahme am Aufstand wurde einer der führenden demokratischen Abgeordneten der Frankfurter Nationalversammlung, *Robert Blum*, standrechtlich erschossen. Im November marschierte Generalfeldmarschall v. Wrangel wieder in *Berlin* ein, am Tag darauf (11. 11. 1848) wurde der Sitzungssaal der *preußischen Nationalversammlung* militärisch besetzt. Ende November erschien ein Flugblatt des Oberstleutnants v. Griesheim mit dem Titel: „Gegen Demokraten helfen nur Soldaten".

Die Gegenrevolution in Wien und Berlin

Nach der Ablehnung der Kaiserkrone durch den preußischen König erhielt die demokratische Bewegung neuen Aufschwung. Träger des verstärkten Kampfes für die Reichsverfassung blieben vor allem die etwa 500 *Märzvereine*, die vom *Zentralmärzverein* (gegr. im November 1848) geführt wurden. Aber auch die *Radikalisierung* des Kampfes für Demokratie und Republik nahm zu.

Die Reichsverfassungskampagne und der Einsatz von Gewalt

Zu einer gewaltsamen Erhebung für die neue Verfassung kam es zunächst im Königreich *Sachsen* (unter Beteiligung des russischen Emigranten Michail Bakunin, des Arbeiterführers Stephan Born, des Architekten Gottfried Semper und des Kapellmeisters Richard Wagner). Preußische Truppen warfen diesen und den bald folgenden pfälzischen Aufstand nieder.

Starke republikanische und sozialrevolutionäre Bestrebungen verknüpften sich mit der Kampagne für die Reichsverfassung in Baden. Am 12. Mai trat der *Landeskongreß der badischen Volksvereine* zusammen und wählte einen Landesausschuß, der sich für permanent erklärte und eine *„Vollzugsbehörde"* einsetzte. Die Volksversammlung in Offenburg (13. Mai) verabschiedete ein Programm mit demokratischen und sozialen Forderungen; zugleich wurde ein *Widerstandsrecht* des Volkes gegenüber den Fürsten verkündet, die die Reichs-

Der Bürgerkrieg in Baden und das Ende der Revolution

1 Karikatur des „Kladderadatsch", der seit der Aufhebung der Pressezensur 1848 erschien (eingestellt 1941).

2 Meuterei der Dragoner in Rastatt, 12. 5. 1849. (Leipziger Illustrierte Zeitung)

verfassung nicht anerkannten. Nach *Meutereien des Militärs* (am 12. Mai in der Bundesfestung Rastatt, einen Tag später in der Karlsruher Garnison), ging bald das gesamte badische Militär zu den Aufständischen über und vereinigte sich mit den *Bürgerwehren*. Der Großherzog und die Regierung mußten fliehen; Preußen wurde gebeten, militärisch gegen die Revolution einzugreifen. Die „Vollzugsbehörde" verstand sich nunmehr als *provisorische Regierung* mit dem Mannheimer Rechtsanwalt Lorenz Brentano an der Spitze.

Preußische Truppen unter dem Oberbefehl des Prinzen Wilhelm, seit März 1848 „Kartätschenprinz" (vgl. S. 119, M 1) genannt, betraten am 20. Juni 1849 badischen Boden und siegten schon am Tage darauf entscheidend in der Schlacht bei Waghäusel (zwischen Mannheim und Karlsruhe). Die Revolutionäre, die nicht aufgeben wollten, es waren noch ca. 5600, retteten sich in die erst vor kurzem fertiggestellte Bundesfestung *Rastatt*; dort trotzten sie der Belagerungsarmee bis zum 23. Juli, dann mußten sie kapitulieren. Mit der *Kapitulation* der Rastatter Revolutionäre war die Revolution endgültig gescheitert.

Die Wiedereinrichtung der alten Mächte

Die alten Mächte richteten sich wieder ein. *Preußen* immerhin blieb mit seiner oktroyierten (Dezember 1848) und revidierten (Januar 1850) Verfassung ein *Verfassungsstaat*. *Österreich* kehrte wieder zum *Absolutismus* zurück. In den *Mittel- und Kleinstaaten* Deutschlands wurden meist die *Verfassungen des Vormärz* erneut in Kraft gesetzt; zum Teil erfolgten Revisionen, damit revolutionäre Strömungen auf parlamentarischem Wege keine Chance mehr hätten. In *Bayern* und *Baden* konnten *liberale Verfassungselemente* erhalten werden.

Auch in Frankreich war die Revolution beendet worden.

Die Beendigung der Revolution in Frankreich und der Staatsstreich Napoleons

Nach Schließung der Nationalwerkstätten war in *Paris* ein *Arbeiteraufstand* ausgebrochen, der durch den Kriegsminister und Militärdiktator Eugène Cavaignac blutig niedergeschlagen wurde (Juni 1848). Im Dezember 1848 siegte bei den *Präsidentschaftswahlen* mit großer Mehrheit *Louis Napoléon Bonaparte* (der Neffe Napoleons I.). Drei Jahre später führte Napoleon erfolgreich den *Staatsstreich* durch, und schon im Dezember 1852 konnte er als *Napoleon III.* das *Zweite Französische Kaiserreich* (das Zweite Empire) begründen.

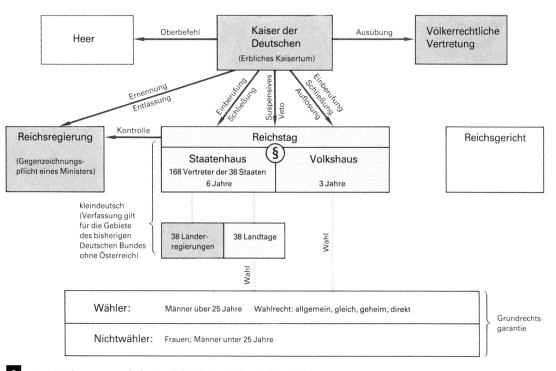

3 Das Verfassungswerk der Paulskirche (vgl. Kap. 4, S. 123 ff.)

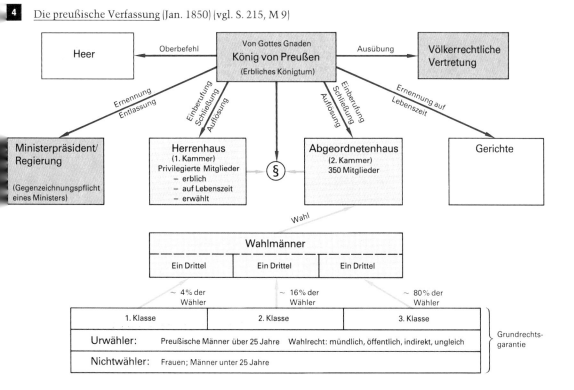

4 Die preußische Verfassung (Jan. 1850) (vgl. S. 215, M 9)

5 Soziale Forderungen

Der Schriftsetzer Stephan Born hatte in Berlin einen der ersten deutschen Arbeitervereine gegründet. In der von ihm herausgegebenen Zeitung „Das Volk" veröffentlichte er schon am 10. Juni 1848 folgende Forderungen:

„1. Bestimmung des Minimums des Arbeitslohns und der Arbeitszeit durch Kommissionen von Arbeitern und Meistern oder Arbeitgebern.

2. Verbindung der Arbeiter zur Aufrechterhal-
5 tung des festgesetzten Lohnes.

3. Aufhebung der indirekten Steuer, Einführung progressiver Einkommensteuer mit Steuerfreiheit derjenigen, die nur das Nötigste zum Leben haben.

10 4. Der Staat übernimmt den unentgeltlichen Unterricht …

5. Unentgeltliche Volksbibliotheken …

9. Beschäftigung der Arbeitslosen in Staatsanstalten …

15 11. Der Staat versorgt alle Hilflosen und also auch alle Invaliden der Arbeit."

(Dokumente des Sozialismus, hrsg. v. E. Bernstein, Bd. 3, Stuttgart 1903, S. 40f.)

6 Proklamation der „Deutschen Republik"

„Deutsche Republik!

Wohlstand, Bildung, Freiheit für Alle!

Im Namen des deutschen Volkes verfügt die provisorische Regierung Deutschlands wie folgt:

5 Art. 1. Sämmtliche auf dem Grund und Boden haftende mittelalterliche Lasten, sowie sämmtliche mittelalterliche persönliche Dienste, Zehnten, Gülten [Gült: Grundpfandrecht; der Eigentümer haftet mit dem Grundstück], Frohn-
10 den, und welchen Namen sie sonst tragen, sind ohne alle Entschädigung sofort abgeschafft. Alle Ablösungsschuldigkeiten für solche Lasten werden ebenfalls getilgt.

Art. 3. Sämmtliches Grundeigenthum des Staa-
15 tes, der Kirche und der auf Seite der Fürsten kämpfenden Staatsbürger geht provisorisch, unter Vorbehalt späterer Ausgleichungen, an die Gemeinden über, in deren Gemarkung es liegt.

Art. 4. Um alle in den vorstehenden Artikeln
20 enthaltenen Erleichterungen zu sichern, wird eine allgemeine Erhebung des Volkes angeordnet. Alle waffenfähigen Männer vom vollendeten achtzehnten bis zum vollendeten vierzigsten Jahre ergreifen die Waffen zur Rettung des
25 bedrohten Vaterlandes.

Von heute an herrscht das Kriegsgesetz, bis das deutsche Volk seine Freiheit errungen haben wird.

Im Namen der provisorischen Regierung Deutschlands: Gustav Struve.

Der Schriftführer: Karl Blind.

Hauptquartier Lörrach, am ersten Tage der deutschen Republik, am einundzwanzigsten September 1848."

(Zit. nach: W. Dreßen, 1848–1849: Bürgerkrieg in Baden, Berlin 1981, S. 80)

7 Das Programm der Offenburger Volksversammlung (13. Mai 1849)

„Deutschland befindet sich fortwährend im Zustande voller Revolution, aufs neue hervorgerufen durch die Angriffe der größeren deutschen Fürsten auf die von der deutschen Nationalversammlung endgültig beschlossene Reichsverfassung und die Freiheit überhaupt. Die deutschen Fürsten haben sich zur Unterdrückung der Freiheit verschworen und verbunden, der Hochverrat an Volk und Vaterland liegt offen zu Tage …

Die Deutschen befinden sich also im Stande der Notwehr, sie müssen sich verbünden, um die Freiheit zu retten; sie müssen dem Angriff der fürstlichen Rebellen den bewaffneten Widerstand entgegensetzen.

Die deutschen Stämme haben die Verpflichtung, sich gegenseitig die Freiheit zu gewährleisten, um den Grundsatz der Volkssouveränität vollkommen durchzuführen; sie müssen sich daher unterstützen überall, wo sie angegriffen werden.

Die Landesversammlung des badischen Volkes in Offenburg hat nach … ausführlicher Diskussion … beschlossen:

1. Die Regierung [gemeint ist die badische] muß die Reichsverfassung, wie sie nun nach der durch die Ereignisse beseitigten Oberhauptsfrage feststeht, unbedingt anerkennen und mit der ganzen bewaffneten Macht deren Durchführung in anderen deutschen Staaten, zunächst in der baierischen Pfalz, unterstützen …

3. Es muß alsbald unter sofortiger Auflösung der jetzigen Ständekammer eine Verfassung gebende Landesversammlung berufen werden …

4. Es muß ohne allen Verzug die Volksbewaffnung auf Staatskosten ins Leben gerufen werden; es sind alle ledigen Männer von 18–30 Jahren als erstes Aufgebot sofort mobil zu machen …

5. Die politischen Flüchtlinge sind sofort zurückzurufen, die politischen Militär- und Zivilgefangenen zu entlassen und alle politischen Prozesse niederzuschlagen …

7. Bei dem Heer soll eine freie Wahl der Offiziere stattfinden.

8. Wir verlangen alsbaldige Verschmelzung des stehenden Heeres mit der Volkswehr.

9. Es müssen sämtliche Grundlasten unentgeltlich aufgehoben werden …

12. Die Geschworenengerichte sind für alle Kriminalfälle ohne Unterschied augenblicklich einzuführen …

13. Die alte Verwaltungs-Bürokratie muß abgeschafft werden und an ihre Stelle die freie Verwaltung der Gemeinden oder anderen Körperschaften treten.

14. Einrichtung einer Nationalbank für Gewerbe, Handel und Ackerbau zum Schutze gegen das Übergewicht der großen Kapitalisten.

15. Abschaffung des alten Steuerwesens, hierfür Einführung einer progressiven Einkommensteuer nebst Beibehaltung der Zölle …

Offenburg, den 13. Mai 1849"

(Zit. nach: W. Dreßen, 1848–1849: Bürgerkrieg in Baden, Berlin 1981, S. 121–123)

8   Die Revolutionäre in Rastatt

In Rastatt wurde als revolutionäres Organ „Der Festungs-Bote" gegründet. In der ersten Nummer war auf der ersten Seite das Folgende zu lesen:

„Der Festungs-Bote.
Samstag, den 7. Juli 1849
Nr. 1
Die nächste Aufgabe der Garnison und Bürgerschaft von Rastatt.
Der Donner der Geschütze allein ist es, welchem die Fürsten ein geneigtes Ohr leihen. Sie haben ihn vernommen, diesen Donner, und gebebt auf ihren Thronen. Sie sind geflohen, um die Kosaken von der Spree an die lachenden Ufer des Rheins zu rufen und ihren Einzelwillen den freien Männern Deutschlands aufzudrängen. In diesem Bestreben wurden sie unterstützt durch die Unfähigkeit, Halbheit, Niederträchtigkeit und Feigheit gewisser Leute, die bis vor kurzem an der Spitze der badischen Angelegenheiten standen …
Die Ehre, ohne welche ein Mann, weder im Soldaten- noch im Bürgerrock gedacht werden kann, zwingt uns, standzuhalten auf dem Posten, den wir innehaben … Damit aber das große Werk gelinge und unser Name ruhmreich auf die Nachwelt übergehe, damit wir die Prinzipien der allgemeinsten Freiheit, der Vaterlandsliebe und der Ehre mit Erfolg durchführen können, bedarf es vor allem der Einheit und Einigkeit im Handeln. Stehen wir darum zusammen, Ein fest geschloss'ner Bund von Brüdern, Die nie sich trennen in Not und in Gefahr …"

(Zit. nach: Landkreis Rastatt, Heimatbuch 1/74, S. 151)

9   Das Ende der Revolution in Baden

Der preußische Major von Roon (später Kriegsminister) berichtete am 9. Juli 1849 in einem Brief an seine Frau über die badischen Ereignisse. Roon war Chef des Generalstabes von Truppen, die den Aufstand niederzuschlagen hatten.

„… Wieder ein Tag in afrikanischer Hitze verlebt. – Es bestätigt sich, daß wir gewiß keinen Widerstand mehr finden werden, die Rebellen räumen den ganzen Schwarzwald ohne Schwertstreich. Der vorläufigen Pazifikation [Befriedung] dieses so schönen und jetzt so unglücklichen Landes steht also kein Hindernis mehr entgegen; und müssen wir hier bleiben, wohin soll das führen? Wird es uns nicht neue Verwicklungen bringen? Werden unsere finanziellen Kräfte ausreichen? Werden unsere Truppen der Demoralisation besser widerstehen als die hiesigen? –

Man möchte jetzt wohl sagen, wir stehen erst am Anfang des Endes unserer alten gesellschaftlichen Ordnung … Wir haben es mit Bestien zu tun, und es ist nur natürlich, Barbarei mit Barbarei zu bekämpfen. – In Rastatt, sagt man, feiere das Kannibalentum schon seine Feste … Leider sind unsere Juristen ein wenig langsam. Die Masse der Gefangenen ist zu groß …

Man hat sich daher darauf beschränken müssen, die Schafe von den Böcken zu sondern … Nur die Rädelsführer werden erschossen. Die Kategorie der Fremden wird diesem Schicksal nicht entgehen, dies aber, glaube mir, ist der schwerste Teil unserer Aufgabe, wir werden ihn jedoch gleichfalls zu lösen wissen, allen entgegenstehenden Hindernissen und Schwierigkeiten zum Trotz …"

(Zit. nach: Geschichte in Quellen, Band 5, S. 237)

10 Erschießung Georg Bönings in den Festungswällen von Rastatt, 17. 8. 1849. (Gemälde, 1899)

a) Erkläre und deute die Karikatur „Berliner Clubbs" aus dem „Kladderadatsch". Achte auf Kleidung und Gestik der dargestellten Personen. Was will die satirische Zeitschrift dem Leser verdeutlichen? (M 1)

b) Stelle wichtige revolutionäre Forderungen zusammen und ordne sie z. B. unter die Oberbegriffe „demokratisch-republikanische Forderungen"; „Wirtschaftspolitik"; „Schulpolitik/Kulturpolitik". (M 5–8)

c) Weshalb scheitern sowohl der Putschversuch Struves als auch die Aufstände in Sachsen, in der Pfalz und in Baden? (Text S. 130–132; M 3, 5–10)

d) Vergleiche die Paulskirchenverfassung mit der revidierten oktroyierten in Preußen. Welche revolutionären Ziele sind in Preußen teilweise anerkannt worden? Beurteile die Machtstellung des preußischen Königs. (M 3 u. 4)

e) Vergewissere Dich noch einmal der einzelnen Stationen der Revolution von 1848/49. Wo gab es Erfolge und Mißerfolge? Warum scheiterte die Revolution? Welche ungelösten Fragen blieben für Deutschland bestehen? (Kap. 3–5)

6. Der preußisch-österreichische Dualismus

Juni 1851	Der Bundestag tritt wieder in Frankfurt zusammen. Der Deutsche Bund bleibt bestehen.
1853–1856	Der Krimkrieg erschüttert den europäischen Frieden und verstärkt den österreichisch-preußischen Dualismus.
1859	Der italienische Einigungskrieg schwächt den Einfluß Österreichs.
September 1862	Im Konflikt um die Heeresreform in Preußen wird Bismarck zum Ministerpräsidenten und Außenminister berufen.
1864	Die preußischen und österreichischen Truppen siegen im deutsch-dänischen Krieg.
1866	**Preußen mit seinen Verbündeten besiegt Österreich und dessen Bündnispartner.**

Nach dem Sieg über die Revolution hatten die deutschen Fürsten unter Führung Österreichs versucht, eine Bundesreform durchzuführen; der Deutsche Bund sollte eine stärkere Einheit erhalten. Aber sie konnten sich nicht einigen: Preußen wollte Österreich keinen Führungsanspruch auf eigene Kosten zubilligen, und das *„Dritte Deutschland"* (die Klein- und Mittelstaaten) wehrte sich gegen einen verminderten Einfluß. So entstand der Deutsche Bund wieder, ohne wesentliche Neuerungen, aber mit der gestärkten *Großmacht Preußen* neben der alten *Führungsmacht Österreich*.

Der preußisch-österreichische Dualismus entsteht

Nicht nur die Bundesreform, sondern auch außenpolitische Entwicklungen beeinflußten das Verhältnis zwischen Preußen und Österreich.

Rußland versuchte die äußere und innere Schwäche des *Osmanischen Reiches* auszunutzen und das *Schwarze Meer* mit seinen *Zugängen* in die Gewalt zu bekommen, um den wichtigen Handelsweg für das Zarenreich zu sichern. Der Zar ließ seine Truppen im Juli 1853 in das Gebiet des späteren Rumänien einmarschieren und die türkische Flotte vernichten. Das war das Signal für das Eingreifen *Englands, Frankreichs* und *Piemonts*. Der Krieg auf der *Krim* begann. Für Österreich und Preußen stellte sich die Frage, ob sie sich ebenfalls militärisch beteiligen sollten.

Der Krimkrieg verstärkt den innerdeutschen Dualismus

Österreich wollte keinen russischen Landgewinn im eigenen Vorfeld zulassen. Es verbündete sich daher mit Preußen und stellte sich danach auf die Seite der *Westmächte*. *Preußen* rückte daraufhin von Österreich ab und verhielt sich mit Rücksicht auf Rußland *neutral*.

Rußland wurde 1856 durch die verbündeten Westmächte zum *Frieden von Paris* (März 1856) genötigt, den es als *Niederlage* empfinden mußte: Das Zarenreich erhielt keinen Einfluß in den Donaufürstentümern; das Schwarze Meer wurde neutralisiert, es durfte nicht militärisch genutzt werden. Aus preußischer Sicht war der Friedensschluß ein Erfolg: Denn Österreich blieb ohne Gewinn, und die Regierung in Petersburg war ernsthaft verstimmt. Dagegen war Preußens Ansehen gestärkt, weil es sich aus dem Konflikt herausgehalten hatte.

Der nächste europäische Konflikt forderte Österreich noch stärker, während Preußen wiederum *Beobachter* bleiben konnte.

Piemont und Frankreich schlossen 1858 ein Bündnis mit dem Ziel, Österreich in Italien entscheidend zu schwächen. Durch diplomatische Schachzüge erreichten sie es, daß Österreich die Kampfhandlungen eröffnete. Österreich

Der italienische Einigungskrieg. Erneute Schwächung Österreichs

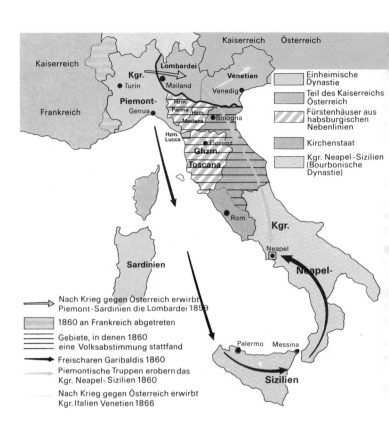

1 Die Einigung Italiens (1859–1860)

Legend on map:
- Einheimische Dynastie
- Teil des Kaiserreichs Österreich
- Fürstenhäuser aus habsburgischen Nebenlinien
- Kirchenstaat
- Kgr. Neapel-Sizilien (Bourbonische Dynastie)

Map labels: Kaiserreich Österreich, Kaiserreich, Lombardei, Venetien, Kgr., Turin, Mailand, Venedig, Piemont-, Genua, Hzm. Parma, Hzm. Modena, Bologna, Frankreich, Hzm. Lucca, Florenz, Ghzm. Toscana, Rom, Kgr., Neapel, Neapel-, Sardinien, Palermo, Messina, Sizilien

Arrow legend:
- Nach Krieg gegen Österreich erwirbt Piemont-Sardinien die Lombardei 1859
- 1860 an Frankreich abgetreten
- Gebiete, in denen 1860 eine Volksabstimmung stattfand
- Freischaren Garibaldis 1860
- Piemontische Truppen erobern das Kgr. Neapel-Sizilien 1860
- Nach Krieg gegen Österreich erwirbt Kgr. Italien Venetien 1866

erlitt 1859 schwere *Niederlagen* und mußte Frieden schließen, ohne von Preußen und dem Deutschen Bund Hilfe erhalten zu haben. Der Friede von Zürich zwang Österreich, die Lombardei abzutreten, Napoleon III. gab sie an Piemont-Sardinien weiter. – Durch diese Erwerbung wurde die *Einigung Italiens* (1860/61) durch Piemont-Sardinien beschleunigt. – Das Bündnisziel Frankreichs und Piemonts war erreicht, und Österreich hatte das Nachsehen.

Die Heeresreform und die Opposition des Abgeordnetenhauses in Preußen

In Preußen war die *Heeresstärke* nicht dem Anstieg der Bevölkerung (von 1? Mio. im Jahre 1814 auf 18 Mio. im Jahre 1860) angepaßt worden; außerdem waren Ausrüstung und Organisation veraltet. Der Kriegsminister von Roon legte daher im Februar 1860 dem Abgeordnetenhaus einen *Heeresreformplan* vor: Die jährliche Anzahl von Rekruten sollte von 40000 auf 63000 steigen – dadurch würde die Präsenzstärke des Heeres von 150000 auf 220000 zunehmen; die dreijährige *Dienstzeit*, für die Kavallerie sogar die vierjährige, sollte grundsätzlich verpflichtend sein, und die stark verbürgerlichte *Landwehr* sollte (in der bisherigen Form) aufgelöst werden. Die Reform würde den Staat jährlich 9,5 Mio. Taler kosten; dies bedeutete wiederum, daß das bisherige *Steueraufkommen* um 25 % erhöht werden müßte.

Die grundsätzliche Notwendigkeit einer Heeresreform wurde im *Abgeordnetenhaus* kaum bezweifelt. Erbitterter Widerstand erhob sich aber gegen die völlige Abwertung der Landwehr und gegen die Dauer der Dienstzeit. Zwar war das Parlament bereit, für eine Übergangszeit mit einem „Provisorium" einige Gelder vorläufig zu bewilligen. Aber die *Verabschiedung eines Haushalts* für 1862 stand nicht in Aussicht. Wilhelm I., seit 1861 preußischer König, lehnte jeden Kompromiß ab und dachte schon an seine Abdankung.

Auf den Rat des Kriegsministers von Roon willigte schließlich König Wilhelm in die Berufung *Bismarcks*, seines früheren politischen Gegners, zum leitenden Minister ein; niemand sonst schien Gewähr zu geben, die gegenwärtige Krise für den König durchstehen und überwinden zu können. Am 18. September 1862 telegrafierte von Roon an Bismarck nach Paris: „Periculum in mora. Dépêchez-vous!" (Verzug ist Gefahr. Beeilen Sie sich!). Otto von Bismarck entstammte einer altmärkischen Adelsfamilie und war Mitglied des preußischen Abgeordnetenhauses (1849–1850), danach preußischer Gesandter am Deutschen Bundestag (1851–1859), in St. Petersburg (1859) und Paris gewesen. Seine eigenwillige *österreich-feindliche Politik* hatte ihn zum Gegner Wilhelms werden lassen. Jetzt versprach Bismarck, in unbedingter Treue den *„Kampf gegen die Parlamentsherrschaft"* aufzunehmen.

Die Berufung Bismarcks in der Zeit der Krise

Der Ministerpräsident Bismarck lehnte jeden Kompromiß ab. Die Sitzungsperiode des Parlaments wurde für beendet erklärt, und der König proklamierte das Regiment ohne ordnungsgemäßen Haushalt. Der *Heereskonflikt* war zum *Verfassungskonflikt* geworden. Den Machtakt der Regierung „rechtfertigte" Bismarck mit Hilfe folgender Argumentation: Wenn ein Etat nicht gemäß der Verfassung die Zustimmung beider Kammern und des Königs erhalte, biete die Verfassung keine Lösungsmöglichkeit; die Verfassung habe somit eine *„Lücke"*, und dem König stehe das Recht zu, während der Zeit der „Lücke" über den Staatshaushalt zu bestimmen. Die meisten Abgeordneten sahen in der „Lückentheorie" freilich nichts anderes als schweren *Verfassungsbruch*. Die Heeresreform wurde durchgeführt. Erst 1866 billigte das Abgeordnetenhaus nachträglich die unrechtmäßigen Staatsausgaben seit 1862 und beendete den Verfassungskonflikt durch das *Entlastungsgesetz („Indemnitätsgesetz")*.

Der Verfassungskonflikt: Bismarcks „Lücken-Theorie"

Obwohl der Gegensatz zwischen den beiden deutschen Großmächten kaum überbrückbar erschien, gelang es Bismarck, Österreich zu einem gemeinsamen Vorgehen mit Preußen zu bewegen, das durch die Heeresreform und die beginnende Industrialisierung (s. S. 162 ff.) gestärkt war. Mit dem Londoner Protokoll von 1852 war das *Schleswig-Holstein-Problem* vorläufig bereinigt worden; die beiden Herzogtümer sollten bei der *dänischen Krone* bleiben; Sonderrechte für Holstein wie auch für Schleswig wurden gewährt. Die dänische Regierung aber wollte *Schleswig*, das teilweise dänisch-sprachig war, dem dänischen Nationalstaat einverleiben.

Das Schleswig-Holstein-Problem und der preußisch-österreichische Krieg gegen Dänemark

Die dänischen Bestrebungen hatten die *deutsch-nationale Öffentlichkeit* aufgerüttelt. Der Bundestag protestierte gegen das Vorgehen Dänemarks. Bismarck vertrat keine „deutsche" Position; er berief sich auf die Geltung der Londoner Verträge und gewann dadurch auch Österreich.

Nachdem die beiden deutschen Großmächte eigenmächtig Dänemark ein Ultimatum gestellt hatten, das die Dänen ablehnten, begann der *Krieg Preußens und Österreichs gegen Dänemark*. Am 1. Februar 1864 wurde die Besetzung Schleswigs eingeleitet, am 8. April wurden die *Düppeler Schanzen* erstürmt. Im Frieden (August/Oktober 1864) mußte Dänemark *Schleswig* und *Holstein* sowie *Lauenburg* an die beiden Siegermächte *abtreten*.

Zunächst verwalteten die Sieger die Kriegsbeute gemeinsam. Als Streit darüber ausbrach, vereinbarten sie die vorläufige Verwaltungsteilung: *Schleswig* fiel *an Preußen, Holstein an Österreich*; Lauenburg wurde von Preußen durch Kauf erworben; Preußen erreichte zusätzlich das Recht an militärischen Stützpunkten sowie an Militärstraßen in Holstein. Österreich fühlte sich übervorteilt und wollte die Vereinbarung ändern. Preußen ließ darauf Truppen in Holstein einmarschieren.

Streit unter den Brudermächten

2 Königgrätz. König Wilhelm I. inmitten seiner Truppen nach dem Sieg von Königgrätz über die Österreicher (3. 7. 1866). Neben dem König der Kronprinz, hinter ihm Bismarck und links Generalstabchef Helmuth von Moltke. (Gemälde eines Augenzeugen, Christian Sell)

Der deutsch-deutsche Krieg 1866

Österreich forderte sofort die Mobilmachung der (Rest-)Bundesarmee. Preußen legte einen *Bundesreformplan* vor, betrieb den *Ausschluß Österreichs* aus dem Bund und forderte allgemeine und gleiche Wahlen für eine Nationalversammlung. Österreich setzte sich mit seinem Mobilmachungsantrag (14. 6. 1866) durch, Preußen erklärte darauf, der „bisherige Bundesvertrag sei gebrochen und deshalb nicht mehr verbindlich"; es werde ihn „als erloschen betrachten und behandeln".

Damit war der *Deutsche Bund* von 1815 *zerstört* und der Krieg zwischen seinen Hauptmächten ausgebrochen. Österreich mit Bayern, Hannover, Sachsen, Württemberg und Baden stand Preußen gegenüber, das bei den Mittel- und Kleinstaaten Norddeutschlands Unterstützung fand.

Die *Schlacht* bei Sadowa nahe *Königgrätz* in Böhmen (3. 7. 1866) entschied den Krieg für Preußen.

Der Prager Friedensvertrag

Den militärischen Sieg nutzte *Bismarck* sogleich für den Abschluß eines *Friedensvertrages*. Er wollte Österreich keinen Grund für einen Revanchekrieg geben und wünschte deshalb kaum Gebietsabtretungen durch Österreich und keinerlei Demütigungen des Gegners, der früheren Vormacht. Andererseits erreichte er auch die Zustimmung des *französischen Kaisers* zu seinen Friedensbedingungen mit Österreich – die geplanten *Annexionen* (Gebietseinverleibungen) in Norddeutschland wurden Napoleon III. geschickt „nachgereicht".

Im August 1866 konnte der Friedensvertrag in Prag unterzeichnet werden. Österreich willigte in eine *Dreiteilung Deutschlands* ein: Den *Norddeutschen*

Bund unter preußischer Führung – dazu gehörten auch Hannover, Kurhessen, Nassau und Frankfurt/M., die Preußen nach dem Sieg annektiert (seinem Staatsgebiet einverleibt) hatte; die südlich des Mains gelegenen *süddeutschen Staaten* (ein süddeutscher Bund sollte „internationale unabhängige Existenz" bewahren) und den *Kaiserstaat Österreich* (ohne Venetien).

Dualismus: Mit dem Begriff Dualismus (lat. duo – zwei) kennzeichnet man die Konkurrenz zweier Mächte in einem Bund oder Staatensystem. Beide Mächte können ein friedliches, auf Ausgleich angelegtes Verhältnis anstreben (Preußen und Österreich im Deutschen Bund, 1815–1848), aber auch um die Vorherrschaft streiten und kriegerische Auseinandersetzungen einkalkulieren (Preußen und Österreich 1859–1866), so daß eine der beiden Mächte eine beherrschende Rolle spielen kann.

---

3 Das Verhältnis der beiden deutschen Großmächte aus preußischer und österreichischer Sicht

3a Bismarck äußerte seine Grundüberzeugung schon 1856 in einem Brief:

„Nach der Wiener Politik ist einmal Deutschland zu eng für uns beide; so lange ein ehrliches Arrangement über den Einfluß eines jeden in Deutschland nicht getroffen und ausgeführt ist, pflügen wir beide denselben streitigen Acker … Der deutsche Dualismus hat seit Karl V. in jedem Jahrhundert regelmäßig durch einen gründlichen inneren Krieg seine gegenseitigen Beziehungen reguliert, und auch in diesem Jahrhundert wird kein andres als dieses Mittel die Uhr der Entwicklung auf ihre richtige Stunde stellen können."
(Bismarck, GW, Bd. 2, Berlin 1924, S. 142.)

3b Graf Rechberg, der österreichische Außenminister, äußerte sich 1864 in einem Brief über das Verhältnis Österreichs zu Preußen:

„Wir halten unerschütterlich fest am Bundesverbande und sind entschieden, mit dem Aufgebot aller unserer Kräfte ihn aufrechtzuerhalten … Unserm engeren Anschluß an Preußen [seit der Waffenbrüderschaft gegen Dänemark] muß vor allem als Bedingung vorangehen die Aufrechterhaltung unseres bundesverfassungsmäßigen Verhältnisses zu Preußen. Dies können wir nicht alterieren [ändern] lassen."
(Quellen zur deutschen Politik Österreichs, hrsg. v. Heinrich Ritter von Srbik, Bd. 4, Oldenburg 1937, S. 255.)

4 „Am Kreuzwege". Rechberg und Bismarck auf dem Führerstand zweier Lokomotiven, die Namen von österreichischen und preußischen Generälen tragen. (Karikatur des „Kladderadatsch", 1864)

Am Kreuzwege.

Conducteur Rechberger. Achtung, College, daß wir nicht auseinander kommen! Jetzt kommen wir an eine gefährliche Stelle!

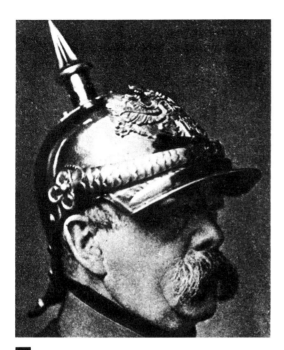

5 Otto Fürst Bismarck (1815–1898), 1862 preußischer Ministerpräsident, 1871–1890 Reichskanzler

Deutschlands Zukunft.

7 „Der große Fehler von 1848 und 1849"?
Den Abgeordneten erklärte Bismarck 1862:
„Nicht auf Preußens Liberalismus sieht Deutschland, sondern auf seine Macht: Bayern, Württemberg, Baden mögen den Liberalismus indulgieren [nachsichtig ihm gegenüber sein], darum wird ihnen doch keiner Preußens Rolle anweisen; Preußen muß seine Kraft zusammenfassen und zusammenhalten auf den günstigen Augenblick, der schon einige Male verpaßt ist; Preußens Grenzen nach den Wiener Verträgen sind zu einem gesunden Staatsleben nicht günstig; nicht durch Reden und Majoritätsbeschlüsse werden die großen Fragen der Zeit entschieden – das ist der große Fehler von 1848 und 1849 gewesen – sondern durch Eisen und Blut."
(Bismarck, GW, Bd. 10, Berlin 1928, S. 140)

8 Vor und nach Königgrätz
8a Den Krieg kommentierte der Rechtsgelehrte Rudolf von Ihering vor und nach Königgrätz so:
„Gießen, 1. Mai 1866 … Mit einer solchen Schamlosigkeit, einer solchen grauenhaften Frivolität ist vielleicht nie ein Krieg angezettelt worden wie der, den Bismarck gegenwärtig gegen Österreich zu erheben sucht. Das innerste Gefühl empört sich über einen solchen Frevel an allen Grundsätzen des Rechts und der Moral … Man fragt sich staunend: Ist es denn wahr, daß Lügen, welche die ganze Welt als solche erkennt, von oben herab als Tatsache verkündet werden können? Österreich soll gegen Preußen rüsten! Jedes Kind weiß hier das Gegenteil. Preußen ist aber der angegriffene Teil, dies Preußen, welches den Todfeind Österreichs, Italien, zum Kampf auf Leben und Tod gegen dasselbe aufhetzt. Ach! was müssen wir erleben, welche grauenhafte Zukunft steht uns bevor … Deutsche gegen Deutsche bewaffnet, ein Bürgerkrieg, ein Komplott … ohne allen Schein des Rechts, ohne Anteil des Volkes, rein von einigen Diplomaten ins Leben gerufen…!"

6 Deutsche Einheit. „Kommt es unter einen Hut? Ich glaube, es kommt eher unter eine Pickelhaube!" meinte die politisch-satirische Zeitschrift „Kladderadatsch" 1864 zur Zukunft Deutschlands. Pickelhauben waren Lederhelme mit Metallbeschlägen und Metallspitzen, die seit 1842 von der preußischen Infanterie getragen wurden.

8b „Gießen, 19. August 1866. Welches Stück Geschichte liegt zwischen meinem letzten Briefe und dem gegenwärtigen … Wie habe ich seit Jahren die Italiener beneidet, daß ihnen gelungen, was uns das Geschick noch auf eine ferne Zukunft hinaus zu versagen schien, wie habe ich den deutschen Cavour und Garibaldi [die Urheber der Einigung Italiens] … herbeigewünscht. Und über Nacht ist er uns erstanden in dem vielgeschmähten Bismarck. Soll man nicht glauben zu träumen, wenn das Unmögliche möglich wird? … Ich beuge mich vor dem Genie eines Bismarcks … Wie wunderbar hat der Mann alle Fäden des großartigen Gewebes gesponnen, wie fest und sicher, daß keiner derselben riß, wie genau hat er alle Mittel und Hebel gekannt und benutzt – seinen König, Napoleon, sein Heer, die Verwaltung, Österreich und seine Kräfte – kurz, ein Meisterstück der Berechnung! … was uns Uneingeweihten als freventlicher Übermut erschien, es hat sich hinterher herausgestellt als unerläßliches Mittel zum Ziel. … ich gebe für einen solchen Mann der Tat … hundert Männer der liberalen Gesinnung, der machtlosen Ehrlichkeit!"
(Rudolf von Ihering in Briefen an seine Freunde, Leipzig 1913, S. 19 f. u. 206 f.)

9 1866: Die deutsche Frage gelöst? Die Revolution entwaffnet?
Ein anderer Teilnehmer an der Schlacht aus dem adligen Gefolge des Königs schrieb rückblickend:
„Noch heute kann ich mir Rechenschaft geben von vielem, was mir durch den Kopf ging, als ich dicht hinter unserem geliebten König und Kriegsherrn hingalloppierte. Dies ist der wahre deutsche Kaiserritt, sagte ich mir, welcher die 5 Schande von uns nimmt von jenem anderen, den Friedrich Wilhelm IV. mit der dreifarbigen Fahne im März 1848 in possenhafter Weise aufführte. Dann dachte ich daran, daß gerade am Tage dieses nun entschiedenen Sieges das preu- 10 ßische Volk Neuwahlen zum Parlament vornahm. Ich sagte mir, daß wir nicht nur die Österreicher besiegt, sondern auch die deutsche Frage gelöst und damit die deutsche Revolution entwaffnet hätten. Ich … atmete frei bei dem 15 Gedanken, daß der siegreiche König von jetzt an den Beistand der demokratischen Elemente … nicht mehr gebrauchen würde, sondern konservativ und anständig regieren könne."
(Denkwürdigkeiten des Botschafters General v. Schweinitz, hrsg. von W. v. Schweinitz, Bd. 1, Berlin, 1927, S. 230 f.)

a) Kennzeichne Bismarcks Auffassung vom preußisch-österreichischen Dualismus. Vergleiche anschließend seine Sichtweise mit der Graf Rechbergs. Beziehe die Karikatur „Am Kreuzwege" in Deine Darlegungen mit ein. (M 3 a, 3 b, 4)

b) Erkläre die Karikatur „Deutschlands Zukunft". Welche Vorstellungen hatte dagegen die liberale Mitte der Paulskirche über den Weg zur deutschen Einheit? (M 6, 7; S. 124, M 2; S. 125; S. 126, M 3; vgl. S. 104)

c) Welche Einstellungen am Kampf beteiligter Personen wollte der Maler Christian Sell verdeutlichen? (M 2)

d) Vergleiche die verschiedenen Beurteilungen der Schlacht von Königgrätz. (M 8 und 9) – Suche Erklärungen für den schnellen Meinungswechsel von Iherings.

Arbeitsvorschläge und Fragen

7. Der Deutsch-Französische Krieg und die Reichsgründung

1. Juli 1867	**Die Verfassung des Norddeutschen Bundes tritt in Kraft.**
1867	Das einheitliche Erbkaisertum Österreich wird zur Doppelmonarchie („Österreichisch-Ungarischen Monarchie") umgestaltet.
1870/1871	Im Deutsch-Französischen Krieg besiegt Preußen im Bund mit den süddeutschen Staaten Frankreich.
4. September 1870	In Paris wird die Republik ausgerufen („Dritte Republik").
18. Januar 1871	**Ausrufung des Deutschen Reiches im Schloß zu Versailles.**
10. Mai 1871	Im Frieden von Frankfurt/M. muß Frankreich Elsaß-Lothringen an Deutschland abtreten und eine hohe Kriegsentschädigung zahlen.

Preußen gründet den Norddeutschen Bund

Der preußische Sieg über Österreich hatte die Stimmung in Preußen und weiten Teilen Deutschlands umschwenken lassen – *Bismarck* wurde als großer Staatsmann *gefeiert*. Er nutzte die Welle der Sympathie, um den *Verfassungskonflikt* durch das *Indemnitätsgesetz* (s. S. 139) aus der Welt zu schaffen. Den teilweise harten Widerstand und die schroffen Proteste gegen die *Annexion Hannovers, Kurhessens, Nassaus* und *Frankfurts/M.* (s. S. 141) nahm er in Kauf.

1867

Nachdem die Annexionen vollzogen waren, konnte Preußen 1867 darangehen, den *Norddeutschen Bund* zu gründen. Er war verfassungsrechtlich ein Bundesstaat mit der „Zentralbehörde" des *Bundesrates*, einer Art Gesamtministerium, in dem Preußen der Vorsitz zustand *(Bundeskanzler)*. Der (norddeutsche) *Reichstag* ging aus direkter, allgemeiner und geheimer Wahl hervor und war auf die Gesetzgebungsbefugnis beschränkt, die er zusammen mit dem Bundesrat wahrnahm. Die Außen- und Militärpolitik war ausschließlich Sache des *Bundespräsidiums*, des preußischen Königs. Es gelang Bismarck in kurzer Zeit, die *süddeutschen Staaten* durch geheime Bündnisse und durch die zollpolitische Vereinigung an den Norddeutschen Bund heranzuführen. Die *Verfassung* des Norddeutschen Bundes wurde später (mit geringen Änderungen) für das *Deutsche Reich* (s. S. 212 ff.) übernommen.

Österreich-Ungarn wird Doppelmonarchie

In Österreich wählte der Kaiser den *Ausgleich mit den Ungarn*. Diese (nicht aber die anderen Völkergruppen) erhielten ein eigenes *Parlament* und einige eigene *Ministerien* zugebilligt. Der Kaiser nahm zusätzlich die *ungarische Königswürde* an; ihm wurde (1867) die Stephanskrone aufs Haupt gesetzt. Seit 1868 lautete die offizielle Bezeichnung dieses Staates „*Österreichisch-Ungarische Monarchie*" (die offizielle Abkürzung „k. u. k." – kaiserlich und königlich – kennzeichnete die gemeinsamen Behörden).

Bismarck provoziert die französische Kriegserklärung

Durch die Bindung der süddeutschen Staaten an Preußen und den Norddeutschen Bund war Deutschland *nicht mehr* streng *dreigeteilt* (s. S. 140 f.), wie es *Napoleon III.* gewünscht hatte. Da ein selbständiger „Verein" der süddeutschen Staaten nicht zu verwirklichen war, wollte der französische Kaiser wenigstens keinen weiteren Machtzuwachs für Preußen zulassen, und er achtete streng darauf, daß die Friedensvereinbarungen nicht mehr umgangen würden.

In der gespannten deutsch-französischen Atmosphäre gewann die *Kandidatur eines hohenzollernschen Prinzen* auf den seit 1866 verwaisten *spanischen Thron* fast explosive Bedeutung. Obwohl das Haus Hohenzollern-Sigmaringen, dem der sich bewerbende Prinz Leopold angehörte, nicht in direkter Linie mit dem preußischen Königshaus verwandt war, sah Napoleon III. Frankreich durch

Parlamentarisches mit Illustrationen.

1 Die preußischen Abgeordneten und die Indemnitätsvorlage: „Und in diesem Sinne sind auch wir mit dem Grafen Bismarck einig und haben mit ihm denselben Strang gezogen." (Graf Eulenburg) – („Kladderadatsch" 1866)

eine drohende Einkreisung gefährdet.

Obgleich die Kandidatur zurückgezogen wurde, drängte Frankreich das preußische Königshaus zu einem bindenden Versprechen, daß auch in aller Zukunft eine Kandidatur preußischer Prinzen für den spanischen Königsthron ausgeschlossen sei. Bismarck sah darin eine unzulässige und ehrenrührige Einmischung und ergriff die Gelegenheit, um den französischen Einfluß auf die preußisch-nationale Politik in Deutschland zu beseitigen. Die Ablehnung des französischen Ansinnens durch den preußischen König ließ er in brüskierender Form veröffentlichen („Emser Depesche"). Frankreich erklärte daraufhin Preußen am 19. Juli 1870 den Krieg.

Der Deutsch-Französische Krieg

Preußen führte den Krieg sofort *offensiv*, damit die europäischen Mächte keine Zeit gewinnen konnten, aus ihrer Neutralität herauszutreten. Preußen konnte sich auf die militärische Macht des Norddeutschen Bundes verlassen, zusätzlich verpflichteten die Schutz- und Trutzbündnisse die süddeutschen Staaten, sich dem französischen Angriff entgegenzustellen. Der Krieg wurde unter maßgeblichem Einfluß des preußischen Generalstabschefs Helmuth von Moltke als *Umfassungs- und Vernichtungskrieg* geführt. Der entscheidende *Sieg von Sedan* (2. Sept.) brachte die Kriegswende; die Deutschen machten 100000 Gefangene, darunter war Kaiser Napoleon III. Das war das *Ende des französischen Kaiserreichs*.

Die „Dritte Republik" in Frankreich und der Frankfurter Frieden

Schon zwei Tage nach der Schlacht von Sedan wurde in Paris die *Republik* ausgerufen. Die *„Regierung der nationalen Verteidigung"* rief das Volk zur Gegenwehr auf. Die Deutschen belagerten Paris. Die neue französische Regierung willigte aber bald in einen Waffenstillstand ein, der die Durchführung von Wahlen für eine *Nationalversammlung* möglich machen sollte. Am 13. 2. 1871 trat diese in Bordeaux zusammen und wählte Adolphe Thiers zum Regierungschef. Nun konnten *Friedensverhandlungen* im deutschen Hauptquartier zu *Versailles* stattfinden. Der endgültige *Frieden* wurde auf der Grundlage des Versailler Vorfriedens (26. 2. 1871) in *Frankfurt* unterzeichnet (10. 5. 1871). Frankreich mußte *Elsaß-Lothringen* an Deutschland abtreten und fünf Milliarden Francs *Kriegsentschädigung* leisten.

Die Pariser Commune

Gegen den Vorfriedensschluß mit den Deutschen erhoben sich in Paris Arbeiter und Bürger und gründeten die revolutionäre Pariser Commune, eine soziali-

145

stische, rätedemokratische Volksherrschaft. Die deutsche Besatzungsmacht griff nicht ein; die Regierung Thiers ließ die Commune blutig niederschlagen. Dieser Aufstand spielte im Streit der sozialistischen Arbeiterbewegung (s. S. 197 ff., 226 ff.) um ein revolutionäres oder reformerisches Vorgehen eine wichtige Rolle.

Die deutsche Reichsgründung

Nach dem Sieg über Frankreich konnte Bismarck die deutsche *Dreiteilung* von 1866 endgültig beseitigen. Noch vor dem Abschluß des Waffenstillstands mit Frankreich wurde die *Reichsgründung* vollzogen. In geheimen und getrennten Verhandlungen (z.T. durch Gewährung von Sonderrechten) hatte Bismarck das Einverständnis der süddeutschen Staaten erlangt. Am 18. Januar 1871 wurde im Spiegelsaal zu Versailles der preußische König zum *Kaiser* proklamiert und damit das *Deutsche Reich* ausgerufen: Im Beisein des preußischen Prinzen, der anderen deutschen Fürsten, Bismarcks und der hohen Offiziere brachte der Großherzog von Baden das Hoch auf „Kaiser Wilhelm" aus. *Wilhelm I.* (1871–1888) führte später den Titel „Deutscher Kaiser".

1871

Deutsches Reich: Aus dem Ostfrankenreich entwickelte sich das mittelalterliche deutsche Kaiserreich (Kaiserkrönung Ottos des Großen 962), das sich als Nachfolger des karolingischen Reichs und weströmischen Kaisertums verstand. Im 15. Jahrhundert wurde die Bezeichnung *„Heiliges Römisches Reich Deutscher Nation"* geläufig. Angesichts der Siege Napoleons I. löste Kaiser Franz II. das Reich 1806 auf und nannte sich (wie schon seit 1804) fortan „Kaiser von Österreich". Nach dem fehlgeschlagenen Versuch von 1848/49, einen *kleindeutschen* Nationalstaat zu gründen, gelang es Bismarck 1871, ein neues Reich (das *„Zweite Reich"*) zu schaffen, das wiederum im Sinne der kleindeutschen Lösung Österreich ausschloß und seine Grundlage in preußischer Macht und Tradition hatte. Das Deutsche Reich Bismarcks bestand (1871–1918 als Kaiserreich, 1919–1933 als [„Weimarer"] Republik) bis zur „Machtergreifung" Hitlers (1933), der für sich in Anspruch nahm, das *„Dritte Reich"* gegründet zu haben, das als „Großdeutsches Reich" Österreich und andere Gebiete einschloß. Das auf übersteigerten Nationalismus und verbrecherischen Rassenwahn gegründete Hitlerreich wurde nach dem Zweiten Weltkrieg (1939–1945) von den Siegermächten aufgelöst. Die Grenzen des Deutschen Reichs vom 31. 12. 1937 blieben aber rechtlich bedeutsam (Art. 116 GG). Seither existieren neben *Österreich* die *Bundesrepublik Deutschland* (1949) und die *Deutsche Demokratische Republik* (1949) als selbständige Staaten. Zur Frage der deutschen Einheit heißt es in der Präambel des Grundgesetzes der Bundesrepublik Deutschland: „Das gesamte deutsche Volk bleibt aufgefordert, in freier Selbstbestimmung die Einheit und Freiheit Deutschlands zu vollenden."

---

2 Die Emser Depesche (13. Juli 1870)

2a Telegramm des Geheimrats Abeken an Bismarck:

„S. M. der König schreibt mir:

‚Graf Benedetti fing mich auf der Promenade ab, um auf zuletzt sehr zudringliche Art zu verlangen, ich sollte ihn autorisieren, sofort zu telegra-
5 phieren, daß ich für alle Zukunft mich verpflichtete, niemals wieder meine Zustimmung zu geben, wenn die Hohenzollern auf ihre Kandidatur zurückkämen. Ich wies ihn, zuletzt etwas ernst, zurück, da man à tout jamais [für
10 alle Zukunft] dergleichen Engagements nicht

nehmen dürfe noch könne. Natürlich sagte ich ihm, daß ich noch nichts erhalten hätte und, da er über Paris und Madrid früher benachrichtigt sei als ich, er wohl einsähe, daß mein Gouvernement wiederum außer Spiel sei.' S. M. hat seitdem ein Schreiben des Fürsten bekommen. Da S. M. dem Grafen Benedetti gesagt, daß er Nachricht vom Fürsten erwarte, hat Allerhöchstderselbe, mit Rücksicht auf die obige Zumutung, auf des Grafen Eulenburg und meinen Vortrag beschlossen, den Grafen Benedetti nicht mehr zu empfangen, sondern ihm nur durch seinen Adjutanten sagen zu lassen, daß S. M. jetzt vom

Fürsten die Bestätigung der Nachricht erhalten, die Benedetti aus Paris schon gehabt, und dem Botschafter nichts weiter zu sagen habe.

S. M. stellt Ew. Exzellenz anheim, ob nicht die neue Forderung Benedettis und ihre Zurückweisung sogleich sowohl unseren Gesandten als in der Presse mitgeteilt werden sollte."

2b Bismarcks Fassung:
„Nachdem die Nachrichten von der Entsagung des Prinzen von Hohenzollern der Kaiserlich französischen Regierung von der Königlich spanischen amtlich mitgeteilt worden sind, hat der französische Botschafter in Ems an S. M. den König noch die Forderung gestellt, ihn zu autorisieren, daß er nach Paris telegraphiere, daß S. M. der König sich für alle Zukunft verpflichtet, niemals wieder seine Zustimmung zu geben, wenn die Hohenzollern auf ihre Kandidatur zurückkommen sollten. S. M. hat es darauf abgelehnt, den französischen Botschafter nochmals zu empfangen, und demselben durch den Adjutanten vom Dienst sagen lassen, daß S. M. dem Botschafter nichts weiter mitzuteilen habe."
[Abeken: Vertreter des Auswärtigen Amtes; begleitete den König während seines Kuraufenthaltes in Bad Ems. Graf Benedetti: Französischer Botschafter in Berlin (1864–1870). Eulenburg: Preußischer Innenminister (1862–1878).]
(Zit. nach: Geschichte in Quellen, Band 5, S. 355–356)

3 Das Werden der deutschen Einheit in der Sicht des preußischen Kronprinzen
In Tagebuchaufzeichnungen äußert Friedrich Wilhelm:
„3. September 1870
… Unser Ehrgeiz bestand in Preußen nicht in dem unausgesetzten Trachten nach der deutschen Kaiserkrone, wohl aber drängt die neueste Entwicklung der deutschen Geschichte jetzt unaufhaltsam auf eine baldige Wiederherstellung von ‚Kaiser und Reich' durch unser Haus, welches Ereignis in keinem günstigeren Augenblick eintreten kann, als in dem, wo unser König an der Spitze des deutschen Heeres als Sieger über Frankreich auf französischem Boden steht …
21. November 1870
Bayern stellt viele Bedingungen …, will beispielsweise seine eigene Diplomatie wie auch seine sämtlichen militärischen Rechte behal-

ten; dies ist zwar unerfreulich, aber gegenwärtig doch von untergeordneter Bedeutung, weil jenes Königreich dafür andererseits das Anerbieten der Kaiserkrone an unseren König bewerkstelligen will …
24. November 1870
Gestern abend ist hier der Vertrag mit Bayern unterzeichnet worden. So wären wir denn endlich einmal im Einigungswerk einen Schritt weiter. Württemberg setzt seine Verhandlungen in Berlin fort und ist wohl bereits mit uns handelseinig geworden. Gottlob, daß ganz Deutschland endlich im Bunde vereint ist, und es keine Mainlinie mehr gibt; wenn nun noch ‚Kaiser und Reich' bald hinzukommen, so ist unendlich viel erreicht und gewonnen …
13. Januar 1871
… General Graf Moltke und Graf Bismarck hatten eine anderthalbstündige Unterredung bei mir und blieben zum Essen; es wird jedoch noch mehrerer anderer Besprechungen bedürfen, ehe sie sich einigen. Beide wurden gegeneinander recht deutlich … Am wenigsten einigten sich die beiden über die Folgen eines Waffenstillstandes, weil Graf Bismarck den Frieden, General Graf Moltke aber einen Exterminationskrieg [Vernichtungskrieg] wünscht …"
(Zit. nach: Geschichte in Quellen, Band 5, S. 363–365)

4 Bismarck im Urteil von Zeitgenossen
4a Rückblick des deutschen Philosophen und Literaten Rudolf Eucken (1846–1926, Philosoph des „schöpferischen Aktivismus", erhielt den Nobelpreis für Literatur 1908) in seinen Lebenserinnerungen 1922:
„… Die Bismarcksche Politik dagegen stellte die Lage unter einen völlig neuen Anblick. Hatten wir bis dahin die Einigung Deutschlands vom gemeinsamen Willen des ganzen Volkes erwartet, so wurde uns nun jene Leistung von oben her entgegengebracht. Die einzelnen hatten kaum etwas Eigenes zu tun, sondern nur sich willfährig der gebotenen Gestaltung einzufügen. Die überwiegende Mehrzahl folgte dieser Richtung; es wirkte wohltuend und befestigend, daß sich aus dem wirren Getriebe der Parteien und der sich gegenseitig widersprechenden Programme eine feste Hand hervorhob und ein deutliches Ziel vorhielt. Andere aber konnten bei aller Anerkennung der überlegenen Größe

5 Sedanfeier in Berlin zum 25. Jahrestag der Schlacht bei Sedan. (Foto, 1. 9. 1895)

6 Meldung über die Schlacht von Sedan

7 Bilanz des Jahres 1871 (Lithographie nach Honoré Daumier, 11. 1. 1871)

39ste Depesche
vom
Kriegs-Schauplatz.

Der Königin Augusta in Berlin.

Vor Sedan, den 2. September, ½2 Uhr Nachm.

Die Capitulation, wodurch die ganze Armee in Sedan kriegsgefangen, ist soeben mit dem General Wimpfen geschlossen, der an Stelle des verwundeten Marschalls Mac=Mahon das Commando führte. Der Kaiser hat nur sich selbst Mir ergeben, da er das Commando nicht führt und Alles der Regentschaft in Paris überläßt. Seinen Aufenthaltsort werde Ich bestimmen, nachdem Ich ihn gesprochen habe in einem Rendezvous, das sofort stattfindet.

Welch' eine Wendung durch Gottes Führung!

Wilhelm.

Berlin, den 3. September 1870.

Königliches Polizei-Präsidium.
von Wurmb.

des Mannes die Tatsache nicht vollauf verwinden, daß jene Wendung ohne alle Selbsttätigkeit des Volkes erfolgte … Diesen Männern erschien die Wendung als zu äußerlich, als zu einseitig militärisch und wirtschaftlich. Auch ich selbst konnte bei aller Anerkennung und Bewunderung der genialen politischen und diplomatischen Leistungen Bismarcks keine reine Freude an jener Wendung empfinden. Ich hatte gehofft, dem äußeren Aufschwung würde auch ein innerer entsprechen, und es würde das Leben mehr in Selbsttätigkeit gestellt werden …"

4b Rede des britischen Oppositionsführers Benjamin Disraeli, 9. Febr. 1871
„Dieser Krieg bedeutet die deutsche Revolution, ein größeres politisches Ereignis als die französische des vergangenen Jahrhunderts … Nicht ein einziger der Grundsätze der Handhabung unserer auswärtigen Angelegenheiten, welche noch vor einem halben Jahr von allen Politikern als selbstverständliche Richtlinien anerkannt wurden, steht noch heute in Geltung. Es gibt keine überkommene Auffassung der Diplomatie, welche nicht fortgeschwemmt wäre. Wir stehen vor einer neuen Welt, neue Einflüsse sind am Werk; … das Gleichgewicht der Macht ist völlig zerstört; und das Land, welches am meisten darunter leidet und welches die Wirkungen dieses großen Wechsels am meisten zu spüren bekommt, ist England."
(Zit. nach: Geschichte in Quellen, Band 5, S. 376–377)

8 Denkmal Bismarcks in Hamburg (von Hugo Lederer, 1901) – Vorbild für viele andere Bismarckdenkmäler

a) Vergleiche die beiden Fassungen der Depesche aus Bad Ems. Durch welche Eingriffe hat Bismarck die Ursprungsfassung verschärft? (M 2 a/b)
b) Wie sieht der Kronprinz die Rolle Preußens für die Einigungspolitik Otto von Bismarcks? (M 3)
c) Vergleiche die kritischen Ausführungen Euckens und Disraelis miteinander. (M 4 a/b)
d) Vergleiche die bildlichen Darstellungen der „Kaiserdeputation" und der „Kaiserproklamation". (S. 105, M 2, 3) – Äußere Dich zu der Behauptung, Bismarcks Reichsgründung sei einer „Revolution von oben" gleichzusetzen.
e) Erkläre die unterschiedlichen „Bilanzen" Daumiers und v. Werners für das Jahr 1871. (M 7, S. 105, M 3)
f) Äußere Dich zum Bismarckdenkmal: aus der Sicht des Kaisers, eines württembergischen Konservativen, eines französischen Republikaners kurz nach der Reichsgründung. (M 8)
g) Äußere Dich an Hand der Kartenfolge (S. 104, M 1 a–d) über den Weg zur Reichsgründung.

Arbeitsvorschläge und Fragen

Industrialisierung und Soziale Frage

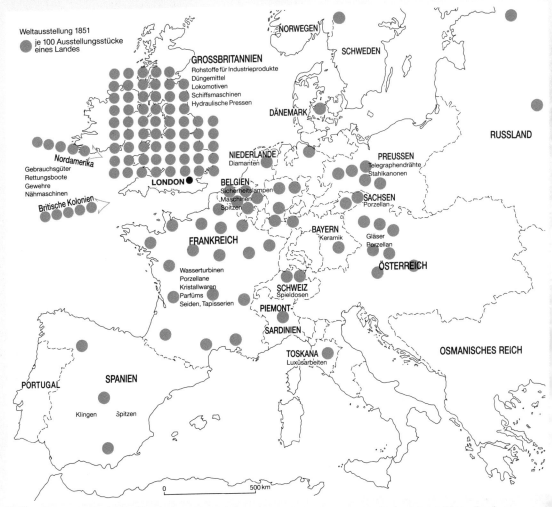

Weltausstellung 1851
⬤ je 100 Ausstellungsstücke eines Landes

NORWEGEN

SCHWEDEN

GROSSBRITANNIEN
Rohstoffe für Industrieprodukte
Düngemittel
Lokomotiven
Schiffsmaschinen
Hydraulische Pressen

DÄNEMARK

RUSSLAND

Nordamerika
Gebrauchsgüter
Rettungsboote
Gewehre
Nähmaschinen

Britische Kolonien

NIEDERLANDE
Diamanten

PREUSSEN
Telegraphendrähte
Stahlkanonen

LONDON ●

BELGIEN
Sicherheitslampen
Maschinen
Spitzen

SACHSEN
Porzellan

BAYERN
Keramik

Gläser
Porzellan

FRANKREICH

ÖSTERREICH

Wasserturbinen
Porzellane
Kristallwaren
Parfüms
Seiden, Tapisserien

SCHWEIZ
Spieldosen

**PIEMONT-
SARDINIEN**

OSMANISCHES REICH

TOSKANA
Luxusarbeiten

PORTUGAL

SPANIEN

Klingen   Spitzen

0 _____ 500 km

1 <u>Londoner Weltausstellung 1851:</u> Zahl und Herkunft der Ausstellungsstücke (mit Beispielangaben)

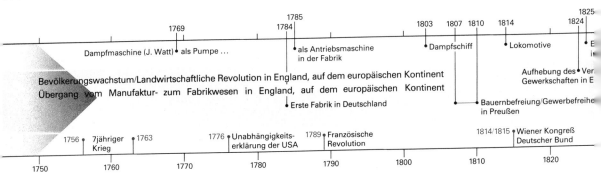

1769 Dampfmaschine (J. Watt) ● als Pumpe …

**1785
1784** ● als Antriebsmaschine in der Fabrik

1803 ● Dampfschiff

**1807
1810** ● Bauernbefreiung/Gewerbefreihe in Preußen

1814 ● Lokomotive

**1825
1824**

Bevölkerungswachstum/Landwirtschaftliche Revolution in England, auf dem europäischen Kontinent
Übergang vom Manufaktur- zum Fabrikwesen in England, auf dem europäischen Kontinent

● Erste Fabrik in Deutschland

Aufhebung des Ver
Gewerkschaften in E

1756 ● **7jähriger Krieg** ● **1763**

1776 ● Unabhängigkeitserklärung der USA

1789 ● Französische Revolution

1814/1815 ● Wiener Kongreß Deutscher Bund

1750   1760   1770   1780   1790   1800   1810   1820

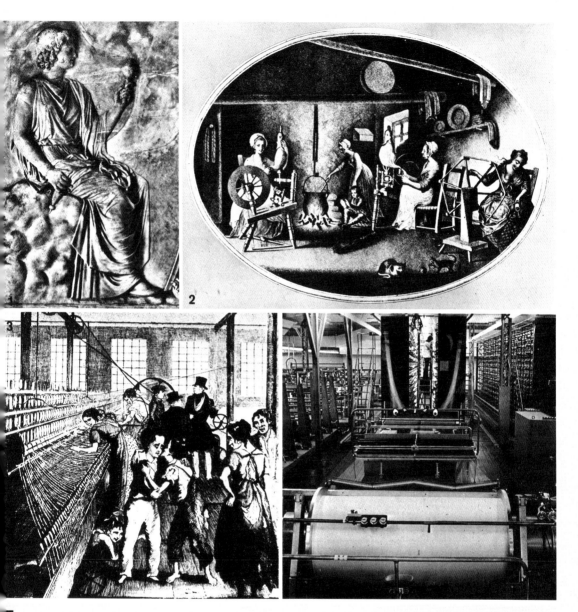

Wandel von Technik und Arbeit am Beispiel des Spinnens: (1) Frau mit Spinnrocken (mit der vorbereiteten Wolle) in der [lin]ken und Spindel in der rechten Hand. (Relief aus der römischen Kaiserzeit) – Dieses Spinnverfahren war damals schon [Jah]rtausende alt. Spinnräder gibt es erst seit dem späten 15. Jahrhundert. – (2) Heimarbeit in England im 18. Jahrhundert: Zwei [Fr]auen spinnen, eine kocht das Garn, eine spult es auf. (Gemälde, um 1750) – (3) Englische Baumwollspinnerei im 19. Jahrhundert: [A]rbeit mit Hilfe von Maschinen und Dampfkraft. (Zeitgenössischer Stich, um 1840) – (4) Textilfabrik, um 1980.

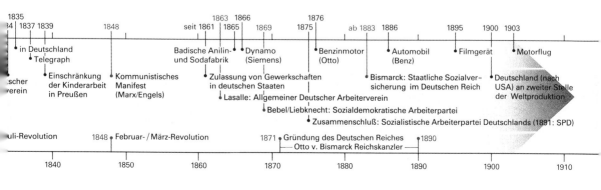

1. Wie soll eine wachsende Bevölkerung versorgt werden?

Ab 1750 —————— Die Bevölkerung nimmt stark zu, zunächst in England, dann in anderen Ländern Europas.

Ende 18. Jh. —————— Landwirtschaftliche „Revolution" in England.

Immer mehr Menschen

Jahrtausendelang hat die Zahl der Menschen auf Erden nur sehr langsam zugenommen. Seit der Mitte des 18. Jahrhunderts beschleunigte sich der Zuwachs an Menschen zunächst in England und Teilen Europas und dann auf der ganzen Welt so sehr, daß man schließlich von einer *Bevölkerungsexplosion* sprach.

Warum hat die Bevölkerung früher nur langsam zugenommen?

Eine Frau kann fast jedes Jahr ein Kind zur Welt bringen. Fünfzehn Schwangerschaften im Laufe eines Frauenlebens sind in den meisten Ländern der Erde und waren auch bei uns früher nicht selten. Schon seit Jahrtausenden gäbe es Milliarden von Menschen, hätten nicht die Natur und der Mensch der Zunahme Grenzen gesetzt.

– In 600 Jahren hat man in den verschiedenen Teilen Europas 276 *Hungersnöte* gezählt. Es war das Schicksal der meisten Menschen zu allen Zeiten, oft nicht satt zu werden.

– Unterernährung, Schmutz und Unkenntnis der Ursachen ansteckender Krankheiten führten zu verheerenden *Seuchen*. Noch im 17. Jahrhundert wurde in Europa ein Sechstel der Bevölkerung in den Städten von der Pest dahingerafft. Ein Viertel der Bevölkerung in Frankreich starb im 18. Jahrhundert bei einer Pockenepidemie.

– Immer wieder wurden Hunderttausende in *Kriegen* getötet.

– Eine *Familie* durfte bis zum Ende des 18. Jahrhunderts nur gründen, wer eine „Stelle" hatte: der erbende Sohn des Bauern oder des Handwerksmeisters, der Geselle, der des Meisters einzige Tochter bekam. Die andern blieben als ledige Knechte auf dem Hof, als ledige Gesellen beim Meister, oder sie wurden Soldaten, gingen ins Kloster, wanderten aus. Zwischen einem Viertel und der Hälfte aller erwachsenen Frauen und Männer blieben unverheiratet. Empfängnis wurde, wenn auch mit unsicheren Mitteln, bewußt verhütet.

So kam es, daß sich die Bevölkerung nur sehr langsam vermehrte, bis vor etwa 200 Jahren das Gleichgewicht zwischen Geburt und Tod sich änderte.

Weniger Todesfälle – mehr Geburten: Bevölkerungszunahme in England

Über die Ursachen des raschen Anstiegs der Bevölkerung nach 1750 in England sind sich die Wissenschaftler nicht ganz einig. Folgende Gründe werden angeführt:

– Neue *medizinische Erkenntnisse* breiteten sich aus; vor allem erkannte man, daß Schmutz viele Krankheiten verursacht.

– Die großen *Städte* wurden *sauberer* und mehr *Krankenhäuser* wurden gebaut.

– Weitverbreiteter *Alkoholismus* konnte erfolgreich bekämpft werden.

– Wärmende *Baumwollwäsche* schützte vor Krankheiten.

– Die mit Ungeziefer verseuchten Holz- und Lehmhäuser wurden allmählich durch *Backsteinhäuser* ersetzt.

– Weniger Menschen wurden in *Kriegen* getötet.

– Mehr Menschen heirateten nach *Beseitigung von Eheverboten*, die in Zunft- und Gesindeordnungen festgelegt waren. Mehr Erwerbsmöglichkeiten in der Haus- und Kleinindustrie und den ersten Fabriken gaben Anreiz dazu.

– Fortschritte in der Landwirtschaft und verbesserte Transportmittel führten zu *besserer Ernährung*.

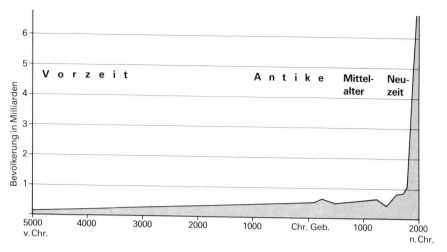

Die Zunahme der Bevölkerung war zuerst in *England* zu beobachten. Zeitgenossen sahen die Entwicklung mit großer Sorge. 1803 schrieb der englische Pfarrer Robert *Malthus* in einem Buch: „Ein Mensch, der in einem bereits übervölkerten Land geboren wird, ist überflüssig in der Gesellschaft. Es gibt für ihn kein Gedeck an dem großen Gastmahl der Natur."

Noch im 18. Jahrhundert waren die *Dörfer*, oft sogar die einzelnen Bauernhöfe, fast in sich *geschlossene Wirtschaftseinheiten*. Nahezu alles, was die Menschen brauchten – und das war nicht viel –, bauten sie selber an oder stellten sie selber her. Sie backten Brot, sie schlachteten, spannen und webten. Weniger als 20 % der Menschen wohnten in Städten, und auch die Bürger der oft sehr kleinen Städte betrieben häufig noch etwas Landwirtschaft.

Ein *Bauer* oder ein *Ackerbürger* benötigte nur *wenig Geld*, denn er war nicht gezwungen, viel zu kaufen. Es gab auch wenig zu verkaufen: gelegentlich ein Stück Vieh, ein paar Eier, ein Huhn. Einen Teil von dem, was die Bauern erarbeitet hatten, mußten sie an den adligen *Grundherrn* abgeben, der davon mit vielem Personal ein herrschaftliches Leben führen konnte. Andererseits konnten die Armen ihre Schweine im Wald Futter suchen lassen. Ihren Ziegen, Schafen und Gänsen stand die *Allmende* (Gemeindeland) zur Verfügung. An *Neuerungen*, die die Erträge steigern konnten, bestand auf dem Lande nur *wenig Interesse*; es lohnte sich nicht. Die Gebildeten konnten in Europa noch bis ins 16. Jahrhundert hinein aus den landwirtschaftlichen *Abhandlungen der Römer* lernen; deren Kenntnisstand war also noch nicht wieder erreicht.

Diese aus dem Mittelalter stammenden Verhältnisse hatten sich in den verschiedenen Teilen Europas in unterschiedlicher Weise verändert und fortentwickelt. Es waren dann die Engländer, die im 18. Jahrhundert, zum Teil nach holländischem Vorbild, Änderungen herbeiführten, die eine gewaltige *Produktionssteigerung in der Landwirtschaft* bewirkten.

Die *Zunahme des gewinnträchtigen Handels* der Städte und der *Geldwirtschaft* hatte in England schon im 17. Jahrhundert dazu geführt, daß auch Grundbesitzer und Landwirte nach Gewinn strebten. Deshalb suchten sie *mehr zu erzeugen und zu verkaufen*. Die allmählichen Fortschritte in der landwirtschaftlichen Produktion beeinflußten wiederum das *Bevölkerungswachstum*. Umgekehrt ließ das Wachstum der Bevölkerung die *Nachfrage nach Lebensmitteln* sowie die Preise steigen und damit die Aussicht, daß sich die Geldanlage in Landbesitz lohnen werde.

Kein Gedeck am Gastmahl der Natur?

Mehr Gedecke am Gastmahl der Natur

Gewinnstreben verändert die Landwirtschaft

153

Landwirtschaftliche Revolution: Der Begriff bezeichnet die Einführung wissenschaftlich erprobter Methoden in die Landwirtschaft wie Fruchtwechsel, bessere Düngung, Züchtung mit der Absicht, Erträge und Gewinne zu steigern. Der so entfachte Konkurrenzkampf führte zur Verschärfung der sozialen Gegensätze zwischen Kleinbauern und Großgrundbesitzern.

2 Bevölkerungsentwicklung 1750–1910 (in Millionen)

	Groß-britannien	Deutsch-land	Die Welt
1750	7,8	16–17	728
1800	10,9	23	906
1850	20,9	34	1171
1900	41,1	56,3	1608
heute	?	?	?

3 Lebenserwartung einst und jetzt

3a Zwischen 1604 und 1661 wurden in England von 100 Geborenen:

64:	6 Jahre alt
40:	16 Jahre alt
25:	26 Jahre alt
16:	36 Jahre alt
10:	46 Jahre alt
6:	56 Jahre alt
3:	66 Jahre alt
1:	76 Jahre alt

(Nach der Sterbetafel von John Graunt, London 1662; in: J. Schmid, Einführung in die Bevölkerungssoziologie, Reinbek 1976, S. 137)

3b In den Jahren 1962–1964 wurden von 100 Geborenen:

97 Jungen	98 Mädchen	5 Jahre alt
97 Jungen	97 Mädchen	15 Jahre alt
96 Jungen	97 Mädchen	25 Jahre alt
95 Jungen	95 Mädchen	35 Jahre alt
92 Jungen	95 Mädchen	45 Jahre alt
86 Jungen	91 Mädchen	55 Jahre alt
68 Jungen	81 Mädchen	65 Jahre alt
38 Jungen	75 Mädchen	75 Jahre alt

(Annual Abstract of Statistics No 102, London 1965)

5 Modernisierung der Landwirtschaft in England

5a Der Kaufmann und Journalist Daniel Defoe, der bei uns als Verfasser von „Robinson Crusoe" bekannt ist, schrieb um 1720:

„Man kann beobachten, daß … viele Londoner Kaufleute und Händler beträchtliche Grundstücke erwerben. Ich erwähne dies, um darauf hinzuweisen, wie der gegenwärtige steigende Wohlstand Londons sich auf das Land ausbreitet 5 und dort Familien und Vermögen gründet, die

4 Erfindungen in der englischen Landwirtschaft (Stich aus einem Handbuch des 18. Jahrhunderts)
1. Pflug
4. Sämaschine
6. Egge
7. Walze

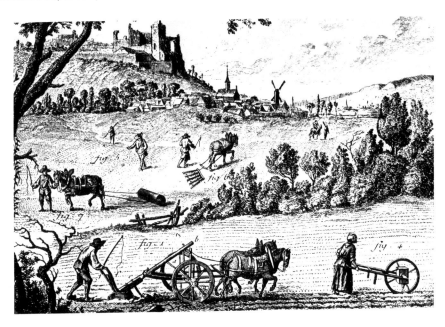

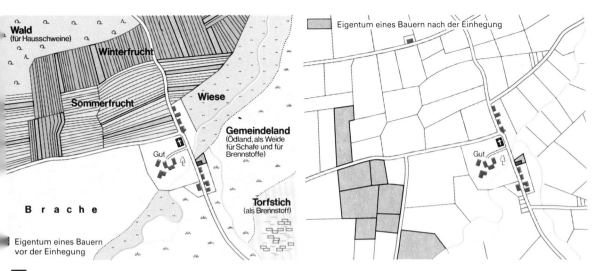

Wald (für Hausschweine)

Winterfrucht

Sommerfrucht

Wiese

Gemeindeland (Ödland, als Weide für Schafe und für Brennstoffe)

Gut

Brache

Torfstich (als Brennstoff)

Eigentum eines Bauern vor der Einhegung

Eigentum eines Bauern nach der Einhegung

Gut

6 <u>Ein englisches Dorf vor und nach den Einhegungen.</u> Die zusammengelegten Felder wurden durch Hecken oder Zäune „eingehegt", damit sie als Privateigentum insbesondere vor fremdem Vieh geschützt waren. Die Almende (Wiese und Gemeindeland) ging verloren.

später einmal dem alten Adel gleichgestellt sein werden."
(Nach: P. Mathias, The first Industrial Nation, London 1969, S. 53)

5b Nach seiner Reise durch den rückständigen Norden Englands schrieb der Agrarexperte Arthur Young im Jahre 1770:
„Es ist höchst bemerkenswert, daß die Bauern hier allgemein schlechte Landwirte sind: Ihre Felder sind vernachlässigt, und viele Äcker, die vor 30 Jahren noch gute Erträge brachten, sind heute voller Ginster, Gestrüpp und anderem Unkraut ... Wenn man fragte, wie solchem Übel abgeholfen werden soll, antwortete ich: Erhöht ihre Abgaben. Erst maßvoll, und wenn sie sich dann nicht mehr anstrengen, verdopple sie. Aber wenn man eine ertragreiche und fortschrittliche Landwirtschaft haben will, werfe

man 15 oder 20 Höfe zusammen, sobald ihre jetzigen Inhaber aufgeben."
(A. Young, Six Months Tour through the North of England, 1770, Bd. 2, S. 94 f.)

5c Über die Folgen der Einhegung für die ärmeren Bauern schrieb Young:
„Mr. Foster von Norwich berichtete mir von 20 Einhegungen, die er als Beauftragter [des Parlaments] geleitet hatte, und er beklagte, daß er Mitschuldiger bei der Schädigung von 2000 Armen – von ungefähr 20 Familien je Dorf – geworden sei ... Die Armen könnten mit Recht sagen: ‚Mag sein, daß das Parlament das Eigentum schützt. Ich weiß nur, daß ich eine Kuh hatte, und daß ein Parlamentgesetz sie mir genommen hat.'"
(Nach: R. Symonds, Britain, Europe and the World 1714–1848, London 1975, S. 149) 10

a) Setze die Zahlen zur Bevölkerungsentwicklung (M 2) in Kurven um. Welche Schlüsse kann man aus dem Kurvenverlauf ziehen?
b) Wieviel Prozent der Neugeborenen erreichten in England im 17. Jahrhundert das Heiratsalter von 26 Jahren? Wieviel Prozent 1962–1964? Wieviel Kinder mußte eine Frau im 17. Jahrhundert im Durchschnitt zur Welt bringen, wenn die Bevölkerung nicht abnehmen sollte? Wieviel 1964? (M 3a und b)
c) Welche Modernisierungen der Landwirtschaft kannst Du aus dem Bild herauslesen? (M 4)
d) Charakterisiere Ziele und Methoden der Modernisierung der Landwirtschaft in England. (M 4, M 5 und M 6) – Unterscheide zwischen Vorteilen und Schattenseiten. Welche Rolle spielt das Parlament?
e) Welche Modernisierungswirkung hatten die preußischen Reformen für die Landwirtschaft? (S. 164 f., M 3 und 4)

Arbeitsvorschläge und Fragen

155

2. Die Industrielle Revolution beginnt in England

1705–1767	Engländer erfinden Kolbendampfpumpe, fliegendes Weberschiffchen, Koks aus Kohle, Hochofen, Spinnmaschine.
1769	James Watt läßt seine verbesserte Dampfmaschine patentieren.
Bis 1814	Dampfmaschinen werden in Bergwerken als Pumpe, in Fabriken als Antrieb, in Dampfschiffen, als Lokomotiven verwendet.

Eine technische Revolution beginnt

Jede Arbeit erfordert Kraft. Die *Kraft* kam bis 1769 ausschließlich von *Menschen* und *Tieren*, von *Wasser* und *Wind*. Viele Erfindungen mußten zusammenkommen, bis die Menschen lernten, Kraft künstlich zu erzeugen, soviel sie nur brauchen konnten. Daß die *Spannung des Wasserdampfes* Kraft hat, entdeckten griechische Gelehrte schon vor Christi Geburt. Experimente, diese Kraft auszunutzen, hatte man seit dem 17. Jahrhundert n. Chr. immer wieder gemacht. 1705 baute Thomas Newcomen eine *Kolbendampfpumpe* mit geringer Leistung. 1735 stellte man zum ersten Male *Koks* her, der bei der Verbrennung viel mehr Wärme gab als die bisher genutzte Holzkohle. 1766 wurde in England der erste *Hochofen* zur *Gußstahlerzeugung* errichtet. 1769 schließlich baute *James Watt* eine *Dampfmaschine*, bei deren Konstruktion er all diese Entdeckungen und Erfindungen miteinander verband und so die Leistung der Maschine entscheidend verbesserte.

Die erste Fabrik – moderne Industrien entstehen

1767 hatte der Weber James Hargreaves die *Spinnmaschine* erfunden, mit der ein Arbeiter zwanzig Fäden zugleich spinnen konnte, die also soviel leistete, wie vorher zwanzig Arbeiter.

Der Landpfarrer Cartwright baute einen *mechanischen Webstuhl*, und der Barbier Richard Arkwright stellte in einer Werkstatt viele solcher Maschinen in fortlaufender Reihe zusammen: Die *erste Textilfabrik* war gegründet (1771), die aber noch mit Mühlwerken betrieben wurde. Vierzehn Jahre später wurden zum erstenmal *Dampfmaschinen zum Antrieb* benutzt: die erste moderne Fabrik war entstanden.

Von nun an folgten Erfindungen immer schneller aufeinander. Es entstanden immer neue *Industrien* (lat. industria = beharrliche Tätigkeit, Gewerbefleiß), in denen Dampfmaschinen verwendet wurden.

Warum gerade in England?

Bedeutende technische Erfindungen haben Griechen und Römer, Araber und Chinesen, aber auch andere Völker gemacht; doch nie und nirgends in der vieltausendjährigen Geschichte sind die Menschen auf den Gedanken gekommen, *systematisch* auf *naturwissenschaftlicher Grundlage* nach *technischen Neuerungen* zu suchen, um sie gezielt *wirtschaftlich* zu verwenden. Wie erklären wir es uns, daß es im 18. Jahrhundert Engländer waren, die als erste in großen Stil technische Erfindungen wirtschaftlich nutzten und damit den Vorgang einleiteten, den wir *Industrialisierung* nennen?

Zusammenspiel vieler Faktoren

Die Familien der *Kaufleute* und Unternehmer sowie die *Kaufmannsgesellschaften* hatten durch die Verarbeitung von Baumwolle und Halbfertigfabrikaten aus den *Kolonien*, durch die Ausfuhr von Wolle und Metallwaren und auch durch den Verkauf von Millionen afrikanischer *Sklaven* gewaltige *Kapitalien* gesammelt. Dabei hatten sie die größte Handelsflotte der Welt aufgebaut. Der durch den *Handel* erworbene Reichtum strömte über die Häfen auch ins Hinterland. Viele Kaufleute steckten ihr Geld nicht nur in Handelsunternehmungen, sondern liehen Geld auch Unternehmern von *Manufakturen* oder „Ver-

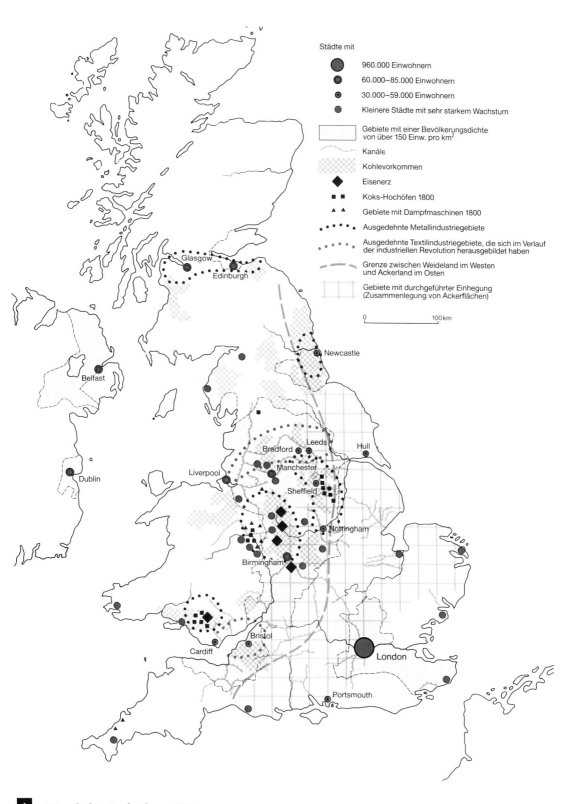

Städte mit

○ 960.000 Einwohnern

◉ 60.000–85.000 Einwohnern

● 30.000–59.000 Einwohnern

● Kleinere Städte mit sehr starkem Wachstum

▢ Gebiete mit einer Bevölkerungsdichte von über 150 Einw. pro km²

Kanäle

▨ Kohlevorkommen

◆ Eisenerz

■ ■ Koks-Hochöfen 1800

▲ ▲ Gebiete mit Dampfmaschinen 1800

• • • • Ausgedehnte Metallindustriegebiete

• • • • Ausgedehnte Textilindustriegebiete, die sich im Verlauf der industriellen Revolution herausgebildet haben

— — Grenze zwischen Weideland im Westen und Ackerland im Osten

▦ Gebiete mit durchgeführter Einhegung (Zusammenlegung von Ackerflächen)

0 ____ 100 km

Glasgow

Edinburgh

Belfast

Newcastle

Dublin

Leeds

Bradford — Hull

Liverpool — Manchester

Sheffield

Nottingham

Birmingham

Bristol

Cardiff

London

Portsmouth

1 Wirtschaft in England um 1800

legern", d.h. Unternehmern, die Waren in Heimarbeit herstellen ließen. In den Manufakturen und in der ländlichen Heimindustrie wurden vor allem Textil- und Metallwaren hergestellt. Oft übernahmen Kaufleute auch selbst den Betrieb von Fabriken und Bergwerken. Für den Einsatz ihres Kapitals forderten sie *ungehemmte Entfaltungsmöglichkeiten*. Dafür hatten sie als Calvinisten auch eine *religiöse Rechtfertigung* (vgl. S. 159, M 7).

Freie Entfaltungs-möglichkeiten für Kaufleute und Unternehmer

Nur eine Minderheit der gesamten Bevölkerung Englands war calvinistisch, aber die Gruppe der Erfinder, *Kaufleute* und *Unternehmer* bestand fast zur Hälfte aus *Calvinisten*. So hatten diese einen großen Einfluß auf die wirtschaftliche und technische Entwicklung. Als Mitglieder von Regierung und Parlament betrieben die Kaufleute eine *Politik* und eine Gesetzgebung, die ihren Interessen in Landwirtschaft und Handel dienten. Ihrer Meinung nach sollte der Staat seine Aufgaben auf Außenpolitik, Kriegswesen, Verwaltung und Rechtsprechung beschränken. *Adam Smith*, Professor der Volkswirtschaft, formulierte diese Gedanken systematisch und begründete die Lehre des *Wirtschaftsliberalismus*.

Die Natur des Landes erleichtert die Entstehung der Industrie in England

Die Industrialisierung eines Landes ist ohne die Rohstoffe *Kohle und Eisen* nicht möglich. Beides gab es in England. Doch war der *Transport* von Kohle zu Lande durch Packpferde und Packesel so übermäßig mühsam, daß sie nicht zu einem erschwinglichen Preis angeboten werden konnte. Deshalb wurden Erze oft mit Hilfe von Holz und Holzkohle am Fundort geschmolzen und verarbeitet, wenn keine Kohle in unmittelbarer Nähe vorkam und der Transport schwierig war. Der *Bau von Kanälen*, auf denen die *Lastschiffe* getreidelt, d.h. von Pferden gezogen werden konnten, brachte eine entscheidende Verbesserung der Beförderung. „Wenige Fortschritte ... haben so viel zum Wachstum des Handels und des Wohlstandes in unserem Lande beigetragen wie die Kanalschiffahrt", urteilte ein Zeitgenosse zwei Jahre vor der Eröffnung der ersten Eisenbahnstrecke.

England wird „die Werkstatt der Welt"

In den 100 Jahren nach der Erfindung der Dampfmaschine durch James Watt ging Großbritannien als erstes Land den Weg der Industrialisierung und wurde zur „Werkstatt der Welt". Dadurch bekam es eine *wirtschaftliche und politische Vormachtstellung* und stieg zum Weltreich („British Empire") auf (vgl. S. 252 ff.).

Industrielle Revolution: Der Begriff bezeichnet die Anfangsphase der Industrialisierung, eines sich beschleunigenden Prozesses, der die vorherrschende landwirtschaftliche Produktionsweise ablöste und der von England ausgehend inzwischen fast alle Länder der Erde erfaßt hat und bis heute nicht abgeschlossen ist.

Fabrik (lat.: fabrica): Die für die Industrialisierung typische Produktionsstätte. In der vorindustriellen Zeit wurden gewerbliche Güter überwiegend in der Werkstatt des *Handwerkers* hergestellt. In gewerblich entwickelten Ballungszentren entstanden größere Produktions- und Vertriebseinheiten, in denen ein *Verleger* eine große Zahl von Heimarbeitern für sich arbeiten ließ und deren Produkte im offenen Handel vertrieb. Das galt besonders für die Textilindustrie. Im 17. Jahrhundert entstanden mehr und mehr *Manufakturen*, d.h. Betriebe, in denen Waren in größerer Stückzahl hergestellt werden konnten, weil die Arbeiter auf Teile des Herstellungsprozesses spezialisiert wurden *(Arbeitsteilung)*. Das Bestreben nach weiterer Beschleunigung führte zur Konstruktion und Verwendung von arbeitssparenden Maschinen und schließlich der Dampfmaschine als Antriebskraft. Solche Werkstätten, Fabriken genannt, wurden die für die Industrialisierung typischen Produktionsstätten, mit denen eine neue soziale Gruppe, die Fabrikarbeiterschaft, entstand.

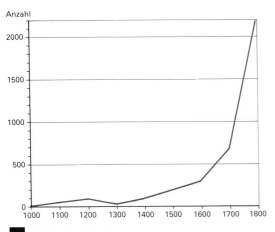

Anzahl

2   Zahl der Erfindungen

3   Wirtschaftliches Wachstum
in Großbritannien

Kohleförderung in Mio. t		Eisenproduktion in Mio. t	
1770	6,2	1806	0,25
1816	16,0	1835	1,0
1856	56,0	1855	3,2

(Nach: W. Köllmann, Die industrielle Revolution, Stuttgart 1980, S. 19, Nr. 16a)

4   Baumwollverarbeitung in England
von 1750 bis 1899 (in 1000 £ jährlich)

1750–59	2 820
1770–79	4 797
1790–99	28 645
1810–19	96 339
1830–39	302 000
1850–59	759 000
1870–79	1 244 000
1890–99	1 556 000

(Nach: Peter Mathias, The first industrial Nation, London 1969, S. 486)

5   Die industrielle Produktion (in Mio. £)

	1780	1820	1860	1888
GB	177	290	577	870
F	147	220	380	485
D	50	85	310	583
USA	15	55	392	1443

(Nach: M. G. McMullhall, The Dictionary of Statistics, London 1892)

6   Ein erfolgreicher Unternehmer
Lebenslauf des John Marshall, eines führenden Textilherstellers im frühen 19. Jahrhundert:

1765 J. Marshall in Leeds als Sohn eines Tuchhändlers geboren.

1787 Er erbt das Geschäft seines Vaters und steigt auch ins Flachsgeschäft ein.

1788 Marshall gewinnt zwei Partner und pachtet eine mit Wasserkraft betriebene Fabrik; er arbeitet mit Spinnmaschinen und dem Cartwrightschen Webstuhl. Sein Mechaniker Murray verbessert die Spinnmaschinen und erfindet eine Flachskrempelmaschine, die Marshall erfolgreich benutzt. Damit ebnet er den Weg für Marshalls Erfolg.

1793 Wirtschaftskrise durch den Beginn des Krieges gegen Frankreich. Marshall löst seine wirtschaftlichen Verbindungen mit seinen Partnern. Er profitiert vom Nachlassen der Garnimporte vom Kontinent infolge des Krieges und vergrößert seinen Betrieb. Zwei Wollhändler stellen Kapital zur Verfügung gegen die Hälfte seiner Gewinne.

1795 Marshall baut eine zweite Fabrik, ausgestattet mit einer Wattschen Dampfmaschine. Fünf Monate später brennt sie nieder. Während ihres Wiederaufbaus betreibt Marshall eine Bleichanlage.

1803 Marshall und seine Partner besitzen die größte Tuchfabrik in England mit 1000 Arbeitern und 7000 Spindeln.

1805 Marshall zahlt seine Partner aus und vergrößert seinen Flachsbetrieb.

1815 John Marshall ist der bedeutendste Tuchfabrikant in England. Er zieht sich aus der Betriebsleitung zurück, bemüht sich um öffentliche Ämter und lebt als Gentleman im Lake District.

7   Religiöse Rechtfertigung
Der calvinistische Theologe Richard Baxter schrieb im 17. Jahrhundert:

„Wenn Gott Euch einen Weg zeigt, auf dem Ihr ohne Schaden für Eure Seele oder für andere in gesetzmäßiger Weise mehr gewinnen könnt als auf einem anderen Wege, und Ihr dies zurückweist und den minder gewinnbringenden Weg 5 verfolgt, dann kreuzt Ihr einen der Zwecke Eurer Berufung. Ihr weigert Euch, Gottes Verwalter zu sein und seine Gaben anzunehmen, um sie für ihn gebrauchen zu können, wenn er es verlangen sollte. Nicht freilich für Zwecke 10 der Fleischeslust und Sünde, wohl aber für Gott dürft Ihr arbeiten, um reich zu sein."
(Nach: Max Weber, Askese und Kapitalistischer Geist, in: Gesammelte Aufsätze zur Religionssoziologie, Tübingen 1972, S. 167ff.)

8 ▲ <u>Englisches Kohlebergwerk</u> am Ende des 18. Jahrhunderts. (Gemälde um 1790, anonym)

9 Wirtschaftsliberalismus

Adam Smith schrieb 1776:

„Da nun aber der Zweck jeder Kapitalanlage Gewinnerzielung ist, so wenden sich die Kapitalien den rentabelsten Anlagen zu, d.h. denjeni-
5 gen, in denen die höchsten Gewinne erzielt werden. Indirekt wird aber auf diese Weise auch die Produktivität der Volkswirtschaft am besten gefördert. Jeder glaubt, nur sein eigenes Interesse im Auge zu haben, tatsächlich aber erfährt so
10 indirekt auch das Gesamtwohl der Volkswirtschaft die beste Förderung ...
Welche Kapitalanlage wirklich die vorteilhafteste ist, das kann jeder Einzelne besser beurteilen, als etwa der Staat. Das natürliche Bestreben
15 jedes Menschen, seine Lage zu verbessern, ist, wenn er sich mit Freiheit ... geltend machen darf, ein so mächtiges Prinzip, daß es nicht nur allein und ohne alle Hilfe die Gesellschaft zum Wohlstand und Reichtum führt, sondern auch
20 hundert unverschämte Hindernisse überwindet, mit denen die Torheit menschlicher Gesetze es nur allzuoft zu hemmen suchte."
(A. Smith, Untersuchungen über Natur und Ursache des Wohlstandes der Nationen, London
25 1776; dt. v. F. Grünefeld, Bd. 1, Jena 1923, S. 18 ff.)

10 ▼ <u>Kanalbau.</u> Francis Egerton, Herzog von Bridgewater, veranlaßte 1759 den Bau eines Kanals von seinem Kohlebergwerk in Worsley nach Manchester (10 km), der den Fluß Irwell kreuzte.

160

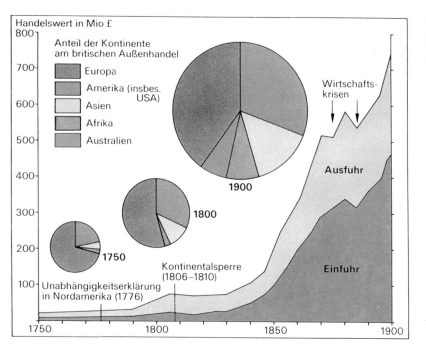

Handelswert in Mio £

Anteil der Kontinente am britischen Außenhandel
Europa
Amerika (insbes. USA)
Asien
Afrika
Australien

Wirtschaftskrisen

Ausfuhr

1900

1800

1750

Kontinentalsperre (1806–1810)

Unabhängigkeitserklärung in Nordamerika (1776)

Einfuhr

11 Die Entwicklung des britischen Außenhandels von 1750 bis 1900. Die Kreisdiagramme zeigen, wie sich der Anteil der Kontinente am britischen Außenhandel veränderte.

12 Unternehmer nutzen Erfindungen

Der Unternehmer Matthew Boulton schrieb 1769 an Watt:

„Zwei Motive begeistern mich, Ihnen meine Hilfe anzubieten, und zwar meine Zuneigung zu Ihnen und zu einem lukrativen, sinnvollen Projekt. Um den größtmöglichen Gewinn zu erzielen, dachte ich, eine Fabrik in der Nähe der meinen zu errichten, an meinem Kanal, wo ich alle für die Herstellung von Maschinen notwendigen Einrichtungen erstellen würde und von wo aus wir die ganze Welt mit Maschinen aller Größe versorgen könnten. Ich finde es nicht lohnend, nur für drei Grafschaften zu produzieren, wohl aber, die ganze Welt zu beliefern."

(Nach: Braun u. a. [Hrsg.], Industrielle Revolution. Wirtschaftliche Aspekte, Köln 1972, S. 143)

a) Welche Informationen gibt die Bildfolge auf Seite 151 zum Thema Mensch und Arbeit im Wandel? Vergleiche sie mit M 2–4 auf Seite 159.
b) Wie alt war Marshall in jedem der angegebenen Jahre? (M 6) – Wie zeigte sich bei ihm die calvinistische Wirtschaftsgesinnung? (M 7; Frage c)
c) Die christliche Lehre sah im Reichtum bisher vor allem eine Versuchung. Wie sollte sich nach Baxter der Christ gegenüber dem Gewinnstreben verhalten? Wie durfte er seinen Gewinn verwenden? (M 7)
d) Inwiefern entsprach die Lehre von Adam Smith den Interessen der calvinistischen Kaufleute in England? Gegen welche Wirtschaftsordnung richtet sich der letzte Satz des Zitates? (M 9)
e) Eine Dampfmaschine betreibt den Fahrstuhl im Schacht und die Pumpe. (M 8) – Erläutere ihre Arbeitsweise. Welche Transportmöglichkeiten siehst Du?
f) Welchen Nutzen konnten Watt und Boulton aus ihrer Verbindung ziehen? (M 12) – Welche Einstellung wird aus dem letzten Satz deutlich?
g) Stelle die aus diesem und dem vorigen Kapitel ersichtlichen Faktoren zusammen, die dazu führten, daß das Industriezeitalter in England begann.

Arbeitsvorschläge und Fragen

3. Deutschland auf dem Wege zur Industrialisierung

Seit etwa 1800 —— In der Zeit nach der Französischen Revolution werden in Deutschland u. a. durch Reformen der Landwirtschaft und des städtischen Gewerbes allmählich Voraussetzungen für die Industrialisierung geschaffen.

Deutschland ein Entwicklungsland?

Jedes Land hat andere Bedingungen, die den Beginn und Verlauf der Industrialisierung beeinflussen. Heute nennt man Länder, die in ihrer wirtschaftlichen und technischen Entwicklung hinter den Industrieländern zurück sind, Entwicklungsländer, wenn sie mit der Industrialisierung gerade beginnen, Schwellenländer. Gemessen an England hätte man Deutschland Anfang des 19. Jahrhunderts ein *Entwicklungs-* oder *Schwellenland* nennen können.

Ursachen der Rückständigkeit Deutschlands

Gelegentlich wurde damals die Meinung geäußert, die Deutschen seien für die Industrialisierung nicht genügend begabt. Man meinte, den Rückstand gegenüber England aber auch Frankreich anders nicht erklären zu können. Die weitere technische und wirtschaftliche Entwicklung Deutschlands hat die Vermutung widerlegt. Der Grund für den Rückstand Deutschlands konnte also nicht in der *Begabung* der Deutschen gelegen haben; die *Bedingungen für eine Industrialisierung* mußten weniger günstig gewesen sein als in Großbritannien.

In den Monarchien des Kontinents, vor allem in Frankreich und Preußen, stand das Interesse des Staates über dem der Kaufleute, die wenig Einfluß auf die Politik ihres absolut regierenden Monarchen hatten. Ziel der *merkantilistischen Wirtschaftspolitik* war es in erster Linie, die Kassen des Staates zu füllen. Es hatte sich noch nicht die Einsicht durchgesetzt, daß freier Wettbewerb und Handel wirtschaftliches Wachstum fördern.

Voraussetzungen, die in England schon existierten, mußten in Deutschland erst geschaffen werden: Die Gesellschaft mußte von den *Fesseln ständischer Ordnung* befreit werden, so daß das Interesse des Staatsbürgers in Stadt und Land geweckt wurde, seine Wirtschaftsleistung zu steigern. *Hörigkeit* auf dem Lande, *Zunftzwang* in der Stadt, geringe Möglichkeit, seine Stellung in der Gesellschaft zum Besseren zu verändern: Solche Lebensverhältnisse förderten das Interesse nicht.

Das Vorbild lockt

Auch in Deutschland hatte man durch Reisende von der Erfindung der Dampfmaschine sowie der neuen Web- und Spinnmaschinen gehört oder davon gelesen. Aber nur vereinzelt wurden englische Maschinen nach Deutschland gebracht, denn selten gab es Unternehmer, die sie einführen wollten.

Die „Bauernbefreiung – Beseitigung alter Bindungen"

In *Großbritannien* war die *Landwirtschaft modernisiert* worden. In Frankreich hatte die *Französische Revolution* die Bauern und Bürger von alten Begrenzungen befreit. In den von den Franzosen 1795 besetzten Gebieten Deutschlands westlich des Rheins und in den Staaten des *Rheinbundes* wurden die *Rechte der Grundherren* durch den *Code civil* entschädigungslos *aufgehoben*. Auch in den anderen Teilen Deutschlands, z. B. in Preußen, waren seit Beginn des 18. Jahrhunderts von den monarchischen Regierungen einzelne Reformen unternommen worden, um mittelalterliche Bindungen zu beseitigen. Dennoch waren die *Verhältnisse auf dem Lande*, verglichen mit England oder Frankreich, *rückständig*.

Die Niederlage, die Napoleon der preußischen Armee 1806 beibrachte, löste die *Reformen in Preußen* aus, die die gesellschaftliche Voraussetzung für die Industrialisierung schufen.

1 <u>Eine Burg als Fabrik.</u> In leerstehenden Gebäuden wurden die ersten „mechanischen Werkstätten" eingerichtet. 1819 erwarben Unternehmer die Burg Wetter, um eine Maschinenfabrik aufzubauen. Friedrich Harkort übernahm die Leitung. (Gemälde von A. Rethel, 1835)

In der vorindustriellen Gesellschaft galt Konkurrenz zwischen Geschäftsleuten überwiegend als unmoralisch. Seit dem Mittelalter hatten Zünfte und Innungen den *Konkurrenzkampf zu* verhindern versucht, um dem einzelnen Handwerker sein Auskommen zu sichern. Napoleon hatte mit der Besetzung von Teilen Deutschlands die Ideen der Französischen Revolution verbreiten helfen. Seitdem setzte sich bei vielen Regierungen deutscher Staaten die Meinung durch, daß *Wettbewerb* wirtschaftliches *Wachstum* fördere und damit der *Macht eines Staates* zugute komme.

Gewerbefreiheit bringt Wettbewerb

Ein erster Schritt dazu war in Preußen die Einführung der *Gewerbefreiheit* 1807 und 1811. Der *Zunftzwang* wurde aufgehoben, d. h. die Zünfte konnten niemanden mehr daran hindern, sich als Handwerker niederzulassen, sein Geschäft auszudehnen, Preise und Löhne so festzusetzen wie er wollte und konnte. Weitere Gesetzesmaßnahmen sollten die Aktivitäten des Bürgers anreizen. 1808 führte die *Städteordnung* weitgehende Selbstverwaltung ein. 1812 wurden die noch immer benachteiligten *Juden* allen anderen Staatsbürgern in Rechten und Pflichten *gleichgestellt.* (Vgl. zu den preußischen Reformen S. 93 ff.)

Wer eine Fabrik, vor allem eine Maschinenfabrik, errichten wollte, stand in Deutschland in den ersten Jahrzehnten des 19. Jahrhunderts vor großen Schwierigkeiten. Außer Erfahrung, Facharbeitern und Werkzeug fehlte vor allem das Kapital (Geld, Anlagen, wie z. B. Maschinen), um die verlustreiche Zeit des Aufbaus zu überstehen. Auch war der Anfang erschwert, weil weder Geldgeber noch Käufer großes Vertrauen in deutsche Unternehmen hatten und die bewährten englischen Industriewaren vorzogen.

Der Staat hilft

Viele neugegründete Firmen konnten nur bestehen, weil *Regierungen* sie auf vielerlei Weise förderten. Sie liehen ihnen *Geld zu niedrigem Zins*, sie liehen ihnen *Maschinen*, die z.B. in Preußen nach sechsjährigem Gebrauch in das Eigentum der Besitzer übergingen; sie stellten neue Maschinen zur allgemeinen Information aus; sie befreiten Unternehmen von *Einfuhrzöllen*; sie finanzierten Reisen zum *Studium* ausländischer Industrieanlagen.

Die Regierungen gründeten auch *Gewerbeschulen* zur Ausbildung von Technikern. Seit 1900 war die *Realschule* (heute: math.-naturwissenschaftliches Gymnasium) voll anerkannt, so daß man an diesen Schulen das Abitur ohne Latein ablegen konnte.

Zwischen 1821 und 1831 wurden die Vorläufer folgender *Technischer Hochschulen* gegründet: Berlin, Karlsruhe, München, Dresden, Stuttgart, Darmstadt, Hannover.

1815 stellte die preußische Regierung Erfindungen als geistiges Eigentum durch ein *Patentrecht* unter besonderen Schutz.

Gewerbefreiheit: Das Recht des Bürgers, ohne Rücksicht auf Stand oder Herkunft, eine Firma zu gründen oder ein Geschäft aufzumachen und innerhalb eines weiten gesetzlichen Rahmens zu produzieren und zu verkaufen, was er will, wo er will, wieviel er will, zu welchem Preis er will. Die Gewerbefreiheit wurde in Deutschland erst 1869 voll verwirklicht.

Agrarreform: Eine durch staatliche Gesetze herbeigeführte Änderung der Besitzverhältnisse in der Landwirtschaft: z.B. werden Landarbeiter, Pächter oder Hörige zu Eigentümern des Bodens, den sie selbst bearbeiten; damit soll ihr Interesse an einer Ertragssteigerung angeregt werden.

---

2 Vor der Agrarreform

Der preußische Gelehrte J. H. G. von Justi untersuchte 1761 die Gründe für die Rückständigkeit der Landwirtschaft:

„Als ... Hindernis wirkt der Umstand, daß die Bauern in vielen deutschen Ländern nicht einmal Besitzer ihres Gutes sind ... Wie soll unter solchen Verhältnissen die Landwirtschaft vor-
5 wärts kommen? Ein jeder weiß, daß nur das eigene Interesse die Triebfeder des Fleißes ist, und wenn das fehlt, so kann man nur verdrossene und schlechte Arbeit erwarten.

Ganz dieselbe Bewandtnis hat es mit dem ...
10 Fronwesen ... Durch das Fronen wird der Bauer abgehalten, sein eigenes Gut gehörig zu bebauen und zu bestellen ... Wollte man zu diesen ... Hindernissen noch andere fügen, so könnte man noch viele anführen, denn die Bedrückung der
15 Bauern ist groß. Da gibt es noch Jagddienste, Hoffuhren, Vorspannen, Kriegsfuhren, Mißbrauch der Gutsgerichtsbarkeit und dergleichen, die alle den Aufschwung der Landwirtschaft erschweren ..."

(Nach: W. Conze, Quellen zur Geschichte der deutschen Bauernbefreiung, Göttingen 1957, S. 43 ff.)

3 Die Ziele der Reform

In seiner Denkschrift sagt v. Hardenberg 1807 zusammenfassend:

„Jede Stelle im Staat, ohne Ausnahme, sei nicht dieser oder jener Kaste, sondern dem Verdienst und der Geschicklichkeit und Fähigkeit aus allen Ständen offen. Jede sei der Gegenstand allgemeinen Wettbewerbs, und bei keinem, er sei noch so klein, noch so geringe, töte der Gedanke das Bestreben: dahin kannst du bei dem regsten Eifer, bei der größten Tätigkeit, dich fähig dazu zu machen, doch nie gelangen. Keine Kraft werde im Emporstreben zum Guten gehemmt!"

„Das alleinige Vorrecht des Adels zu dem Besitz der sogenannten Rittergüter ist, ... so schädlich und so wenig mehr für unsere Zeiten ... passend, daß die Aufhebung desselben durchaus notwendig ist sowie die aller übrigen Vorzüge [Vorrechte], welche die Gesetze bisher bloß dem Edelmann als Gutsbesitzer beilegten ...

Der zahlreichste und wichtigste, bisher allerdings am mehrsten vernachlässigte und gedrückte Stand im Staat, der Bauernstand, muß ... ein vorzüglicher Gegenstand seiner Sorgfalt werden. Die Aufhebung der Erbuntertänigkeit müßte durch ein Gesetz kurz und gut und so-

gleich verfügt werden. Ebenso wären die Gesetze zu widerrufen, wodurch der Bauer verhindert wird, aus dem bäuerlichen Stande herauszutreten."
(Rigaer Denkschrift 1807, in: W. Conze, Die preußische Reform, Stuttgart ⁴1966, S. 16)

4 Steigerung landwirtschaftlicher Produktion nach der Reform
Weizenerträge in dz/ha:

1800	10,3
1860	13,0
1895	16,9

Zunahme an Ackerland in Mio. ha:

	Preuß. Nordosten	Schlesien
1815	3,20	1,29
1864	8,24	2,18

Rübenzuckerproduktion des Deutschen Zollvereins:

	Rüben (tsd. Ztr.)	Zuckerverbrauch (Pfd. je Einw.)
1836/37	28	4,09
1856/57	2072	7,71
1866/67	4025	9,55

Schlachtgewicht von Ochsen in kg:

1800	164
1848	259

5 Das Vorbild lockt
Aus dem Gesuch eines Unternehmers an den bayerischen Kurfürsten und Herzog von Jülich, Cleve und Berg 1783:
„Durch beträchtlichen Kostenaufwand erfuhr ich endlich, daß in England die Baumwolle durch Handmaschinen und Wassermühlen gesponnen wird, durch welche der Faden eine ... vollkommene Gleichheit und Kraft erhielte ... Ich gab mir daher alle Mühe, eine solche Mühle oder wenigstens deren Modell zu bekommen, allein ich konnte niemand ausfindig machen, welcher mir eine derartige Mühle überschickte, indem das Parlament [in Westminster] die Ausführungen derselben sowohl als auch deren Arbeiter unter der schwersten Strafe verboten hatte. ... Durch neuen Kostenaufwand und

große Gefahr wurde mir endlich vor zwei Jahren eine Kratzmaschine verschafft, welche die ₁₅ Baumwolle reinigt und säubert ... da durch diese Anlage Höchstdero Stadt Ratingen und das ganze Amt die größten Vorteile ziehet ..., da diese Mühlen ... den Grund zu neuen Fabriken von baumwollenen Mützen, Strümpfen, Man- ₂₀ chester, Barchent, Kattun ... und Musselin legen ... welche Höchstdero Staatskasse bereichern und vielen tausend Menschen eine neue Quelle zum Unterhalt eröffnen ... so bitte ich Ew. Kurfürstliche Durchlaucht ... mir ein aus- ₂₅ schließliches Privilegium in Höchstdero Herzogtümer Jülich und Berg auf 40 Jahre mildest zu erteilen ..."
(Nach: K.-H. Ludwig, Der Aufstieg der Technik im 19. Jahrhundert, Stuttgart 1974, S. 10f.)

6 Dampfmaschine im Eigenbau?
1801 fragte sich der Tischler und Mechaniker Franz Dinnendahl, ob er nicht selbst eine Dampfmaschine bauen könne. Bei seinen ersten Versuchen stieß er auf große Schwierigkeiten:
„Das ganze Personal am Märkischen Bergamte ..., selbst fremde Bergleute, welche Dampf-Maschinen zu sehen Gelegenheit gehabt hatten, zweifelten daran, daß ich ein solches Werk zustande bringen werde. Einige schwuren gerade- ₅ zu, daß es unmöglich sei; und andere prophezei-

7 Beginn und Verlauf der Industrialisierung in verschiedenen Ländern

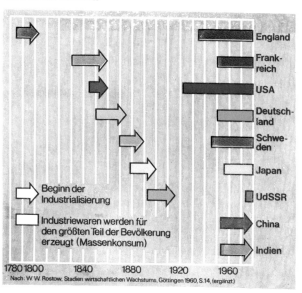

Nach: W. W. Rostow, Stadien wirtschaftlichen Wachstums, Göttingen 1960, S.14, (ergänzt)

8 Schmiede und Schlosserei in Deutschland in der ersten Hälfte des 19. Jahrhunderts. (Stich aus dem Jahre 1835)

ten mir, weil es mir als gemeinen Handwerker jetzt wohl ging, meinen Untergang, weil ich mich in Dinge einließ, die über meine Sphäre
10 hinausgingen … Freilich war es ein wichtiges Unternehmen, besonders, weil in der hiesigen Gegend nicht einmal ein Schmied war, der imstande gewesen wäre, eine ordentliche Schraube zu machen, geschweige andere zur Maschine ge-
15 hörige Schmiedeteile als Steuerung, Zylinderstange und Kessel-Arbeit … hätte verfertigen können oder Bohren und Drechseln verstanden hätte … Indessen schmiedete ich fast die ganze Maschine mit der Hand, selbst den Kessel, so
20 daß ich 1–1½ Jahre fast nichts anderes als Schmiedearbeiten verfertigt und ersetzte also den Mangel an Arbeitern der Art selbst …"
(F. Dinnendahl, Selbstbiographie, in: Treue, Pönicke, Manegold, Quellen zur Geschicht der industriellen Revolution, Göttingen 1966, S. 52)

9 „Das Geschäft ist meine Kirche"
Aus dem zweiten Drittel des 19. Jahrhunderts schilderte der Schriftsteller Karl Scheffler einen Malermeister, der Unternehmer wurde:
„Es wurde … im Dorf und in der Stadt, vor allem von den anderen Malermeistern, viel über das Glück von Onkel Jochen gesprochen. Dieser aber geriet in Erregung, wenn er solche Reden
5 hörte; er wollte nichts dem Glück, sondern alles

seiner Tüchtigkeit verdanken. Er hätte eben nicht, sagte er, wie seine neidischen Kollegen in den Wirtschaften die Zeit versessen und träge auf den Erfolg gewartet. Er wies … mit einiger Selbstgerechtigkeit auf den Umstand hin, daß die Arbeit seine einzige Leidenschaft sei …
Bei Familienfesten erschien er erst spät, von den Verwandten etwas theatralisch bedauert wegen seiner Arbeitslast, was er geschmeichelt anhörte; sonntags saß er bis tief in den Nachmittag hinein im Kontor, Reisen oder Vergnügungen kannte er nicht. Er hatte jene Leidenschaft zur Arbeit, die damals aufkam und die aus der geschäftlichen Tüchtigkeit etwas Moralisches, fast etwas Religiöses machte.
,Ich brauche keine Kirche', sagte Onkel Jochen, ,das Geschäft ist meine Kirche.' Seine Tätigkeit nahm, ohne daß die handwerkliche Arbeit darunter litt, Züge eines Großunternehmens an; es mußte kaufmännisch geführt werden."
(K. Scheffler, Der junge Tobias, in: W. Fischer, Quellen zur Geschichte des deutschen Handwerks, Göttingen 1957, S. 155f.)

10 Wachstum durch Konkurrenz
Die Einstellung, die bei Onkel Jochen (vgl. M 9) zu beobachten war, führte zu Wachstum und Vergrößerung. Die Auswirkungen schilderte wiederum Karl Scheffler:

11 „Das Geschäft ist meine Kirche." (vgl. M 9) – Einzelhandelsgeschäft und Friseursalon in Berlin. (Foto, um 1900)

„Die Konkurrenz wurde scharf. Wo bisher zwei oder drei Handwerksmeister ein bequemes Auskommen gefunden hatten, da erschienen drei, vier neue Konkurrenten, die von der beginnenden Bautätigkeit angelockt wurden. Sie unterboten sich gegenseitig und führten Geschäftspraktiken ein, die den Handwerkern im Dorfe bisher fremd gewesen waren. Das Tempo, das jetzt in die Geschäfte kam, war den alten Handwerksmeistern und Ladenbesitzern zu schnell, und die Mittel, womit neue Erwerbsmöglichkeiten gesucht und benutzt wurden, waren ihnen zu unbedenklich. Sie mußten vor dem Unternehmer zurückstehen. Es kam die Zeit, wo die einfachen Schaufenster der Läden nicht mehr genügten, wo breite Auslagen mit stattlichen Spiegelscheiben ausgebrochen wurden und wo neben den Waren des täglichen Gebrauchs fremdartige Luxusartikel erschienen." (K. Scheffler, a. a. O., S. 228)

Arbeitsvorschläge und Fragen

a) Inwiefern waren die preußischen Reformen Voraussetzungen für die Industrielle Revolution in Deutschland? Welche gesellschaftlichen Gruppen waren wohl gegen diese Reform? (M 2 und 3)

b) Warum hatte das englische Parlament die Ausfuhr von Maschinen und Facharbeitern verboten? (M 5) – Womit wollte der Fabrikant den Kurfürsten überzeugen? Woran erkennst Du, daß es noch keine Gewerbefreiheit gab?

c) Das Märkische Bergamt verwaltete die Bergwerke in der Grafschaft Mark an der Ruhr. Auf welchen Entwicklungsstand des Ruhrgebietes läßt der Text M 6 schließen? Vergleiche das Bild M 1 mit den Angaben in M 6.

d) Inwiefern kennzeichnet Onkel Jochens Einstellung die neue Zeit? (M 9)

e) Wie wirkte sich die neue Entwicklung auf die alten Handwerksmeister und Ladenbesitzer aus? Wie auf die Verbraucher (Preise, Angebot)? (M 10)

f) Warum waren die Regierungen daran interessiert, Unternehmer zu fördern? Zeige, wie die im Text (S. 164) genannten Fördermaßnahmen dem Unternehmer jeweils nützten. Auch heute wird Industrieansiedlung gefördert. Suche Beispiele.

g) Nenne eine weiterführende Schule in Eurer Gegend, die im 19. Jahrhundert gegründet wurde. Wie hieß sie früher?

4. Zollverein und Eisenbahn: „Siamesische Zwillinge"

| 1834 | 18 Bundesstaaten schließen sich zum Deutschen Zollverein zusammen. |
| 1835 | Die erste deutsche Eisenbahn von Nürnberg nach Fürth wird eröffnet. |

Zollgrenzen hindern die Entwicklung

Fast jeder Staat des Deutschen Bundes hatte andere *Münzen*, viele hatten verschiedene *Maße* und *Gewichte*. An jeder Grenze wurde *Zoll* erhoben. Umständlich und kostspielig waren deshalb Handel und Verkehr. *Friedrich List* aus Reutlingen, Professor der Staatsverwaltungspraxis an der Universität Tübingen, wurde zum Vorkämpfer eines *Deutschen Zollvereins*, d.h. eines einheitlichen deutschen Zollgebietes. Wegen seiner Forderung nach demokratischer Reform wurde er verurteilt, eingesperrt und im Jahre 1825 zur Auswanderung in die USA gezwungen. Als List fünf Jahre später aus den USA zurückkehrte, hatte die preußische Regierung Lists Gedanken zum Ziel ihrer Politik gemacht.

Deutscher Zollverein

Trotz Schwierigkeiten schlossen sich bis zum 1. Januar 1834 insgesamt *18 Bundesstaaten* zum *Deutschen Zollverein* zusammen. In der Silvesternacht 1833 standen lange Schlangen von Wagen vor den Schlagbäumen. „Als die Mitternachtsstunde dröhnte, öffneten sich", wie es in einer Zeitungsmeldung hieß, „die Schlagbäume, und unter lautem Jubel eilten die Wagenzüge über die Grenze, die sie künftig mit voller Freiheit überschreiten durften." Die noch fehlenden deutschen Staaten folgten nach und nach, als letzter Hamburg 1888.

Die Eisenbahn

Eisenbahnen waren als Transportmittel eine Voraussetzung für die Industrialisierung in Deutschland, denn die bis 1834 vorhandenen *Straßen* und *Wasserwege* reichten für eine industrielle Entwicklung nicht aus. Hier konnte, anders als in England oder Frankreich, die Industrialisierung erst mit dem Bau eines Eisenbahnnetzes vorankommen.

Der Bau der Eisenbahnen ließ auch eine eigene *Wachstumsindustrie* entstehen. Schienen, Lokomotiven, Wagen mußten gebaut werden. Strecken waren zu trassieren, Tunnel zu graben, Brücken zu errichten. Jahrzehntelang gingen immer neue und immer größere *Aufträge* an Hunderte von Firmen, von denen viele erst durch den Eisenbahnbau entstanden waren.

Die umfangreichen Projekte erforderten hohe *Investitionen*. Das notwendige Kapital konnte nicht von einzelnen Unternehmern aufgebracht werden. Deshalb wurden zum Eisenbahnbau *Aktiengesellschaften* gegründet, bei denen viele Kapitalgeber Geld zusammenlegten. Jeder Geldgeber erhielt Aktien, die ihm entsprechend seinem eingezahlten Anteil eine jährliche Gewinnbeteiligung (Dividende) garantierten. Aktien waren verkäuflich und wurden wie heute auch an der Börse gehandelt. *Eisenbahnaktien* versprachen hohe Gewinne und fanden reißenden Absatz. Ein großer Teil der Gewinne floß belebend in die Wirtschaft.

Zollgrenzen: Zölle dienten früher in erster Linie dazu, die Kassen des Staates zu füllen. Daher gab es Einfuhr- und Ausfuhrzölle. Seit der Industrialisierung sollen Zölle in erster Linie die Einfuhr bestimmter Waren verteuern, um heimische Industrien oder die Landwirtschaft vor ausländischer Konkurrenz zu schützen (Schutzzoll). Länder mit stärkerer Exportindustrie befürworten meist eine Aufhebung oder Senkung der Zölle. Die Abschaffung von Binnenzöllen, wie im Deutschen Zollverein oder der Europäischen Gemeinschaft heute, setzt die Schaffung eines gemeinsamen Außenzolles voraus.

„Sie sehen, Herr Gränzwächter, daß ich nix zu verzolle hab', denn was hinte auf'm Wagen ist, hat die Lippische Gränz noch nit überschritten, in der Mitt' ist nix, und was vorn dräut is, ist schon wieder über der Lippischen Gränze drüben."

1 „Gränzverlegenheit", eine zeitgenössische Karikatur (1834) auf die Zollverhältnisse in Deutschland.

2 Zollgrenzen hindern Entwicklung

1819 beschrieb der Professor der Staatsverwaltungspraxis Friedrich List den wirtschaftlichen Zustand:

„Achtunddreißig Zoll- und Mautlinien in Deutschland lähmen den Verkehr im Innern und bringen ungefähr dieselbe Wirkung hervor, wie wenn jedes Glied des menschlichen Körpers unterbunden wird, damit das Blut ja nicht in ein anderes überfließe. Um von Hamburg nach Österreich, von Berlin in die Schweiz zu handeln, hat man zehn Staaten zu durchschneiden, zehn Zoll- und Mautordnungen zu studieren, zehnmal Durchgangszoll zu bezahlen … Trostlos ist dieser Zustand für Männer, welche wirken und handeln möchten: mit neidischen Blicken sehen sie hinüber über den Rhein, wo ein großes Volk vom Kanal bis an das Mittelländische Meer, vom Rhein bis an die Pyrenäen, von der Grenze Hollands bis Italien auf freien Flüssen und offenen Landstraßen Handel treibt, ohne einem Mautner zu begegnen."
(Nach: Fr. List, Schriften, Reden und Briefe, hrsg. v. K. Goeser und W. v. Sonntag, Bd. I, Aalen 1971, S. 492 f.)

3 Eisenbahnbau: hohe Erwartungen

3a Der rheinische Unternehmer Friedrich Harkort schrieb 1825 einen Bericht über die in Deutschland noch unbekannten Eisenbahnen:
„Durch die rasche und wohlfeile Fortschaffung der Güter wird der Wohlstand eines Landes bedeutend vermehrt … Größere Vorteile wie die bisherigen Mittel scheinen Eisenbahnen zu bieten. In England sind bereits zu diesem Behuf 5 über 150 Millionen Preußische Taler gezeichnet [zur Verfügung gestellt] … Auch in Deutschland fängt man an, über dergleichen Dinge wenigstens zu reden …
Die Eisenbahnen werden manche Revolutionen 10 in der Handelswelt hervorbringen. …"
(Zeitschrift „Hermann", Nr. 26, 30. 3. 1825)

3b Friedrich List faßte die Erwartungen, die man an die Eisenbahn knüpfte, unmittelbar vor Eröffnung der Eisenbahnlinie Nürnberg–Fürth so zusammen:
„Was die Dampfschiffahrt für den See- und Flußverkehr, ist die Eisenbahn-Dampfwagenfahrt für den Landverkehr, ein Herkules in der Wiege, der die Völker erlösen wird von der Plage des Kriegs, der Theuerung und Hungersnoth, des National- 5 hasses und der Arbeitslosigkeit, Unwissenheit und des Schlendrians, der ihre Felder befruchten, ihre Werkstätte und Schachte beleben und auch den Niedrigsten unter ihnen Kraft verleihen wird, sich durch den Besuch fremder Länder 10 zu bilden, in entfernten Gegenden Arbeit und an

4 Die erste Eisenbahn in Deutschland. Feierliche Eröffnung der Strecke von Nürnberg nach Fürth im Jahre 1835.

fremden Heilquellen und Seegestaden Wiederherstellung ihrer Gesundheit zu suchen."
(Friedrich List, in: C. von Rotteck und C. Welcker, Staatslexikon, Bd. 4, Altona 1835, S. 650ff.)

5 Eisenbahnbau: Bedenken

5a Nicht alle begrüßten den Bau von Eisenbahnen. König Friedrich Wilhelm III. von Preußen meinte:
„Alles soll Karriere (= schnell) gehen; die Ruhe und Gemütlichkeit leidet darunter. Kann mir keine große Seligkeit davon versprechen, ein paar Stunden früher von Berlin in Potsdam zu sein."
(Nach: F. Schnabel, Deutsche Geschichte, Bd. 3, Freiburg [3]1954, S. 436)

5b Aus einer Eingabe im Königreich Hannover:
„Den Eisenbahnbau kann nur die größte Unkunde über die wahren Quellen des Nationalerwerbs anpreisen; denn die Eisenbahn wird die Einfuhr erleichtern, und die notwendige Folge wird ein noch tieferes Sinken der Korn- und Holzpreise sein. Auch wird der Verdienst der Frachtwagenführer aufhören, wie derjenige der Gastwirte, Schmiede und Radmacher ..."
(Nach: Wege der Völker, Geschichtliche Quellenhefte 8, Frankfurt/M. 1951, S. 46)

6 Deutsche Einigung durch Eisenbahnen?
1841 schrieb Friedrich List:
„Der Zollverein und das Eisenbahnsystem sind siamesische Zwillinge; zu gleicher Zeit geboren ... eines Geistes und Sinnes, unterstützen sie sich wechselseitig, streben ... nach Vereinigung der deutschen Stämme zu einer großen und gebildeten, zu einer reichen, mächtigen und unantastbaren Nation. Ohne den Zollverein wäre ein deutsches Eisenbahnsystem nie zur Sprache, geschweige denn zur Ausführung gekommen ... Das deutsche Eisenbahnsystem wirkt ... auch ... als Stärkungsmittel des Nationalgeistes; denn es vernichtet die Übel der Kleinstädterei und des provinziellen Eigendünkels und Vorurteils ..."
(F. List, Das nationale System der politischen Ökonomie, 1841, hrsg. von H. Voss, München 1942, S. 179f.)

7 Entwicklung des Eisenbahnbaues und Industrialisierung

7a Eisenbahnnetz in Preußen:

1838	33 km
1848	1000 km
1849	2500 km
1859	6827 km

(E. Deuerlein, Gesellschaft im Maschinenzeitalter, Reinbek 1970, S. 30)

7b Es verließen die Fabrik der Firma Borsig (vgl. S. 187, M 6) in Berlin:

1832 die 1. Lokomotive
1854 die 500. Lokomotive
1858 die 1000. Lokomotive

7c Zahl der Arbeiter in der Maschinenbauindustrie in Preußen:

1846 7 600
1861 27 900
1875 162 000

(F.-W. Henning, Die Industrialisierung in Deutschland 1800–1914, Paderborn 1873, S. 151)

8 Reiseerfahrungen dreier Generationen
Reisen in der Postkutschenzeit. Fanny Lewald schrieb in ihren Erinnerungen (1862):

„Im Jahre 1832 war das Reisen noch nicht so leicht als in unseren Tagen und doch nahm man es schon als einen ungemeinen Fortschritt an, daß man den Weg von Königsberg nach Berlin, der auf der Chaussee etwa achtzig Meilen lang war, in zweiundsiebzig Stunden zurücklegen konnte. Man liebte es zu erzählen, wie unsere Großväter und zum Theil auch noch unsere Väter von Königsberg bis Berlin und Leipzig vierzehn Tage unterwegs gewesen wären, wie man auf der ordinairen Post elend und eng gesessen, wie die Wagen in den Löchern des Weges stecken geblieben wären und umgeworfen hätten, wie die Passagiere unter dem Gepäck zu liegen gekommen wären, und wie gewissenhafte Familienväter ihr Testament gemacht und ihr Haus bestellt hätten, bevor sie einmal eine solche Reise unternehmen. ⁵

Dagegen war nun die pünktliche, wohlgepolsterte Schnellpost, die ihren Dienst auf den glatten Chausseen tadellos verrichtete, ein ganz ²⁰ andres Ding! Indeß man mußte doch recht frisch und kräftig sein, um zweiundsiebzig Stunden unausgesetzter Fahrt, um drei Nächte in Kleidern, ohne alle Ruhe, nicht als etwas höchst Ermüdendes zu empfinden … ²⁵

Aber die Vorstellungen von der Bequemlichkeit wechseln mit der Möglichkeit sie zu befriedigen, und es kommt vielleicht noch die Zeit, in der man es als eine große Strapaze und als etwas sehr Unangenehmes betrachten wird, mit Hun- ³⁰ derten von Menschen auf einmal, ohne alle persönliche Freiheit, als menschliches Frachtgut auf den Eisenbahnen befördert zu werden. Damals aber, als ich im Jahre 1832 meine erste Reise unter dem Schutze meines Vaters machte, ³⁵ empfand ich nichts als ein fortdauerndes Vergnügen über das Glück zu reisen und über all das Neue, das ich sah. Was aber war mir, die ich meine Vaterstadt niemals verlassen, die ich die Welt nicht weiter gesehen hatte, als in einem ⁴⁰ Umkreis von sechs Meilen, was war mir nicht neu?"

(Fanny Lewald, Meine Lebensgeschichte, Bd. II, Berlin 1862, S. 3 ff.)

a) Was für Männer, die wirken und handeln wollten, meinte List? (M 2) – Seit wann hatte Frankreich ein einheitliches Zollgebiet?

b) Welche „bisherigen Mittel" sind in M 3 a gemeint? Erläutere den letzten Satz.

c) Begründe die Erwartungen, die List in M 3 b aufzählt. – Welche Erwartungen haben sich nicht erfüllt?

d) Welchen Motiven entsprangen die Einwände in M 5 a und M 5 b?

e) Auf welche Weise stärkten Eisenbahn und Zollverein die Kräfte, die an der Entstehung eines deutschen Nationalstaats interessiert waren? (M 6)

f) Welcher Zusammenhang besteht zwischen Industrialisierung, Eisenbahnbau und Zollverein? (M 7) – Auf welchen Industriezweig könnte man den Begriff Wachstumsindustrie noch anwenden?

g) Vergleiche die Reisemöglichkeiten zur Zeit des Großvaters von Fanny Lewald, zur Zeit ihrer Kindheit und zur Zeit der Niederschrift ihrer Lebensgeschichte. (M 8) – Wann war das jeweils? – Wie weit sind ihre Erwartungen von der zukünftigen Entwicklung eingetroffen?

h) Fasse die Ursachen für den späteren Beginn der Industrialisierung in Deutschland zusammen. Inwiefern hatten die Deutschen von dem Vorsprung Englands auch einen Vorteil?

Arbeitsvorschläge und Fragen

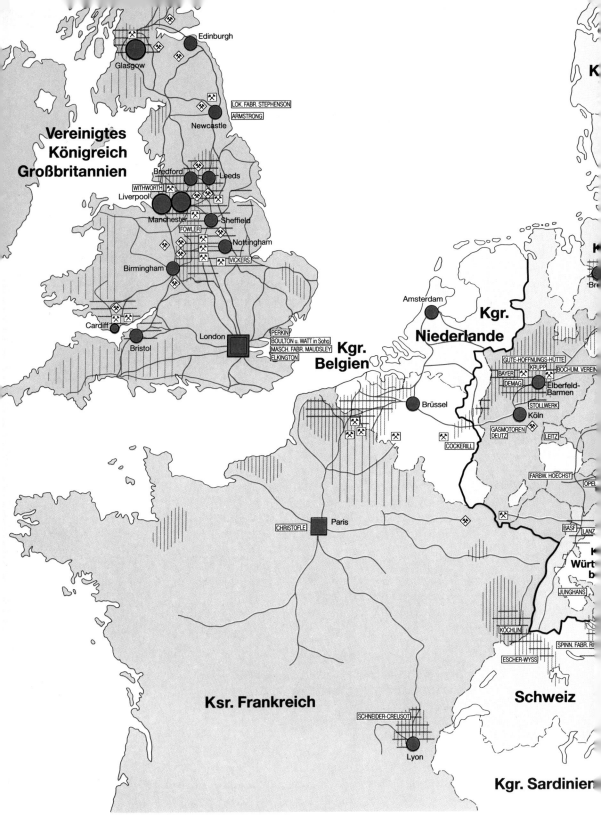

Vereinigtes
Königreich
Großbritannien

Edinburgh
Glasgow

LOK. FABR. STEPHENSON
ARMSTRONG
Newcastle

Bradford
Leeds
WITHWORTH
Liverpool
Manchester
Sheffield
FOWLER
Nottingham
VICKERS

Birmingham

Cardiff
Bristol

London
PERKIN
BOULTON u. WATT in Soho
MASCH. FABR. MAUDSLEY
ELKINGTON

Amsterdam

Kgr.
Niederlande

Kgr.
Belgien

Brüssel

GUTE-HOFFNUNGS-HÜTTE
KRUPP
BAYER   BOCHUM. VEREIN
DEMAG
Elberfeld-
Barmen
STOLLWERK
Köln
GASMOTOREN
DEUTZ
LEITZ
COCKERILL

FARBW. HOECHST
OPEL

CHRISTOFLE   Paris

BASF
LANZ

Würt
b

JUNGHANS

KÖCHLIN
SPINN. FABR. RI
ESCHER-WYSS

Ksr. Frankreich

Schweiz

SCHNEIDER-CREUSOT
Lyon

Kgr. Sardinien

9 Industrialisierung in West- und Mitteleuropa um 1850

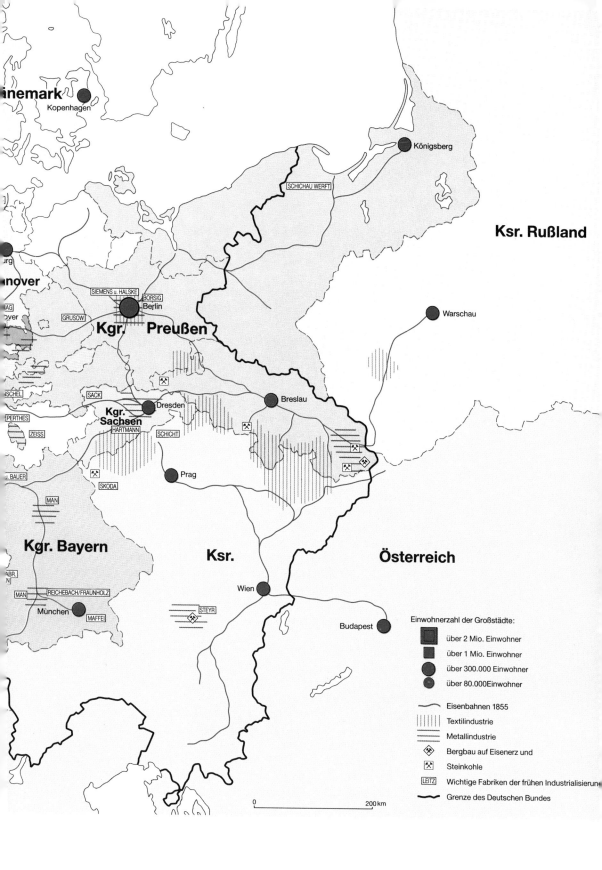

Dänemark
Kopenhagen

Königsberg

Ksr. Rußland

SCHICHAU WERFT

Hannover

SIEMENS u. HALSKE
BORSIG
Berlin

GRUSOW

Kgr. Preußen

Warschau

SACK

Kgr. Sachsen
HARTMANN
Dresden
SCHICHT

Breslau

PERTHES

ZEISS

J. BAUER

SKODA

Prag

MAN

Kgr. Bayern

Ksr.

Österreich

MAN
REICHEBACH/FRAUNHOLZ
München
MAFFEI

STEYR

Wien

Budapest

Einwohnerzahl der Großstädte:

über 2 Mio. Einwohner

über 1 Mio. Einwohner

über 300.000 Einwohner

über 80.000 Einwohner

Eisenbahnen 1855

Textilindustrie

Metallindustrie

Bergbau auf Eisenerz und

Steinkohle

LEITZ Wichtige Fabriken der frühen Industrialisierun

Grenze des Deutschen Bundes

0   200 km

173

5. Arbeitsbedingungen und Lebensverhältnisse ändern sich

1816–1910	Die Bevölkerung im Gebiet des Deutschen Reiches wächst von 25 auf 70 Millionen Menschen.
1780–1913	Der Anteil der in Fabriken und Bergwerken Arbeitenden steigt von 1 % auf 23 % aller Beschäftigten.
1820–1913	5,6 Millionen Deutsche wandern aus, vor allem in die USA.
1800–1910	Die in den 25 größten Städten wohnende Bevölkerung nimmt von 876 000 auf 2 433 000 zu.

Mehr Menschen, mehr Probleme

Bis 1850 verlief der Prozeß der Industrialisierung in Deutschland nur sehr langsam. Die Anhänger des Liberalismus setzten auf *wachsende Produktion*. Denn die schnell *steigende Zahl der Bevölkerung*, die Millionen an den Rand von Hunger und Elend drängte, ließ wachsende *Verelendung* befürchten. Jahr für Jahr suchten mehr Menschen Arbeit und Brot. Sie waren froh, wenn sie einen Arbeitsplatz fanden, gleich unter welchen Bedingungen. Viele Menschen hofften auf bessere Lebens- und Arbeitsmöglichkeiten in der Stadt und gerieten dort zunächst oft wieder in Not.

Die Lage der „arbeitenden Klassen"

Alle, die ihren Lebensunterhalt mit körperlicher Arbeit verdienten, gehörten zu den *„arbeitenden Ständen"* oder *„Klassen"*, wie man seit dem ausgehenden 18. Jahrhundert auch sagte. Noch bis zur Mitte des 19. Jahrhunderts arbeiteten die meisten *zu Hause*, d.h. auf dem eigenen Bauernhof, in der eigenen Werkstatt oder – wie die Heimweber – in der eigenen Wohnung zusammen mit Frau und Kindern. Viele lebten dabei in äußerster Armut.

Wer keine eigene Bauernstelle, Werkstatt, kein eigenes Geschäft besaß, war darauf angewiesen, seine Arbeitskraft gegen Lohn anzubieten, war lohnabhängig. Ehe Fabriken gebaut wurden, suchten die *Lohnabhängigen* als *Tagelöhner* in Stadt und Land, als *Handwerker* bei einem Meister oder in einer *Manufaktur* Arbeit und Brot. Ihr Arbeitsplatz war nicht ihre eigene Wohnung. Dennoch wurden sie oft auch am Arbeitsplatz in eine *familienähnliche Gemeinschaft* aufgenommen. Seit die wachsende Zahl dieser Lohnabhängigen *Arbeitsplätze in Fabriken* fand, gab es immer mehr Menschen, die zur Arbeit außer Hause gehen mußten.

Auch Frauen und Kinder müssen in die Fabriken

Ein Lohn reichte im allgemeinen nicht, um eine Familie am Leben zu erhalten. *Frauen und Kinder* mußten also auch das Haus verlassen und in die Fabrik zur Arbeit gehen, so wie sie früher am heimischen Webstuhl oder in der Landwirtschaft mitgearbeitet hatten.

Die Fabrikarbeiter waren allerdings *nicht alle gleich* schlecht gestellt. Je nach Ausbildung, Tätigkeit und Arbeitgeber unterschieden sich die Löhne beträchtlich, sehr viel mehr als heute.

Wir wissen nicht, wie viele die Fabrikarbeit als eine Verbesserung, wie viele sie als eine Verschlechterung gegenüber den vorindustriellen Arbeitsverhältnissen empfunden haben. Denn Fabrikarbeiter haben ihre Erfahrungen gewöhnlich nicht aufgeschrieben.

Die Fabrik – ein Ort der Qual?

Der *Arbeitsvertrag* zwischen einem Arbeiter und einem Fabrikanten wurde *rechtlich* als eine *freiwillige Abmachung* zwischen zwei Bürgern angesehen. Wer nicht 14 oder 16 Stunden am Tag arbeiten wollte, sollte es bleiben lassen.

1 Maschinen-
fabrik Maffei in
Hirschau bei Mün-
chen. Blick auf den
Lagerplatz. (Stich,
um die Jahrhun-
dertmitte)

Wenn eine Frau, die ein Kind erwartete oder stillte, der Arbeit fern blieb, brach sie den Arbeitsvertrag. Der Fabrikant konnte sie entlassen: Kinder zu bekommen war Privatsache. In den Fabriken war der *Fabrikant* alleiniger „*Gesetzgeber*". Je schärfer die Konkurrenz zwischen den Unternehmern war, desto mehr drückten die Unternehmer ihre Arbeiter. Je schärfer die Konkurrenz unter den Arbeitern um einen Arbeitsplatz war, desto wehrloser waren sie gegen die Forderungen der Unternehmer.

So hart war es in vorindustrieller Zeit am Arbeitsplatz gewöhnlich nicht zugegangen. Man hatte Pausen eingelegt und sich bei der Arbeit unterhalten. In der Fabrik nahm die *Arbeitsteilung* zu. Die einzelnen Arbeitsgänge mußten aufeinander abgestimmt werden. Wenn ein Arbeiter langsamer war, stockte die Arbeit auch an anderen Stellen. *Maschinen* mußten regelmäßig bedient werden, die Fabrik veränderte die Arbeitsbedingungen, und zunächst gab es keine Organisation und kein Gesetz, die die Interessen der Arbeiter vertraten. **Arbeitsbedingungen ändern sich**

Durch die Industrialisierung entstanden zwei Bevölkerungsgruppen, die es vorher in dieser Form und Bedeutung nicht gegeben hatte: *wohlhabende Bürger*, die Fabriken besaßen, und auf Lohn angewiesene *Fabrikarbeiter*. Da Angehörige der alten herrschenden Schicht, des grundbesitzenden *Adels*, in Deutschland kaum Fabriken errichteten, waren es vor allem *Bürger*, *Kaufleute* und *Handwerker*, aber auch *Aufsteiger* aus der Unterschicht, die zu *Fabrikbesitzern* wurden. Sie gewannen damit an Reichtum, Macht und Einfluß neben dem Adel. Ihr Erfolg zeigte, daß Reichtum nicht ererbt sein mußte oder von Gott gegeben war. So entstand in vielen Teilen Deutschlands ein aufstrebendes, wirtschaftlich aktives *Bürgertum*, das die Industrialisierung vorantrieb und durch sie eine Verbesserung seiner Lage erlebte. **Ständegesellschaft – Klassengesellschaft**

In ihren Fabriken nahm die Zahl der von ihnen abhängigen Arbeiter zu, die sich in den Arbeitervierteln der Städte zusammenballten. Die Arbeiter waren dem *Risiko von Arbeitslosigkeit und Hunger* ausgeliefert und merkten lange Zeit keine Besserung ihrer Lage. Die *Fabrikanten* wurden immer *reicher*, dagegen nahm die Zahl der Arbeiter zu, die schwer und lange arbeiten mußten, um das **Interessengegensätze zwischen Bürgern und Arbeitern**

Notwendigste zum Leben zu haben. Also schien es offensichtlich, daß die einen arm blieben, w e i l die anderen reich wurden, daß die Unternehmer die *Arbeiter ausbeuteten.* So wurde der Abstand zwischen den beiden Gruppen als immer größer empfunden. Lohnabhängige Arbeiter und besitzende Bürger erlebten sich immer mehr als voneinander *getrennte Gesellschaftsschichten* mit entgegengesetzten Interessen, als *Klassen.* Die Industriegesellschaft im 19. Jahrhundert wird deshalb auch *Klassengesellschaft* genannt.

Klassengesellschaft: Mit diesem Begriff wird der Aufbau (die Sozialstruktur) einer Gesellschaft bezeichnet, die durch eine Klasse von eigentumslosen Arbeitern und eine Klasse von Eigentümern von Produktionsmitteln (vor allem Fabriken) gekennzeichnet ist; die in unversöhnlichem Gegensatz zueinander stehen. Es ist umstritten, unter welchen Umständen man eine Industriegesellschaft zutreffend Klassengesellschaft nennt.

---

2 Altersaufbau

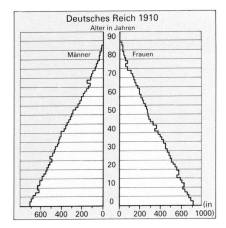

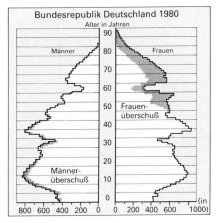

3 Bei der Arbeit nicht zu Hause
1837 berichtet der wandernde Handwerksbursche J. E. Dewald von seinen Erfahrungen in Prag:
„War mir aber doch neu und bisher nit unterlaufen, daß ich nit beim Meister ... wohnen sollte. Ist überhaupt eine Fabrik ... anders als in einem meisterischen Hause und kein Zusammenhalt
5 nit unter den Gesellen. Läuft jeder seinen Weg und dreht sich nit viel nach dem anderen. ... Zudem gefällt mir das Arbeiten nit, dieweil jeder den langen Tag die gleiche Arbeit verrichten muß und dabei das Ganze aus den Augen ver-
10 liert. Muß wohl in einer Fabrik solcherweise geschehen, kann mich aber nit darein schicken und mein immer, ich triebe mein Gewerb nur halb. ...
Wegen meiner Arbeit, die ich mit allem Fleiß tat,
15 tat, verlachten mich meine Mitgesellen und redeten einher, als wär es gerad recht, soviel

wie möglich zu faulenzen. Der Pollak sei ein Reicher und zahle schlecht genug."
(Nach: W. Fischer, Quellen zur Geschichte des deutschen Handwerks, Göttingen 1957, S. 132)

4 Verelendung
Über ein Einzelschicksal in einem Berliner Elendsviertel wird uns 1843 berichtet:
„Der Weber Fischer ist 42 Jahre alt ... Fischer hat sich als Webergeselle schon weit umhergetrieben. Gegen das Ende des vorigen Jahres fehlte es ihm 17 Wochen an Arbeit. Er blieb im Familienhause 8 Taler Miete schuldig, reiste nach Hamburg, fand daselbst auch nichts zu tun, kam krank nach Berlin zurück und wurde ins Krankenhaus gebracht. Als er wieder gesund war, fehlte es ihm an Obdach, die Polizei brachte ihn mit seiner ganzen Familie ins Arbeitshaus, wo er 15 Wochen, getrennt von Frau und Kindern, als Gefangener lebte neben Verbre-

chern aller Art … Endlich entließ man ihn mit 4 Talern Unterstützung. Von diesen bezahlte er 3 Taler an die Mietschuld. Er wäre abermals ohne Arbeit, wenn ihm nicht der arme Nachbar Sigmund gestern 30 Ellen Zettel (Längsfaden des Gewebes) abgeschnitten hätte, an welchen in 14 Tagen 3 Taler Weberlohn zu verdienen sind. Auf zwei Wochen ist die Existenz der Familie gesichert. Es ist aber vorauszusehen, daß sie binnen kurzer Zeit wieder ins Arbeitshaus gebracht werden muß."
(B. v. Arnim, Dieses Buch gehört dem König, Bd. 1, 1852, S. 536)

5 Fabrikordnung

Die Fabrikordnung einer Baumwollspinnerei in Altenstadt von 1853 enthält neben anderen die folgenden Paragraphen:
„§ 6. Jeder Arbeiter ist für die ihm anvertrauten Gegenstände persönlich verantwortlich. Wenn er dieselben bei Nachfragen nicht gleich vorweisen kann, werden sie auf seine Kosten durch neue ersetzt.
§ 7. Wenn in einem Arbeitssaal während der Arbeitszeit, … ein Gegenstand beschädigt wird, … so sind die Arbeiter des ganzen Saales bis zur Nachweisung des Täters für den Schaden haftbar.
§ 9. Ferner werden bestraft:
1) Unehrerbietiges Betragen gegen die Aufseher.
4) Störung anderer Arbeiter.
5) Verspätung und Versäumnisse, besonders der Unfug des blauen Montags und des Herbeiholens von Speise und Trank.
6) Unvorsichtigkeit mit Feuer und Licht.
7) Das Tabakrauchen.
8) Lärm machen auf dem Weg zu und von der Fabrik.
§ 22. Die Fabrikbesitzer sind jedoch zur augenblicklichen Entlassung des Arbeiters ohne Vergütung von Lohn berechtigt, wenn dieser das eine oder das andere der nachstehenden Vergehen sich zu schulden kommen läßt.
1) Diebstahl oder Untreue.
2) Prügelei, Unzucht oder Betrunkenheit im Fabrikgebäude.
3) Komplotte oder Auflehnung gegen die Fabrikordnung.
4) Beschimpfung der Aufseher."
(Nach: P. Borscheid, Textilarbeiterschaft in der Industrialisierung, Industrielle Welt, Bd. 25, hrsg. v. W. Conze, Stuttgart 1978, S. 545 ff.)

6 Baracken der Obdachlosen in Berlin. (Stich, um 1872)

7 Frauen als Schwerarbeiter

7a Aus einem Untersuchungsbericht für das englische Parlament 1842:

„Auf die Frage, warum Frauen als Schlepper bevorzugt werden, gab der Grubenarbeiter Peter Gaskell folgende Antwort: ‚Ja, sind fügsamer und halten sich besser an die Zeiten. Oft schrei-
5 en sie und kämpfen sie, aber sie lassen sich beim Schleppen der Kohlen von niemandem überholen.'

Mr. Miller, ein Unternehmer, antwortete: ‚Ein Grund, weshalb Frauen als Schlepper in den
10 Kohlenbergwerken bevorzugt werden, ist, daß ein Mädchen von zwanzig für zwei Schilling am Tag oder weniger arbeitet, während ein Mann im gleichen Alter drei Schilling 6d verlangt.'"
(Nach: Human Documents of the Industrial Re-
15 volution in Britain, hrsg. v. E. Royston Pike, London 1966, S. 161)

7b Über die Folgen der Frauenarbeit schrieb der Deutsche Friedrich Engels, nachdem er in England die sozialen Verhältnisse der Arbeiter kennengelernt hatte:

„Die Arbeit der Weiber löst vor allen Dingen die Familie gänzlich auf; denn wenn die Frau den Tag über 12–13 Stunden in der Fabrik zubringt und der Mann ebendaselbst oder an einem ande-
5 ren Orte arbeitet, was soll da aus den Kindern werden? Sie wachsen wild auf wie Unkraut …"
(F. Engels, Die Lage der arbeitenden Klassen in England, 1845, in: Marx, K. u. Engels, F., Werke [MEW], hrsg. v. Institut für Marxismus-Leninismus, Berlin, 1962–1971 ff., Bd. 2, S. 253 ff.)

8 Kinderarbeit

8a Tägliche Arbeitszeit für Kinder in Fabriken um 1825:

Kreis	Arbeitszeit
Dortmund	10 bis 15 Std.
Breslau	10 bis 14 Std.
Berlin	7 bis 12 Std.

(Nach: G. K. Anton, Geschichte der preußischen Fabrikgesetzgebung bis zu ihrer Aufnahme durch die Reichsgewerbeordnung, Berlin 1953, S. 20 f.)

8b Noch 1860 berichtete ein Grafschaftsbeamter in Großbritannien über die Kinderarbeit im Textilgewerbe von Nottingham:

„[Um] 2, 3, 4 Uhr morgens werden Kinder von 9 bis 10 Jahren schmutzigen Betten entrissen und gezwungen, für die nackte Existenz bis 10, 11, 12 Uhr nachts zu arbeiten, während ihre Glieder erlahmen, ihre Gestalt zusammenschrumpft und ihr menschliches Wesen ganz und gar in einer Art Lethargie zu Stein erstarrt, deren bloßer Anblick grausig ist."
(Nach: S. C. Burchell, Bürger, Dandys, Ingenieure, Reinbek 1974, S. 75)

9 Einkommen (Deutschland)

Einkommen aus: (in Mio Mark, Preise von 1913)	Arbeit	Grundbesitz und Kapitalerträgen
1780/1800	4 500	800
1910/1913	32 000	13 300
Steigerung je Kopf der Bevölkerung (in Prozent)	137	450

(Nach: F. W. Henning, a. a. O., S. 30)

10 Fortschritt

Über den Wandel der Verhältnisse zwischen 1825 und 1850 in Thüringen berichtet der Verleger Friedrich Perthes:

„Der Umschwung der Gewerbthätigkeit ist nicht hinter dem des Ackerbaus zurückgeblieben. Vor einem Vierteljahrhundert fanden sich in diesem Teile Deutschlands fast keine Männer von Bildung, Kentniß und Einsicht, die sich mit dem Handel befaßt hätten; … der sogenannte Kaufmann stand der Sache wie der Meinung nach unter dem Handwerker. Jetzt begegnet man selbst an den kleineren Orten Thüringens Männern mit kaufmännischem Sinn großer Art. … Sie sind es, die den großen früher todt liegenden Reichthum des Landes entdeckt, hervorgezogen und in den Weltverkehr gebracht haben. Wer Erinnerungen aus dem inneren Deutschland gegen Ausgang des vorigen Jahrhunderts in sich trägt, kennt es heute nicht wieder. Beamte, Kaufleute, Handwerker haben die Entwicklungsstufen vieler Generationen mit einem Schritte übersprungen. In welchem Lande Europas sind so viele kleine und mittlere freie Landeigentümer, so viel unabhängige Bürger, so viel Menschen mit freier Bildung, wie in Deutschland."
(Friedrich Perthes' Leben, Bd. 3, Gotha 1858, S. 203 ff.)

a) Welche wirtschaftlichen und sozialen Folgen des Altersaufbaus sind zu vermuten (Wohnverhältnisse, Arbeitsmarkt u. a.)? (M 2; vgl. M 6; S. 183, M 4 c; S. 185 ff.) – Wie unterscheidet sich der Altersaufbau des Jahres 1980 von dem von 1910? Welche Folgerungen lassen sich aus dem Unterschied ziehen?

b) Was gefiel Dewald an seiner neuen Arbeit nicht? (M 3) – Warum hat man diese Folge der Fabrikarbeit wohl Entfremdung genannt?

c) Welche wirtschaftlichen und sozialen Verhältnisse werden aus Fischers Schicksal deutlich? (M 4)

d) Welche Gründe lassen sich für die Einführung der Vorschriften in M 5 vermuten? Welches Verhältnis zwischen Arbeiter und Fabrikeigentümer läßt sich aus dieser Quelle herauslesen?

e) Warum wurden Frauen und Kinder für schwerste Arbeiten eingesetzt? (M 7 und 8)

f) Warum ist der Lebensstandard der Beschäftigten (= das Realeinkommen) wohl sehr langsam gestiegen? (M 9; vgl. S. 198, M 2) – Wozu wurde das Einkommen aus Grundbesitz und Kapital zu einem großen Teil verwendet? Erörtert die These, daß die Arbeiter ausgebeutet wurden.

g) Nenne Ursachen des sozialen Wandels, den Perthes schildert. (M 10)

6. Deutschland wird Industrieland

| 1870 | Deutschland steht an vierter Stelle in der Weltproduktion. |
| 1900 | Deutschland steht vor Großbritannien und nach den USA an zweiter Stelle in der Weltproduktion. |

Industrialisierung und *nationale Einigung* ließen das *Deutsche Reich* zur *Großmacht* heranwachsen. Immer neue Erfindungen führten in wenigen Jahren zur Entstehung neuer Industriezweige, neuer Industriestädte und -gebiete. Die sozialen Gegensätze zwischen dem Bürgertum, das Fabriken gründete und besaß, und den dort arbeitenden Massen wurden größer.

**Deutschland –
industrielle
Großmacht**

Am 17. Januar 1867 hielt Werner von Siemens vor der Akademie der Wissenschaften in Berlin einen Vortrag „Über die Umwandlung der Arbeitskraft in elektrischen Strom" und gab damit die Erfindung des *Dynamos* (1866) bekannt. Seine Erfindung und die Erfindung der *Glühbirne* durch den Amerikaner Thomas A. Edison haben die Voraussetzung dafür geschaffen, daß in kürzester Zeit eine riesige *Elektroindustrie* mit Hunderttausenden von Beschäftigten entstand. Die Kleinkraftmaschine wurde zur treibenden Kraft der Industrialisierung in ihrem zweiten Abschnitt.

**Neue
Industriezweige
entstehen**

Durch die Erfindung der *Verbrennungsmotoren* durch Nikolaus Otto (1876) und des *Autos* durch Carl Benz und Gottlieb Daimler (1885/86) bildete sich innerhalb zweier Jahrzehnte ebenfalls ein gewaltiger neuer Industriezweig.

Schließlich begann mit der Gründung der Badischen Anilin- und Soda-Fabrik (BASF) in Ludwigshafen 1865 der Aufstieg der *chemisch-pharmazeutischen Industrie*. Jede dieser Erfindungen führte zu einem Wachstumsschub der Wirtschaft.

1 Badische Anilin- und Soda-Fabrik (BASF) in Ludwigshafen (Gemälde von Robert Stieler, um 1881)

Wer finanziert die Wirtschaft? Die Industrie brauchte zur Finanzierung der Produktion, der Neuanschaffungen, der Löhne und Gehälter so große Summen Geldes, daß sie ein einzelner nicht mehr aufbringen konnte. Reichte das *Kapital* eines Unternehmers nicht mehr aus, so gründete er zusammen mit anderen Geldgebern eine *Aktiengesellschaft*, wie zunächst vor allem beim Eisenbahnbau praktiziert.

Großbanken Es entstanden auch neue und größere Geldinstitute, die die Sparbeiträge vieler Tausender zusammenfaßten und diese der Industrie als Kredite liehen. Als erste deutsche Großbank wurde 1853 die „Darmstädter Bank für Handel und Industrie" gegründet. Die *Großbanken* organisierten sich ebenfalls als Aktiengesellschaften. Einst galt es als Schande, sich Geld borgen zu müssen. Im *Zeitalter des Kapitalismus* wurde der *Kredit* zum unentbehrlichen Hilfsmittel der Produktion.

Wirtschaftskrisen begleiten die Industrialisierung Vor der industriellen Revolution, als noch bis zu 80 % der Menschen auf dem Lande lebten und arbeiteten, wurden Krisen vor allem durch *Mißernten* ausgelöst. 1847/48 hatte es eine solche „*Hungerkrise*" in vielen Teilen Europas gegeben.

Mit der Industrialisierung war ein immer größerer Teil der Bevölkerung darauf angewiesen, Lebensmittel und Waren zu *kaufen*, also einen Arbeitslohn zu verdienen. Die Arbeitsplätze aber hingen von Produktion und Verkauf von Waren ab, d.h. von den Produktions- und Kaufentscheidungen von Millionen von Menschen. Wurden weniger Waren gekauft, als die Hersteller erwartet hatten, kam es zu *Absatzstockungen*. Solche Stockungen führten zu Einschränkungen der Produktion, zur *Entlassung von Arbeitern*, zum *Bankrott von Firmen*, d.h. zu einer *Wirtschaftskrise*.

Konjunkturzyklen Je komplizierter das System dieser kapitalistischen Marktwirtschaft wurde, je abhängiger die Länder durch Ausfuhr und Einfuhr voneinander wurden, desto mehr Menschen wurden von solchen Krisen betroffen. Nach einigen Jahren besserte sich die Lage durch neue *Wachstumsschübe*, die meist von neuen Industrien ausgelöst wurden. Ein solches Auf und Ab von stärkerem und schwächerem Wachstum der Wirtschaft heißt *Konjunkturzyklus*.

Konjunkturkrisen konnten durch politische Vorgänge verstärkt werden. Ein Beispiel dafür ist die sogenannte *Gründerkrise* im Deutschen Reich. 1870/71 hatten die deutschen Staaten gemeinsam gegen Frankreich Krieg geführt. Bismarck hatte die Begeisterung über die deutschen Siege benutzt und die deutschen Staaten veranlaßt, sich zum *Deutschen Reich* zusammenzuschließen. Dieser politische Erfolg erzeugte auch große Hoffnungen auf wirtschaftlichem Gebiet, zumal da die *Weltwirtschaft* sich in einer *Phase des Aufschwungs* befand. Dazu kam die französische *Kriegsentschädigung*, die dreimal so hoch war wie die Summe des im Deutschen Reich umlaufenden Geldes (vgl. S. 212 f.). Sie ermöglichte es den Banken, Kredite zu verbilligten Zinssätzen zu geben. *Kreditverbilligung* und Rückzahlung von Staatsanleihen ermunterten die Unternehmer zur Erweiterung ihrer Fabriken und zu vielen *Neugründungen ("Gründerjahre")*. Mit hohem Risiko gründete man Firmen und spekulierte an Börsen, während Preise und Löhne stiegen. Die Hoffnung, schnell reich zu werden, war weit verbreitet. Die Gründerjahre endeten schon 1873 mit dem *Gründerkrach*, mit Konkursen, Preisstürzen und Arbeitslosigkeit.

In der Krise konnten sich viele Betriebe nicht halten oder kamen in Schwierigkeiten. Viele waren dann bereit, sich anderen Betrieben anzuschließen, oder sie wurden aufgekauft. Mit der größeren Menge verfügbaren Kapitals dieser sogenannten *Konzerne* konnten sie besser bestehen.

Andere Unternehmer vereinbarten, sich nicht gegenseitig im Preis zu unterbieten, und bildeten *Preiskartelle*. So schlossen sich beispielsweise Bergwerke 1893 zum Rheinisch-Westfälischen Kohlensyndikat zusammen. Die *Konzentration* wirtschaftlicher Macht in wenigen Händen wurde in Deutschland wie in anderen Industrieländern zu einer typischen Erscheinung.

„Gründerkrach"

Firmen schließen sich zusammen

2 „Eisenwalzwerk". (Gemälde von Adolph von Menzel aus dem Jahre 1875)

Schutzzollpolitik Seit 1878 wurde in Deutschland ein *Einfuhrzoll* auf *Industrieprodukte* anderer Länder erhoben, um der deutschen Industrie auch in der Krise den Absatz ihrer Produkte und Gewinne innerhalb des deutschen Reiches zu sichern. 1879 erfolgten Einfuhrzölle für *Agrarprodukte*. Die USA, Frankreich und Großbritannien führten aus ähnlichen Gründen ebenfalls *Schutzzölle* ein. Das erschwerte den internationalen Wettbewerb. Die *wirtschaftlichen Interessenverbände* nahmen Einfluß auf die politischen Entscheidungen. Die Schutzzollpolitik zeigte die gewachsene Macht der Interessenverbände der Industrie und der Großgrundbesitzer, denen der Staat entgegenkam. 1876 hatten die zahlreichen *Unternehmerverbände* als Dachverband den „Centralverband deutscher Industrieller" gegründet. Unter den *Agrarorganisationen* hatte der „Kongreß norddeutscher Landwirte", 1868 von ostdeutschen Großgrundbesitzern gegründet, und die „Vereinigung der Steuer- und Wirtschaftsreformer" von 1876 den größten Einfluß.

Das Deutsche Reich als Unternehmer Da die Steuereinnahmen des Deutschen Reiches gering waren, beteiligte es sich selbst an der Wirtschaft, indem es *Post*, *Telefon* und viele Betriebe in der *Land- und Forstwirtschaft* und im *Bergbau* unterhielt. Die Hälfte der Einnahmen des Reiches stammten aus reichseigenen Wirtschaftsbetrieben. Die Länder des Deutschen Reiches machten die meisten der von Aktiengesellschaften betriebenen *Eisenbahnen* aus dem gleichen Grund zu Staatsbahnen.

Konzentration des Kapitals: Unter *Kapital* versteht man hier das in Produktionsanlagen investierte Geld. Firmenzusammenschlüsse, Aufkäufe kleinerer Firmen durch größere führen zu einer Konzentration des Kapitals und damit zu einer Zusammenballung wirtschaftlicher Macht. *Horizontale Konzentration* nennt man den Zusammenschluß von Firmen gleicher Produktionsart mit dem Ziel der Erhöhung des Marktanteils, der Marktbeherrschung oder der Monopolbildung. *Vertikale Konzentration* ist der Zusammenschluß von Betrieben der Rohstofförderung, der Produktion, des Transports und des Vertriebs mit dem Ziel billigerer Produktion und größerer Unabhängigkeit. Um allzu große Machtkonzentration in der Wirtschaft zu verhindern und die *Konkurrenz* im Interesse des Konsumenten zu erhalten, haben Regierungen immer wieder durch Gesetze die Konzentration des Kapitals zu bremsen versucht, so seit Ende des 19. Jahrhunderts in den USA. In der Bundesrepublik Deutschland gibt es seit 1957 ein Gesetz gegen Wettbewerbsbeschränkungen.

---

3 Technische Neuerungen und wirtschaftliches Wachstum. Das stark vereinfachte Schaubild zeigt die Entwicklung des Wirtschaftswachstums in der industriellen Welt.

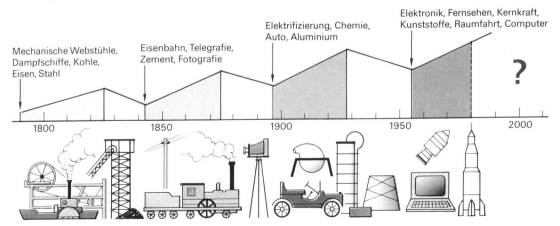

Elektronik, Fernsehen, Kernkraft, Kunststoffe, Raumfahrt, Computer

Elektrifizierung, Chemie, Auto, Aluminium

Eisenbahn, Telegrafie, Zement, Fotografie

Mechanische Webstühle, Dampfschiffe, Kohle, Eisen, Stahl

1800   1850   1900   1950   2000

4 Industrielle Entwicklung in Zahlen

4a Steinkohlenförderung im Deutschen Reich in Mio. Tonnen:

1860	12,3
1880	42,2
1900	109,3
1910	151,1

(Nach: Max Koch, Die Bergarbeiterbewegung im Ruhrgebiet z. Zt. Wilhelms II., Düsseldorf 1954, S. 140)

4b In Deutschland waren von hundert Beschäftigten tätig in der/in (1984: Bundesrepublik Deutschland):

Jahr	Land-, Forstwirtschaft, Fischerei	Produktion von Gütern (gewerblich/industriell)	Dienstleistungsbereichen	Beschäftigte insgesamt in Mio.
1800	62	21	17	10,5
1850	55	24	21	15,8
1875	49	30	21	18,6
1900	38	37	25	25,5
1984	5	42	53	26,4

(Nach: Henning, a.a.O., S. 20; Statistisches Jahrbuch 1985, S. 95f.)

4c Zahl der Beschäftigten in Deutschland:

1852–1872	+17 %
1873–1893	+28 %
1893–1913	+36 %

(Nach: F. W. Henning, a.a.O., S. 209)

4d Zunahme der Großbetriebe (Bergbau, Bauwesen, Handel, Verkehr) im Deutschen Reich:

Personen (in Mio.) beschäftigt in:	Kleinbetrieben (bis 5 Personen)	Mittelbetrieben (6–50 Personen)	Großbetrieben (über 50 Personen)
1882	4,3 = 59,1 %	1,4 = 18,9 %	1,6 = 22,0 %
1907	5,4 = 37,3 %	3,6 = 25,4 %	5,4 = 37,5 %
1925	5,4 = 28,6 %	4,5 = 24,2 %	8,8 = 47,2 %

(Nach: Weltgeschichte im Aufriß, Bd. 3, Frankfurt 1962, S. 122)

4e Gründung von Aktiengesellschaften in Deutschland:

1801–25	16
1825–50	212
1851–70	295
1871–74	857

(Nach: J. Kuczynski, Geschichte der Arbeiterbewegung, Teil I, Bd. 2, Berlin 1962, S. 20ff.)

4f Bank- und Kreditwesen:

	1858	1907
Anzahl der Firmen	306	1318
Beschäftigte insgesamt	741	21 835
je Firma	2,4	16,6
in Berlin	33 %	78 %

(Nach: W. Sombart, Dt. Volkswirtschaft, Stuttg. 1954, S. 479)

4g Kartelle in Deutschland:

1875	8
1890	210
1900	300
1910	673

(Nach: H. König, Kartelle und Konzentration, in: H. Arndt [Hrsg.], Die Konzentration des Kapitals in der Wirtschaft, Bd. 1, Berlin 1960, S. 304)

5 <u>Kruppsche Gußstahlfabrik:</u> Stammhaus (1819) mit Erweiterungsbau (1836) (Holzschnitt, links) – Firmenareal 1912 (Foto, rechts)

6 Kleinkraftmaschine rettet Kleinbetriebe

Der Ingenieur Franz Reuleaux schreibt 1875:

„Nur das Kapital vermag die gewaltige Dampfmaschine zu beschaffen und zu betreiben. Der Schreiner, dem man für eine Kreissäge, eine Bandsäge, eine Hobelmaschine … die Betriebskraft billig lieferte, würde mit diesen Maschinen in seinem Heim ebenso gut arbeiten können, als er es jetzt in der Möbelfabrik tut … Geben wir dem Kleinmeister Elementarkraft zu ebenso billigem Preise, wie dem Kapital die große mächtige Dampfmaschine zu Gebote steht, und wir erhalten diese wichtige Gesellschaftsklasse …, wir bringen sie wieder auf, wo sie im Verschwinden ist."

(Zit. nach: F. Klemm, Kurze Geschichte der Technik, Freiburg 1961, S. 155)

7 „Made in Germany" – billig und schlecht?

7a „Auf der Weltausstellung in Philadelphia 1876 bezeichnete der Ingenieur Reuleaux die deutschen Industrieerzeugnisse als ‚billig und schlecht'."

(F. Klemm, a. a. O., S. 154)

7b Im Jahresbericht der Industrie- und Handelskammer Darmstadt von 1881 heißt es:

„Zu diesen Gewohnheiten der Exporthändler [im Ausland] und dortiger Verbraucher gehört auch der … sehr bedauerliche Gebrauch, deutsche Waren nur unter fremder Flagge beziehen zu wollen. Es geht das … so weit, daß, wollten dieselben ihre Waren als deutsche bezeichnen, sie des bei weitem größten Teils des Exports verlustig gehen würden …"

(Auf dem Hintergrund von hundert Jahren. Industrie- und Handelskammer Darmstadt, Darmstadt 1962, S. 63 f.)

7c 19 Jahre später heißt es:

„Auf der Weltausstellung in Paris 1900 wird die hohe Qualität der deutschen Industrieerzeugnisse allgemein gelobt."

(F. Klemm, a. a. O., S. 154)

8 Kartelle: Ist Wettbewerb Chaos?

8a In den Statuten von 1893 des Verbandes schlesischer Holzstoff-Fabrikanten hieß es:

„Um den Absatz ihres Produktes zu regeln, die gegenseitige Konkurrenz zu beseitigen und angemessene Preise zu erzielen, vereinigen sich die unterzeichnenden Firmen zu einem Verbund schlesischer Holzstoff-Fabrikanten. Zur Durchführung dieser Zwecke soll eine gemeinsame Verkaufsstelle zum Vertrieb des von den Firmen hergestellten weißen Fichtenholzstoffes gebildet werden."

8b Ein Wirtschaftswissenschaftler verteidigte die Bildung von Kartellen:

„Und ich glaube …, daß die Kartelle, die ja das Ziel verfolgen, Ordnung in das Chaos zu bringen und die Produktion dem Bedarf anzupassen, berufen sein könnten, für die Gegenwart … dasjenige zu werden, was die mittelalterlichen Zünfte für ihre Zeit waren."

(Kleinwächter, Die Kartelle (1883), zit. nach: J. Kuczynski, Die Geschichte der Lage der Arbeiter unter dem Kapitalismus, Bd. 13, Berlin 1961, S. 31)

Arbeitsvorschläge und Fragen	*a) Allein zwischen 1882 und 1885 wurden 4218 neue Berufe statistisch erfaßt. Nenne Berufe, die es ohne die Erfindungen von Siemens und Edison (S. 179; vgl. M 6) nicht gäbe. Schaffen Maschinen Arbeitslosigkeit? Diskutiert darüber.*

b) Woran ist abzulesen, daß Deutschland auf dem Weg zur Industriegesellschaft voranschritt? (M 1 und 2, 4 und 5)

c) Welcher Sektor wuchs von 1850 bis 1900 am stärksten? (M 4b)

d) 1887 schrieb England für aus Deutschland eingeführte Waren die Aufschrift „Made in Germany" vor. Was war wohl die Absicht dabei? (M 7)

e) Welches sind die Folgen von Kartellbildung für den Verbraucher? (M 8) – Überlegt, ob es richtig ist, Kartelle zu verbieten. Inwiefern ist große wirtschaftliche Macht in wenigen Händen auch ein politisches Problem?

f) Welche politische Entwicklung läßt sich aus M 4f erkennen?

g) Wodurch wurden (nach der Darstellung in Schaubild M 3) Phasen des Wachstums jeweils eingeleitet? Was bedeutet das Fragezeichen nach 1980?

7. Die Menschen ballen sich in Großstädten und Industriegebieten

Gedrängt von Not und Unsicherheit, getrieben vom Willen zum besseren Leben, suchten Hunderttausende ihr Glück in den Fabriken, und das heißt, in der Stadt. Unaufhörlich wuchsen *Industriestädte* und *Industriegebiete*. Eine große *Ost/West-Wanderung*, die Wanderung zum *Ruhrgebiet*, begann. Bevölkerungswachstum und Industrialisierung veränderten vor allem das Gesicht der Städte, die in einem noch nie erlebten Tempo wuchsen.

Zuzug vom Lande

Der Wohnungsbedarf stieg steil an. Wer das Geld hatte, baute *Mietshäuser*, weil er hohe Mieteinnahmen erwarten konnte. Die Bauvorschriften kamen diesem Interesse entgegen, weil Haus- und Grundbesitzer in den Stadträten das Übergewicht hatten. Infolge des Zensus- bzw. *Dreiklassenwahlrechts* (S. 213ff.) waren z.B. in Berlin mehr als die Hälfte der Stadtverordneten *Haus- und Grundbesitzer*, obwohl sie nur 1% der Wähler ausmachten. So durften bis zu 1500 Menschen auf einem Hektar untergebracht werden. Die *Hinterhöfe* brauchten nicht größer zu sein, als die Feuerwehr zum Hineinfahren und Wenden benötigte.

„Mietskasernen" als Ausweg

Auch das *Bürgertum* wohnte in *Etagenwohnungen*. Nur so konnte man zentral wohnen und hatte den großen Vorteil, die eleganten Geschäfte, Cafés, Theater und Behörden schnell zu erreichen. Der weite Weg vom Stadtrand schien unzumutbar, da die Verkehrsmittel langsam waren und vor allem von den „unteren Ständen" benutzt wurden.

Die „besseren" Leute wohnen besser

Während sich in den Mietskasernen oft selbst große Familien der Arbeiterbevölkerung in einem Zimmer drängten, waren bürgerliche Etagenwohnungen geräumig, mit einem Salon für geselliges Leben, ein oder zwei Kammern für das *Dienstpersonal* und einem besonderen Aufgang „nur für Dienstboten". Zwei Dienstboten waren im Haushalt eines Gymnasialprofessors, Künstlers oder Hauptmanns nichts Seltenes. Die sehr *Reichen* aber wohnten in *Villen* mit meist parkartigem Garten und vielerlei Personal. Manche dieser Villen waren prächtig wie Schlösser.

---

1 Bevölkerungsbewegung innerhalb Deutschlands im 19. Jahrhundert
Von den Einwohnern Rheinland-Westfalens des Jahres 1907 waren geboren in:

Ostdeutschland	38,1%
Berlin/Brandenburg	3,1%
NW-Deutschland	11,5%
Mitteldeutschland	9,5%
Hessen	11,5%
Süddeutschland	7,6%
Ausland (vor allem Polen)	18,8%

(Nach: Ploetz, Raum und Bevölkerung in der Weltgeschichte, Teil IV, Würzburg 1965, S. 91)

2 Technik verändert die Lebensbedingungen in den Städten
1826 Erste deutsche Gasanstalt in Hannover.

1846 Pferdeomnibus als erstes Stadtverkehrsmittel in Berlin.
1853 Erste unterirdische Eisenbahn (Vorläufer der U-Bahn) in London.
1856 Kanalisation in Paris.
1856 Erste Pferdestraßenbahn in Berlin.
1881 Berliner Stadtbahn.
1896 Erste elektrische Straßenbahn in Berlin.

3 Wachstum der Städte
In den 25 größten Städten des Deutschen Reiches von 1910 wohnten:

1800	876000 Einwohner
1850	1647000 Einwohner
1910	12433000 Einwohner

(Nach: W. Köllmann, Die industrielle Revolution, a.a.O., S. 91)

4 Bau von Mietshäusern in den 70er Jahren des 19. Jahrhunderts. Arbeitssparende Maschinen für den Häuserbau gab es noch kaum. Man baute nicht viel anders als 150 oder 200 Jahre zuvor.

5 Berlin. Das Entstehen einer Großstadt

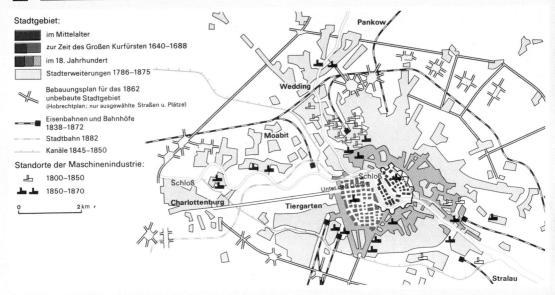

Stadtgebiet:

im Mittelalter

zur Zeit des Großen Kurfürsten 1640–1688

im 18. Jahrhundert

Stadterweiterungen 1786–1875

Bebauungsplan für das 1862
unbebaute Stadtgebiet
(Hobrechtplan; nur ausgewählte Straßen u. Plätze)

Eisenbahnen und Bahnhöfe
1838–1872

Stadtbahn 1882

Kanäle 1845–1850

Standorte der Maschinenindustrie:

1800–1850

1850–1870

0   2 km

Pankow

Wedding

Moabit

Schloß
Charlottenburg

Schloß
Unter den Linden

Tiergarten

Stralau

6 Frühe Industrialisierung in Berlin

6a Anfänge der Schwerindustrie im Berliner Norden (Wedding)

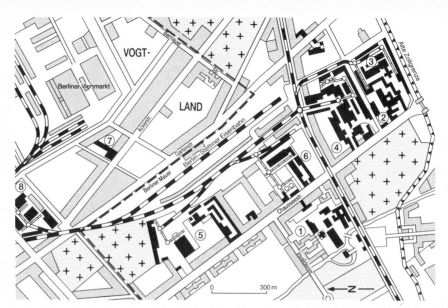

6b Firmengründungen (zeitliche Abfolge)

Ziffer	Lage	Firmengründer	Gründungsjahr	Firmencharakter	Beschäftigte (1850)
①	Invalidenstr. 44–46	Kgl. Eisengießerei	1804	erste Dampfmaschine 1816	(?)
②	Chausseestr. 3/4	Egells	1821/26	Maschinenfabrik/Eisengießerei	448
③	Chausseestr. 1	Borsig	1837	Durchbruch der Lokomotivenprod. 1846	1500
④	Chausseestr. 9–11/7–9 (?)	Pflug & Zoller	1838	Waggonbau	(?)
⑤	Chausseestr. 36/37	Wöhlert	1842	Maschinenfabrik/Eisengießerei	260
⑥	Chausseestr. 20–23	Schwartzkopf	1852	Maschinenfabrik/Eisengießerei	673
⑦	Ackerstr. 76	W. Wedding	1857	Maschinenfabrik	(?)
⑧	Ackerstr. 129	Kayling & Thomas	1870	Eisengießerei	(?)

7 Kellerwohnung in Berlin-NO. Die Wohnung umfaßt Stube (Länge 4,5 m, Breite 3,4 m, Höhe 2,4 m) und Küche (1,8 m unter dem Straßenniveau). (Foto, 1916)

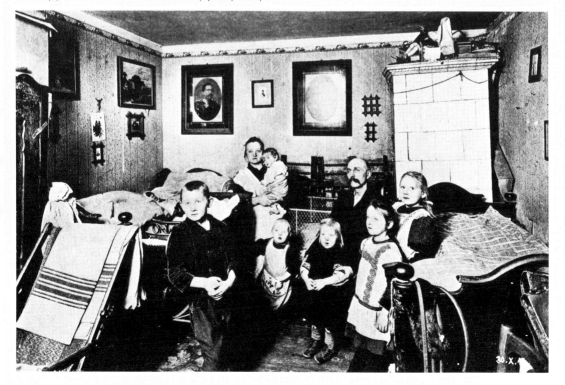

9 Wohnverhältnisse

Die Wohnverhältnisse der Arbeiter um 1900 schilderte der Volkswirtschaftler Werner Sombart:

„Wer würde es glauben, daß eine ganze Anzahl Menschen bei uns heutigentags in ‚Wohnungen' kampiert, die überhaupt kein heizbares Zimmer haben?

Und doch belehrt uns die Statistik, daß es deren in Berlin über 15000, in Barmen über 8000 gibt. … Ja, in den meisten deutschen Großstädten wohnt … annähernd die Hälfte aller Menschen in Wohnungen, die nicht mehr als ein Zimmer umfassen. Überbevölkert nennt die Statistik eine Wohnung, wenn 6 Personen und mehr in 1 Zimmer, 11 Personen und mehr in 2 Zimmern hausen. Und selbst davon gibt es eine recht erkleckliche Anzahl: in Berlin nahezu 30000, in Breslau 7000, in Chemnitz 50000. … Man denke: 6 Personen und mehr in 1 Raum, 11 und mehr in 2 Räumen!"

(W. Sombart, Das Proletariat, Jena 1906, S. 23f.)

8 Hinterhöfe in einem Berliner Wohnviertel um die Jahrhundertwende

Arbeitsvorschläge und Fragen	

a) Wieviel Prozent der Einwohner Rheinland-Westfalens waren zugezogen? (M 1) – Mit welcher Gruppe von Arbeitern aus heutiger Zeit kann man die 18,8% polnischer Arbeiter vergleichen? Welche Probleme haben sie vermutlich gehabt? Sieh Dir die Herkunftsgebiete auf S. 172/73 und in Deinem Atlas an und versuche die Gründe für den unterschiedlich starken Anteil einzelner Herkunftsgebiete zu finden.

b) Für wie viele Menschen mußte in den 25 größten Städten zwischen 1850 und 1910 zusätzlich Wohnraum geschaffen werden? (M 3) – Vgl. auch das Bild von 1872 auf Seite 177 sowie S. 186ff., M 4ff.

c) Warum nahm Sombart an, daß die Leser seines Buches im Jahr 1906 von den mitgeteilten Tatsachen überrascht sein müßten? (M 9) – Aus welcher Sicht stimmten sie?

d) Welche Probleme des täglichen Lebens in der Großstadt werden mit den Erfindungen bzw. Einrichtungen besser gelöst? (M 2) – Wie mußten sie vorher bewältigt werden?

e) Suche die Wachstumsringe auf dem Plan einer Dir gut bekannten Großstadt. Wo gibt es in dieser Stadt Mietskasernen, wo ein bürgerliches Wohnviertel, wo eine Villa aus der 2. Hälfte des 19. Jahrhunderts? Wann wurden die großen Firmen dieser Stadt gegründet?

f) Wie viele Deiner 8 Urgroßeltern lebten auf dem Lande?

g) Setze den Umfang der drei nachmittelalterlichen Stadterweiterungen in Beziehung zu den ungefähren Zeiträumen, in denen sie stattfanden. (M 5) – Was fällt auf? Wie läßt sich die Standortwahl der Maschinenindustrie noch nach 1850 erklären? Was versuchte der Städteplaner James F. L. Hobrecht mit seinem Bebauungsplan zu erreichen?

8. Die Soziale Frage im 19. Jahrhundert

1835 waren noch *zwei Drittel* der erwerbstätigen deutschen Bevölkerung in der *Landwirtschaft* tätig. 10 % arbeiteten in Heimarbeit und 2 % in Fabriken. Trotzdem interessierte sich die Öffentlichkeit mehr und mehr für die *Auswirkungen der Industrialisierung* auf die Menschen. Denn die Menschen erlebten in der ersten Hälfte des 19. Jahrhunderts, daß sich ihre Welt immer schneller und tiefergreifend veränderte. Die Bevölkerung, besonders die Unterschicht, nahm unaufhaltsam zu. Alte Ordnungen wurden aufgelöst; das wurde zunächst vorwiegend als *Befreiung* empfunden (z.B. Bauernbefreiung, Gewerbefreiheit, Freiheit der Berufswahl, Freizügigkeit).

Was ist das, die Soziale Frage?

Viele überkommene Maßstäbe galten nicht mehr. Für immer größere Teile der Bevölkerung ging die *Geborgenheit* in einer engen und armen, aber überschaubaren und vertrauten gesellschaftlichen Umwelt *verloren*. Für kritische Zeitgenossen, die diese Entwicklungen an *humanitären Forderungen* maßen, waren die *Mißstände* beängstigend:
– die Unsicherheit der wirtschaftlichen Existenz für die Masse der Bevölkerung,
– die Zunahme der Lohnabhängigen,
– die Machtlosigkeit der Massen,
– die Ungleichheit des Besitzes,
– die Unpersönlichkeit und Härte der Fabrikarbeit.
All dies zusammen nannte man die *Arbeiterfrage* oder die *Soziale Frage*.
Man sah die sozialen Folgen der Industrialisierung zuerst in Großbritannien. Ähnliche tiefgreifende Veränderungen begannen sich in Deutschland und in ganz Westeuropa bemerkbar zu machen oder waren zu erwarten.
Nicht alle Zeitgenossen nahmen die umwälzenden Veränderungen wahr, und bei weitem nicht alle deuteten die Zeitumstände als bedrohlich. Dennoch erschien zwischen 1820 und 1850 eine Fülle von Schriften und Zeitungsartikeln, die die sozialen Zustände kritisierten, die Zukunft in düsteren Farben malten und Vorschläge machten, wie es besser werden könnte.

Wer stellt die Soziale Frage?

Die Kritik an den sozialen Verhältnissen kam vor allem von den *aufgeklärten Bürgern*, die die Wirklichkeit an den Idealen der Freiheit, Gleichheit und Brüderlichkeit maßen. Seit der *Französischen Revolution* und den Reformen in vielen Ländern griff die Überzeugung um sich, daß Armut und ungleiche Lebensverhältnisse nicht Zustände einer *gottgegebenen Ordnung* seien. Man erkannte sie jetzt als *von Menschen verursachte, von Menschen zu ändernde Mißstände*. Am Beispiel der Kinderarbeit ist das besonders deutlich zu erkennen, und auch hier wurde zunehmend Kritik geübt.

1 Angst vor dem „Fabrikwesen"

1a Eine Kölner Zeitung schrieb im Jahre 1818:
„Eine Maschine macht oft die Arbeit von 1000 Menschen entbehrlich und bringt den Gewinn, den sonst alle diese Arbeiter teilten, in die Hände eines einzigen. Jede … Dampfmaschine vermehrt die Zahl der Bettler, und es steht zu erwarten, daß sich bald alles Vermögen in den Händen einiger tausend Familien befinden und der übrige Teil des Volkes als Bettler in ihre Dienstbarkeit geraten wird."
(Zit. nach: W. Trog, Die nationale und die industrielle Revolution, Frankfurt a. M. 1964, S. 47 f.)

1b Der Politiker Franz J. Buß äußerte im Badischen Parlament 1837:
„Das Fabrikwesen erzeugt eine Hörigkeit neuer Art. Der Fabrikarbeiter ist der Leibeigene seines

2 <u>„Capital and Labour"</u>. Anonyme Karikatur der sozialen Verhältnisse in England aus „Punch", 1843.

Brotherren, der ihn als nutzbringendes Werkzeug verbraucht und abgenutzt wegwirft … er
5 ist [auch] der Leibeigene der Maschine, die Zubehörde einer Sache."
(Rede in der Badischen 2. Kammer, in: E. Schraepler, Quellen zur Geschichte der sozialen Fragen in Deutschland, Bd. 1, 1800–1870, Göttingen 1955, S. 66)

1c Die sozialistischen Theoretiker Karl Marx und Friedrich Engels veröffentlichten 1848 in London das „Manifest der Kommunistischen Partei" (vgl. Kap. 9, S. 192ff.):
„Die Bourgeoisie [das Besitzbürgertum], wo sie zur Herrschaft gekommen, hat alle feudalen, patriarchalischen, idyllischen Verhältnisse zerstört. Sie hat die buntscheckigen Feudalbande,
5 die den Menschen an seinen natürlichen Vorgesetzten knüpften, unbarmherzig zerrissen und kein anderes Band zwischen Mensch und

Mensch übrig gelassen als das nackte Interesse, als die gefühllose ,bare Zahlung'. … Sie hat die persönliche Würde in den Tauschwert aufgelöst."
(Zit. nach: MEW, Bd. 4, a. a. O., S. 462ff.)

3 <u>Kinderarbeit besser als Müßiggang?</u>
In dem Gesuch um ein Privileg zur Errichtung von Fabriken 1783 argumentierte der Antragsteller (vgl. S. 165, M 5):
„Die Anlage der Fabrik ist der Stadt Ratingen [bei Düsseldorf] und dem ganzen Amt von Nutzen, indem eine Menge armer Einwohner und kleinerer Kinder von 6 bis 10 Jahren, welche nun gar zu häufig dem Müßiggang und Betteln nachgehen, ihren täglichen Unterhalt verdienen und dadurch von Jugend an zu Arbeit und Fleiß angehalten werden …"
(Zit. nach: K.-A. Ludwig, Der Aufstieg der Technik im 19. Jahrhundert, Stuttgart 1974, S. 11)

4 Fabrikarbeit besser als Landarbeit?

In einem Bericht über die württembergische Gewerbeindustrie von 1828 hieß es:

„Die Nachlässigkeit, womit die Kinder der Fabrik-Arbeiter in ihren ersten Lebensjahren behandelt werden mögen, kann nicht größer seyn, als die schreckliche Verwahrlosung, welche in Gegenden ländlicher Überbevölkerung Kinder von Eltern erfahren, denen ... [es] an Mitteln fehlt ... Bei dem kleinen Grundbesitze der Eltern ... müssen sie Sommers mühselig Futter für Vieh an Straßen und Hecken, Winters Brennmaterial in Feld und Wald sammeln ... Noch unerwachsen müssen Knaben in Weingegenden Butten voll Erde den Berg hinan, ... in unmäßigen Ladungen, kleine Mädchen schon Futterbündel und andere Lasten schleppen, und häufig zeigen ein verkrüppelter Körperbau ... die ... Folgen einer solchen ... Anstrengung. Dabei schlechte und unreinliche Kleidung, oft kaum mehr als Lumpen, häufig keine Fußbedeckung, schlechte Nahrung und schlechte Betten ...

Mögen die Kinder von Fabrik-Arbeitern vielleicht ein paar Jahre früher und zu einer einförmigeren Arbeit angehalten werden, immer werden sie weniger zu beklagen seyn."

(M. Mohl, Über die württembergische Gewerbeindustrie, Stuttgart und Tübingen 1828, S. 46 ff.)

5 Verbot der Kinderarbeit – Gefahr für Wettbewerbsfähigkeit?

1837 wurde im Rheinischen Provinziallandtag in Düsseldorf zum ersten Male über ein Gesetz zur Beschränkung der Kinderarbeit diskutiert. Ein Abgeordneter sagte:

„Die von Ihnen scharf beurteilten Fabrikanlagen, welche Kinder beschäftigen, rufen den ... Jammer nicht hervor, sondern mildern den bereits vorhandenen. Eine Überbevölkerung, die der Acker nicht mehr zu beschäftigen weiß, ⁵ strömt den Anstalten zu, wo Arbeit, wo Brot zu erwerben ist ... Sie beschimpfen, worum uns unsere östlichen Landsleute mit Recht beneiden ... Ich pflichte Ihnen, meine Herren, vollkommen bei, daß die armen Kinder ... unter den ¹⁰ Schutz milder Gesetze gestellt werden, jedoch dürfen diese keine so große Beschränkungen erhalten ... daß dadurch der Bestand unserer Industrieanlagen wegen der Konkurrenz des Auslandes unmöglich gemacht wird." ¹⁵

(Nach: W. Köllmann, a.a.O., Stuttgart, ⁶1979, S. 76)

Nach der Debatte wurde der Antrag auf Begrenzung der Arbeitszeit für Kinder auf 10 Stunden täglich mit 60:9 Stimmen angenommen; 1853 verbot das preußische Kinderschutzgesetz jede Beschäftigung von Kindern unter 12 Jahren.

Arbeitsvorschläge und Fragen

a) Welche Ängste und Befürchtungen werden in M 1 geäußert? Welche Wirkungen werden dem Fabrikwesen zugeschrieben? Was wird in den verschiedenen Äußerungen besonders herausgestellt? Wo liegen Gemeinsamkeiten und Unterschiede?

b) Stelle die Argumente, die zur Zeit der frühen Industrialisierung für und gegen Kinderarbeit geäußert wurden, zusammen. (M 3–5; berücksichtige auch S. 178, M 8 a und 8 b)

c) War Kinderarbeit eine Erfindung der Industrie? Begründe Deine Anwort! Welche Zustände bei der Kinderarbeit auf dem Lande sind in Text M 4 zu erkennen? (Vgl. S. 176, M 2)

d) Wie ist es zu erklären, daß eine Bevölkerung mit sehr vielen Kindern eine andere Einstellung zu Kinderarbeit hat als eine Gesellschaft, in der es nur wenig Kinder gibt? (Vgl. S. 176, M 2)

e) Wie wird das Schicksal der Kinder auf der Karikatur „Capital and Labour" dargestellt? (M 2) – Erläutere die Aussageabsicht der Karikatur und gib an, wie der Zeichner seine Absicht verwirklicht.

9. Karl Marx: Theoretiker der Sozialen Frage

1848	Karl Marx und Friedrich Engels veröffentlichen das Kommunistische Manifest.

Die Begründer des Marxismus

Viele haben die sozialen Verhältnisse beschrieben, sie als Mißstände gekennzeichnet, über ihre Ursachen nachgedacht, Lösungen entworfen. Den größten Widerhall hat bis zum heutigen Tage *Karl Marx* gefunden, der 1818 als Sohn eines Rechtsanwalts in Trier geboren wurde. Seine Kritik der wirtschaftlichen und sozialen Verhältnisse des 19. Jahrhunderts war die schärfste und umfassendste, weil er die Gegenwart in Zusammenhang mit einer, wie er glaubte, zwangsläufigen weltgeschichtlichen Entwicklung sah. Sein Freund und enger Mitarbeiter war der Fabrikbesitzer *Friedrich Engels*. Die wichtigsten Zusammenfassungen ihrer Lehre sind in der Schrift „Manifest der kommunistischen Partei" (kurz: *Kommunistisches Manifest*) von 1848 und in dem von Karl Marx 20 Jahre später veröffentlichten Buch „*Das Kapital*" enthalten.

Die politische Wirkung des Kommunistischen Manifests war zunächst gering. Erst seit Ende der 60er Jahre des 19. Jahrhunderts, als die neuen sozialen Spannungen größere Teile der Bevölkerung erfaßten, gewann die schriftstellerische und politische Tätigkeit von Marx und Engels weiterreichende Bedeutung.

Geschichte als Klassenkampf

Offensichtlich nahm die Zahl der lohnabhängigen Arbeiter in den Industrieländern in dem Maße zu, in dem die Zahl der Fabriken zunahm, d.h. der Wert der Produktionsmittel und damit des Kapitals stieg. Dadurch wurden die Besitzer der Produktionsmittel reicher und mächtiger. Sie sind für Marx eine *Klasse* der Gesellschaft, welche die andere Klasse, die nichts besitzt und ihre Arbeit gegen Lohn anbieten muß, ausbeutet. Die Klasse der *Kapitalisten* (Bourgeoisie) und die Klasse der lohnabhängigen Arbeiter *(Proletarier)* liegen in unversöhnlichem Kampf miteinander, dem *Klassenkampf*. Aus dieser Beobachtung entwickelte Marx seine *Theorie vom Ablauf der Geschichte*. Nach ihr ist die ganze Geschichte der Menschheit vom Klassenkampf beherrscht, seit es *Privateigentum* an Äckern und Wald, Geräten und Vieh, Werkzeug und Maschinen, Wagen und Schiffen – an den Produktionsmitteln – gibt.

Marx machte mit seiner Theorie Voraussagen über die weitere Entwicklung der kapitalistischen Gesellschaften, die durch *Revolution* überwunden und durch eine *kommunistische Ordnung* abgelöst würden.

Wie wird die kommunistische Gesellschaft verwirklicht?

Um die Hoffnung auf eine Gesellschaft ohne Ausbeuter und ohne Ausgebeutete zu verwirklichen, ist nach Marx eine *Diktatur des Proletariats* nötig. Sie werde, so glaubte Marx, die Produktionsmittel in *Gemeineigentum* überführen und die kommunistische Gesellschaft schaffen (lat. communis = gemeinsam).

Da es in der vollendeten kommunistischen Gesellschaft kein Privateigentum an Produktionsmitteln mehr gebe, könne es – so Marx – keine Ausbeutung mehr geben. Da auch *Kriege* nur Folgen des Klassenkampfes seien, würden selbst die Gegensätze zwischen Staaten verschwinden.

Mit dieser Änderung der gesellschaftlichen Verhältnisse müsse sich aber auch das Denken der Menschen ändern: *ein neuer Mensch*, ein kommunistischer Mensch werde entstehen, der den Zustand der *Entfremdung* hinter sich gelassen habe und sich selbst verwirklichen könne.

Worin liegt die Wirkung des Marxismus?

Die Lehre von Karl Marx hat eine außerordentliche Wirkung gehabt. Sie scheint für viele eine Methode zu liefern, die Rätsel der Geschichte zu lösen und die geschichtliche Entwicklung vorauszusehen. Die Geschichte der Menschheit ist nach ihr auf ein sinnvolles und erstrebenswertes Ziel gerichtet. Alle Leiden dieser Welt werden letztlich auf eine Ursache zurückgeführt: den Privatbesitz an den Produktionsmitteln. Die Ausgebeuteten und Entrechteten werden die Menschheit durch eine internationale Revolution verändern. Wer jetzt leidet, wird durch die *Revolution zum wahren, glücklichen Menschsein* erlöst.

Entfremdung: Von Marx und anderen verwendeter philosophischer Begriff, der besagt, daß der Mensch seinem Wesen entfremdet wird, wenn er in Verhältnissen leben muß, die seiner Natur widersprechen. Er verwirklicht sich nach Marx vor allem in der Arbeit, die er für sich und die Seinen leistet. Arbeitet er für die Gewinninteressen eines anderen, leistet er entfremdete Arbeit. Auch die Arbeitsteilung, die eine Teilnahme an der Entstehung des ganzen Produktes verhindert, führt – so Marx – zur Entfremdung. So werde in der kapitalistischen Gesellschaft schließlich der Mensch dem Menschen entfremdet.

---

1 Ausbeutung und Entfremdung

1a Marx gab folgende Deutung der Lage des Industriearbeiters:
„Die Arbeit der Proletarier hat durch die Ausdehnung der Maschinerie und die Teilung der Arbeit allen selbständigen Charakter und damit allen Reiz für die Arbeiter verloren. Er wird ein bloßes Zubehör der Maschine, von dem nur der einfachste, eintönigste, am leichtesten erlernbare Handgriff verlangt wird."
(Kommunistisches Manifest, MEW, Bd. 4, S. 468)

1b „Der Arbeiter fühlt sich daher erst außer der Arbeit bei sich und in der Arbeit außer sich. Zu Hause ist er, wenn er nicht arbeitet, und wenn er arbeitet, ist er nicht zu Hause. Seine Arbeit ist daher nicht freiwillig, sondern gezwungen, Zwangsarbeit."
(K. Marx, Ökonomisch-philosophische Manuskripte [1844] in: MEW, Ergänzungsband, S. 511 f.)

1c „Der Arbeitstag zählt täglich volle 24 Stunden nach Abzug der wenigen Ruhestunden, ohne welche die Arbeitskraft ihren erneuerten Dienst absolut versagt. Es versteht sich zunächst von selbst, daß der Arbeiter seinen ganzen Lebenstag durch nichts ist außer Arbeitskraft ... Zeit zu menschlicher Bildung ... zu geselligem Verkehr, zum freien Spiel der physischen und geistigen Lebenskräfte, selbst die ... des Sonntags ... – reiner Firlefanz ...
Das Kapital fragt nicht nach der Lebensdauer der Arbeitskraft. Was es interessiert, ist einzig und allein das Maximum an Arbeitskraft ..."
(K. Marx, Das Kapital [1867], MEW, Bd. 23, S. 280)

2 Geschichte als Klassenkampf
Aus dem „Kommunistischen Manifest":
„Die Geschichte aller bisherigen Gesellschaft ist die Geschichte von Klassenkämpfen.
Freier und Sklave, Patrizier und Plebejer, Baron und Leibeigener, Zunftbürger und Gesell, kurz, Unterdrücker und Unterdrückte standen in stetem Gegensatz zueinander, führten einen ununterbrochenen, bald versteckten, bald offenen Kampf, einen Kampf, der jedesmal mit einer revolutionären Umgestaltung der ganzen Gesellschaft endete ... 10
Unsere Epoche, die Epoche der Bourgeoisie, zeichnet sich ... dadurch aus, daß sie die Klassengegensätze vereinfacht hat. Die ganze Gesellschaft spaltet sich mehr und mehr in zwei große feindliche Lager, in zwei große, einander 15 direkt gegenüberstehende Klassen: Bourgeoisie und Proletariat."
(Marx/Engels, Manifest der Kommunistischen Partei [1848], MEW, Bd. 4, S. 462 f.)

3 Konzentration des Kapitals und Verelendung der Massen: Revolution
Marx erwartete folgende Entwicklungen:
3a „Die ... kleinen Industriellen, Kaufleute und Rentiers, Handwerker und Bauern, alle diese Klassen fallen ins Proletariat hinab ... teils dadurch, daß ihr kleines Kapital für den Betrieb der großen Industrie nicht ausreicht und der 5 Konkurrenz mit den größeren Kapitalisten erliegt, teils dadurch, daß ihre Geschicklichkeit durch neue Produktionsweisen entwertet wird. So rekrutiert sich das Proletariat aus allen Klassen der Bevölkerung." 10
(Kommunistisches Manifest, MEW, Bd. 4, S. 469)

4 Karl Marx (links) und Friedrich Engels (rechts) bei ihrer Arbeit am „Kapital" in London 1867. (Zeichnung von Schukow)

3b „Je größer der gesellschaftliche Reichtum [in Form von Maschinen, Fabriken, Eisenbahnen ...] ... desto größer die industrielle Reservearmee [der Arbeitslosen] ... Je größer aber diese
5 Reservearmee im Verhältnis zur aktiven Arbeiterarmee, desto massenhafter die ... Überbevölkerung, deren Elend im umgekehrten Verhältnis zu ihrer Arbeitsqual steht."
(Marx, Das Kapital, MEW, Bd. 23, S. 673 ff.)

3c „... die allgemeine Tendenz der kapitalistischen Produktion [geht] nicht dahin, den durchschnittlichen Normallohn zu heben, sondern ihn zu senken."
(K. Marx, Vortrag vom 26. 6. 1865, nach: F. Sternberg, Anmerkungen zu Marx – heute, Frankfurt/M. 1965, S. 7)

Arbeitsvorschläge und Fragen

a) Aus welchen beiden Gründen konnte der Arbeiter, der in der Fabrik eines Fabrikanten arbeitete, nach Marx nicht „Mensch" sein? (M 1)
b) Inwiefern lagen die Voraussagen in M 2 und M 3 damals nahe? Vergleiche auch M 1, S. 189 f.
c) Worauf führte Marx die Arbeitslosigkeit zurück? (M 3 b)

5 Revolution
„Die proletarische Bewegung ist die selbständige Bewegung der ungeheuren Mehrzahl im Interesse der ungeheuren Mehrzahl. Das Proletariat, die unterste Schicht der jetzigen Gesellschaft, kann sich nicht erheben, nicht aufrichten, ohne daß der ganze Überbau der Schichten, die die offzielle Gesellschaft bilden, in die Luft gesprengt wird ... Mit der Entwicklung der großen Industrie wird also unter den Füßen der Bourgeoisie die Grundlage selbst weggezogen, worauf sie produziert und die Produkte sich aneignet. Sie produziert vor allem ihre eigenen Totengräber. Ihr Untergang und der Sieg des Proletariats sind gleich unvermeidlich."
(Kommunistisches Manifest, MEW, Bd. 4, S. 472 f.)

6 Diktatur des Proletariats und kommunistische Gesellschaft
6a Marx über die Überwindung des Kapitalismus:
„Das Proletariat wird seine politische Herrschaft dazu benutzen, der Bourgeoisie nach und nach alles Kapital ... zu entreißen, alle Produktionsinstrumente in den Händen des Staates, d. h. des als herrschende Klasse organisierten Proletariats zu zentralisieren und die Masse der Produktivkräfte möglichst rasch zu vermehren."
(Kommunistisches Manifest, MEW, Bd. 4, S. 481)

6b „In einer höheren Phase der kommunistischen Gesellschaft, nachdem die knechtende Unterordnung der Individuen unter die Teilung der Arbeit, damit auch der Gegensatz geistiger und körperlicher Arbeit verschwunden ist; nachdem ... auch ... alle Springquellen des genossenschaftlichen Reichtums voller fließen – erst dann kann der enge bürgerliche Rechtshorizont ganz überschritten werden und die Gesellschaft auf ihre Fahne schreiben: Jeder nach seinen Fähigkeiten, jedem nach seinen Bedürfnissen!"
(Marx, Kritik des Gothaer Programms [1875], MEW, Bd. 19, S. 221)

d) Wie kommt es nach Marx zur Revolution und worin liegt ihre Zwangs-
läufigkeit? (M 5; vgl. M 2)

e) Warum ist nach Marx eine Diktatur des Proletariats nötig? (M 6 a)

f) Was wird die kommunistische Gesellschaft nach Marx erreichen? (M 6 b)

g) Der enge „bürgerliche Rechtshorizont" besteht vor allem in der Garantie
des Privateigentums. Welche politischen Probleme würde die Verwirklichung
des letzten Satzes in M 6 b aufwerfen?

h) Vergleiche die Voraussagen von Karl Marx mit der tatsächlichen Entwicklung in den Industrieländern. Vgl. z. B. S. 198, M 2 und 3.

i) Nenne Staaten, die sich bei der Gestaltung ihrer politischen, gesellschaftlichen und wirtschaftlichen Ordnung auf die Lehre von Karl Marx, den Marxismus und seine Weiterentwicklungen berufen. Nenne Parteien, die sich für ihre
politischen Ziele auf die Lehre von Karl Marx berufen.

10. Die Soziale Frage als Herausforderung

1839	Gesetz zur Einschränkung der Kinderarbeit in Fabriken in Preußen. (Für Kinder ab 10 Jahren sind bis zu 9 Arbeitsstunden erlaubt.)
1846	Christliche Gesellenvereine und -häuser werden durch den katholischen Geist- lichen Adolf Kolping gegründet.
1848	Die Innere Mission als evangelische Organisation der Nächstenliebe wird durch die Initiative des evangelischen Geistlichen Johann Hinrich Wichern gegründet.
1861–1869	Zusammenschlüsse von Arbeitern werden in den einzelnen deutschen Staaten zugelassen.
1863	Der Politiker und Publizist **Ferdinand Lassalle** gründet den „**Allgemeinen Deutschen Arbeiterverein**".
1869	**Wilhelm Liebknecht** und **August Bebel** gründen die **Sozialdemokratische Arbeiterpartei** in Eisenach.
1871	Allgemeines und gleiches Wahlrecht für Männer bei Wahlen zum Deutschen Reichstag.
1875	Der Allgemeine Deutsche Arbeiterverein vereinigt sich mit der Sozialdemokra- tischen Arbeiterpartei zur Sozialistischen Arbeiterpartei Deutschlands.
1883–1889	Die **gesetzliche Kranken-, Unfall-, Alters- und Invaliditätsversicherung** wird im Deutschen Reich eingeführt.
1891	Die Sozialistische Arbeiterpartei gibt sich als **Sozialdemokratische Partei Deutschlands (SPD)** in Erfurt ein neues Programm.
1897	Gründung der Caritas als Hilfsorganisation der katholischen Kirche.
1918	Der 8-Stunden-Tag wird eingeführt.

Wettbewerb und Gewinnstreben haben Unternehmer und andere Kapitaleigner angetrieben, die Produktion und die Produktivität (Produktionsmenge je Arbeits- oder Kapitaleinheit) ständig zu steigern. Mit einem Teil ihrer Gewinne vergrößerten sie ihre Betriebe oder gründeten neue. Diese Entwicklung war eine der Voraussetzungen dafür, daß die Wirtschaft wuchs und eine schnell-wachsende Bevölkerung auf längere Sicht nicht verelendete. Dies war aber nur möglich, wenn die produzierten Waren auch abgesetzt werden konnten, d.h.

Gewinnstreben der Unternehmer und Wirtschafts- wachstum – Gewinn für alle?

1 Der Ausbruch des Streiks. (Kolorierter Holzstich nach einem Gemälde von Robert Koehler, 1893)

wenn *Nachfrage* und *Kaufkraft* vorhanden waren. Das wurde in den Absatz-krisen, die man *Überproduktionskrisen* nannte und die die Industrialisierung begleiteten, besonders deutlich. Eine wesentliche Voraussetzung für die Siche-rung der Nachfrage war die Verbesserung der materiellen Lage der Arbeiter, die über gesicherte und steigende Löhne verfügen mußten. *Wirtschaftswachstum* setzte also langfristig eine *bessere Verteilung des Erwirtschafteten* und eine Milderung der sozialen Gegensätze voraus.

10.1 Die Betroffenen setzen sich zur Wehr

Sturm auf Maschinen

Die Vorteile der maschinellen Produktion waren denen nicht einsichtig, die von dem Einsatz von Maschinen Nachteile erlitten. Vor allem Handwerker und Heimarbeiter sahen sich durch die maschinelle Produktion um ihren Broter-werb gebracht. In England kam es seit 1758 häufig zum *Sturm auf Maschinen*. In Deutschland erhoben sich 1844 über 3000 heimarbeitende Weber in Schle-sien gegen einige Fabrikanten, die als Verleger ihre Ware abkauften. Die Fabri-kanten waren unter den Konkurrenzdruck der englischen Textilindustrie gera-ten, die mit fortgeschrittener Technik billiger produzierte. Diesen Druck auf die Preise gaben die Verleger an die Weber weiter, indem sie ihnen noch weni-ger für ihre Ware bezahlten. Zudem drängten wegen der wachsenden Bevölke-rung immer mehr Menschen in die unrentablen Heimarbeitsplätze. Sie konn-ten nicht auf Fabrikarbeitsplätze ausweichen, weil die Industrialisierung noch nicht so weit vorangeschritten war und hinter der englischen Entwicklung weit zurücklag. Dies verschärfte die *Elendslage der schlesischen Weber*. Drei Fabri-kanten hatten sich besonders mitleidlos gezeigt. Ihre Häuser wurden gestürmt,

Möbel, Vorräte und Geschäftspapiere zerstört. Obwohl von den Aufständischen weder Blut vergossen noch Feuer gelegt wurde, schlugen preußische Truppen mit *Waffengewalt* den Aufstand blutig nieder.

Zu Aufständen wie in Schlesien kam es in Deutschland unter der Heimarbeiterschaft und der seit der Jahrhundertmitte immer schneller wachsenden Fabrikarbeiterschaft sonst nicht. Der *Streik*, das *gewaltlose Niederlegen der Arbeit*, war wirkungsvoller als Gewaltanwendung, die den Behörden Anlaß zu hartem Einschreiten gab.

Streik als Kampfmittel

Schon im 18. Jahrhundert gab es Zusammenschlüsse von Handwerkern, Gesellen oder Heimarbeitern zu gegenseitiger Hilfe für Kranke und Witwen. Sie versuchten aber auch, von den Verlegern und den Fabrikbesitzern oder von der Regierung höhere Löhne oder bessere Erwerbsbedingungen zu erlangen. Wie in England schlossen sich auch in Deutschland Arbeiter zu *Arbeitervereinen* zusammen, die ihr Los auf gewaltlose Weise bessern wollten. Ein Mittel dazu sahen sie darin, Arbeitern *Bildung* zu ermöglichen, damit sie erfolgreicher für ihre Interessen eintreten konnten.

Arbeiter schließen sich zusammen

Mit der Industrialisierung nahm die Zahl der Arbeiter zu. Da sie zu Hunderten und Tausenden in immer größer werdenden Betrieben arbeiteten, in den Arbeitervierteln der Städte massenweise beieinander wohnten, wurden sie sich ihrer gemeinsamen Interessen immer mehr bewußt, stieg ihr „*Klassenbewußtsein*". Da der einzelne Arbeiter machtlos und gewöhnlich arm war, leuchtete ihm die Notwendigkeit ein, füreinander in einer gemeinsamen und organisierten Vertretung einzustehen, d.h. *Solidarität* zu üben. Das nächstliegende Interesse war es, für bessere Löhne und Arbeitsbedingungen in der jeweiligen Fabrik zu sorgen. Vereinigungen (Vereine) zu diesem Zweck wurden schließlich *Gewerkschaften* genannt. In Deutschland begann die Gewerkschaftsbewegung 1860.

Aus Arbeitervereinen werden Gewerkschaften …

Auf längere Sicht aber mußten die Arbeiter versuchen, Gesetze herbeizuführen, die ihnen eine angemessene Stellung in der Gesellschaft sicherten. Dazu brauchten sie politische Macht. *Politische Vereine* forderten das *Wahlrecht* für Arbeiter wie die Chartisten in England. In Deutschland forderte *Ferdinand Lassalle* mit dem „*Allgemeinen Deutschen Arbeiterverein*" 1863 das allgemeine und gleiche Wahlrecht. Auch Männer aus dem Bürgertum unterstützten diese Bestrebungen, die der Staat immer wieder zu unterdrücken versuchte.

1863

Arbeitervereine, die politische Macht anstrebten, wurden in England wie in Deutschland zu *Arbeiterparteien*. Die Verfassung, die dem *1871* gegründeten *Deutschen Reich* gegeben wurde, gewährte das *allgemeine und gleiche Wahlrecht für Männer* und bot damit auch einer Arbeiterpartei wie der 1869 von *Wilhelm Liebknecht* und *August Bebel* in Eisenach gegründeten *Sozialdemokratischen Arbeiterpartei* die Möglichkeit, *Abgeordnete* in die gesetzgebende Versammlung, den Reichstag, wählen zu lassen (vgl. S. 212f. und S. 226ff.). Die Lehre von Karl Marx wurde zur anerkannten Theorie eines großen Teiles der organisierten *Arbeiterbewegung* und zum Schreckgespenst der herrschenden Schichten.

… und Arbeiterparteien

1869

Für eine Arbeiterpartei gab es zwei Möglichkeiten politischer Zielsetzung:
– Sie konnte durch die schrittweise Veränderung der Verhältnisse, durch *Reformen*, die *Gleichberechtigung* für die Arbeiter in *Staat und Gesellschaft* anstreben oder
– durch eine große *Revolution* im Sinne von Karl Marx die *Diktatur des Proletariats* und die *kommunistische Gesellschaft* herbeizuführen versuchen.
Um diese beiden Zielsetzungen wurden in der Sozialdemokratischen Partei Deutschlands von 1891 bis ins 20. Jahrhundert hinein immer wieder heftige Auseinandersetzungen geführt.

Reform oder Revolution?

2 Entwicklung des Realeinkommens (Kaufkraft des durchschnittlichen Jahresverdienstes eines Beschäftigten in Deutschland)

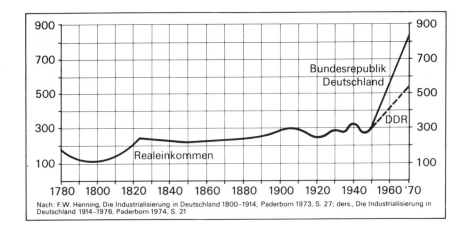

Nach: F.W. Henning, Die Industrialisierung in Deutschland 1800–1914, Paderborn 1973, S. 27; ders., Die Industrialisierung in Deutschland 1914–1976, Paderborn 1974, S. 21

3 Entwicklung der durchschnittlichen Wochenarbeitszeit von Arbeitern in Deutschland

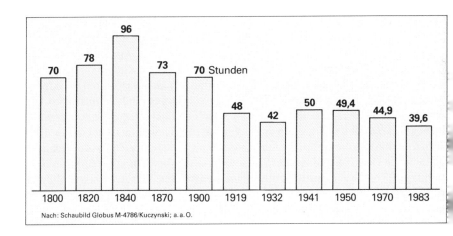

Nach: Schaubild Globus M-4786/Kuczynski; a.a.O.

4 Entwicklung der Gewerkschaften

4a Mitgliederzahlen der Gewerkschaften im Deutschen Reich (abgerundet):

1875	50 000
1891	412 000
1905	1 300 000
1914	3 000 000

(= 40% der Industriearbeiter)
(Henning, a.a.O., S. 272)

4b Im Deutschen Reich waren insgesamt im Gewerbe beschäftigt (in Mio.):

1875	5,4
1913	11,6

(Henning, a.a.O., S. 137)

4c Mitgliederzahl der Gewerkschaften 1913:

Freie (sozialistische)	2 574 000
Hirsch-Dunckersche (linksliberale)	342 000
Christliche	107 000

5 Programm der SPD

Aus dem Programm der SPD, beschlossen auf dem Parteitag zu Erfurt 1891:

„3. Erziehung zur allgemeinen Wehrhaftigkeit. Volkswehr anstelle der stehenden Heere. Entscheidung über Krieg und Frieden durch die Volksvertretung ...

5. Abschaffung aller Gesetze, welche die Frau ... gegenüber dem Manne benachteiligen.

7. Weltlichkeit der Schule. Obligatorischer Besuch der öffentlichen Volksschulen. Unentgeltlichkeit des Unterrichts, der Lehrmittel und der Verpflegung in den öffentlichen Volksschulen sowie in den höheren Bildungsanstalten. ...

8. ... Abschaffung der Todesstrafe.

9. Unentgeltlichkeit der ärztlichen Hilfeleistung. ...

10. Stufenweise steigende Einkommens- und Vermögenssteuer zur Bestreitung aller öffentlichen Ausgaben. ... Abschaffung aller indirekten

Steuern, Zölle und sonstigen wirtschaftspolitischen Maßnahmen, welche die Interessen der Allgemeinheit den Interessen einer bevorzugten Minderheit opfern.

Zum Schutze der Arbeiterklasse fordert die Sozialdemokratische Partei Deutschlands zunächst:

1. Eine wirksame nationale und internationale Arbeiterschutzgesetzgebung auf folgender Grundlage:

a) Festsetzung eines höchstens acht Stunden betragenden Normalarbeitstages;

b) Verbot der Erwerbsarbeit für Kinder unter vierzehn Jahren;

d) eine ununterbrochene Ruhepause von mindestens sechsunddreißig Stunden in jeder Woche für jeden Arbeiter."

(Nach: W. Mommsen, Parteiprogramme, S. 349 ff.)

6 Die Arbeiterbewegung in der Sicht von Behörden und Bürgern (vgl. S. 226 ff.)

6a In einem Geheimbericht über politische Aktivitäten der Arbeiterbewegung schreibt der Berliner Polizeipräsident am 22. November 1889:

„Beim Vergleich der heutigen Lage der sozialdemokratischen und revolutionären Bewegung mit der zuletzt vor zwei Jahren geschilderten ergibt sich wiederum eine erhebliche Erweiterung der zwischen der Arbeiterschaft und den übrigen Gesellschaftsklassen entstandenen Kluft. Die Unzufriedenheit mit ihren politischen und wirtschaftlichen Verhältnissen, die Anschauung, daß die ebenso notwendige wie mögliche Besserung von den übrigen Klassen nur aus Eigennutz und bösem Willen hintertrie

ben werde, ... greift auch unter den noch nicht der Sozialdemokratischen Partei angehörigen Arbeitern immer mehr um sich."

(Zit. nach: R. Höhn, Die vaterlandslosen Gesellen, Bd. I, Köln 1964, S. 323 ff.)

6b Der Geschichtsprofessor Heinrich von Treitschke schrieb im Jahre 1878:

„Die Sozialdemokratie bildet einen Staat im Staate. Es wird höchste Zeit, daß der Staat für längere Zeit die Vereine der Sozialdemokratie schließt, ihre Zeitungen verbietet, ihre Agenten aus den großen Mittelpunkten der Arbeiterbevölkerung ausweist. Diese Menschen trotzen auf die Gewalt der Fäuste, und sie verstehen nur die Sprache der Gewalt."

(H. v. Treitschke, Der Sozialismus und der Meuchelmord, Berlin 1878, S. 638 ff.)

6c Der Schriftsteller Theodor Fontane schrieb 1878 in einem Brief:

„Millionen von Arbeitern sind geradeso gescheit, so gebildet, so ehrenhaft wie Adel und Bürgerstand; vielfach sind sie ihnen überlegen. ... Alle diese Leute sind vollkommen ebenbürtig, und deshalb ist ihnen weder der Beweis zu führen, daß es mit ihnen nichts sei, noch ist ihnen mit der Waffe in der Hand beizukommen. Sie vertreten nicht bloß Unordnung und Aufstand, sie vertreten auch Ideen, die zum Teil ihre Berechtigung haben und die man nicht totschlagen oder durch Einkerkerung aus der Welt schaffen kann."

(Zit. nach: W. Müller-Seidel, Der deutsche Roman. Struktur und Geschichte, Bd. 2, Düsseldorf 1962, S. 166)

a) Setze die Entwicklung des Reallohnes und der Arbeitszeit zu der gesellschaftlichen und wirtschaftlichen Entwicklung in Beziehung. (M 2 und 3) – Besteht ein Zusammenhang zwischen Arbeitszeit und Arbeitslosigkeit? Begründe Deine Meinung.

b) Welchen Zustand hätte die Erfüllung der Forderungen der SPD jeweils abgelöst? (M 5) – Welche Forderungen sind in der Bundesrepublik inzwischen erfüllt? Auf dem Erfurter Parteitag hatte sich die SPD zu den Lehren von Karl Marx bekannt. Sind die wiedergegebenen Forderungen am Gedanken der Reform oder der Revolution orientiert?

c) Wie zeigt sich die Stimmung der Arbeiter in den Wahlergebnissen 1871–1912? (M 6a, vgl. auch S. 218, M 1; S. 219, M 2)

d) Vergleiche die Ansichten der beiden Angehörigen des gebildeten Bürgertums. (M 6b und 6c)

Arbeitsvorschläge und Fragen

10.2 Antworten von Unternehmern, Kirchen und Staat auf die Soziale Frage

Unternehmer kümmern sich um Arbeiter aus Fürsorge und Geschäftsinteresse

Unternehmer hatten beim Ausbau ihrer Firma vor allem Freude am Werk, am Erfolg, am Gewinn, an der Macht, am Reichtum, und sie suchten die Kosten niedrig zu halten. Doch gab es manche, die zufriedene Arbeiter in ihrem Betrieb haben wollten und sich um sie kümmerten.

Das früheste und bekannteste Beispiel ist der Engländer *Robert Owen*. Owen versuchte das Elend der Arbeiter zu überwinden, indem er industrielle *Genossenschaftsdörfer* gründete. Ihre Bewohner sollten aus Gruppen von Arbeitern und Bauern bestehen, die sich selbst versorgten und ihre Produkte austauschten. Diese Genossenschaften hatten nicht lange Bestand. Für solch eine Gesellschaftsordnung, in der die Menschen nicht nur politisch, sondern auch wirtschaftlich und gesellschaftlich gleichgestellt sind, gebrauchte eine englische Zeitung 1827 zum ersten Male das Wort *„sozialistisch"*.

Viele Unternehmer, so z.B. Alfred Krupp, verbesserten die *Arbeitsbedingungen*, vor allem für ihr Stammpersonal, weil sie sich für ihre Arbeiter verantwortlich fühlten, oder in der Einsicht, daß ein Betrieb mit vielen zufriedenen Arbeitern mehr leistet. Werner v. Siemens beteiligte seine Arbeiter am Gewinn. In Jena gab Ernst Abbe 1889 sein Eigentum an den optischen Werken auf und machte sie zur gemeinnützigen Carl-Zeiss-Stiftung, in der er nur leitender Angestellter war.

Die Mehrzahl der Unternehmer aber zahlte freiwillig nicht mehr Lohn und bot keine besseren Arbeitsbedingungen, als *Marktlage* und *Gesetz* forderten. Der Zwang dazu wurde jedoch größer, je mehr die „Reservearmee der Arbeitslosen" zusammenschmolz, je knapper in Zeiten des wirtschaftlichen Aufschwungs gelernte und verläßliche Arbeitskräfte wurden.

Die Kirchen predigen und praktizieren Nächstenliebe

Die christlichen Kirchen mußten sich angesichts der sozialen Probleme herausgefordert fühlen. In beiden Kirchen gab es Geistliche, die Abhilfe zu schaffen suchten, indem sie die Zustände kritisierten und den Herrschenden ins Gewissen redeten. Da sie Gottlosigkeit für die Wurzel des Übels hielten, gründeten sie Werke der Mission und der Nächstenliebe. Der evangelische Geistliche *Johann Hinrich Wichern* gründete 1848 die *Innere Mission*, der katholische Geistliche Adolf Kolping wollte mit seinen *Kolpinghäusern* jüngeren Arbeitern einen Zufluchtsort schaffen. Der katholische Bischof von Mainz, *Wilhelm E. v. Ketteler*, richtete scharfe Worte gegen die Ausbeutung der Arbeiter. Doch der Arbeiterbewegung standen die Kirchen mißtrauisch oder ablehnend gegenüber; denn die sozialistische Arbeiterbewegung sah in Kirche und Religion vorwiegend Mittel, die Unterdrückten fügsam zu machen. Religion sei, wie es bei Marx hieß, „das Opium des Volkes".

Der Staat: Sozialpolitik durch Gesetze

Die *Regierungen* der Staaten, in denen Industrie entstand, sahen ein, daß sie für die wirtschaftlich und politisch Schwachen *Verantwortung zu übernehmen* hatten. Massenelend mußte zu einer Schwächung des Staates führen. Das Gefühl der Arbeiter, schutzlos zu sein, konnte den herrschenden Schichten *politisch gefährlich* werden. Je größer die Zahl der Fabrikarbeiter wurde, desto besser wurden sie durch Gesetze geschützt. Den Arbeiterparteien standen die Regierungen, die vor allem die Interessen von Adel und Bürgertum vertraten, mißtrauisch, oft haßerfüllt gegenüber. So verfolgte die Regierung des Deutschen Reiches unter dem Reichskanzler *Otto von Bismarck* seit 1878 die Sozialdemokratische Partei als Feind des Staates mit den sogenannten *Sozialistengesetzen*. Gleichzeitig aber tat sie mit der *Sozialgesetzgebung* einen großen

1883

Schritt zur sozialen Absicherung der Arbeiter (s. S. 226 ff., Kap. 3.2).

1 Unternehmer: Herr im Haus

1a Alfred Krupp, Eigentümer der Krupp-Stahl-Werke in Essen, sagte 1855 von sich:

„Vor bald 30 Jahren stand ich in der leeren Halle dieser Fabrik, dem väterlichen Erbe, zusammen mit wenigen Arbeitern. Fünfzehn Jahre lang habe ich gerade soviel erworben, um den Arbeitern ihren Lohn ausbezahlen zu können. Wenn bei schlechter Wirtschaftslage alle Industrien darniederlagen, wenn Bestellungen fehlten, so habe ich dennoch arbeiten lassen, niemals einen treuen Arbeiter entlassen. Den Gewinn unserer Arbeit ließ ich in das Werk zurückfließen, damit wir durch eine erstklassige Produktion um Aufträge nicht verlegen sind und jedem Werksmitglied seinen Arbeitsplatz sichern können.

Seit 19 Jahren haben wir unsere Betriebskrankenkasse. Daher habe ich die Überschüsse der Kasse dazu bestimmt, daß aus ihnen den alten Arbeitern Pensionen bezahlt werden … Ich wünsche, daß alle, die hier arbeiten, frei von Sorgen sind; sie sollen Krankheit und Alter nicht fürchten müssen."
(Zit. nach: B. Woischnik, Alfred Krupp, Meister des Stahls, Bad Godesberg 1957, S. 90 f.)

1b 1872 gab Krupp seinen Arbeitern folgendes bekannt:

„Ich erwarte und verlange volles Vertrauen, lehne jedes Eingehen auf ungerechtfertigte Anforderungen ab, werde, wie bisher jedem gerechten Verlangen zuvorkommen; fordere daher alle diejenigen, welche damit sich nicht begnügen wollen, hiermit auf, je eher, desto lieber zu kündigen, um meiner Kündigung zuvorzukommen … Ich [will] in meinem Hause, wie auf meinem Boden Herr sein und bleiben."
(Zit. nach H. M. Enzensberger u. a. Hrsg., Klassenbuch 2, Darmstadt 1972, S. 87)

2 Gewinnbeteiligung

Werner von Siemens, Erfinder des Dynamos und Begründer der Siemenswerke, schrieb in seinen Lebenserinnerungen:

„Es war mir schon früh klargeworden, daß eine befriedigende Weiterentwicklung der stetig wachsenden Firma nur herbeizuführen sei, wenn ein freudiges, selbständiges Zusammenwirken aller Mitarbeiter zur Förderung ihrer Interessen erwirkt werden könnte. Um dieses zu erreichen, schien es mir erforderlich, alle Angehörigen der Firma nach Maßgabe ihrer Leistungen am Gewinn zu beteiligen … Ferner schenkten wir den sämtlichen Mitarbeitern der Firma ein Kapital von 60 000 Talern als Grundstock für eine Alters- und Invaliditäts-Pensionskasse … Freilich, die Freiheit zu streiken wird dem Arbeiter durch die Pensionsbestimmungen wesentlich beschränkt, denn bei seinem freiwilligen Austritte verfallen … seine Altersrechte …"
(Zit. nach: Poenicke, Theorien, a. a. O., S. 87 ff.)

3 Fürsorge

Von 4850 Betrieben in Preußen hatten im Jahre 1876 eingerichtet:

439 Reingewinnbeteiligung (darunter Werner v. Siemens, Begründer der Siemenswerke).
1655 Fürsorge für Wohnung
1043 Fürsorge für Wohnung und Ernährung
1637 Fürsorge für Gesundheitspflege
Insgesamt waren 1875 35 % der Arbeiter gegen Krankheit versichert.
(Nach: Henning, a. a. O., S. 199)

4 Urlaub für Arbeiter. Bekanntmachung der BASF (vgl. S. 180, M 1) aus dem Jahre 1907

An unſere Arbeiter.

Wir bringen hiemit zur Kenntnis, daß wir uns entschlossen haben, unſeren Arbeitern alljährlich einen Urlaub zu gewähren.

Für die Bewilligung desselben gelten folgende Bestimmungen:

Jeder Arbeiter erhält nach Ablauf von 10 ohne Unterbrechung geleisteten Dienstjahren, vom Tage der Volljährigkeit an gerechnet, einen Urlaub von 1 Woche unter Bezahlung seines durchschnittlichen wöchentlichen Arbeitsverdienstes für die Dauer des Urlaubes. Außerdem gewähren wir für die Urlaubswoche eine Zulage von Mk. 7.—. (Krankheit, Militärdienst und militärische Übungen gelten nicht als Unterbrechung der Dienstzeit).

Der Zeitpunkt des Urlaubes für jeden einzelnen Arbeiter wird durch dessen Betriebsführer unter möglichster Berücksichtigung der Wünsche des Urlaubsberechtigten, jedoch unter Wahrung der Sicherheit und der geregelten Fortführung des Betriebes bestimmt.

Vorstehende Bestimmungen treten mit dem Jahre 1908 in Kraft.

Ludwigshafen a. Rh., den 31. Dezember 1907.

**Die Direktion
der Badischen Anilin- & Soda-Fabrik.**

5 „Konsumanstalt" im Nürnberger Werk der Firma Siemens. (Foto, 1908)

6 Unterwerfung durch Fürsorge?

Der Sozialwissenschaftler Lujo Brentano sah 1906 die Fürsorge der Fabrikherren kritisch:

„Es handelt sich hier nicht um Wohlfahrtseinrichtungen rein karitativen Gepräges, sie sind über alles Lob erhaben. Es handelt sich [hier] vielmehr um Maßnahmen, die sich überwie-
5 gend nur auf den Teil des Lebens des Arbeiters beziehen, wie Wohnungsfürsorge, Darlehensgewährung und dgl., deren Wirkung … darin besteht, den Arbeiter innerhalb wie außerhalb der Unternehmungen zu jedweder Unterwerfung
10 unter den Willen des Arbeitgebers zu zwingen. So erhält jeder Betrieb damit … gewissermaßen eine Garde, über die er unumschränkt zu verfügen vermag."

(L. Brentano, Das Arbeitsverhältnis in den privaten Riesenbetrieben, in: Schriften des Vereins für Sozialpolitik, Bd. 116, 1906, S. 139–149)

7 Recht statt Gnade!

Am 29. Januar 1865 schrieb die Zeitung „Der Social-Demokrat" zum Nachruf auf einen wohltätigen Industriellen zur sozialen Frage:

„Humanität einzelner Fabrikanten gegen ihre Arbeiter ist ohne Zweifel eine höchst nennenswerte Sache, aber mit der Sozialen Frage haben diese Dinge nichts zu tun. Hierfür ist es ganz
5 gleichgültig, ob es edle Fabrikanten gibt oder nicht, denn es handelt sich nicht darum, im kleinen, sondern im großen andere Zustände herzustellen und nicht darum, die Gnade oder den guten Willen einzelner Fabrikanten in Anspruch zu nehmen, sondern die Rechte – man 10 verstehe wohl! – die Rechte der Arbeiter zu erkämpfen."

(Zit. nach: J. E. Joerg, Geschichte der socialpolitischen Parteien in Deutschland, Freiburg 1867, S. 213)

8 Predigt und Nächstenliebe

1864 schreibt Bischof Ketteler in der Schrift „Die Arbeiterfrage und das Christentum":

„… Das erste Hilfsmittel, welches die Kirche dem Arbeiterstande auch fortan bieten wird, ist die Gründung und Leitung der Anstalten für den arbeitsunfähigen Arbeiter … Das dritte Hilfsmittel, wodurch das Christentum dem Arbeiterstande hilft, besteht in seinen Wahrheiten und Lehren, die dem Arbeiterstande zugleich die wahre Bildung geben …"

(Kettelers Schriften, hrsg. v. J. Mumbauer, Bd. 3, München 1921, S. 95 ff.)

9 Soziallehre und Sozialismus

Mit einem Rundschreiben, das nach den ersten Worten des lateinischen Textes „Rerum novarum" heißt, begründete Papst Leo XIII. 1881 eine Soziallehre der katholischen Kirche:

„Die Besitzlosen sind … nicht minder Bürger als

die Besitzenden, das heißt, sie sind wahre Teile des Staates, die am Leben der aus der Gesamtheit der Familie gebildeten Staatsgemeinschaft teilnehmen, und sie bilden zudem, was sehr ins Gewicht fällt, in jeder Stadt bei weitem die größere Zahl der Einwohner … Es ist also eine Forderung der Billigkeit, daß man sich seitens der öffentlichen Gewalt des Arbeiters annehme, damit er von dem, was er zum allgemeinen Nutzen beiträgt, etwas empfängt, so daß er in Sicherheit hinsichtlich Wohnung, Kleidung und Nahrung ein weniger schweres Leben führen kann."

„Was … an harter und unerträglicher Unterdrückung der Bürger aus dem sozialistischen System entstehen wird, ist nur zu klar. Tür und Tor ständen dem gegenseitigem Neid, der üblen Nachrede und der Uneinigkeit offen …; endlich bedeutet die Gleichheit aller, wie die Theorie des Sozialismus ausmalt, in der Praxis nichts anderes als die Gleichheit aller ohne Unterschied in einer armseligen und unwürdigen Lebenslage. Aus all dem ergibt sich, daß man den Plan des Sozialismus, alles in Gemeineigentum zu überführen, durchaus ablehnen muß; vor allem, weil man so denen, denen man helfen will, nur Schaden bringt. Wenn man also die Lage der unteren Schichten bessern will, so muß man vor allem dabei bleiben, daß die Grundlage aller Überlegungen die Unverletzlichkeit des Rechts auf Sondereigentum (= Privateigentum) zu bilden hat."

(Zit. nach: H. Pönicke, Die sozialen Theorien, S. 66 f. bzw. nach: Paul Jostock [Hrsg.], Die sozialen Rundschreiben, Freiburg 1961, S. 23 f.)

10 Deutsche Sozialversicherung: Leistungen im internationalen Vergleich. (Propagandapostkarte aus dem Ersten Weltkrieg)

Arbeitsvorschläge und Fragen

a) Erkläre Krupps Selbstbewußtsein gegenüber seinen Arbeitern. (M 1) – Wie stand Krupp zur Mitbestimmung der Arbeiter im Betrieb? Was meinte er mit: „Ich werde jedem gerechten Verlangen zuvorkommen"? Wer beurteilt, was gerecht ist? (Vgl. M 6 und 7)

b) Unterscheide die Einstellung von Krupp, Siemens, Abbe und Owen zu ihren Arbeitnehmern. (M 1, 2 und S. 200)

c) Welchen Vorteil sollten Arbeiterfamilien von einem Konsumgeschäft haben? (M 5)

d) Welche gesetzlichen Urlaubsansprüche hatten Arbeiter in Deutschland 1907? Prüfe M 4 daraufhin.

e) Welche Schwerpunkte betrieblicher/staatlicher Leistungen und welche Notlagen auf seiten der Arbeiter lassen sich M 3 und 10 entnehmen?

f) Fasse die Stellung der katholischen Kirche zur Sozialen Frage zusammen. Die vorherrschende Meinung in der evangelischen Kirche unterschied sich davon nicht grundsätzlich. (M 8 und 9)

11. Industrialisierung im Südwesten Deutschlands

Späterer Anfang

Das Land Baden-Württemberg steht mit seiner wirtschaftlichen und industriellen Leistung heute in der Spitzengruppe der Länder der Bundesrepublik. Das war nicht immer so. In *Baden, Württemberg* und *Hohenzollern*, den drei Vorgängerstaaten des Bundeslandes Baden-Württemberg, begann die *Industrialisierung* etwa 25 Jahre *später* als in Preußen, das in seiner wirtschaftlichen Entwicklung im 19. Jahrhundert an der Spitze Deutschlands lag. Erst gegen Ende des Jahrhunderts begann der Südwesten aufzuholen.

Ein genauerer Blick zeigt, daß die Industrialisierung in Baden allerdings wieder anders verlief als in Württemberg. Je nach *geographischen, historischen* und *politischen Bedingungen* industrialisieren sich Länder auf verschiedene Weise und in anderem Rhythmus, Deutschland anders als England, Württemberg anders als das Ruhrgebiet, aber auch anders als Baden.

Bedingungen für eine Industrialisierung

Das Königreich Württemberg und das Großherzogtum Baden sind als deutsche Mittelstaaten durch die Neuordnung der Territorien im Reichsdeputationshauptschluß *1803* entstanden. *Baden*, von Mannheim bis zum Bodensee an den Rhein und damit auch an Frankreich und die Schweiz angrenzend, hatte *Standortvorteile* zu einer Zeit, als es noch keine Eisenbahnen gab und die Straßen schlecht waren. Das gewaltige Unternehmen der *Rheinregulierung*, 1816 begonnen, zeigte, daß man diesen Vorteil ausbauen wollte. 1825 legte das erste Dampfschiff in *Mannheim* an, das als Handels- und Industriestadt zur größten Stadt Badens wurde. Auch die anderen, für damalige Verhältnisse großen Städte *Karlsruhe* und *Freiburg* lagen in oder an der Rheinebene. *Württemberg* war insgesamt abgeschlossener. Zwar war *Stuttgart* schon 1834 mit 35 000 Einwohnern größer als Mannheim; doch hatte Württemberg im übrigen *weniger große Städte* als Baden und damit weniger Industriezentren. So ist es wohl kein Zufall, daß Baden im 19. Jahrhundert nicht nur wirtschaftlich weiter entwickelt, sondern auch politisch liberaler war als Württemberg.

Württemberg bremst das Wachstum

Den langsamen Weg zur Industrialisierung empfanden weder Regierung noch öffentliche Meinung in Württemberg als Nachteil, im Gegenteil. Man fürchtete schnelles Bevölkerungswachstum, das zu Verelendung führte, wollte kein Industrieproletariat und keine Anhäufung von Kapital in wenigen Händen. Dörfer und Kleinstädte, in denen möglichst viele Haushalte von *Landwirtschaft* und *Heimarbeit* oder *Handwerk* lebten, sollten erhalten bleiben. *Kleine Gewerbebetriebe* und *kleine Fabriken* förderte der Staat großzügig. Großbetriebe sah die Regierung ungern. Deshalb hielt sie bis zum Anschluß an das von Preußen bestimmte Deutsche Reich 1871 von den liberalen Grundsätzen der Gewerbefreiheit und der Freizügigkeit weniger als andere Länder.

Fürsorge und Bevormundung durch den Staat

Die bevormundende Fürsorge des württembergischen Staates schränkte den einzelnen ein. *Unternehmer* bedurften der Genehmigung der *Behörden* oder *Zünfte*. Bürgermeister und Gemeinderäte konnten den Bürgern weithin die Genehmigung der *Heirat* verweigern oder Auswärtigen den *Zuzug*, wenn sie kein Vermögen besaßen oder nicht die Fähigkeit zur Ausübung eines Berufes hatten. Mädchen, die ein Kind erwarteten und kein Bürgerrecht hatten, wurden vielerorts polizeilich ausgewiesen. Arme und ungelernte Arbeiter waren nicht erwünscht. Auf diese Weise nahm das *Bevölkerungswachstum* zwischen 1822 und 1840 *langsamer als die landwirtschaftliche Produktion* und die *Zahl der Arbeitsplätze* zu. Not, Arbeitslosigkeit und soziale Spannungen waren in Württemberg lange Zeit weniger drängende Probleme als in den Teilen Deutsch-

1 „Mühle am Laufen": 1483 erstmals als Getreide- und Gipsmühle erwähnt, 1834 durch einen Textilbetrieb abgelöst. (Stich, um 1750)

2 Gewerbe und Eisenbahnbau in Baden und Württemberg (1832 bzw. bis 1865)

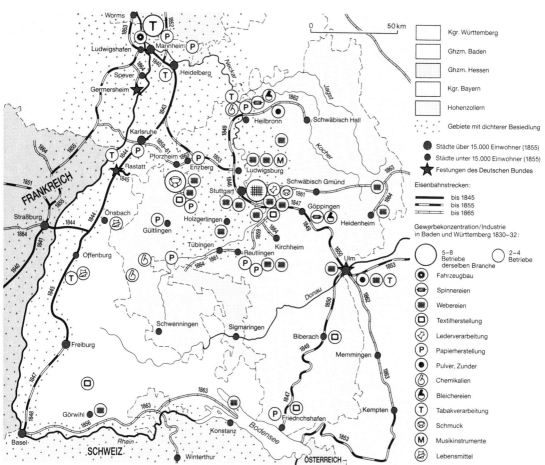

Kgr. Württemberg

Ghzm. Baden

Ghzm. Hessen

Kgr. Bayern

Hohenzollern

Gebiete mit dichterer Besiedlung

● Städte über 15.000 Einwohner (1855)

● Städte unter 15.000 Einwohner (1855)

★ Festungen des Deutschen Bundes

Eisenbahnstrecken:

bis 1845

bis 1855

bis 1865

Gewerbekonzentration/Industrie in Baden und Württemberg 1830–32:

○ 5–8 Betriebe derselben Branche

○ 2–4 Betriebe

⚙ Fahrzeugbau

Spinnereien

Webereien

Textilherstellung

Lederverarbeitung

Ⓟ Papierherstellung

Pulver, Zunder

Chemikalien

Bleichereien

Ⓣ Tabakverarbeitung

Schmuck

Ⓜ Musikinstrumente

Lebensmittel

205

lands, die sich schneller bevölkerten und industrialisierten, wie im Ruhrgebiet, in Berlin, Sachsen oder Oberschlesien.

Diese Politik wurde von den geographischen Gegebenheiten unterstützt. Die Grundstoffe für eine Industrialisierung im englischen Stil fehlten: Es gab *keine Kohle-* und nur *ungenügende Eisenerzvorkommen*. Dafür gab es eine Fülle von *Wasserläufen*, die über *Mühlräder* oder *Turbinen* als Triebkraft genutzt werden konnten, ohne daß Dampfmaschinen und damit allzu großes Kapital nötig waren. Das kam vor allem der *Textilindustrie* zugute, die in dieser Phase die *Führung* übernahm. Aber auch die Textilindustrie hatte den Nachteil des *teuren Transports*. Der Fabrikant in Württemberg bezahlte doppelt soviel für den Transport der Baumwolle von Liverpool wie der Fabrikant am Niederrhein.

Der industrielle Aufstieg Württembergs begann daher erst, nachdem ein Netz von *Eisenbahnen* den Transport erleichterte, nachdem *Gewerbefreiheit* und *Freizügigkeit* der erfinderischen und unternehmerischen Aktivität Hindernisse aus dem Weg räumten und seit die Schaffung des Deutschen Reiches die wirtschaftlichen Möglichkeiten erweiterte. Da entstanden in Südwestdeutschland vor allem *moderne Industrien*, die auf der Erfindung des *Dynamos* und des *Automobils* aufbauten. *Carl Benz, Gottfried Daimler* und *Robert Bosch* sind die bekanntesten einer großen Zahl von Tüftlern und Erfindern, deren Neuerungen in immer kürzerer Zeit zur Entstehung neuer oder zur Modernisierung und Vergrößerung alter Industrien führten. Eine breite Schicht von *Arbeitskräften*, die sich in Kleinbetrieben *handwerklich qualifiziert* hatten, bildete eine wesentliche Voraussetzung für den Anschluß des Königreichs Württemberg und des Großherzogtums Baden an ältere Industrieregionen und -länder.

3 Fabriken in Württemberg?

3a 1823 schrieb der Finanzminister an den König von Württemberg:

„Württemberg glänzt nicht durch einzelne große Fabrik-Institute, aber ganz Württemberg ist eine Fabrik, eine Manufaktur; wo wir hinblicken, in die Hütten des Landmanns oder in
5 die volkreichen Straßen der Städte, überall finden wir fleißige Handwerker, kunstgeübte Manufakturisten, sinnende Kaufleute. Das ... Wohl oder Wehe von Tausenden ist nicht abhängig von dem Glück oder den Launen eines
10 einzigen Fabrikherrn, nicht eine einzelne Mode, nicht eine einzelne Maßregel des Auslandes macht unsere Arbeiter brotlos; unterstützt durch ihre kleine Landwirtschaft retten sie wenigstens ein kärgliches Auskommen, bis Glück
15 oder Genie wieder bessere Zeiten herbeiführt. Unsere Fabrikanten [= Fabrikarbeiter] werden ebenso wenig Bettler als Aufrührer sein!"
(Württembergische Jahrbücher 1823, S. 135 f.)

3b Moriz Mohl: „Über die württembergische Gewerbsindustrie" im Jahre 1828:

„Die wichtigsten Gewerbe werden jetzt nicht nur in England, sondern täglich mehr in Frankreich, den Niederlanden, Preußen, Rußland, Oestreich, Sachsen und der Schweiz durch Maschinen besser und wohlfeiler betrieben, als es durch Handarbeit möglich ist; sie werden in diesen Staaten mit einer Intelligenz, einer Masse chemischer, mechanischer und merkantilischer Kenntnisse und mit einer Ausbildung des Geschmacks betrieben, die nur dem Fabrik-Unternehmer, nie dem Handwerke eigen seyn werden, und welche, wenn sie einem Handwerker eigen sind, ihn bei ungehinderter Entwicklung seiner natürlichen Kräfte nothwendigerweise bald zum Fabrikanten erheben; sie werden endlich mit einer Theilung der Arbeit und mit Capitalmassen betrieben, welche dem Fabrikanten den Sieg über den Handwerker aufs Bestimmteste sichern."
(Zit. nach: J. Cramer u. a., Das Königreich Württemberg zwischen Restauration und Revolution, hrsg. v. Arbeitskreis ‚Aktionsgemeinschaft Wirtschaftserziehung in der Schule', Stuttgart 1983, M 30)

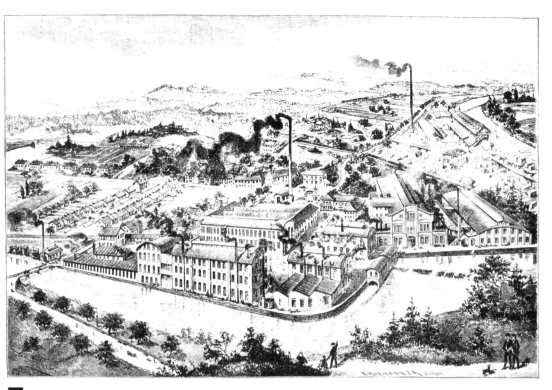

4   Eisenwerke Gaggenau. (Holzstich von E. Hofmann, 1891) – Links im Mittelgrund: werkseigene „Speise-Anstalt", „Consum-Anstalt", Arbeiterwohnungen, „Werkmeisterhäuser" als soziale Einrichtungen, die der Unternehmer Michael Feuerscheim um 1880 gründete.

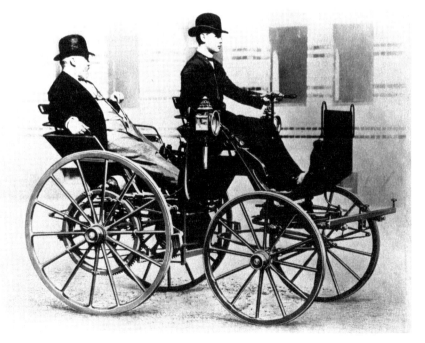

5   Das erste vierrädrige Daimler-Automobil (Einzylindermotor, 1,5 PS) aus dem Jahre 1886; im Rücksitz: Gottlieb Daimler.

6   Bevölkerungsentwicklung

Gebiet	Bevölkerungs-zahl 1816	Zuwachs in % bis		Wanderungsbilanz 1826–1865
		1837	1864	
NO-Deutschland	2,56 Mill.	31,6	77,0	+ 36659
Kgr. Sachsen	1,19 Mill.	37,7	94,4	+200892
Rheinland	1,87 Mill.	32,2	78,9	+147443
Baden	1,00 Mill.	25,0	41,9	−167352
Württemberg	1,39 Mill.	15,1	25,1	−313968

(W. Köllmann, Bevölkerung und Arbeitskräftepotential in Deutschland 1815–1865, in: Ministerpräsident des Landes NRW (Hrsg.), Jahrbuch 1968, Köln, Opladen, S. 214, 219)

7   Städte über 11000 Einwohner (1834): *Württemberg:* Stuttgart 35000, Ulm 15000; *Baden:* Mannheim 20500, Karlsruhe 20100, Freiburg 13700, Heidelberg 13400

8   Zuzug nur für brave Arbeiter?

Aus dem Zuzugsgesuch eines gelernten Schreiners nach Esslingen (27. 2. 1830):

„Ich arbeite als ein ehrlicher Mensch schon 8 Jahre allhier in der Fabrik … ein Hochedler Stadtrath darf gewiß nicht glauben, daß ich je einer Stiftung wegen eines Allmosens zur
5 Last fallen werde, sondern will mich jederzeit als ein rechtschaffener Inwohner betragen, thätig und gehorsam sein. Mein Handwerk begehre ich garnicht zu treiben, wo ich keinem Schreinermeister etwas entziehen werde, sondern ich
10 bleibe bei meiner Fabrikarbeit, wo ich mich und meine Familie als ein häuslicher und sparsamer Mann, ehrlich durchbringen werde …"

(Antrag v. 27. Febr. 1830, Stadtarchiv Esslingen)

9   Mehr technische Bildung

Der Werdegang der Universität Stuttgart 1829 bis 1985:

Jahr	Name	Zahl der Studenten
1829	Vereinigte Kunst-, Real- und Gewerbeschule	40–50
1840	Polytechnische Schule	200–300
1876	Politechnikum	500
1890	Technische Hochschule	800
1922/23	Technische Hochschule	2300
1966/67	Technische Hochschule	6569
1980	Universität und Technische Hochschule	12353
1985	Universität und Technische Hochschule	18481

10   Industrielles Wachstum

10a   Ausstattung mit Dampfmaschinen

Baden[1]			Württemberg[2]			Preußen[2]		
Jahr	Anzahl	PS	Jahr	Anzahl	PS	Jahr	Anzahl	PS
1847	24	361	1840	2	37	1843	862	16496
1861	223	3377	1858	212	2319	1861	7000	142658
1869	489	6462	1868	578	5615	1875	28783	632067

10b   Zahl der Fabriken (Baden) bzw. Fabriken und Manufakturen (Württemberg):

Baden[1]	1810	1829	1861
	163	170	6859

Württemberg[1]	1813	1832	1861
	124	330	19445

[1] W. A. Boelcke, Handbuch Baden-Württemberg, Stuttgart 1982, S. 220f.
[2] E. Engel, Das Zeitalter des Dampfes in technisch-statistischer Beleuchtung, Berlin 1880, S. 151

11 Arbeitskräfte und Arbeitsplätze
Auf 100 Arbeitskräfte kamen Arbeitsplätze

in	1849	1864
NO-Deutschland	80	84
Kgr. Sachsen	74	73
Rheinland	79	80
Baden	95	106
Württemberg	94	105

(Köllmann, a. a. O., S. 225)

12 Zunahme der Beschäftigten in Baden und Württemberg 1875–1907

Textilindustrie:	+34 %
Metallverarbeitung:	+123 %
Maschinen-, Apparate-, Instrumentenbau:	+210 %

(W. A. Boelcke, Handbuch Baden-Württemberg, Stuttgart 1982, S. 237)

13 Ausgewählte Daten zur Industrialisierung in Baden und Württemberg

1803	Eine Vielzahl kleiner und kleinster weltlicher und geistlicher Herrschaften wird dem neuen Königreich Württemberg und dem Großherzogtum Baden einverleibt
1809	Erste mechanische Fabrik in St. Blasien/Baden
1810	Erste mechanische Baumwollspinnerei bei Cannstadt/Württ., mit englischen Maschinen ausgestattet. (Vgl.: Erste deutsche Fabrik in Ratingen 1784; vgl. S. 165, M 5)
1816	Beginn der Rheinregulierung
1817	Laufrad von Drais in Mannheim
1818	Sparkassen; „Realschule" Stuttgart
1825	Erste Technische Hochschule Deutschlands in Karlsruhe
1834	Beitritt zum Deutschen Zollverein
1833 ff.	Bauernbefreiung
1840	Eisenbahn Mannheim–Heidelberg als erste Etappe der Strecke nach Basel
1841–42	Verstärkte Forderungen nach sozialen Reformen und Demokratisierung im badischen Landtag
Bis 1862	Volle Gewerbefreiheit
Bis 1871	Volle Freizügigkeit
1885	Erstes Motorrad von Daimler und Maybach, Stuttgart
1886	Erstes Automobil von Carl Benz, Mannheim
1887	Elektromagnetische Zündung von Robert Bosch, Stuttgart

Arbeitsvorschläge und Fragen

a) Stelle die Argumente in M 3a und 3b zusammen.

b) Wie erklärt sich das langsame Wachstum der Bevölkerung Badens und Württembergs? (M 6 und 7; vgl. M 2)

c) Inwiefern ergänzt der Text M 8 das Bild, das sich aus M 1–3 gewinnen läßt?

d) Die Zahl der Fabriken nach 1832 in Württemberg steigt schneller als die der Dampfmaschinen. (M 10) – Wie ist das zu erklären?

e) Erkläre den großen Vorsprung Preußens. (M 10a) – Welche Folgen ergeben sich daraus für die Stellung Preußens in Deutschland? (Vgl. S. 137 ff.)

f) Wie ist es zu erklären, daß es in Baden und Württemberg weniger Arbeitslose gab als in anderen Teilen Deutschlands? (M 11)

g) Welcher Industriezweig übernahm nach 1875 in Baden und Württemberg die Führung? Gib Gründe dafür an. (M 12, vgl. M 13)

h) Versuche herauszufinden, wie das Industriezeitalter in Deiner näheren Umgebung begonnen hat.

Das Deutsche Kaiserreich

1 „Die Balloper" (Gemälde von A. v. Menzel, 1878)

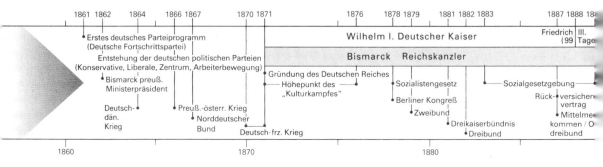

| 1861 1862 | 1864 | 1866 1867 | 1870 1871 | 1876 | 1878 1879 | 1881 1882 1883 | 1887 1888 18 |

Erstes deutsches Parteiprogramm
(Deutsche Fortschrittspartei)

Wilhelm I. Deutscher Kaiser

Friedrich III.
(99 Tage

Entstehung der deutschen politischen Parteien
(Konservative, Liberale, Zentrum, Arbeiterbewegung)

Bismarck   Reichskanzler

Bismarck preuß.
Ministerpräsident

Gründung des Deutschen Reiches
Höhepunkt des
„Kulturkampfes"

Sozialistengesetz

Sozialgesetzgebung

Deutsch-
dän.
Krieg

Preuß.-österr. Krieg
Norddeutscher
Bund

Deutsch-frz. Krieg

Berliner Kongreß
Zweibund

Dreikaiserbündnis
Dreibund

Rück- versicher-
vertrag
Mittelmee
kommen / O
dreibund

1860   1870   1880

2 Parade der Totenkopfhusaren vor Kaiser Wilhelm II. auf dem Tempelhofer Feld in Berlin (Foto, 1908)

3 Fabrikhalle – Siemens-Schuckert, Nürnberg
(Foto, 1907)

4 „Am Grunewaldsee" – (C. W. Allers, 1889)

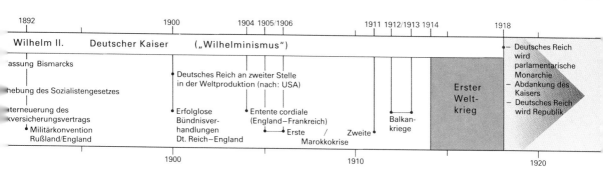

1. Reichsverfassung und Wahlrecht

1871	Mit der Reichsverfassung vom 16. April ist Deutschland eine konstitutionelle Monarchie.
1918	Durch die Verfassungsänderung vom 28. Oktober wird das Deutsche Reich eine parlamentarische Monarchie.

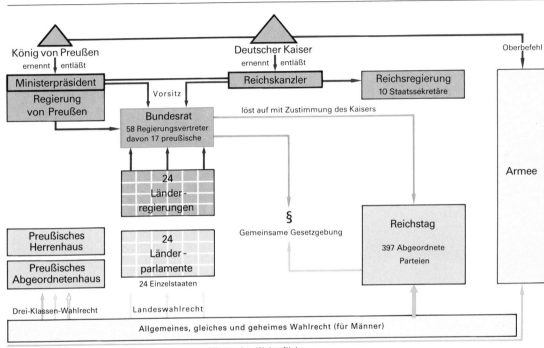

1 Die Verfassung des Deutschen Reiches 1871

Bismarcks Verfassung sichert Preußens Vorherrschaft 1871

Das *Deutsche Reich* wurde 1871 staatsrechtlich als ein *Bund aus 25 Einzelstaaten* gebildet. Als Staatsgrundgesetz für diesen Bund übernahm Bismarck die Verfassungskonstruktion, die er für den Norddeutschen Bund geschaffen hatte. Sie hatte sich in seinen Augen bewährt, weil sie für *Preußen die Führung* unter den Bundesmitgliedern sicherte. Bundesstaatliche Sonderrechte im Militär-, Steuer-, Verkehrs- und Postwesen erlaubten es jetzt den süddeutschen Staaten, in das Reich hineinzuwachsen und die preußische Hegemonie anzuerkennen. Das preußische Übergewicht beruhte zunächst auf seiner *territorialen Größe*; denn Preußen verfügte über ungefähr ⅔ der Fläche und der Bevölkerung des Reiches. Politisch wurde seine Vorherrschaft durch besondere Verfassungsbestimmungen begründet: Das *Amt des Kaisers* war mit dem des *preußischen Königs* verbunden. Der Kaiser ernannte den *Reichskanzler*. Dieser besaß den Vorsitz in der Vertretung der Bundesglieder, dem Bundesrat, in dem Preußen über 17 von 58 Stimmen verfügte, mit denen es eine Änderung der Militärgesetze, der Zolltarifgesetze und der Reichsverfassung verhindern konnte. Zugleich übernahmen preußische Beamte wesentliche Aufgaben in der Reichsverwaltung, die sich zunächst jedoch auf das Reichskanzleramt und das Aus-

212

wärtige Amt als zentrale Ämter beschränkten.

In Bismarcks Verfassung war *keine dem Reichstag verantwortliche Regierung* vorgesehen. Kein Mißtrauensvotum konnte den Reichskanzler stürzen; er war ausschließlich an das *Vertrauen des Monarchen* gebunden. Wenn Bismarck in der Volksvertretung auch lediglich ein Zugeständnis an die liberale Zeitströmung sah, mußte er trotzdem mit dem Reichstag zusammenarbeiten. Der *Reichstag* besaß nämlich neben dem Bundesrat das *Gesetzgebungsrecht* und mußte dem *Staatshaushalt* zustimmen; beides gab ihm die Möglichkeit, die Reichspolitik mitzubestimmen.

Der Kanzler ist vom Reichstag unabhängig

Auch passierte kaum ein von der Regierung vorgelegter Gesetzesentwurf den Reichstag, ohne daß die Parlamentsmehrheit ihn – oft zum Ärger Bismarcks – umgearbeitet oder verbessert und mit „dem Geist freiheitlicher Staatsauffassung" (Wilhelm Treue) versehen hätte.

Trotzdem empfanden liberale und sozialdemokratische Reichstagsabgeordnete die Verfassung als undemokratisch, weil sie die Ernennung und Entlassung des Reichskanzlers und seiner Staatssekretäre nicht beeinflussen und auch nicht unmittelbar auf die Politik der Regierung einwirken konnten. Erst angesichts der drohenden Niederlage im *Ersten Weltkrieg* kam es in den letzten Tagen der Monarchie zu einer *Regierung, die dem Parlament verantwortlich* war.

Der Reichstag wurde in *allgemeiner, gleicher, direkter und geheimer Wahl* nach dem *Mehrheitswahlrecht* gewählt. Danach durfte jeder männliche Deutsche vom 25. Lebensjahr an, der einen festen Wohnsitz hatte, in seinem Wahlkreis einem Kandidaten seine Stimme geben. Da zur gleichen Zeit in *Preußen* das *Dreiklassenwahlrecht* (vgl. M 9) mit öffentlicher Wahl beibehalten wurde, war das Reichstagswahlrecht in den Augen vieler Deutscher ein großer demokratischer Fortschritt; denn jede Stimme, auch die eines Wahlberechtigten aus der Unterschicht, sollte gleiches Gewicht haben.

Das Wahlrecht fördert die Demokratisierung

Die Gleichgewichtung der Stimmen wurde jedoch vom *Wahlverfahren* unterlaufen. Ursprünglich sollte auf ca. 100 000 Einwohner ein Abgeordneter gewählt werden. Weil sich bis 1918 aber durch Binnenwanderung und Verstädterung die Einwohnerzahl in den *Wahlkreisen* teilweise erheblich verschob, waren durch das Mehrheitswahlrecht beispielsweise Tausende von Stimmen in dichtbesiedelten *Arbeiterbezirken* zusätzlich nötig, um einem Wahlkreiskandidaten zur Mehrheit zu verhelfen. Andererseits wurden Parteien mit einer eher *ländlichen Anhängerschaft* bevorzugt. Ein krasses Beispiel bildeten 1912 die Wahlkreise Schaumburg-Lippe und Teltow-Charlottenburg, wo 47 000 bzw. 1,3 Millionen Einwohner einen Abgeordneten in den Reichstag entsandten.

Ungleiche Wahlkreise verzerren die Willensäußerung

Mehrheitswahlrecht: Beim einfachen Mehrheitswahlrecht ist der Kandidat gewählt, der die meisten Stimmen in einem Wahlkreis erringt. Beim absoluten Mehrheitswahlrecht (Reichstagswahlrecht 1871–1918) benötigt der Kandidat mehr als die Hälfte der abgegebenen Stimmen. Erreicht er sie nicht, ist ein zweiter Wahlgang erforderlich.

Verhältniswahlrecht: Das Verhältniswahlrecht teilt jeder Partei entsprechend ihrem Anteil an den Wählerstimmen, d.h. im Verhältnis zu den für sie abgegebenen Stimmen, Parlamentssitze zu.

2 Verfassung des Deutschen Reiches vom 16. 4. 1871

In der Präambel (Vorspruch) heißt es:

„Seine Majestät der König von Preußen im Namen des Norddeutschen Bundes, Seine Majestät der König von Bayern, seine Majestät der König von Württemberg, Seine Königliche Hoheit der
5 Großherzog von Baden und seine Königliche Hoheit der Großherzog von Hessen und bei Rhein für die südlich vom Main gelegenen Teile des Großherzogtums Hessen schließen einen ewigen Bund zum Schutze des Bundesgebietes
10 und des innerhalb desselben gültigen Rechtes, sowie zur Pflege der Wohlfahrt des Deutschen Volkes. Dieser Bund wird den Namen Deutsches Reich führen und wird nachstehende Verfassung haben."

(Reichsgesetzblatt S. 64, zit. nach: Geschichte in Quellen, Bd. 5, München 1980, S. 409)

3 Das Verhältnis König – Volksvertretung

Zum Verhältnis zwischen Monarch und Parlament äußerte sich Bismarck am 26. 11. 1884 im Reichstag:

„… die monarchische Einrichtung hört auf, diesen Namen zu führen, wenn der Monarch gezwungen werden kann, durch die Majorität des Parlaments, sein Ministerium zu entlassen,
5 wenn ihm Einrichtungen aufgezwungen werden können durch die Majorität des Parlaments, die er freiwillig nicht unterschreiben würde, denen gegenüber sein Veto also machtlos bleibt …

Wo er gezwungen werden kann von seiten einer
10 abstimmenden Majorität, da ist die Verfassung republikanisch, mag der Präsident ernannt sein oder nicht …

Ich werde in meiner Auffassung über den König, die vollziehende Gewalt und die erbliche Mon-
15 archie dieser die Freiheit zu bewahren wissen, daß sie nicht wider Willen etwas zu tun gezwungen wird. In diesem Sinne lasse ich mir von der Majorität nicht imponieren …"

(Verhandlungen des Reichstages, Bd. 12, S. 509)

4 Braucht das Reich eine starke Regierung?

Der Historiker Heinrich von Sybel urteilte 1871 in einem Aufsatz über die Reichsverfassung:

„Auch wenn eine Volksvertretung, wie in Deutschland und Nordamerika, nicht die Kraft besitzt, Minister ein- und abzusetzen, so ist schon ihr Dasein und ihre Debatte, ihre Kritik des Budgets und ihre Befugnis, mißlungene Gesetzesentwürfe zu vernichten, eine höchst bedeutende Schranke gegen jeden willkürlichen Absolutismus der Regierung. Diese Regierung aber in fester Hand und den Wogen der populären Agitation entzogen zu wissen, erscheint uns … als unschätzbarer Segen. Deutschland wird auch nach seinen letzten großen Siegen eine höchst gefährdete Stellung in Europa haben zwischen dem rachedurstigen Frankreich, dem ehrgeizigen Rußland, dem schwankenden Österreich. Was wir in dieser Lage vor allem bedürfen, ist Stetigkeit und Sicherheit der Regierung …"

(H. von Sybel, Das neue deutsche Reich, in: ders., Vorträge und Aufsätze, Berlin 1875[2], S. 322 f.)

5 Nach der Wahl. – Ein ostelbischer Junker zu seinen Dorfbewohnern nach der Wahl: „Es ist eine liberale Stimme abgegeben worden. Der Schulmeister kriegt von heute ab keine Kartoffeln mehr." (Simplicissimus, 1912)

6 Kritik der SPD an der Machtverteilung

August Bebel, der Führer der SPD, kritisierte 1871 im Reichstag Bismarcks Verfassungskonstruktion:

„Die Regierungen haben die Macht, die Regierungen haben den Willen, und die Volksvertretung hat einfach ja zu sagen und zu gehorchen, und wenn sie das nicht tut, so gibt man ihr moralische Fußtritte … Meine Herren, mit einer solchen Verfassung kann allerdings ein jeder Minister regieren, das ist keine Verfassung für das Volk, das ist weiter nichts als der Scheinkonstitutionalismus in rohester Form, das ist der nackte Cäsarismus. Das ist ein Cäsarismus, der die parlamentarische Form gebraucht, weil die öffentliche Meinung sie für notwendig hält, der auf Grund einer solchen Verfassung scheinbar konstitutionell regieren kann."

(Quellen zum politischen Denken der Deutschen im 19. und 20. Jahrhundert. Bd. VI, hrsg. v. H. Fenske, Darmstadt 1978, S. 64)

7 Gegen das allgemeine, gleiche Wahlrecht

1904 erklärte die Deutschkonservative Partei:

„Die allgemeine direkte geheime Wahl ist konservativer Auffassung gemäß nicht gerecht, denn sie berücksichtigt weder die natürliche Gliederung des Volkes nach Ständen und Berufen, noch den großen Unterschied, der sowohl zwischen den Leistungen der Einzelnen für die Gesamtheit, als auch in ihrer Bildung und sozialen Stellung besteht. Es schließt auch vom nationalen Standpunkt aus eine große Ungerechtigkeit in sich, wenn der Gebildete, der für das, was dem Vaterlande not tut, mehr Einsicht hat, diese Einsicht nur in demselben Maße zur Geltung zu bringen vermag wie der Analphabet …"

(Dokumente zur deutschen Geschichte 1897/98–1904, hrsg. v. D. Fricke, Frankfurt/M. 1977, S. 121)

8 Für das Verhältniswahlrecht

In ihrem Erfurter Programm forderte die SPD 1891:

„1. Allgemeines, gleiches, direktes Wahl- und Stimmrecht mit geheimer Stimmabgabe aller über 20 Jahre alten Reichsangehörigen ohne Unterschied des Geschlechts für alle Wahlen und Abstimmungen. Proportionalwahlsystem [Verhältniswahlsystem]; und bis zu dessen Einführung gesetzliche Neueinteilung der Wahlkreise

nach jeder Volkszählung. Zweijährige Gesetzgebungsperioden, Vornahme der Wahlen und Abstimmungen an einem gesetzlichen Ruhetage. Entschädigung für die gewählten Vertreter …" 10
(W. Treue, Deutsche Parteiprogramme 1861 bis 1956, Göttingen 1956², S. 76)

9 Dreiklassenwahlrecht in Preußen

1 Abgeordneter

16 Wahlmänner	16 Wahlmänner	16 Wahlmänner
1 Wahlmann ≙ 30 Stimmen	1 Wahlmann ≙ 120 Stimmen	1 Wahlmann ≙ 600 Stimmen

1. Klasse	2. Klasse	3. Klasse
480 Stimmen	1920 Stimmen	9600 Stimmen

Gesamtsteueraufkommen		
Ein Drittel	Ein Drittel	Ein Drittel
1. Klasse	2. Klasse	3. Klasse

Beispiel: 12 000 Urwähler		

Gesamtzahl der Urwähler 1903		
239 000 Urwähler = 3,36%	857 000 Urwähler = 12,07%	6 006 000 Urwähler = 84,57%

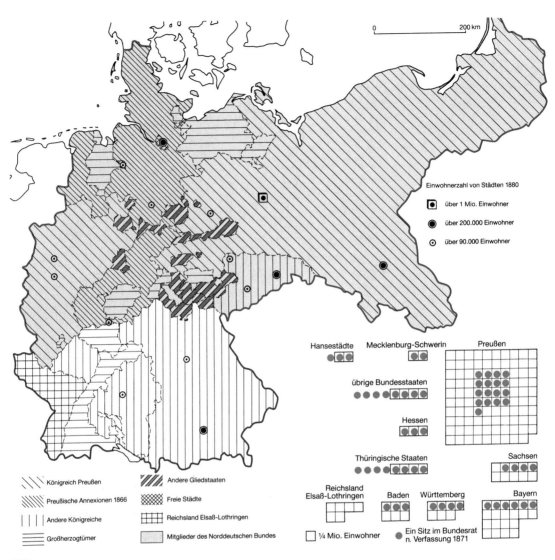

Einwohnerzahl von Städten 1880

⊙ über 1 Mio. Einwohner

● über 200.000 Einwohner

○ über 90.000 Einwohner

Hansestädte   Mecklenburg-Schwerin   Preußen

übrige Bundesstaaten

Hessen

Thüringische Staaten   Sachsen

Reichsland Elsaß-Lothringen   Baden   Württemberg   Bayern

¼ Mio. Einwohner   ● Ein Sitz im Bundesrat n. Verfassung 1871

Königreich Preußen   Andere Gliedstaaten

Preußische Annexionen 1866   Freie Städte

Andere Königreiche   Reichsland Elsaß-Lothringen

Großherzogtümer   Mitglieder des Norddeutschen Bundes

10 Die föderalistische Ordnung des Bismarckreiches

Arbeitsvorschläge und Fragen	
	a) Was besagt die Präambel der Reichsverfassung (M 2) über das Zustandekommen des Deutschen Reiches? Informiere dich, welche Präambel in der Verfassung von 1849 vorgesehen war. Wo liegt der Unterschied? *b) Halte mit Hilfe des Schaubildes (M 1) die monarchischen und parlamentarischen sowie die bundesstaatlichen und zentralstaatlichen Elemente der Reichsverfassung in einer Tabelle fest. Ziehe auch die Karte M 10 heran.* *c) Zu welchen Problemen konnte die alleinige Kommandogewalt des Kaisers über die Armee führen?* *d) Stelle aus M 3, 4 und 6 die Einschätzung des Parlaments sowie Gründe der Befürwortung und der Ablehnung der Verfassung gegenüber.* *e) Welche Gründe haben Konservative und Sozialisten für ihre Einstellung zum Wahlrecht? (M 7 und 8)*

2. Bismarck und die Parteien

Nach 1848	Aus politischen Gruppierungen bilden sich Parteien.
1861	Die Deutsche Fortschrittspartei gibt das erste Parteiprogramm in der deutschen Geschichte heraus.
1867–1878	Die Nationalliberale Partei unterstützt Bismarcks Politik.
1871–1890	Bismarck bekämpft nacheinander das Zentrum (bis 1878) und die Sozialdemokraten.

In einer Reichstagsrede erklärte Bismarck 1878, es sei ihm „vollständig gleichgültig", mit welcher Fraktion er zusammenarbeite; sie müsse nur seine Staatsinteressen teilen. Damit zeigte er der Öffentlichkeit, wie unbedeutend für ihn Parteien waren. Trotzdem suchte er sich für seine Politik im Reichstag jeweils eine *Mehrheit*. Dabei wechselte er aus *taktischen Gründen* die Parteien. Er spielte sie gegeneinander aus, und den Gegner von gestern konnte er schon morgen in einer neuen politischen Frage als Verbündeten anerkennen. Innerlich war ihm das „politische Gezänk" der Parteien zuwider. Seine *negative Einstellung* übertrug sich auf viele Deutsche, so daß sie in den Parteien keine tragenden politischen Kräfte, sondern eher eine Staatsgefährdung sahen.

Bismarck: Parteien sind mir „vollständig gleichgültig"

Weil die Verfassung von 1871 dem Deutschen Reich kein parlamentarisches System gebracht hatte, brauchten die *Parteien keine politische Verantwortung* zu tragen. Sie vertraten lediglich Strömungen und Schichten der Wählerschaft. Bismarck wollte die öffentlichen Angelegenheiten selbst leiten. Deshalb begrenzte er die Wirkungsmöglichkeiten der Volksvertretung und ihrer Parteien.

Parteien ohne Verfassungsrang

Parteien waren in Deutschland nach der Revolution von 1848 aus unterschiedlichen politischen Gruppierungen entstanden. Seit den 60er Jahren des letzten Jahrhunderts hatten sich *vier politische Hauptrichtungen* zu festen Parteien formiert: die *Konservativen*, die *Liberalen*, der *politische Katholizismus* und die *Arbeiterbewegung*.

Entstehung des deutschen Parteiensystems

Großgrundbesitzer, Militärs und *höhere Beamte* waren vor allem die Anhänger der Deutsch-Konservativen Partei. Sie lehnte eine Demokratisierung und das allgemeine Wahlrecht ab und trat für eine *starke Obrigkeit* auf monarchischer Grundlage im Rahmen der Reichsverfassung ein. Interessengleichheit verband sie eng mit *landwirtschaftlichen Organisationen*. Das Dreiklassenwahlrecht in Preußen sicherte ihr dort eine besonders starke Stellung.

Die Deutsch-Konservative Partei

Bei den Liberalen hatten sich 1866 die Nationalliberalen von der Deutschen Fortschrittspartei abgespalten. Sie forderten im Grundsatz ein *parlamentarisches System mit Ministerverantwortlichkeit*. Sie entschieden sich aber in der Praxis für Bismarcks Verfassungskonstruktion einer vom Parlament unabhängigen Regierung. Als Partei des *Besitz- und Bildungsbürgertums* und der *Wirtschaft* trat sie für eine freiheitliche Wirtschaftspolitik, insbesondere für den *Freihandel* ein.

Die Nationalliberalen

Die Deutsche Fortschrittspartei hatte gegen die Reichsverfassung gestimmt, weil sie ihr nicht demokratisch genug erschien. Ihr Ziel war die *parlamentarische Demokratie*. Sie wandte sich zugunsten einer *stärkeren Selbstverwaltung* gegen den obrigkeitlichen Beamtenstaat. Bismarcks Wirtschafts- und Sozialpolitik lehnte sie ab.

Die Deutsche Fortschrittspartei

Das Zentrum

Das Zentrum war die Partei der *deutschen Katholiken.* Es vertrat deren Interessen als konfessionelle Minderheit im Reich und führte den katholischen Bevölkerungsteil, gleichgültig welchen Standes, eng zusammen. Sie bejahte den *Föderalismus* und sah in einer starken regionalen Selbstverwaltung die beste Möglichkeit, ihre Vorstellungen von *kirchlicher Unabhängigkeit, christlicher Ehe* und *konfessioneller Schule* durchzusetzen.

Die Sozialdemokratische Partei Deutschlands

1875 hatte sich die Sozialistische Arbeiterpartei Deutschlands (1890: Sozialdemokratische Partei Deutschlands) aus dem *Allgemeinen Deutschen Arbeiterverein Lassalles* und der *Sozialdemokratischen Arbeiterpartei Deutschlands* von *Bebel* und *Liebknecht* gebildet (s. S. 195 ff.).

Ihr Kampf galt der *Befreiung der arbeitenden Klassen.* Sie sollte theoretisch durch den Umsturz der bestehenden Staats- und Gesellschaftsordnung erfolgen. In der Tagespolitik fügte sich die SPD aber den Regeln der konstitutionellen

1 Wahlergebnisse (1884) in Berlin

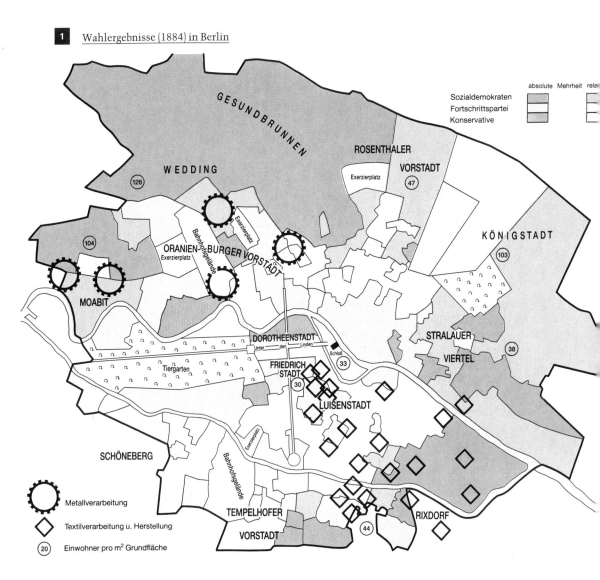

Monarchie und der Geschäftsordnung des Reichstages und wollte lediglich „mit allen gesetzlichen Mitteln" verändernd wirken. In ihrer Organisation unterschied sie sich von den anderen Parteien durch eine *Massenmitgliedschaft* ihrer Anhänger.

Bismarcks Zusammenarbeit und Bruch mit den Nationalliberalen

Bis 1878 besaß Bismarck für seine Politik die *Unterstützung der Nationalliberalen* im Reichstag. Sie deckten ihn im „Kulturkampf" gegen das Zentrum und stimmten für das Sozialistengesetz (s. Kap. 3, S. 221 ff.). Danach kam es zum *Bruch* mit ihnen. Wesentlicher Grund dafür war eine Umorientierung in der *Wirtschaftspolitik.* Anstelle des Freihandels sollten jetzt, bedingt durch eine seit 1873 anhaltende Wirtschaftskrise, *Schutzzölle* die deutsche Wirtschaft besser vor ausländischer Konkurrenz bewahren (S. 180 f.). Die Liberalen konnten diese Politik nicht mitverantworten und waren darüber hinaus auch nicht bereit, von Bismarck beabsichtigte Einschränkungen des Reichstags hinzunehmen.

2 Die Parteien im Reichstag

Sitze im Reichstag	Sozialistische Parteien		Bürgerliche Parteien					Splitterparteien und Minderheiten
			Christliche	Liberale		Konservative		z.B. Welfen Polen Dänen Elsaß-Lothringer Antisemiten
	1869 Sozialdemokratische Arbeiterpartei Deutschlands (Bebel und Liebknecht)	1863 Allgemeiner Deutscher Arbeiterverein (Lassalle)	Katholische Fraktionen in der Paulskirche und im Preußischen Abgeordnetenhaus	Liberale und demokratische Fraktionen in der Paulskirche		Konservative Fraktionen		
1871	2		63	46	125	37	57	52
1874	9		91	49	155	33	22	38
1877	12		93	35	128	38	40	51
1878	9		94	26	99	57	59	53
1881	12		100	60	47	28	50	100
1884	24		99	67	51	28	78	50
1887	11		98	32	99	41	80	36
1890	35		106	66	42	20	73	55
1893	44		96	24	53	28	72	80
1898	56		102	29	46	23	56	85
1903	81		100	21	51	21	54	69
1907	43		105	28	54	24	60	83
1912	110		91	42	45	14	43	52

Zusätzliche Parteienentwicklung (Spaltenzweige):

- Sozialistische Parteien: 1875 Sozialistische Arbeiterpartei Deutschlands → 1890 Sozialdemokratische Partei Deutschlands
- Christliche: 1870 Zentrumspartei
- Liberale: 1861 Deutsche Fortschrittspartei → 1866 Deutsche Fortschrittspartei / Nationalliberale Partei → Deutsche Freisinnige Partei → 1880 Fortschrittliche Volkspartei → 1910
- Konservative: 1860 Freikonservative Partei (später Deutsche Reichspartei) / Konservative Partei (später Deutsch-Konservative Partei)

219

3 Aus deutschen Parteiprogrammen:

3a Im Gothaer Programm der Sozialistischen Arbeiterpartei Deutschlands aus dem Jahre 1875 heißt es u. a.:

„I. … In der heutigen Gesellschaft sind die Arbeitsmittel Monopol der Kapitalistenklasse; die hierdurch bedingte Abhängigkeit der Arbeiterklasse ist die Ursache des Elends und der
5 Knechtschaft in allen Formen. Die Befreiung der Arbeit erfordert die Verwandlung der Arbeitsmittel in Gemeingut der Gesellschaft und die genossenschaftliche Regelung der Gesamtarbeit mit gemeinnütziger Verwendung und gerechter
10 Verteilung des Arbeitsertrages. Die Befreiung der Arbeit muß das Werk der Arbeiterklasse sein, der gegenüber alle anderen Klassen nur eine reaktionäre Masse sind.

II. Von diesen Grundsätzen ausgehend, erstrebt
15 die Sozialistische Arbeiterpartei Deutschlands mit allen gesetzlichen Mitteln den freien Staat und die sozialistische Gesellschaft, die Zerbrechung des ehernen Lohngesetzes durch Abschaffung des Systems der Lohnarbeit, die Aufhebung
20 der Ausbeutung in jeder Gestalt, die Beseitigung aller sozialen und politischen Ungleichheit. Die Sozialistische Arbeiterpartei Deutschlands, obgleich zunächst im nationalen Rahmen wirkend, ist sich des internationalen Charakters
25 der Arbeiterbewegung bewußt …“

(Zit. nach: Geschichte in Quellen, Bd. 5, München 1980, S. 878 f.)

3b Im Essener Programm des Zentrums vom Jahre 1870 wird u. a. gefordert:

„1. Unversehrte Aufrechterhaltung der … Selbständigkeit der Kirche … 2. Abwehrung … aller gegen den konfessionellen Charakter des Volksunterrichtes gerichteten Bestrebungen …
5 3. Festhalten an dem christlichen Charakter der Ehe … 6. Ermäßigung der finanziellen Belastung … insbesondere durch Verminderung der Ausgaben für das Militärwesen, sowie durch Verteilung der Steuern nach den Grundsätzen der Ge-
10 rechtigkeit und der Billigkeit, namentlich in Hinsicht auf die Überbürdung des Arbeiters. 7. Beseitigung der sozialen Mißstände und Förderung aller Interessen des Arbeiterstandes durch eine gesunde christliche Erziehung.“

(Zit. nach: W. Treue, Deutsche Parteiprogramme 1861–1956, Göttingen 1956², S. 60 f.)

3c Gründungsprogramm der Deutschen Fortschrittspartei, 1861:

„… [Wir] verlangen … eine feste liberale Regierung, welche ihre Stärke in der Achtung der verfassungsmäßigen Rechte der Bürger sieht, es versteht, ihren Grundsätzen in allen Schichten der Beamtenwelt unnachsichtlich Geltung zu verschaffen … In der Gesetzgebung scheint uns die … Verwirklichung des verfassungsmäßigen Rechtsstaats eine … unbedingte Notwendigkeit …“

(Zit. nach: W. Treue, a.a.O., S. 52)

3d Gründungsprogramm der Nationalliberalen Partei, 1867:

„… Als Ziel schwebt uns vor, daß die parlamentarischen Funktionen des Staates möglichst vollständig in den Reichstag verlegt werden … als die unerläßlichste Bedingung für das gedeihliche Zusammenwirken der Regierung und der Volksvertretung … erachten wir … eine den Gesetzen entsprechende, Recht und Freiheit der

4 „Am Steuer“. Die liberale Speiche zu den anderen beiden: „Überhebt Euch nur nicht! Sobald der Wind sich dreht, bin ich wieder oben!“ (Kladderadatsch, Bismarck-Album, 1895)

einzelnen Staatskörper wie der Gesamtheit unverbrüchlich achtende Verwaltung."
(Zit. nach: W. Treue, a.a.O., S. 54 ff.)

3e Gründungsprogramm der Deutsch-Konservativen Partei, 1876:
„… Wir legen … entscheidendes Gewicht auf die monarchischen Grundlagen unseres Staatslebens und eine kräftige obrigkeitliche Gewalt. Wir wollen ein volles, gesetzlich gesichertes Maß bürgerlicher Freiheit für alle und eine wirksame Beteiligung der Nation an der Gesetzgebung. Wir wollen in Provinz, Kreis und Gemeinde eine Selbstverwaltung, gegründet nicht auf das allgemeine Wahlrecht, sondern auf die natürlichen Gruppen und organischen Gliederungen des Volkes … [Wir wollen] Wiedererstarkung der christlichen und kirchlichen Einrichtungen … vor allem die konfessionelle, christliche Volksschule erachten wir für die Grundlage jeder gesunden Entwicklung und für die wichtigste Bürgschaft gegen die zunehmende Verwilderung der Massen und die fortschreitende Auflösung aller gesellschaftlichen Bande … Wir erachten es für Pflicht, den Ausschreitungen der sozialistischen Irrlehren entgegenzutreten …"
(Zit. nach: W. Treue, a.a.O., S. 65)

a) Beschreibe die Entwicklung der Mandate für die wesentlichen Parteien im Reichstag. Zeichne ein Diagramm. (M 2) – Zeige an Hand der Karte Probleme, die sich aus der Wahlkreiseinteilung von 1871 ergaben. Warum wird es zu keiner Neueinteilung gekommen sein? (M 1)
b) Was besagt die Karikatur (M 4) über Bismarcks Haltung gegenüber den Parteien?
c) Untersuche die Auszüge aus den Parteiprogrammen. (M 3 a–e) – Wo liegen Gemeinsamkeiten, wo Unterschiede? Schließe aus den Forderungen auf die politische und gesellschaftliche Wirklichkeit im Kaiserreich.

Arbeitsvorschläge und Fragen

3. Bismarcks Auseinandersetzung mit den „Reichsfeinden"

3.1 Der „Kulturkampf"

1870	Das Unfehlbarkeitsdogma führt zu Spannungen in der katholischen Kirche. Sie geben Bismarck den Anlaß zum „Kulturkampf".
1871–1876	**Der „Kulturkampf" erreicht seinen Höhepunkt.**
1871–78	Kampfgesetze schränken die Wirkungsmöglichkeiten der Kirche ein.
nach 1879	Allmählich bahnt sich ein Ausgleich zwischen dem Reich und der katholischen Kirche an.

Bismarck glaubte mit der Verfassung von 1871 dem Reich eine dauerhafte Form und dem Staat die nötige Autorität gegeben zu haben. Er meinte, Deutschland auf diese Weise vor Gegnern im Innern und dem argwöhnischen Ausland am besten schützen zu können. Alle Versuche von Parteien, im Widerstreit der Meinungen gesellschaftliche Veränderungen herbeizuführen, erschienen ihm als Angriff auf die *staatliche Autorität*. Sein Mißtrauen wurde besonders durch das Wirken von Parteien geweckt, die konfessionell oder klassenkämpferisch ausgerichtet waren und seiner Meinung nach keine nationale Politik verfolgen konnten. Zu ihnen gehörten das *katholische Zentrum* und die *Sozialisten*.

Bismarck will die Autorität des Staates sichern

1 Reichskanzler Bismarck und Papst Pius IX. beim Schachspiel (Kladderadatsch, 1875). – Einige Schachfiguren tragen Namen, so die Dame des Papstes „Encycl." = Enzyklika, die Dame Bismarcks „Germ." = Germania, „W" = Windthorst, „F" = Falk. Falk hatte als preußischer Kultusminister Anteil an den Kulturkampfgesetzen.

Gegen eine Koalition von „Reichsfeinden"

Die *Katholiken* waren 1871 im Reich eine *Minderheit*. Bei der Vorherrschaft des protestantisch geprägten Preußen – erstmals wurde die Reichskrone von einem Nichtkatholiken getragen – befürchteten sie, in das politische Abseits zu geraten. Als sie deshalb politisch aktiv wurden und ihre Zentrumspartei bereit war, sich mit anderen Minderheiten wie den *Polen* und *Elsässern* zu einer Koalition zusammenzufinden, war Bismarck entschlossen, sie mit allen Mitteln als „Reichsfeinde" zu bekämpfen.

Innerkirchliche Maßnahmen als Anlaß des Kampfes

Den Anlaß zu einem rigorosen Vorgehen gab ihm der Vatikan selbst. *Papst Pius IX.* hatte 1864 in einer Enzyklika („Syllabus errorum") die *„Hauptirrtümer unserer Zeit"* angeprangert. Der Fortschritt der modernen Zivilisation und die geistige Haltung des Liberalismus erschienen dem Oberhaupt der katholischen Kirche als zersetzendes Element gegenüber dem Glauben und der kirchlichen Tradition. Mit seiner Haltung machte sich der Papst die Liberalen zu erbitterten Gegnern. Deshalb konnte sich Bismarck bei seinem Kampf gegen das Zentrum und die katholische Kirche auf die Liberalen stützen, als durch das *Unfehlbarkeitsdogma* des *Ersten Vatikanischen Konzils 1869/70* Interessen des Staates berührt wurden.

Überschneidungen des kirchlichen und staatlichen Bereichs erfordern Regelungen

Auf diesem Konzil sollte die *Autorität des Papstes* gestärkt werden. Es wurde zum Lehrsatz erhoben, daß der Papst bei Entscheidungen in Fragen des Glaubens und der Moral unfehlbar ist, wenn er diese *amtlich (ex cathedra)* verkündet. Das Unfehlbarkeitsdogma führte zu Spannungen innerhalb der katholischen Kirche. Im Deutschen Reich hielt eine kleine Gruppe von Katholiken das Dogma für unnötig, trennte sich von Rom und nannte sich *Altkatholiken*. Unter ihnen befanden sich Theologieprofessoren, Religionslehrer und Militärgeistliche. Ihnen entzog die römische Kurie die Befugnis, ihr Amt auszuüben. Weil sie gleichzeitig *Staatsbeamte* waren und die Kirche auch ihre Entlassung aus dem Staatsdienst forderte, sah Bismarck hierin eine *Bevormundung des Staates*. Er ergriff die Möglichkeit, das *Verhältnis von Kirche und Staat* grundsätzlich zu regeln. Dabei wollte er das Zentrum entscheidend treffen, das er zunächst ohnehin für den Befehlsempfänger des Vatikans im Deutschen Reich hielt. Später mußte er eingestehen, das Zentrum sei „ein Element, demgegenüber auch der päpstliche Wille nicht durchdringt".

Bismarck brachte in den Jahren 1871 bis 1875 eine Reihe von Gesetzen durch den Reichstag bzw. die preußischen Kammern, durch die die *Handlungsmöglichkeiten der Kirche* eingeschränkt wurden, in der Öffentlichkeit über ihre rein seelsorgerische und karitative Aufgabe hinaus zu wirken. Die Gesetze trafen im wesentlichen den deutschen *Katholizismus*. Sein Klerus beugte sich aber der antikirchlichen Kampagne nicht und wurde dabei von der katholischen Bevölkerung durch passiven Widerstand unterstützt. Die Härte der Auseinandersetzung spaltete die Deutschen in *zwei Lager*. Sie zeigte sich auch in der großen Zahl inhaftierter hoher und niederer katholischer Geistlicher. Bismarck nannte die Kirchenkampfgesetze rückblickend einen „juristischen Fangapparat für widerstrebende Priester".

Kampfgesetze spalten das deutsche Volk

Der langjährige Führer des Zentrums *Windthorst* betrachtete den „*Kulturkampf*" als nationales Unglück und wurde zum schärfsten *Widersacher Bismarcks*. Er verstand sich durchaus nicht als „ultramontanen" (d. h. päpstlichen) Befehlsempfänger. Ihm ging es grundsätzlich um *Freiheit und Rechte der katholischen Kirche*, aber auch der anderen Konfessionen. Noch 1880 betonte er im Reichstag: „Ich werde das Recht, welches ich für die Katholiken und für die katholische Kirche und deren Diener in Anspruch nehme, jederzeit vertreten, auch für die Protestanten und nicht minder für die Juden."

Windthorst, Bismarck und die Rechte der Kirche

Bismarcks Vorgehen im „Kulturkampf" erfolgte nicht aus Religionsfeindschaft. Er war davon überzeugt, daß *Kirche und Staat eigenständige* und daher zu trennende *Organisationen* sind. Deshalb stand er auch dem evangelischen Staatskirchentum ablehnend gegenüber und hielt den Bund von Thron und Altar für unzweckmäßig. Er wollte einen von Priesterherrschaft freien Staat.

Je stärker der staatliche Druck auf die Katholiken wurde, um so enger schlossen sie sich zusammen und um so stärker distanzierten sie sich vom neuen Reich. Das *Zentrum* wuchs bei den Reichstagswahlen zwischen 1871 und 1878 von 63 auf 94 Abgeordnete. Dieser *Machtzuwachs* verdeutlichte Bismarck, daß er das Gegenteil von dem erreicht, was er gewollt hatte. Nicht eine katholische, sondern seine Politik bedrohte die innere Einheit des Reiches.

Die Katholiken entfremden sich dem Reich

Weil Bismarck nicht „nach Canossa" gehen wollte, war er froh, daß er den Kampf abbrechen konnte, als 1878 seinem bisherigen päpstlichen Gegner ein anderer Papst folgte. *Leo XIII.* wollte die Auseinandersetzung ebenfalls beenden und zeigte *Verhandlungsbereitschaft*. Die ausgesprochenen *Kampfgesetze* wurden nach und nach *abgebaut*. Jedoch überdauerten den „Kulturkampf" der *Kanzelparagraph*, der erst 1953 aufgehoben wurde, die *Zivilehe* und die *staatliche Schulaufsicht*.

Der Kampf wird abgebrochen

2 Das Zentrum – Feind des Reiches?

Bismarck sagte im preußischen Abgeordnetenhaus 1872 über das Zentrum:

„... Ich habe es von Hause aus als eine der ungeheuerlichsten Erscheinungen auf politischem Gebiete betrachtet, daß sich eine konfessionelle Fraktion in einer politischen Versammlung bildete, eine Fraktion, der man, wenn alle übrigen Konfessionen dasselbe Prinzip annehmen wollten, nur die Gesamtheit einer evangelischen Fraktion gegenüberstellen müßte ...

Wie ich ferner gefunden habe, daß die Fraktion, von der ich sprach, im Reichstage sich bereitwillig Elemente aneignete, deren fortdauernder prinzipieller, von mir und von mehreren Seiten in seinen Motiven ja nicht angefochtener Widerspruch gegen den preußischen Staat und gegen das Deutsche Reich notorisch [offenkundig] war, und sich aus diesen Elementen verstärkte, Protestanten, die nichts mit dieser Partei gemein hatten, als die Feindschaft gegen das Deutsche Reich und Preußen, in ihre Mitte aufnahm ..."

(Bismarck, Die gesammelten Werke, Bd. 11, Berlin 1929², S. 226 ff.)

3 Windthorst kutschiert Bismarck. Windthorst: „Wohin soll ich fahren, nach Canossa?" Bismarck: „... ich werde aber an der Ecke der Wilhelmstraße [an der die Reichskanzlei lag] aussteigen." (Karikatur aus dem Kladderadatsch im Jahr 1879)

4 „Kulturkampf" – Maßnahmen des Staates

4a Wesentliche Gesetze:

1871 Erweiterung des Strafgesetzbuches um den „Kanzelparagraphen", der es den Geistlichen verbot, staatliche Angelegenheiten in Ausübung ihres Amtes zu behandeln.

1872 Im Schulaufsichtsgesetz wurden in Preußen die geistliche Schulinspektion aufgehoben und öffentliche wie private Schulen unter staatliche Aufsicht gestellt.

1872 Verbot des Jesuitenordens.

1873 Für die Übernahme eines geistlichen Amtes wurden das Reifezeugnis eines deutschen Gymnasiums, das Studium an einer deutschen Universität und ein sog. Kulturexamen in Geschichte, Philosophie und deutscher Literatur verlangt.

1874 Nur noch die standesamtliche Trauung (Zivilehe) ist rechtsverbindlich.

1875 Im „Brotkorbgesetz" werden der katholischen Kirche die staatlichen Geldzuwendungen gesperrt.

1875 In Preußen verbietet das Klostergesetz alle Orden (Ausnahme: Krankenpflege).

4b Der „Kanzelparagraph" (1871):

„... Ein Geistlicher oder anderer Religionsdiener, welcher in Ausübung oder in Veranlassung der Ausübung seines Berufes öffentlich vor einer Menschenmenge, oder welcher in einer Kirche oder an einem andern zu religiösen Versammlungen bestimmten Ort vor Mehreren Angelegenheiten des Staates in einer den öffentlichen Frieden gefährdenden Weise zum Gegenstande einer Verkündigung oder Erörterung macht, wird mit Gefängnis oder Festungshaft bis zu ▶ zwei Jahren bestraft ..."
(Zit. nach: Geschichte in Quellen, Bd. 5, München 1980, S. 416f.)

5 Der Papst zu Bismarcks Politik

Papst Pius IX., Weihnachten 1872:

„... Männer, die nicht allein unsere heiligste Religion nicht bekennen, sondern sie nicht einmal kennen, nehmen die Macht in Anspruch, Dogmen und Rechte der Kirche abzugrenzen. Und während sie diese rücksichtslos mißhandeln, schämen sie sich nicht, zu versichern, daß ihr durch sie keinen Schaden zugefügt werde; ja, indem sie Verleumdung und Hohn zum Unrecht fügen, scheuen sie sich nicht, die Schuld an der leidenschaftlichen Verfolgung den Katholiken ▶ zur Last zu legen ..."
(A. a. O. [M 4 b], S. 416)

6 Der Kaiser antwortet dem Papst

Kaiser Wilhelm I. an Papst Pius IX., 1873:

„... Zu meinem tiefen Schmerze hat ein Teil Meiner katholischen Untertanen seit zwei Jahren eine politische Partei organisiert, welche den in Preußen seit Jahrhunderten bestehenden konfessionellen Frieden durch staatsfeindliche Umtriebe zu stören sucht. Leider haben höhere katholische Geistliche diese Bewegung nicht nur gebilligt, sondern sich ihr bis zur offenen Auflehnung gegen die bestehenden Landesgesetze angeschlossen ...

Zu Meinem Bedauern verleugnen viele der Eurer Heiligkeit unterworfenen Geistlichen in Preußen die christliche Lehre in dieser Richtung [Gebot des Gehorsams gegen die weltliche Obrigkeit] und setzen Meine Regierung in die Notwendigkeit, gestützt auf die große Mehrheit Meiner treuen katholischen und evangelischen Untertanen, die Befolgung der Landesgesetze durch weltliche Mittel zu erzwingen ..."
(A.a.O. [M 4 b], S. 423 f.)

7 „Päpstliche Politik" der Bischöfe?

Der Mainzer Bischof Ketteler schrieb 1873:

„Wenn Fürst Bismarck ... von mir sagt, es sei meine Aufgabe, für die ‚päpstliche Politik' zu tun, was ich könnte ... so ist das nur ein Beweis, wie gänzlich unbekannt er mit den wirklichen Verhältnissen in der katholischen Kirche ist. Meine ganze Tätigkeit hat mit der ‚päpstlichen Politik' absolut nichts zu tun ... Ich schreibe alle fünf Jahre den von den Kirchengesetzen vorgeschriebenen Bericht über die religiösen Verhältnisse meiner Diözese nach Rom und erhalte darauf eine kurze amtliche Antwort von dort; darauf beschränkt sich so ziemlich meine ganze Korrespondenz mit Rom. Was ich als Bischof zu tun habe, weiß ich aus dem Kirchenrecht und dem katholischen Katechismus. Dazu bedarf ich keiner Instruktion ..."
(Zit. nach: W. Bußmann, Bismarck im Urteil der Zeitgenossen ... Stuttgart o. J., S. 43)

8 Die Lage der Katholiken im Reich

Eine rheinische Zeitung berichtete:

„Was hat nun der Kulturkampf aus unserem Vaterlande gemacht? Er hat es in zwei Hälften zerrissen: ‚hie Reichsfreunde – hie Reichsfeinde', das ist das entsetzliche Wort, mit dem die wilde unsinnige Kirchenhetze den Frieden unseres Landes zerstört hat. Auf der einen Seite steht der Staat mit seinem ganzen Machtapparate. Alle Nichtkatholiken, mit wenigen Ausnahmen, halten zu ihm ... Auf der anderen Seite stehen acht Millionen Katholiken ... Was ist geschehen, daß wir plötzlich als Unterwühler der staatlichen Ordnung betrachtet werden? ... Haben wir irgendwie Revolution gemacht oder besondere Gesetzesübertretungen uns zuschulden kommen lassen?"
(D. Majunke, Die Segnungen des preußischen Culturkampfes, Crefeld 1879, S. 10)

9 Der Kirchenkampf – ein politischer Kampf

Bismarck bewertete 1873 die Auseinandersetzung vor dem preußischen Herrenhaus:

„... Die Frage, in der wir uns befinden, wird meines Erachtens gefälscht, und das Licht, in dem wir sie betrachten, ist ein falsches, wenn man sie als eine konfessionelle, kirchliche betrachtet. Es ist wesentlich eine politische; es handelt sich nicht um den Kampf, wie unseren katholischen Mitbürgern eingeredet wird, einer evangelischen Dynastie gegen die katholische Kirche, es handelt sich nicht um den Kampf zwischen Glauben und Unglauben, es handelt sich um den uralten Machtstreit ... zwischen Königtum und Priestertum ... der viel älter ist als die Erscheinung unseres Erlösers in dieser Welt. ... dieser Machtstreit unterliegt denselben Bedingungen, wie jeder andere politische Kampf ... Es handelt sich um Verteidigung des Staates, es handelt sich um die Abgrenzung, wie weit die Priesterherrschaft und wie weit die Königsherrschaft gehen soll, und diese Abgrenzung muß so gefunden werden, daß der Staat seinerseits dabei bestehen kann. Denn in dem Reiche dieser Welt hat er das Regiment und den Vortritt."
(Bismarck, a.a.O. [vgl. M 2], S. 289 f.)

a) *Wo liegen für Bismarck die Ursachen des Konfliktes? (M 2, M 9)*

b) *Inwieweit beruht der Konflikt auf Mißverständnissen? (M 5 – M 7)*

c) *Deute die Karikatur M 1. Wie steht die Schachpartie?*

d) *Welche Entwicklung des „Kulturkampfes" liegt zwischen der Veröffentlichung der beiden Karikaturen M 1 und M 3? Was meint „Canossa"?*

e) *Erläutere, wie der „Kulturkampf" von den betroffenen Katholiken empfunden wurde. (M 8)*

Arbeitsvorschläge und Fragen

225

3.2 Das Sozialistengesetz

1878	Bismarck nutzt die Revolutionsfurcht nach zwei Attentaten auf Kaiser Wilhelm I. zum **„Gesetz gegen die gemeingefährlichen Bestrebungen der Sozialdemokratie"** (Sozialistengesetz).
1883–89	Eine staatliche **Sozialgesetzgebung** soll die Arbeiter bei Krankheit und Unfall und im Alter sichern.
1890	Das Sozialistengesetz wird aufgehoben.

Angst vor der sozialistischen Gefahr

Ebenso wie Bismarck befürchtete, die innere Ordnung könne durch „ultramontane" Bestrebungen gefährdet werden, hatte er Angst, ein *internationaler Sozialismus* könne sein monarchisches System zerstören. Anfänglich hatte es den Anschein, als wolle er gemeinsam mit Lassalle die bedrückende Lage der Arbeiter zu bessern versuchen. Aber nach dem Tod von Lassalle (1864) schlossen sich die beiden sozialistischen Richtungen 1875 in *Gotha* zur *Sozialistischen Arbeiterpartei Deutschlands* zusammen und forderten in ihrem Programm eine *grundlegende Veränderung* der bestehenden Staats- und Gesellschaftsordnung; hierdurch fühlte sich Bismarck herausgefordert. Obgleich gesellschaftliche Veränderungen nur *„mit allen gesetzlichen Mitteln"* angestrebt wurden, glaubte Bismarck nicht an die friedfertigen Absichten der deutschen Sozialdemokraten. Besonders heftig reagierte er auf Äußerungen des Vorstandsmitglieds der Sozialdemokraten *August Bebel*. Dieser hatte im Reichstag die *Pariser Kommune* von 1871 als Modell für einen Arbeiteraufstand gepriesen. Diese Erhebung gegen eine unsoziale Politik war von Regierungstruppen niedergeschlagen worden und hatte etwa 25 000 Menschenleben gefordert.

Attentate auf den Kaiser

Bis 1877 hatte die Zahl der sozialdemokratischen Reichstagsabgeordneten lediglich zwölf betragen. Hinter ihnen standen ca. eine halbe Million Wähler. Gegen sie Ausnahmegesetze zu erreichen, war Bismarck wegen des Widerstandes der Nationalliberalen nicht gelungen. Nach *zwei Attentaten auf Kaiser Wilhelm I.* (1878) beschuldigten Bismarck und die konservative Presse zu Unrecht die Sozialdemokraten als Drahtzieher. Jetzt fand er mit den Stimmen der Nationalliberalen im Reichstag eine Mehrheit für ein *„Gesetz gegen die gemeingefährlichen Bestrebungen der Sozialdemokratie"*.

Das Sozialistengesetz 1878

Dieses *Sozialistengesetz* untersagte den Sozialdemokraten die *politische Tätigkeit* in Vereinen, auf Versammlungen und über Druckschriften. Es ermöglichte der Polizei, Verdächtige zu *überwachen, festzunehmen* und gegebenenfalls *auszuweisen*. Manches Parteimitglied wurde auch zu Gefängnis oder Zuchthaus verurteilt. Das Gesetz war zunächst für zweieinhalb Jahre gedacht; es wurde aber bis 1890 immer wieder verlängert.

Die Sozialdemokraten lassen sich nicht unterdrücken

Die *Sozialdemokratische Partei* selbst war nicht verboten und konnte *mit wachsendem Erfolg* an den *Reichstagswahlen* teilnehmen. Ihre Abgeordneten blieben in ihren Reichstagsreden das Sprachrohr der Arbeiterschaft. Ihre Parteizeitung „Der Sozialdemokrat" wurde in der Schweiz gedruckt und nach Deutschland geschmuggelt. Ihre Anhänger wichen der Unterdrückung aus und ersetzten Parteiorganisationen durch *Arbeitersport- und Arbeitergesangvereine*. Sie gewährten sich gegenseitig Unterschlupf und gründeten *Hilfskassen*, um in Not geratenen Genossen und deren Familien zu helfen.

Alle staatlichen Zwangsmaßnahmen hatten also ähnliche Folgen wie der „Kulturkampf": Die *Gegensätze verschärften sich,* es wurden Märtyrer geschaffen, und die bekämpfte Partei und ihre Anhängerschaft wurden gestärkt. Erst nach Bismarcks Entlassung wurde das Sozialistengesetz aufgehoben. Es hatte dazu beigetragen, viele Arbeiter dem Staat zu entfremden und die bekämpfte Partei fester an die Lehre von Marx zu binden.

Gerade dies hatte Bismarck nicht gewollt. Er hatte vielmehr geglaubt, der Staat müsse die soziale Frage lösen, und er hatte gehofft, durch ein *Sozialgesetzgebungswerk* als politischem Mittel die Arbeiter für den Staat zu gewinnen und von ihrer Partei zu entfernen.

Die Sozialgesetzgebung soll die Arbeiter für den Staat gewinnen

Nachdem eine kaiserliche Botschaft 1881 den Arbeitern staatliche Hilfe angekündigt hatte, waren in den Jahren 1883 bis 1889 die *Kranken-, Unfall-, Invaliditäts- und Altersversicherung* geschaffen worden. In ihnen waren die Arbeiter *pflichtversichert;* Arbeitnehmer und Arbeitgeber mußten die Beiträge gemeinsam finanzieren, und das Reich zahlte Zuschüsse zu den Altersrenten. Diese waren zunächst sehr niedrig. Trotzdem galt das deutsche *Sozialversicherungssystem* weltweit als vorbildlich.

1883

Daß es die Arbeiter dennoch mit dem Bismarckschen Staat nicht ausgesöhnt hat, lag daran, daß sie eine *patriarchalische Fürsorge* ablehnten und vom Staat keine Almosen empfangen wollten. Sie wollten die sozialen Probleme lieber aus eigener Kraft und durch eigene Organisationen lösen.

Nach der *Aufhebung des Sozialistengesetzes* zeigte sich, daß die *Sozialdemokraten gestärkt* aus der Verfolgung hervorgegangen waren. Trotz des für sie ungünstigen Wahlrechts gewann die SPD zunehmend Reichstagsmandate und wurde 1912 in der letzten Wahl vor dem Ersten Weltkrieg mit 110 Abgeordneten die *stärkste Fraktion* im Parlament.

Die Arbeiterbewegung wächst

2 „Der Arbeiter im Clubzimmer der regierenden Oberschicht" (Zeichnung von Thöny, 1898)

3 Bismarcks Einstellung zur sozialen Frage und sozialistischen Bewegung

3a In einem Brief an den Handelsminister schrieb Bismarck 1871:
„... Soweit mir das Tatsächliche der Bewegung bekannt geworden ist, wird bis dahin die sozialistische Bewegung von der Internationalen durchaus noch nicht in der von dieser erstrebten
5 Weise beherrscht, vielmehr ist namentlich in Preußen dieselbe der Internationalen eher feindlich, wie dies in dem Gegensatze der Lassalleanischen Partei gegen die mit der Internationalen in Verbindung stehende Bebel-Liebknechtsche
10 hervortritt. Hier ist nicht allein eine sachliche Verständigung noch möglich, sondern es wird beim rechten Eingreifen des Staates zurzeit auch noch gelingen, die Mehrzahl der Arbeiter mit der bestehenden Staatsordnung auszusöh-
15 nen und die Interessen von Arbeitern und Arbeitgebern wiederum in Harmonie zu bringen.
... Daß hierbei die brennendsten Fragen von Ar-
beitszeit und Arbeitslohn, Wohnungsnot u. dgl. nicht ausgeschlossen werden dürfen, betrachte ich als selbstverständlich ..."
(Zit. nach: H. Rothfels [Hrsg.], Bismarck und der Staat. Ausgewählte Dokumente, Darmstadt 1958, S. 330)

3b 1878 sagte Bismarck bei der ersten Lesung des Sozialistengesetzes im Reichstag:
„... Ich komme zu der Frage zurück, wann und warum ich meine Bemühungen um soziale Verhältnisse aufgegeben habe, und wann überhaupt meine Stellung zu der sozialen Frage eine andere geworden ist, sozialdemokratische mochte ich sie damals nennen. Es stammt dies von dem Augenblick her, wo in versammeltem Reichstag ... der Abgeordnete Bebel oder Liebknecht, aber einer von diesen beiden, in pathetischem Appell die französische Kommune als Vorbild politischer Einrichtungen hinstellte und sich selbst offen vor dem Volke zu dem Evangelium dieser Mörder und Mordbrenner bekannte. Von diesem Augenblick an habe ich die Wucht der Überzeugung von der Gefahr, die uns bedroht, empfunden ..."
(Bismarck, Die gesammelten Werke, Bd. 11, Berlin 1929[2], S. 610)

4 Von den Sozialdemokraten erwartete Wirkung der Sozialistengesetze

Der Sozialdemokrat August Bebel (1840–1913) sagte in der Reichstagsdebatte über das Sozialistengesetz 1878:
„Wenn es nicht mehr gestattet wird, unsere eigene gesamte Literatur zu verbreiten, so werden wir selbstverständlich wissen, uns die einschlägige, nicht verbotene in- und ausländische Literatur in passender Weise zugänglich zu machen. Sie mögen da machen, was Sie wollen ... Dabei haben wir die ... Gewißheit, daß die Neugierde schon allein bewirken wird, daß diese sogenannten staatsgefährdenden Broschüren und Schriften massenhaft gelesen werden ...
Sie können uns gar nicht besser nützen als durch die Annahme des Gesetzes, denn Tausende und Abertausende, die heute noch keine Sozialdemokraten sind, werden es dann sicher werden. Wir sind in wenigen Jahren stärker als je zuvor."
(A. Kuhn [Hrsg.], Deutsche Parlamentsdebatten, Frankfurt a.M. 1970, Bd. 1, S. 100f.)

5 Sitzung des sozialdemokratischen Parteitages in Berlin. Rechts im Vordergrund August Bebel. (Gemälde von Werner Zehme, 1892)

6 Die Durchführung der Sozialistengesetze
An die Zeit der Verfolgung erinnerte sich später August Bebel in seinen Memoiren:
„Während der zwölfjährigen Dauer des Sozialistengesetzes war ich – ich darf das ohne Übertreibung sagen – der in Deutschland polizeilich am meisten verfolgte Mensch ... Daß ich, wenn
5 ich in Berlin zum Reichstag war, auf Schritt und Tritt überwacht wurde, das passierte auch meinen sozialdemokratischen Kollegen. Aber daß man den Telegrafen hinter mir in Bewegung setzte und von einer Stadt zur anderen telegra-
10 fierte, daß und wann ich ankommen würde, passierte nur mir. Das geschah meist in der Weise, daß der Polizist, der mich zu überwachen hatte, sobald ich auf dem Bahnhof eine Fahrkarte löste, hinter mir an den Schalter trat und sich
15 erkundigte, wohin ich die Fahrkarte genommen ...
In jenen Jahren stand jedoch nicht nur die Bahnverwaltung in intimen Beziehungen zur Polizei, sondern auch die Post. Daß Briefe und Pakete,
20 die an bekannte Sozialdemokraten kamen, vor ihrer Ablieferung der Polizeibehörde mitgeteilt

wurden, so daß diese hinter der Ablieferung der Gegenstände sofort in die Wohnung eintrat und die Beschlagnahme ausführte, kam in Tausenden von Fällen vor ...“ 25
(A. Bebel, Aus meinem Leben, Berlin, Bonn-Bad Godesberg 1976[2], S. 149 ff.)

7 Die Sozialdemokraten unter den Sozialistengesetzen
Der Berliner Polizeipräsident berichtete im November 1884 über die Situation der SPD:
„Die Beschränkungen, welche das Ausnahmegesetz der Partei auferlegt, werden zwar nach wie vor schwer empfunden; man hat sich aber im Lauf der Zeit gewöhnt, mit demselben als einem Faktor zu rechnen, und gelernt, wesentli- 5 che Bestimmungen des Gesetzes systematisch zu umgehen. Organisation und Agitation sind danach eingerichtet, ja in gewisser Beziehung bietet das Gesetz selbst ein schätzbares Agitationsmittel, als Beweis für die vermeintliche 10 Härte und Ungerechtigkeit, mit welcher die ‚Arbeiter' von den herrschenden Klassen behandelt werden.

229

Die neuen Arbeitergesetze, dazu bestimmt, und
15 gewiß auch geeignet, einen großen Teil der Forderungen, wenigstens soweit dieselben sich innerhalb der Grenzen des Rechts und der Billigkeit halten, zu erfüllen, werden sowohl in ihren
Motiven als ihrem Inhalte von der Sozialdemo-
20 kratie noch vollständig verkannt ..."
(R. Höhn [Hrsg.], Die vaterlandslosen Gesellen,
1964, Bd. 1, S. 217)

8 Sozialgesetze: Leistungen für die Kassenmitglieder
Die staatliche Sozialgesetzgebung sah im Un-
fall- und Krankenversicherungsgesetz (15. 6.

1883) für die Kassenmitglieder folgende Leistungen für die Dauer von 13 Wochen vor:
„1. freie ärztliche Behandlung und Arznei-
mittel,
2. Krankengeld in Höhe der Hälfte ihres
durchschnittlichen Tagelohns vom 3. Tag
an,
3. Krankenhauspflege bei schwerer Erkran-
kung,
4. Zahlung eines Viertels ihres Durchschnitts-
lohns während des Krankenhausaufent-
haltes."
(Zit. nach: A. Gladen, Geschichte der Sozialpolitik in Deutschland, Wiesbaden 1974, S. 62)

9 Die Einführung wichtiger Sozialgesetze im Vergleich

Land	Kranken-versiche-rung	Alters- u. Invaliden-vers.	Unfall-versiche-rung	Arbeits-losenver-sicherung	Familien-beihilfen
Belgien	1844	1884	1903	1920	1930
Deutschland	1883	1889	1884	1927	1954
England	1911	1908	1897	1911	1945
Frankreich	1928	1885	1898	1905	1932
Italien	1910	1861	1898	1919	1936
Schweden	1891	1913	1901	1934	1947
Schweiz	1911	1916	1911	1924	1952
UdSSR	1922	1922	1922	1922	1944
USA	1965	1935	1908	1935	—

(Quelle: International Labour Review. Aus: Die moderne Gesellschaft – Formen menschlichen
Zusammenlebens. Freiburg 1972, S. 449.)

Arbeitsvorschläge und Fragen	*a) Warum unterscheidet Bismarck zwischen den beiden sozialistischen Rich-tungen? (M 3)* *b) Erkläre den Wandel in der Haltung Bismarcks zwischen 1871 und 1878.(M 3)* *c) Welche Gründe könnte Bebel für seine Voraussage gehabt haben? (M 4; vgl. S. 199, M 6)* *d) Was sagt das Bild (M 1) über die häuslichen Lebensbedingungen der Arbei-ter aus, und welche Haltung zeigen die Betroffenen? Vergleiche mit M 2 und 5.* *e) Welche Mittel im Kampf gegen die SPD haben nach dem Situationsbericht des Berliner Polizeipräsidenten versagt? (M 7; vgl. M 6) – Wie erklärt sich die letzte Aussage des Textes?* *f) Beschreibe Vor- und Nachteile der Pflichtversicherung und ihrer Leistungen für die Arbeiter. (M 8; vgl. M 9 und S. 203, M 10)*

4. Ein kompliziertes Bündnissystem Bismarcks sichert das Reich

1878	Auf dem Berliner Kongreß vermittelt Bismarck zwischen den europäischen Großmächten einen Ausgleich in strittigen Balkanfragen.
1879	Das Deutsche Reich und Österreich-Ungarn schließen den Zweibund als Verteidigungsbündnis gegen Rußland.
1881	Durch das Dreikaiserbündnis zwischen dem Deutschen Reich, Österreich-Ungarn und Rußland kommt es zu einer vorübergehenden Festigung innerhalb dieser Mächtegruppe.
1882	Die Zweibundmächte verbünden sich mit Italien im Dreibund.
1887	England, Italien und Österreich-Ungarn verbinden sich im Mittelmeerabkommen und im Orientdreibund zur Erhaltung des Status quo (gegenwärtiger Zustand) im Mittelmeerraum.
1887	Im Rückversicherungsvertrag erhält sich das Deutsche Reich nach Beendigung des Dreikaiserbündnisses Rußland als Bündnispartner.

Verschiebung des Kräfteverhältnisses zugunsten Deutschlands

Nach dem deutschen Sieg über Frankreich und der Reichsgründung hatte sich 1871 das *Kräfteverhältnis in Europa* entscheidend verändert. Viele Europäer erkannten, daß sich *Frankreich* mit der demütigenden *Niederlage* nicht abfinden und den *Verlust Elsaß-Lothringens* nicht hinnehmen würde. Deutschland mußte mit einem erneuten Krieg rechnen, sobald Frankreich seinen Schwächezustand überwunden und Bündnispartner gegen das Reich gefunden haben würde. Bismarck hatte zwar erklärt, das Deutsche Reich sei saturiert (gesättigt) und den anderen Mächten damit gezeigt, daß es künftig nicht über seine Grenzen hinausgreifen werde; aber eine solche Absichtserklärung allein konnte es vor einem französischen Revanchekrieg nicht schützen.

Angst vor einem Zweifrontenkrieg

Bismarck wollte diese Gefahr durch zwei Mittel bannen: *Deutschland* mußte über ein starkes, gut ausgebildetes *Heer* verfügen, das Frankreich vor einem Angriffskrieg abschreckte. Sicherer allerdings schien ihm ein *Bündnissystem* zu sein, das dem Deutschen Reich verläßliche Partner brachte, den Franzosen dagegen Verbündete entzog und Deutschland vor einem *Zweifrontenkrieg* bewahrte. Daß mit einem isolierten Krieg künftig nicht mehr gerechnet werden konnte, wußte Bismarck, und er litt geradezu unter einem Alptraum gegnerischer Koalitionen.

Der Balkan als Krisenzone

Der Frieden in Europa war aber nicht nur durch das belastete Verhältnis zwischen *Deutschland* und *Frankreich* gefährdet. Auf dem Balkan wuchs der Gegensatz zwischen *Rußland* und *Österreich-Ungarn* in dem Maße, wie der *türkische Staat* zerfiel und die Balkanvölker nach nationaler Unabhängigkeit strebten. Eine starke *panslawistische Bewegung* wollte alle Slawen in einem Staatenbund unter russischer Führung vereinigen. Dieser Plan hätte einen Machtzuwachs Rußlands bedeutet und den Vielvölkerstaat Österreich-Ungarn von innen heraus bedroht. Als das russische Heer 1877 in das *osmanische Reich* einfiel und bis Konstantinopel vordrang, konnte *Rußland* der Türkei *Friedensbedingungen* diktieren, die u.a. die Schaffung eines großen bulgarischen Staates vorsahen. Das aber stieß auf den Widerstand *Österreich-Ungarns. England* wollte ebenfalls wegen seiner Vorherrschaft im Mittelmeer den wachsenden Einfluß Rußlands auf dem Balkan nicht zulassen und entsandte eine Flotte ins Marmarameer.

1 „Doctor Bismarck" auf dem Berliner Kongreß: Medizin und Rezepte für Bulgarien(?), Frankreich, Rußland und die Türkei, den „kranken Mann am Bosporus". (Zeitgenössische Karikatur aus dem „Punch")

Diplomatie statt Krieg

In dieser zugespitzten Lage waren der österreichische und der russische Außenminister einverstanden, daß *Bismarck* auf einem Kongreß europäischer Staatsmänner in Berlin (1878) die Orientfrage schlichten sollte. Er konnte auf dieser Konferenz deshalb den *„ehrlichen Makler"* spielen, weil Deutschland selbst keine Interessen auf dem Balkan hatte. Gleichzeitig konnte er zeigen, wie sehr dem Deutschen Reich am Frieden in Europa gelegen war. Bismarcks Vermittlung beendete zwar für das erste den Konflikt durch einen *Kompromiß*, aber die *Rivalitäten* zwischen St. Petersburg und Wien blieben bestehen. Bismarck bemerkte dazu, er stehe „wie zwischen zwei bissigen Hunden, welche aufeinanderstürzen würden, wenn er das Halsband loslasse".

Ein System von Bündnissen isoliert Frankreich

Zweibund

Angesichts der anhaltenden Spannungen schloß Bismarck 1879 ein geheimes *Verteidigungsbündnis* zwischen *Deutschland* und *Österreich-Ungarn*, den *Zweibund*. Falls Rußland einen der beiden Vertragspartner angreifen sollte, sicherte es dem Angegriffenen die *Hilfe des Bündnispartners*. Bei einem Angriff durch eine andere Macht sollte wohlwollende Neutralität gelten.

Dreikaiserbündnis

Nachdem sich in den folgenden Jahren das seit dem Berliner Kongreß getrübte Verhältnis Rußlands zum Deutschen Reich wieder verbessert hatte, gelang es 1881 Bismarck im *Dreikaiserbündnis*, ein seit 1873 bestehendes loses Übereinkommen über gemeinsame Konsultationen (Beratungen) zwischen dem *deutschen, österreichischen* und *russischen Monarchen* in veränderter Form zu beleben. Das Dreikaiserbündnis war ein *Neutralitätsabkommen* und sollte in Kraft treten, wenn eine der drei Mächte in einen Krieg mit einer vierten Großmacht verwickelt würde. Bismarck verhinderte durch das Abkommen den Bruch mit Rußland, hielt das Zarenreich von einer militärischen Annäherung an Frankreich ab und sicherte dem Deutschen Reich Rückendeckung bei einer Auseinandersetzung mit Frankreich.

Rivalitäten zwischen Italien und Frankreich um Kolonialbesitz in Nordafrika führten 1882 zu einer Annäherung *Italiens* an den Zweibund und zu einem förmlichen Abkommen mit *Deutschland* und *Österreich-Ungarn*, dem *Dreibund*. Er garantierte Deutschland und Italien den *militärischen Beistand* jeweils der anderen Vertragspartner im Falle eines unprovozierten französischen Angriffs auf ihre Länder. Darüber hinaus überbrückte er Spannungen zwischen Italien und Österreich-Ungarn wegen umstrittener Gebiete an der österreichisch-italienischen Grenze (Irredenta). **Dreibund**

Als 1887 der Gegensatz zwischen Rußland und Österreich-Ungarn in der Balkanfrage erneut aufbrach, konnte das Dreikaiserabkommen nicht mehr erneuert werden. Rußland wurde als Bündnispartner frei. Deshalb schloß Bismarck jetzt einen zweiseitigen Vertrag mit Rußland, den geheimen *Rückversicherungsvertrag*. Das *Deutsche Reich* und *Rußland* wollten gegenseitig *wohlwollende Neutralität* wahren, falls sich eine der beiden Mächte im Krieg mit einer dritten Großmacht befindet. Diese Zusage sollte aber nicht gelten, wenn einer von ihnen Österreich oder Frankreich angreift. Der Rückversicherungsvertrag besaß allerdings ein ganz *geheimes Zusatzprotokoll*, in dem Deutschland dem Zarenreich „moralische und diplomatische Unterstützung" für den Fall zusagte, daß Rußland den Zugang zum Schwarzen Meer, die Dardanellen, als „den Schlüssel seines Reiches" verteidigen müsse. **Rückversicherungsvertrag**

Weil es Bismarck nicht gelang, England zu einem Bündnis mit dem Deutschen Reich zu bewegen, förderte er Übereinkommen wie das *Mittelmeerabkommen* und den *Orientdreibund* zwischen *England* und *Deutschlands Bündnispartnern im Dreibund*. Diese Abkommen sollten den *Status quo im Mittelmeer* aufrechterhalten und der *Türkei* die *Unabhängigkeit* sichern. **Mittelmeerabkommen**

Orientdreibund

1887 bestand demnach ein *kompliziertes Bündnissystem*, das Frankreich isolierte, aber die anderen fünf Großmächte miteinander verband.

Obwohl dieses *System der Friedenssicherung* nicht frei von Widersprüchen war (der Orientdreibund sollte beispielsweise den türkischen Besitz wahren, während der Rückversicherungsvertrag ein russisches Vorgehen gegen das osmanische Reich ermöglicht hätte), glaubte Bismarck das „*Spiel mit den fünf Kugeln*" meistern zu können. **Bündnisse sind für Bismarck politische Instrumente**

Wie schwierig das war, zeigte sich in einer erneuten Phase *österreichisch-russischer Kriegsgefahr* 1887/88. Rüstungsmaßnahmen auf beiden Seiten schienen auf einen bewaffneten Konflikt hinzuführen. Kaiser Franz Joseph wollte daher von Bismarck wissen, ob der *Bündnisfall* (casus foederis) gegeben sei, wenn „durch rein militärische Gründe, von denen der Erfolg oder Mißerfolg der Kampagne abhängen würde, seine Armee genötigt sein könnte, den Feind anzugreifen". Bismarck antwortete mit einem klaren Nein. Er wollte mit politischen Mitteln die Militärs in Schach halten und pochte auf den Wortlaut des Zweibundes, der einen *Präventivkrieg* nicht vorsah. In dieser Haltung lag ein Grundzug seiner Politik nach 1871, dem auch sein Bündnissystem diente: Anstatt bei aufkommenden Gegensätzen zu den Waffen zu greifen, sollten alle Mächte mit *diplomatischen Mitteln* einen tragbaren *Ausgleich* finden.

Diplomatie: Vorbereitung und friedliche Wahrnehmung der außenpolitischen Interessen eines Staates – im Gegensatz zum Krieg; auch: die Verhandlungskunst der Diplomaten (Botschafter, Gesandte), die nach genau festgelegten Förmlichkeiten (Konventionen) und Vereinbarungen des Völkerrechts mit Repräsentanten fremder Staaten oder internationaler Organisationen verkehren. Bis zum Anfang des 20. Jahrhunderts geschah dies ohne Unterrichtung der Öffentlichkeit *(Geheimdiplomatie)*. Die Diplomatensprache war im Mittelalter Latein, seit Richelieu das Französische. Nach dem Ersten Weltkrieg kam gleichrangig Englisch hinzu.

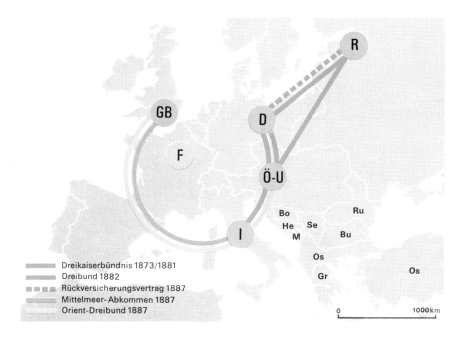

Dreikaiserbündnis 1873/1881
Dreibund 1882
Rückversicherungsvertrag 1887
Mittelmeer-Abkommen 1887
Orient-Dreibund 1887

0   1000 km

3 Frankreich und Deutschland

In einer Reichstagsrede ging Bismarck 1887
grundsätzlich auf die französische Haltung nach
1871 Deutschland gegenüber ein:

„Ich bin also der Meinung, daß der historische
Prozeß, der seit drei Jahrhunderten zwischen
uns und Frankreich schwebt, nicht beendigt ist,
und daß wir darauf vorbereitet sein müssen, ihn
5 von französischer Seite aus fortgesetzt zu sehen.
Wir sind gegenwärtig im Besitz des streitigen
Objekts, wenn ich das Elsaß als solches bezeichnen soll. Wir haben gar keinen Grund, darum zu
kämpfen; daß Frankreich nach dessen Wieder-
10 eroberung nicht strebt, kann keiner behaupten,
der sich irgendwie um die französische Presse
bekümmert. Hat es schon irgendein französisches Ministerium gegeben, welches hat wagen
dürfen, öffentlich und bedingungslos zu sagen:
15 Wir verzichten auf die Wiedergewinnung von
Elsaß-Lothringen, wir werden darum nicht
Krieg führen, wir akzeptieren die Situation des
Frankfurter Friedens gerade so, wie wir die Situation des Pariser Friedens im Jahre 1815 ak-
20 zeptiert haben, und wir beabsichtigen keinen
Krieg wegen Elsaß zu führen – gibt es in Frankreich ein Ministerium, welches den Mut hätte?
Nun, warum gibt es das nicht? An Mut fehlt es
den Franzosen doch sonst nicht! Es gibt das des-
25 halb nicht, weil die öffentliche Meinung in
Frankreich dagegen ist, weil sie gewissermaßen

einer mit Dampf bis zur Explosion gefüllten Maschine gleicht, wo ein Funke, eine ungeschickte
Bewegung hinreichen kann, um das Ventil in
die Luft zu sprengen und – mit anderen Worten
– einen Krieg herzustellen. Es wird das Feuer so
sorgfältig geschürt und gepflegt, daß man die
Absicht, es zunächst nicht und auch nach
menschlichem Gedenken nicht zu benutzen,
um es ins Nachbarland hineinzuwerfen, in keiner Weise vorauszusetzen berechtigt ist.“
(Bismarck, Die gesammelten Werke, Bd. 13,
Berlin 1930, S. 216)

4 Bismarcks außenpolitische Ziele

Im sog. Kissinger Diktat von 1877 entwarf
Bismarck Pläne, wie Deutschland auswärtigen
Bedrohungen begegnen könnte:

„Ein französisches Blatt sagte neulich von mir,
ich hätte ‚le cauchemar des coalitions‘; diese
Art Alp wird für einen deutschen Minister noch
lange, und vielleicht immer, ein sehr berechtig-
ter bleiben. Koalitionen gegen uns können auf
westmächtlicher Basis mit Zutritt Österreichs
sich bilden, gefährlicher vielleicht noch auf
russisch-österreichisch-französischer; eine große Intimität zwischen zweien der drei letztge-
nannten Mächte würde der dritten unter ihnen
jederzeit das Mittel zu einem sehr empfindli-
chen Drucke auf uns bieten ...
Wenn ich arbeitsfähig wäre, könnte ich das Bild

vervollständigen und feiner ausarbeiten, welches mir vorschwebt: nicht das irgend eines Ländererwerbes, sondern das einer politischen Gesamtsituation, in welcher alle Mächte außer Frankreich unser bedürfen, und von Koalitionen gegen uns durch ihre Beziehungen zueinander nach Möglichkeit abgehalten werden."
(Zit. nach: Geschichte in Quellen, Bd. 5, München 1980, S. 454 f.)

5 Der Zweibund
Zu einem Bündnis mit Österreich-Ungarn schrieb Bismarck 1879 an Kaiser Wilhelm I.:
„Das einzig wirksame Mittel, unseren Frieden sicherzustellen, sehe ich in einem Defensivbündnis zur Wahrung desselben. Es mag vom russischen Standpunkte aus leicht erscheinen, von Warschau aus entweder Preußen oder Österreich anzugreifen, und Polen ist, solange beide deutsche Mächte getrennt sind, eine mächtige Angriffsposition gegen jede von ihnen. Sind sie aber einig und wehren sich gleichzeitig, so wird ihre Stellung mehr zu einer Sackgasse für Rußland. Meine amtliche Überzeugung geht dahin, daß wir das Bündnis nur zu schließen brauchen, um den Krieg zu verhindern. Rußland wird Frieden halten, wenn es die deutschen Mächte ohne aggressive Tendenz zur Abwehr geeinigt weiß: es wird aber in absehbarer Frist den Frieden brechen, wenn diese Einigung unterbleibt. Wenn Österreich also zu dieser Einigung, ohne daß Deutschland weitere Pflichten übernimmt, bereit ist, so würde ich es mit meinen amtlichen Pflichten und mit meinem Ge-

wissen nicht in Übereinstimmung bringen können, wenn diese Gelegenheit, Deutschland und seinen Frieden zu decken, versäumt würde."
(Die Auswärtige Politik des Deutschen Reiches, Bd. 1, S. 84, zit. nach: Geschichte in Quellen, Bd. 5, München 1980, S. 461)

6 Der Zweibund als Bündnis zur Verhinderung von Krieg
Zum Bündnisfall äußerte Bismarck im Dezember 1887 gegenüber dem Chef des Militärkabinetts:
„... Das Bestreben Österreichs oder doch derjenigen österreichischen Staatsmänner und Militärs, welche die Gelegenheit wahrnehmen wollen, um die deutsche Armee für spezifisch österreichische Zwecke einzusetzen, auch für solche, an denen Deutschland kein Interesse hat, ist auf Erweiterung und Verschiebung unseres Bündnisses gerichtet. Dazu die Hand zu bieten, ist für uns nicht möglich, schon aus Rücksicht auf geheime Verträge, welche wir mit anderen europäischen Regierungen haben. Auch abgesehn hiervon liegt es nicht in unserem politischen Interesse, das österreichische Kabinett zum Beginn oder zur Beschleunigung des Krieges mit Rußland zu ermutigen. Unsre Politik hat die Aufgabe, den Krieg, wenn möglich ganz zu verhüten, und geht das nicht, ihn doch zu verschieben. An einer andern würde ich nicht mitwirken können."
(Die Auswärtige Politik des Deutschen Reiches, Bd. 1, S. 405, zit. nach: Geschichte in Quellen, Bd. 5, München 1980, S. 484)

---

a) Was will der Karikaturist mit seiner Zeichnung zum Berliner Kongreß aussagen? Beschreibe das Verhalten der einzelnen Personen. (M 1) b) Warum hält Bismarck das Revanchebedürfnis Frankreichs für besonders gefährlich? (M 3) c) Welches Ziel hat Bismarck sich in der Außenpolitik gesetzt? (M 4) – Beurteile mit Hilfe der Karte (M 2) das Ergebnis seiner Bündnispolitik. Wo lagen Stärken, wo Schwächen seines Bündnissystems? d) Formuliere den Kerngedanken, der den Bismarcktexten zugrunde liegt. (M 5 und M 6)	**Arbeitsvorschläge und Fragen**

5. Der „Neue Kurs" gefährdet Deutschlands Sicherheit

1888 ———————	Wilhelm II. wird Deutscher Kaiser.
1890 ———————	**Bismarck muß seinen Abschied nehmen.**
1890 ———————	Der Rückversicherungsvertrag wird nicht erneuert.
1892 ———————	Rußland und Frankreich vereinbaren eine Militärkonvention.
um 1900 ————	Mehrere Bündnisverhandlungen mit England führen zu keinem Ergebnis.

Eine Herrscher-generation wird übersprungen

Im Jahr 1888 starb mit 91 Jahren *Kaiser Wilhelm I.* Sein Sohn *Friedrich III.* war auf das Herrscheramt sorgfältig vorbereitet worden. Er hatte eine Tochter Königin Victorias von England geheiratet und galt als liberal gesonnener, umsichtiger Thronanwärter. Aber er war todkrank, als er die Nachfolge des greisen Kaisers antrat, und erlag schon nach 99 Tagen seinem Krebsleiden. Daraufhin fiel der Thron an Friedrichs konservativen 29jährigen Sohn *Wilhelm II.*

Wilhelm II. prägt sein Zeitalter: „Wilhelminismus"

Wilhelm war als Thronfolger zu äußerster Selbstdisziplin erzogen worden – nicht zuletzt wegen eines Geburtsfehlers: sein linker Arm war kürzer als der rechte. Als Kaiser zeigte er aber aller Welt, wie sehr er seine Herrscherrolle genoß und welch mächtiges Reich er repräsentierte. Einen Großteil seiner Regierungszeit verbrachte er auf Reisen, am liebsten zu Schiff, denn seine Vorliebe galt der *Marine*. Dabei entfaltete er *Prunk* und schätzte den *großen Auftritt*. Er wollte überall glänzen und hielt bei allen sich bietenden Gelegenheiten *pathetisch forsche Reden*. Mit ihnen erschreckte er des öfteren das In- und Ausland gleichermaßen. Wilhelm liebte alles *Militärische* und fühlte sich stän-

1 Kaiser Wilhelm II. in dänischer Admirals-Uniform 1910 (links) und in türkischer Marschalls-Uniform (rechts)

dig als *Oberster Kriegsherr*, fürchtete sich aber vor einem Krieg. Er war *begabt*, besaß ein ausgezeichnetes Gedächtnis und eine schnelle Auffassungsgabe. Für einen Politiker war er jedoch zu *sprunghaft* und unkonzentriert. Er verabscheute das Aktenstudium und nahm lieber huldvoll die Ehrungen seiner Untertanen entgegen. Was er tat, geschah laut und sollte in jedermanns Bewußtsein dringen; daher war er seinem Volk immer gegenwärtig. Die Mehrheit der Deutschen bewunderte und verehrte ihn und sprach von „S.M." („Seiner Majestät") oder von „unserem Kaiser". Deshalb ahmten viele von ihnen seinen Stil nach (*Wilhelminismus*), durch den er seine Epoche dermaßen prägte, daß sie als *Wilhelminisches Zeitalter* bezeichnet wird.

Gleich zu Beginn seiner Regierungszeit zeigte der junge Kaiser, daß er einen „*Neuen Kurs*" verfolgen und *Weltmachtpolitik* betreiben wolle. Der Rat des um vieles älteren und erfahreneren Staatsmannes Bismarck galt ihm wenig; denn er wollte ihm gegenüber sein „*persönliches Regiment*" durchsetzen: „Mein Kurs ist der richtige, und er wird weiter gesteuert". Daher kam es zu *Spannungen zwischen Kaiser und Kanzler*.

Des Kaisers Ziel: Weltmachtpolitik

Nach einem Bergarbeiterstreik im Ruhrgebiet, den Militär niedergeworfen hatte, begann Wilhelm II., ohne sich mit Bismarck abzustimmen, das sozialpolitische Klima durch *Reformen* zu entschärfen und den schon eingeschlagenen Weg in der *Sozialpolitik* fortzusetzen. Er äußerte, es sei „beklagenswert, wenn ich den Anfang meiner Regierung mit dem Blut meiner Untertanen färben müßte". Ohne Gegenzeichnung Bismarcks ließ er Anfang 1890 ein Programm zum Schutze der Arbeiter (*Verbot der Sonntagsarbeit, Beschränkung der Frauen- und Kinderarbeit*) verkünden. Der Reichstag hatte schon vorher die *Verlängerung des Sozialistengesetzes abgelehnt*; dadurch sollten innenpolitische Spannungen abgebaut werden.

Unstimmigkeiten in der Sozialpolitik

Weil die *Sozialdemokratie* weiter an *Stärke* wuchs und sich in den Forderungen des Kaisers bestätigt sehen konnte, hatte Bismarck das Programm Wilhelms II. abgelehnt. Damit war die Frage der Regierungsverantwortlichkeit aufgeworfen. Als der *Kanzler* nach der Reichstagswahl im Februar 1890 *keine Mehrheit* im Parlament mehr besaß, befand er sich gegenüber dem Kaiser in der schwächeren Position, der auf seinem persönlichen Regiment beharrte. „Diejenigen, die Mir ... behilflich sein wollen, sind Mir von Herzen willkommen, wer sie auch seien; diejenigen jedoch, welche sich Mir bei dieser Arbeit entgegenstellen, zerschmettere ich", hatte er im Provinziallandtag erklärt.

Bismarck muß gehen 1890

Der *Konflikt* spitzte sich schließlich über der Frage zu, ob preußische Minister, ohne Bismarck zu informieren, direkt beim Kaiser Vortrag halten durften. Eine alte Kabinettsordre von 1852 sah dieses nicht vor, und Bismarck bestand auf ihrer Einhaltung. Wilhelm II. empfand dieses als Beleidigung und forderte Bismarck zum *Rücktritt* auf. Darauf reichte der Reichskanzler am 19. 3. 1890 sein *Abschiedsgesuch* ein. Als sein Nachfolger zog General *von Caprivi* in die Reichskanzlei ein. Bismarck begründete seinen preußischen Ministerkollegen gegenüber seinen Rücktritt nicht mit den Differenzen in den sozialpolitischen Fragen, sondern mit der neuen auswärtigen Politik des Kaisers, die er nicht mittragen wollte.

Daß 1890 der *Rückversicherungsvertrag* mit Rußland nicht erneuert wurde, deutete in der *Außenpolitik* auf den *neuen Kurs* hin. Der Vertrag erschien den Beratern des Kaisers mit dem Bündnis mit Österreich-Ungarn unvereinbar, weil er Deutschland unnötig binde und zu einer Schaukelpolitik zwischen Rußland und Österreich zwinge. Ohne den Rückversicherungsvertrag war aber Rußlands Einbindung in das Bismarcksche Bündnissystem aufgehoben. Das *Zarenreich*

Rußland – nicht mehr im Bündnissystem eingebunden

wandte sich dann auch sehr bald *Frankreich* zu. 1892 vereinbarten beide eine *Militärkonvention*, die u. a. die sofortige Mobilmachung beider Vertragspartner vorsah, falls eine Macht des Dreibundes mobilmachen sollte.

Deutschlands Weltmachtstreben schafft Mißtrauen

Deutschland stand jetzt zwischen *zwei Fronten* und hätte ein gutes Verhältnis zu England suchen müssen. Aber Deutschlands *„Politik der freien Hand"* belastete die Beziehungen zur Seemacht *England*, besonders weil der Kaiser Deutschland *Seegeltung* verschaffen wollte. Er hatte 1898 bei der Eröffnung des Stettiner Hafens erklärt: „Unsere Zukunft liegt auf dem Wasser". Mit weltweiter Präsenz wollte sich das Reich seinen *„Platz an der Sonne"* sichern.

Zwar hatte sich die deutsche Regierung um 1900 mehrfach bemüht, *England* an den Dreibund heranzuziehen, aber England wollte sich nicht mit Problemen Österreich-Ungarns auf dem Balkan belasten und Deutschland wollte für England nicht in Rußland „die Kastanien aus dem Feuer holen".

Trotz des *Scheiterns dieser Verhandlungen* glaubte die Reichsregierung letzten Endes Englands immer noch sicher zu sein, weil sie den englisch-russischen Gegensatz in Asien und den englisch-französischen in Afrika für unüberbrückbar hielt. In Wirklichkeit hatte nach 1890 eine außenpolitische Entwicklung begonnen, die von Anfang an auf eine *Verschlechterung* der Lage des Reiches in Europa zusteuerte.

2 Kaiser Wilhelm II.

In einem Bericht an die bayerische Regierung charakterisiert der bayerische Bundesratsbevollmächtigte Graf Lerchenfeld 1903 den Kaiser:

„... Er zeigt heute noch dieselbe jugendliche Frische, dieselbe rasche Auffassungsgabe, denselben persönlichen Mut und denselben Glauben an die Sicherheit seines Urteils und seines Kön-
5 nens. Diese an sich für einen Monarchen wertvollen Eigenschaften werden aber leider auch heute noch zum Teil paralysiert [aufgehoben] durch die Abneigung, sich zu konzentrieren und sich in die Dinge zu vertiefen, durch ein fast
10 krankhaftes Bedürfnis, in jeder Lage, ohne die berufenen Ratgeber zu hören, sofort zu entscheiden, und durch den Mangel an Augenmaß und eigentlichem politischem Gefühl ... Er möchte in alles eingreifen, für alles die Verantwortung
15 tragen und betrachtet, wenigstens theoretisch, die Minister lediglich als seine Vollzugsorgane. Genau vermag er aber dem Gang der Staatsmaschine nicht zu folgen, und so sind es meistens Einzelheiten, Lieblingsprojekte, bei denen man
20 sein Eingreifen bemerkt ... Über den Reichstag hat der Hohe Herr seine eigenen Gedanken, die sich in das Wort Geringschätzung zusammenfassen lassen ..."

(Zit. nach: B. Gebhardt, Handbuch der deutschen Geschichte, 8. Aufl., Stuttgart 1960, Bd. 3, S. 258)

3 Die Rhetorik Kaiser Wilhelms II.

Der Historiker Karl Lamprecht schrieb 1913 über die Reden des Kaisers:

„Gewiß gewährt denn auch die Rhetorik des Kaisers einen wichtigen Einblick in die Grenzen und das Besondere seiner Art. Während er, auch physisch eher weit- als kurzsichtig, ein ausgezeichneter Schütze, nur selten des Wildes fehlt, das er aufs Korn genommen, gerät er im Reiche des Gedankens, wenn ihm in eindrucksvoller Umgebung stets neue Bilder und Gedanken zuströmen, leicht in jenen Zustand, den wohl jeder erfolgreiche Redner, ja schon jeder gute Unterhalter kennt: er berauscht sich an seinen Worten. Dabei erscheinen seine Ideale im höchsten Schmuck ...

[So in Döberitz 1901 bei einer Denkmalsenthüllung:] ‚Wenn jetzt die Hülle fällt, wenn zum Gruß die Fahnen und Standarten sich neigen, die Degen sich senken und Bajonette im Präsentiergriff blitzen, dann geschieht das nicht nur vor diesem Stein, sondern vor ihm, dem Großen König, seinen Generalen und Feldmarschällen, vor seinem großen Nachfolger, Wilhelm dem Großen, und dessen Paladinen, die jetzt alle beim großen Alliierten droben versammelt auf uns herabblicken, und vor Preußens ruhmvoller Heeresgeschichte und Tradition. Achtung, präsentiert das Gewehr!' "

(K. Lamprecht, Der Kaiser, Berlin 1913, S. 76f.)

4 Die Entlassung Bismarcks

Der Kaiser schrieb 1898 an seine Mutter:

„... Für den Augenblick [nach dem Tode Kaiser Wilhelms I. am 9. März 1888] war Bismarck Herr der Situation und des Reiches! Und das Haus Hohenzollern war so gut wie gar nichts! Hätten wir auch nur versucht, an ihn zu rühren, so hätten sich alle deutschen Fürsten – ich wurde heimlich davon in Kenntnis gesetzt – wie ein Mann erhoben und hätten uns gezwungen, den Kanzler wiederzuholen, dem wir und besonders später ich auf Gnade und Ungnade ausgeliefert gewesen wäre! Die Lage war einfach unmöglich. Von diesem Augenblick verstand ich die furchtbare Aufgabe, die Du damals nicht sahst, die der Himmel mir gestellt hatte: die Aufgabe, die Krone zu retten vor dem überwältigenden Schatten ihres Ministers, die Person des Monarchen erst einmal an „seinen" Platz zu bringen, die Ehre und die Zukunft unseres Hauses zu retten vor dem verderblichen Einfluß des Mannes, der uns unseres Volkes Herz gestohlen hatte ..."

(Zit. nach: Geschichte in Quellen, Bd. 5, München 1980, S. 551)

5 Deutsche Teilnahme an der Weltpolitik

Der Staatssekretär des Auswärtigen Amtes von Bülow in einer Reichstagsrede (6. 12. 1897):

„Die Zeiten, wo der Deutsche dem einen seiner Nachbarn die Erde überließ, dem anderen das Meer und sich selbst den Himmel reservierte, wo die reine Doktrin thront (Heiterkeit – Bravo!) – diese Zeiten sind vorüber. Wir betrachten es als eine unserer vornehmsten Aufgaben, gerade in Ostasien die Interessen unserer Schiffahrt, unseres Handels und unserer Industrie zu fördern und zu pflegen ... Wir müssen verlangen, daß der deutsche Missionar und der deutsche Unternehmer, die deutschen Waren, die deutsche Flagge und das deutsche Schiff in China

6 „Der Lotse geht von Bord" (zum Rücktritt Bismarcks in „Punch" vom 19. 3. 1890 mit dem Titel: „Dropping the Pilot")

geradeso geachtet werden, wie diejenigen anderer Mächte. (Lebhaftes Bravo.) Wir sind endlich gern bereit, in Ostasien den Interessen anderer 15 Großmächte Rechnung zu tragen, in der sicheren Voraussicht, daß unsere eigenen Interessen gleichfalls die ihnen gebührende Würdigung finden. (Bravo!) Mit einem Wort: wir wollen niemand in den Schatten stellen, aber wir verlan- 20 gen auch unseren Platz an der Sonne. (Bravo!)"

(Verhandlungen des Reichstages. IX. leg. per. V. Session 1897/98, 1. Bd., S. 60)

---

a) Vergleiche die Beurteilung des Kaisers durch Lerchenfeld mit den Aufnahmen von Wilhelm II. (M 1 und 2) – Welche Züge findest Du wieder?

b) Wie erklärt sich angesichts verbreiteter Kritik (z.B. M 3) die Beliebtheit Wilhelms II. bei vielen Deutschen?

c) Welche persönlichen Probleme zwischen Kaiser und Kanzler standen hinter Bismarcks Entlassung? (M 4) – Wie deutet die Karikatur den Vorgang? (M 6)

d) Warum mußte die Nichterneuerung des Rückversicherungsvertrages das Verhältnis zwischen dem Reich und Österreich-Ungarn beeinflussen?

e) Welche Politik wird in M 5 formuliert? Welche Gefahr lag darin?

> **Arbeitsvorschläge und Fragen**

6. Das wilhelminische Deutschland als Obrigkeitsstaat

Die alte Elite will sich behaupten

Durch das *Anwachsen der Bevölkerung* und ihre zunehmende *Mobilität*, durch die *Zunahme der Arbeiterschaft* und durch einen *breiteren Mittelstand* war die führende alte konservative Gesellschaftsschicht des *Adels und Großgrundbesitzes* in Deutschland, besonders in Preußen, in Bedrängnis geraten. Anders als in England hatte sie sich kaum an der Industrialisierung beteiligt. Sie versuchte daher ihre Position an den *Höfen*, in *Militär* und *Beamtenschaft* zu sichern. Aufstrebende Bürger, die adligen Grundbesitz erworben hatten oder gehobene Posten einnahmen, wurden als Eindringlinge betrachtet.

Besitzbürger und Angestellte drängen nach oben

Aber eine breitere *Bildung* und *wirtschaftliche Erfolge* in Handel und Gewerbe ermöglichten es immer mehr Deutschen, einen angesehenen Platz in der Gesellschaft einzunehmen. Trotzdem spielten die *Standesunterschiede* nach wie vor eine bedeutende Rolle, und es bestand eine scharfe Trennungslinie zwischen Armen und Reichen. Aber das *wohlhabende Bürgertum*, das sich der Oberschicht zurechnen konnte, besaß genügend Geld, um in seinen Häusern und Wohnungen, in seiner Kleidung und im Aufwand für seine Feste den *Lebensstil* der ehemals allein tonangebenden Schicht nachzuahmen. Das Besitzbürgertum wiederum sah sich bedrängt durch die aufstrebenden *Angestellten* und – obwohl sie nur eine kleine Gruppe von 0,95 % der Gesamtbevölkerung im Jahr 1910 waren – durch die *emanzipierten Juden*. Sie hatten in zahlreichen bürgerlichen Berufen erfolgreich Fuß gefaßt und erweckten dadurch Konkurrenzneid. Die Angestellten rechneten sich zum Mittelstand,

1 Die Kaiserhymne auf einer Reklamekarte der Firma Liebig. Sie war mit geringen Veränderungen eine Übernahme der preußischen Königshymne.

obgleich sie ihrem Einkommen nach eher zur Unterschicht gezählt werden mußten. Aber je komplizierter Planung und Verwaltung wurden, um so weniger entbehrlich und standesbewußter wurden Sekretäre und Buchhalter, technische Zeichner und Werkmeister.

Ein besonderes Kastenwesen erhielt sich beim *Militär*. In einzelnen Regimentern, in denen Mitglieder bestimmter Adelsfamilien bereits in der dritten oder vierten Generation ihren Traditionsberuf fanden, wollte das *adlige Offizierskorps* unter sich bleiben. In der Rangfolge der gesellschaftlichen Wertschätzung stand der aktive Offizier weit oben. Vermehrtes Ansehen genoß auch schon, wer bloß gedient hatte oder gar als Reserveoffizier im Staatsdienst oder in der Wirtschaft ein Amt bekleidete. Sie alle hatten in der *„Schule der Nation"* Disziplin und Zackigkeit für ihr ganzes Leben gelernt. Eine Uniform, des „Kaisers bunter Rock", flößte Respekt ein. Die Geschichte des verkleideten „Hauptmann von Köpenick" zeigte aller Welt, was den Deutschen Militär bedeutete. Strammer Marschtritt oder klingendes Spiel sollten bei Paraden oder Platzkonzerten in die nationale Aufbruchstimmung versetzen, die der Kaiser in die Worte gefaßt hatte: *„Ich führe Euch herrlichen Zeiten entgegen."*

Das Militär prägt das Bild der Gesellschaft

Das Bewußtsein, als Deutscher eine korrekte Haltung einnehmen zu müssen, wurde den Kindern schon in der Schule vermittelt. Sie lernten vor allem *Disziplin und Gehorsam,* und die eingeübten Verhaltensweisen ließen viele von ihnen auch als Erwachsene parieren. Sie fügten sich in die herrschenden Normen, muckten kaum auf und unterwarfen sich den Forderungen und Erwartungen all derer, die als Respektspersonen des Staates den Untertanen etwas zu sagen hatten – und waren es Eisenbahnschaffner oder Ortspolizisten.

Erziehung zu Untertanen

Viele Rechtsvorschriften waren kleinlich und Strafen allgemein hart, die Sondergesetze gegen sozialdemokratische Arbeiter waren aus heutiger Sicht empörend; aber es wäre gegen die Beamtenehre eines „Staatsdieners" gewesen, gesetzwidrig zu handeln. Das Deutsche Reich war ein *Rechtsstaat*, in dem formal jedem Kläger die Rechtswege offenstanden und jedem Angeklagten Rechtsschutz zuteil wurde. Daß *gleiches Recht* nicht für alle galt, zeigte sich jedoch im *unterschiedlichen Strafmaß* für Vergehen von Arbeitern und Übergriffe des Militärs. Während Richter bei Militärs an der unteren Grenze der gesetzlichen Strafe blieben, verhängten sie z.B. nach dem Bergarbeiterstreik von 1912 Höchststrafen gegen Arbeiter.

Das Reich als Rechtsstaat

3 Robert Reinick: „Deutscher Rat"
In einem Mittelschullesebuch lasen Schüler des Kaiserreichs das folgende Gedicht:

„Deutscher Rat

Vor allem eins, mein Kind: Sei treu und wahr,
laß nie die Lüge deinen Mund entweihn!
Von alters her im deutschen Volke war
5 der höchste Ruhm, getreu und wahr zu sein.

Du bist ein deutsches Kind, so denke dran!
Noch bist du jung, noch ist es nicht so schwer,
Aus einem Knaben aber wird ein Mann;
das Bäumchen biegt sich, doch der Baum nicht
10 mehr.

Sprich ja und nein und dreh und deutle nicht;
was du berichtest, sage kurz und schlicht;
was du gelobest, sei dir höchste Pflicht;
dein Wort sei heilig, drum verschwend es nicht!
15 Leicht schleicht die Lüge sich ans Herz heran,
zuerst ein Zwerg, ein Riese hintennach;
doch dein Gewissen zeigt den Feind dir an,
und eine Stimme ruft in dir. ‚Sei wach!'

4 Der Hofknicks. Kaiser Wilhelm II. und Kaiserin Auguste Viktoria besuchen eine Hauswirtschaftsschule in Hameln. (Foto, wohl 1904)

Dann wach und kämpf! Es ist ein Feind bereit:
die Lüg' in dir, sie drohet dir Gefahr.
Kind, Deutsche kämpften tapfer allezeit:
Du, deutsches Kind, sei tapfer, treu und wahr!"
(Robert Reinick, in: Hort und Habe, Deutsches Lesebuch für Mittelschulen, zit. nach: H. v. d. Mehden [Hrsg.], Vor allem eins, mein Kind …, Hamburg 1973², S. 57f.)

5 „Höhere Töchter"
Die Erziehung der Töchter des Großbürgertums beschreibt Stefan Zweig in seinen „Erinnerungen eines Europäers":
„Um die jungen Mädchen zu schützen, ließ man sie nicht einen Augenblick allein. Sie bekamen eine Gouvernante, die dafür zu sorgen hatte, daß sie gottbewahre nicht einen Schritt unbehütet vor die Haustür traten, sie wurden zur Schule, zur Tanzstunde, zur Musikstunde gebracht und ebenso abgeholt. Jedes Buch, das sie lasen, wurde kontrolliert, und vor allem wurden die jungen Mädchen unablässig beschäftigt, um sie von möglichen gefährlichen Gedanken abzulenken. Sie mußten Klavier üben und Singen und Zeichnen und fremde Sprachen und Kunstgeschichte und Literaturgeschichte lernen, man bildete und überbildete sie …"
(Stefan Zweig, Die Welt von gestern, Frankfurt/M. 1970, S. 94f.)

6 Ein Gutsherr und seine Landarbeiter
Das Verhältnis von Gutsherr und Untergebenen in Pommern schildert der ehemalige Landarbeiter Rehbein:
„Etwa um 11 Uhr sahen wir einen Reiter vom Gut auf uns zukommen. Mit ungezwungener Eleganz saß er im Sattel, die rechte Hand leicht auf die Lende gestemmt … ‚De gnä' Herr!' murmelte es allgemein, und fleißiger noch rührten sich die Hände. Jetzt setzte der Vogt [Aufseher] seine Kartoffelkiepe auf die Erde, wischte sich schnell die Hände an den Hosen ab und ging seinem Gebieter entgegen. Sechs Schritt vor ihm blieb er stehen, nahm kurz die Hacken zusammen und zog ehrerbietig seine Mütze. Wie das aussah! Dort der Herr, hoch zu Roß, jeder Zug aristokratische Vornehmheit; hier der Vogt, barhäuptig in urpommerscher Hölzernheit – ein Charakterbild disziplinierter Demut."
(F. Rehbein, Das Leben eines Landarbeiters, hrsg. v. P. Göhre, Jena 1911, S. 40)

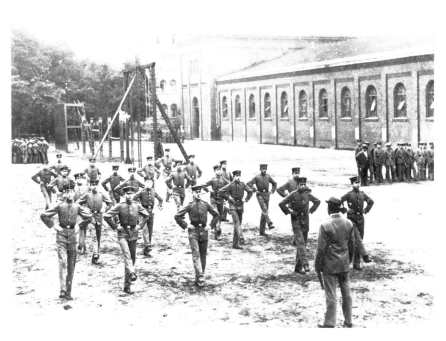

8 Erziehung durch das Militär

Über „den militärischen Drill, der allein in Friedenszeiten die unvergleichliche Disziplin unseres Heeres" erhalten kann, äußerte sich der Dozent an der Königlich Bayerischen Kriegsschule in München Fritz Endres:

„In den Händen der militärischen Vorgesetzten lag und liegt ferner ein wichtiger Teil unserer Volkserziehung ... der Offizier muß die Arbeit des Volksschullehrers nach einer oft verhängnisvollen Pause wieder aufnehmen und das 5 spröde und unbiegsamer gewordene Material für die Allgemeinheit nutzbar machen, muß neben der körperlichen und militärischen Ausbildung auch auf Hebung der sittlichen und geistigen Kräfte des Soldaten bedacht sein. Wer die 10

9 Veteranen im Ordensschmuck. Kaiser Wilhelm II. schreitet die Front der Veteranen des Mecklenburger Füsilier-Regiments Nr. 90 ab. (Foto, 1913)

prachtvolle Einleitung unserer Felddienstordnung kennt, weiß, mit welchem Ernst die Leiter der Armee die erzieherische Seite ihres Berufes beurteilen; wer etwas in die Praxis hineingesehen hat, muß zugeben, daß unsere höheren und niederen Offiziere mit ihrer Erziehertätigkeit Erfolge erzielen, deren Größe man im Laienpublikum erst dann richtig beurteilen würde, wenn sie einmal ausblieben. Der Soldat, der die Kaserne verläßt, ist fast immer körperlich gewandter und geistig regsamer als der Rekrut, der sie mit heiliger Scheu betritt. Die körperliche, die geistige, die charakterliche Erziehung unserer ungelenken Bauernburschen, unserer gescheiten, aber oft zuchtlosen und körperlich vernachlässigten Fabrikarbeiter, unserer intellektuell überfütterten, physisch und psychisch verkrüppelten akademischen Jugend ist das Verdienst unserer Offiziere und in vieler Hinsicht auch unserer oft geschmähten Unteroffiziere."
(F. Endres, Militarismus, Süddeutsche Monatshefte, April 1915, S. 144ff., zit. nach: H. F. Helmolt [Hrsg.], Das Buch vom Kriege, Berlin o. J., S. 293 f.)

10 Hierarchische Gesellschaft

Die Auswirkungen der Militärhierarchie beschreibt Juliana von Stockhausen in ihren Erinnerungen:

„Die Roßhaarbüsche auf den Helmen der Offiziere wehten im Wind um die Wette mit Mähnen und Schweifen der Pferde; Epauletten [Schulterstücke], Orden, Säbel, Knöpfe glänzten auf über dem Blau und Rot der Uniformen. Damen und Kinder saßen auf der Tribüne, teils starr vor Kälte, teils vor Spannung; auch sie gewissermaßen in Reih und Glied. An der Spitze thronte die Kommandeuse, Frau von Randow, deren Mann Oberst und Regimentskommandeur war; links von ihr die Frauen der beiden Majore, dann, nach dem Dienstrang ihre Männer abgestuft, die Hauptmannsfrauen und schließlich ‚das grüne Gemüse‘, Damen, deren Männer es noch nicht weiter als bis zum Oberleutnant gebracht hatten.

Den Schluß bildeten die Kinder; wieder, wie sich's gehörte, zuvorderst die Töchter des Obersten, dann wir anderen …"
(J. von Stockhausen, Auf Immerwiedersehen, Stuttgart 1977, S. 7)

11 Antisemitismus im Kaiserreich

Die Haltung gegenüber den Juden im Kaiserreich beleuchtet der Artikel „Antisemitismus" im „Konservativen Handbuch", das 1894 in zweiter Auflage erschien:

„Immer allgemeiner wird die Klage, daß der Jude, sei es als Wucherer und Ausbeuter oder umgekehrt als sozialdemokratischer Agitator, vorzugsweise immer dort zu finden sei, wo man an der Zersetzung und Vernichtung unseres Volkstums arbeitet; daß er im wirtschaftlichen Leben weniger durch schaffende Tätigkeit als durch erlaubte oder unerlaubte Übervorteilung anderer die Mittel gewinne, die in seinen gewandten Händen dann eine doppelt wirksame Waffe in dem weiteren Daseinskampfe werden; daß er in den höheren Berufen, in der Rechtsanwaltschaft, in der Medizin, in der Literatur, im Zeitungs- und Theaterwesen durch rücksichtslose Hingabe an den Erwerbsinstinkt die gewissenhaften Mitbewerber schädige und die Standesehre herunterbringe, und daß bei seiner geringen Neigung zum Aufgehen im Deutschtum seine wachsende wirtschaftlich-soziale Macht zu einer immer ernsteren Gefahr für unsere nationale Entwicklung und Eigenart herauswachse."
(Zit. nach: Lesebuch zur deutschen Geschichte, hrsg. v. B. Pollmann, Dortmund 1984, Bd. 3, S. 82)

Arbeitsvorschläge und Fragen	*a) Beschreibe das Bild, das die Kaiserhymne (M 1) vom Herrscher vermittelt. Worin liegt der Unterschied der Kaiserhymne zum Deutschlandlied? (M 1; S. 117, M 8)*
	b) Welche Gesellschaftsstruktur läßt sich aus den Texten M 3, 5, 6, 8 und 10 und den Bildern M 1, 2, 4, 7 und 9 für das Kaiserreich ermitteln?
	c) Definiere den Begriff Militarismus. (M 7–10)
	d) Welche Beschuldigungen erhebt der Handbuchartikel gegen die Juden? (M 11) – Nenne Ursachen für die einzelnen Vorwürfe und schätze die Folgen ein, die sich aus solchen Einstellungen ergeben können.

7. Deutsche Gesellschaft im Wandel

Neben der *Welt des Befehlens und Gehorchens* in Heer, Verwaltung und Schule bestand für die Deutschen des Kaiserreichs ein *unpolitischer Freiraum* im privaten Alltag. Familiensinn und Geselligkeit, Kaffee im Schrebergarten, Diner in der Beletage oder Tanzvergnügen, „man" lebte standesgemäß, wenn es irgend möglich war. Sehr viele Familien warteten aber auch von Woche zu Woche auf die *bescheidene Lohnzahlung* und mußten mit dem Nötigsten auskommen. Abseits von aller Politik entfaltete sich auch eine bemerkenswerte, das Ausland teilweise befremdende *Berufstüchtigkeit*. Obgleich die Lebensweise in den einzelnen Volksschichten und in den deutschen Ländern und Provinzen verschieden war und unterschiedliche berufliche Anforderungen an den einzelnen gestellt wurden, galt allgemein, solide zu wirtschaften und durch organisatorisches Geschick und fachliches Wissen und Können *Leistung* zu erbringen und erfolgreich zu sein.

Eine Leistungs-gesellschaft entsteht

Zu Beginn des 20. Jahrhunderts übernahm Deutschland die *wirtschaftliche Führungsrolle* in Europa. Besonders die neuen Industrien der Elektro- und Chemiebranche verhalfen mit modernen Produktionsmethoden dem Reich zu wirtschaftlicher Weltgeltung. Die Bezeichnung „*Made in Germany*", die die Engländer für importierte Waren aus Deutschland durchgesetzt hatten, um ihren Wert herabzusetzen, wurde geradezu zu einem Gütezeichen für die *Qualität deutscher Industrieprodukte*. Überhaupt begannen Industrie und Handwerk den Agrarsektor zu überflügeln. Ihre Wertschöpfung wuchs zwischen 1870 und 1913 von 26 auf 41 % an. Auch die deutsche *Forschung* fand große internationale Anerkennung. Die Zahl der angemeldeten *Patente* stieg beträchtlich, und deutsche Wissenschaftler erhielten in den Jahren 1901 bis 1908 ein Drittel der Nobelpreise für Medizin, Physik und Chemie.

Deutschland wird Industrienation

Außer der Vielfalt an schöpferischer Tätigkeit und landsmannschaftlicher Eigenart zeigten sich auch immer stärker *Gruppeninteressen*. *Interessenverbände* der Industrie, der Großagrarier, des Handels, Kolonialvereine, Gewerkschaften und fast zahllose Vereinigungen und Vereine verfolgten gegeneinander und gegenüber der Bürokratie ihre Ziele. Sie verdeutlichten, daß Deutschland auf dem Weg zu einer *pluralistischen Gesellschaft* war. Beispielsweise versuchten die Landwirte beständig, eine Erhöhung der Agrarzölle politisch durchzusetzen. Sie stießen dabei auf den zähen Widerstand von Industrie und Handel, die exportorientiert einen freien Warenaustausch forderten. Im *Antisozialismus* und in der *Ablenkung auf die Kolonial- und Flottenpolitik* fand die Regierung zeitweilig ein Mittel, um innenpolitische Gegensätze zu überbrücken. Auf die Dauer erschwerten *Verteilungs- und Machtkämpfe* aber die politische Führung.

Gruppeninteressen belasten die Innenpolitik

Welche neuen Fronten sich bildeten, wurde sichtbar, als bei *Streiks* der Arbeiter die Unternehmer bei der breiten Masse des Bürgertums und ihren Parteien keine Unterstützung fanden. Diese Bürger wollten durch ein Eintreten für *soziale Maßnahmen* den Druck der Sozialdemokraten auf die bestehende Gesellschaftsordnung mindern und im Gegensatz zur Mehrheit der aristokratischen Führungsschicht zur *Versöhnung der Klassen* beitragen.

Integration der Arbeiter?

Allgemein äußerte sich mehr *Kritik*, als man in einem Obrigkeitsstaat erwarten durfte. Die überholten Privilegien der Junker, die Selbstherrlichkeit des Militärs und das persönliche Regiment Wilhelms II. forderten sie direkt heraus.

Kritik an Unzeitgemäßem

Unbedachte, markige Worte des Kaisers führten des öfteren zu einem Sturm allgemeiner *Entrüstung*, und Bücher, die den Herrscher kritisierten, erreichten ebenso wie die *satirische Presse* hohe Auflagen. Es konnte sich somit entgegen dem Herrschaftsanspruch des Staates eine *geistige Freizügigkeit* entfalten, die dem Reich den Weg zu einer allmählichen demokratischeren Entwicklung wies.

Pluralistische Gesellschaft: Sie ist gekennzeichnet durch die Konkurrenz einer *Vielzahl* von Gruppen, Verbänden und Organisationen, die um politischen und gesellschaftlichen Einfluß ringen. Der Pluralismus will Gruppeninteressen selbständig regeln. Er richtet sich gegen obrigkeitsstaatliche Tendenzen, kann aber auch die Gefahr einer Zersplitterung des Staates in sich bergen.

---

1   Das „moderne" Deutsche Reich

Zum 25jährigen Regierungsjubiläum Wilhelms II. schrieb Paul Meinhold 1912 über das Deutsche Reich zu Beginn des 20. Jahrhunderts:

„Das Deutsche Reich ist zuletzt nicht eine Erneuerung des römischen Kaisertums deutscher Nation, keine Universalmacht, sondern Verkörperung und Darstellung der schwer erkämpften
5 deutschen Einheit, eine ganz moderne Schöpfung des genialen Staatsmannes, den beiden Seiten der deutschen Volksseele, der Sehnsucht nach nationaler Einheit und dem Sonderleben der Stämme, Rechnung tragend; ja das Deutsche Reich ist viel moderner als der preußische Staat: 10 überwiegen dort die mehr konservativen Elemente, Landwirtschaft, Beamtentum und das Heer, das Deutsche Reich trägt vielmehr Rechnung den Mächten einer neuen individualistischen Zeit, der Technik, dem Handel, der Indu- 15 strie."

(P. Meinhold, Wilhelm II. 25 Jahre Kaiser und König, Berlin 1912, S. 86)

2   Wertschöpfung 1870–1913
(Angaben in Millionen Mark in Preisen von 1913)

Jahr	Landwirtschaft, Forsten, Fischerei	Bergbau und Salinen	Industrie und Handwerk	Verkehr	Handel, Banken, Versicherungen, Gaststätten	Häusliche Dienste	Sonstige Dienstleistungen ohne Verteidigung	Verteidigung	Nichtlandwirtschaftliche Wohnungen	Insgesamt
	1	2	3	4	5	6	7	8	9	10
1870	5 738	255	3 742	280	1 082	1 014			488	14 169
1880	6 427	455	5 194	506	1 437	1 027	1 694	174	765	17 679
1890	7 732	674	7 941	878	1 982	1 054	2 074	203	1 051	23 589
1900	9 924	1 049	12 220	1 576	2 881	1 038	2 685	252	1 544	33 169
1910	10 625	1 530	17 016	2 621	3 953	1 080	3 651	272	2 233	42 981
1913	11 270	1 903	19 902	3 146	4 415	1 061	4 000	346	2 437	48 480
%										
1870	40,5	1,8	26,4	2,0	7,6	7,2	11,3		3,4	100
1913	23,3	3,9	41,1	6,5	9,1	2,2	8,3	0,7	5,0	100

(Hohorst/Kocka/Ritter, Sozialgeschichtliches Arbeitsbuch, München 1975, S. 88/89)

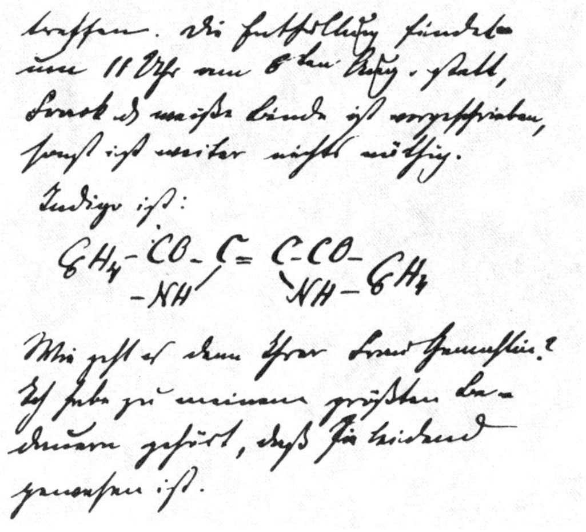

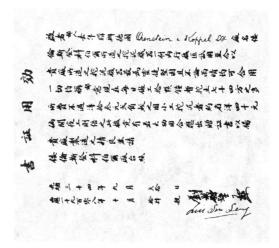

treffen. ... [handwritten German text]

Indigo ist:

$$C_6H_4 \overset{-CO-}{\underset{-NH}{\diagdown}} C = C \overset{-CO-}{\underset{NH-}{\diagup}} C_6H_4$$

[handwritten German text]

---

3 Wissenschaft im Kaiserreich, z.B. Chemie.
In einem Brief gibt der spätere Nobelpreisträger Adolf von Baeyer 1883 erstmals die richtige Formel für Indigo an.

5 „Made in Germany"

5a Faksimile eines Schreibens, das Liu Sin Seng, ein chinesischer Unternehmer, an einen deutschen Lieferanten sandte.

---

4 Patent von 1880 Adolf von Baeyers zur Herstellung von Indigo (bis heute Farbstoff für Jeansstoffe), das sich technisch aber nicht durchsetzen konnte.

5b Übersetzung des verkleinert abgebildeten chinesischen Briefs aus dem Jahre 1908:
„Hankow, den 14. Oktober 1908.
Ich bestätige hierdurch, im vorigen Jahre einen von der Firma Orenstein & Koppel – Arhur Koppel A.-G. hergestellten Bagger gekauft zu haben. Derselbe ist bis jetzt von unseren erfahrenen 5 Monteuren geprüft und in Gebrauch genommen worden. Ich habe gefunden, daß der Bagger *sehr gut arbeitet* und von *sehr starker Konstruktion* ist. Ferner arbeitet derselbe gleich gut bei trockenem und bei nassem Wetter. Ich bin mit dem 10 gelieferten Bagger daher *sehr zufrieden*. Ich lasse den Bagger jetzt *75 Fangen Schlamm* pro Tag von 10 Arbeitsstunden ausheben und erziele damit eine *Ersparnis von £40 pro Tag* gegenüber den Kosten der Aushebung einer gleichen Quan- 15 tität durch Kulis. Falls ich den Bagger auch während der Nacht arbeiten lassen würde, so wäre die Ersparnis doppelt so groß.
Infolge dieser *großen Vorteile des Baggers* gebe ich gern dieses Zeugnis, um die gute Konstruk- 20 tion desselben zu bescheinigen.
Liu Sin Seng"
(W. Fach/H. A. Wessel, Hundert Thaler Preussisch Courant, Wien ect. Molden Edition 1981, S. 144; Hervorhebungen wie in der Edition)
Vgl. zum Thema: „Made in Germany", S. 184, M 7.

247

6 Frauen von Arbeitern warten am Lohntag vor der Baustelle auf ihre Männer. (Zeichnung von Heinrich Zille, 1913)

Lohntag, die Frauen erwarten die Männer.

7 Die „bessere Gesellschaft". In einem Merkbüchlein konnten Mädchen der „besseren Gesellschaft" eintragen, mit wem sie getanzt und wie sie sich unterhalten haben. In den Bemerkungen zum 11. Dezember heißt es: „Es gab einen sehr hübschen Kotillon mit reizenden Blumen, Orden u. kl. Geschenken, welche an einem brennenden Tannenbaum hingen … Mein Kleid: Weiße Seide mit grünen Heckenrosen."

8 Lebensstil der bürgerlichen Oberschicht

Die Schriftstellerin Fanny Lewald-Stahr schrieb am 24. Februar 1873 an den Großherzog Karl Alexander von Sachsen-Weimar über die Berliner großbürgerliche Oberschicht:

„… Sie würden erstaunen, Königliche Hoheit, wenn Sie einen Blick würfen in den Luxus der Kreise, in denen wir leben. Ich begegne in den Gesellschaften Kleidern, die – ohne ihren Bril-
5 lantschmuck – tausend Taler und darüber an Spitzen und selbst an geringeren Kinkerlitzchen wert sind – und der Luxus der Wohnungsein-richtungen – der Tafelluxus sind unglaublich in der Kaufmannswelt, die mehr oder weniger auf
10 die anderen Stände zurückwirkt.

Die Zahl der gebildeten Familien, die wie wir von der alten bürgerlichen Lebensweise nicht abgegangen sind, ist nicht groß; und die jener anderen, welche wie wir ihre Freunde bei und
15 mit einer Tasse Tee empfangen, könnte ich Ihnen an meinen Fingern abzählen – und würde noch einige übrig behalten …"

(Zit. nach: Geschichte in Quellen, Bd. 5, München 1980, S. 795)

9 Eine Jugend in der Unterschicht

Seine Lebensumstände im Jahr 1910 schilderte Karl Retzlaw, der zwei Jahre zuvor mit seiner Mutter in die deutsche Hauptstadt gezogen war:

„… Mittlerweile war ich vierzehn Jahre alt geworden und aus der Schule entlassen. Eine Lehr-stelle konnte ich nicht sogleich finden, weil die Lehrherren ein ‚Lehrgeld' verlangten und keinen
5 Arbeitslohn geben wollten. Meine Mutter hatte kein Geld, ihr Verdienst reichte für unseren Lebensunterhalt nicht aus. Es war auch in der Großstadt sehr schwer, zu unserem täglichen

10 Kleinbürgerfamilie (Foto, 1911)

Brot zu kommen. Wir hatten Zeiten, in denen es ab Donnerstag bis zur Lohnzahlung am Sonn-
10 abend kein Mittagessen gab. Unsere Hauptsorge war stets, das Geld für die Wohnungsmiete bereit zu haben. Zudem war unsere Mutter sehr oft krank, Krankheitstage wurden nicht bezahlt, und weil es immer nur ein oder zwei Tage in der
15 Woche waren, an denen die Mutter nicht arbeiten gehen konnte, erhielt sie auch keine Kran-kenunterstützung. Bei uns zu Hause gab es selten Obst und niemals Butter. Abgesehen von meiner frühesten Kindheit, wurde ich siebzehn
20 Jahre alt, bis ich zum ersten Male Butter aß. Aufs Brot wurde Schmalz, Kunsthonig oder und Rübensaft gestrichen."

(K. Retzlaw, Spartakus. Aufstieg und Niedergang, 1972[2], S. 20)

---

a) Nenne die Gegensätze, die Text M 1 für die Zeit vor dem Ersten Weltkrieg anspricht.

b) Beschreibe mit Hilfe der Tabelle die Entwicklung der einzelnen Wirt-schaftssektoren zwischen 1870 und 1913. (M 2)

c) Welchen Eindruck vom Privatleben der verschiedenen Gesellschaftsschich-ten geben Texte und Bilder? (M 6–10)

d) Warum ist das deutsche Kaiserreich mit den Bezeichnungen Untertanen- oder Obrigkeitsstaat nicht ausreichend gekennzeichnet?

Arbeitsvorschläge und Fragen

Imperialismus, Mächterivalität,

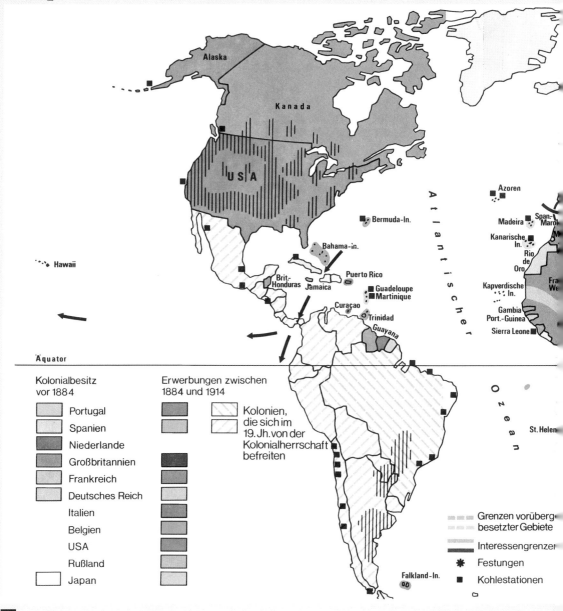

Kolonialbesitz vor 1884

- Portugal
- Spanien
- Niederlande
- Großbritannien
- Frankreich
- Deutsches Reich
- Italien
- Belgien
- USA
- Rußland
- Japan

Erwerbungen zwischen 1884 und 1914

Kolonien, die sich im 19. Jh. von der Kolonialherrschaft befreiten

- ▬ ▬ ▬ Grenzen vorüberg. besetzter Gebiete
- ▬▬▬▬ Interessengrenzen
- ✳ Festungen
- ■ Kohlestationen

1 <u>Die Aufteilung der Welt 1882–1914</u>

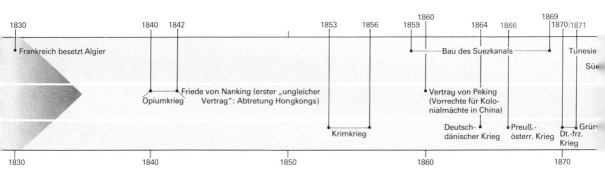

1830	1840	1842	1853	1856	1859	1860	1864	1866	1869 1870/1871

- Frankreich besetzt Algier
- Opiumkrieg
- Friede von Nanking (erster „ungleicher Vertrag": Abtretung Hongkongs)
- Krimkrieg
- Bau des Suezkanals
- Vertrag von Peking (Vorrechte für Kolonialmächte in China)
- Deutsch-dänischer Krieg
- Preuß.-österr. Krieg
- Dt.-frz. Krieg
- Tunesie
- Sü
- Grün

Erster Weltkrieg

R u s s i s c h e s   R e i c h

Mongolei
Mandschurei
Kurilen
Pt. Arthur
Weihaiwei
Kiautschou
Korea
Japan
P a z i f i s c h e r

Pamir
Afghanistan
C h i n a
Tibet

Libyen
Ägypten
Kuweit
Bahrein-In.
Arabien
Persien

Britisch - Indien
Ober-Burma
Unter-
Franz.
Macao
Hongkong
Kwangtschouwan
Formosa
Riu-Kiu-In.

Äquatorialafrika
Sudan
Eritrea
Frz.-
Brit.-
Abessinien
Ital.-Somaliland
Aden

Goa
Pondichéry
Ceylon
Indochina
Kambodscha
Malaya
Brunei
Brit.-Nordborneo
Sarawak
Philippinen
O z e a n
Guam

erun
Uganda
Brit.-
Ostafrika
Belg.-Kongo
Deutsch-Ost-afrika
Sansibar (brit.)
Seychellen

Niederländisch Indien
Kais.-Wilh.-Ld.
Neuguinea
Bismarck-Arch.

Angola
Rhodesien
Nord
Mosambique
Süd-schuana-land
Deutsch-Südwest-afrika
Bet-schuana-land
2
Swasiland
Basutoland
ikanische Union
3

I n d i s c h e r

Mauritius
Madagaskar

O z e a n

Timor

A u s t r a l i e n

1 Njassaland
2 Transvaal
3 Oranje-Freistaat

Neuseeland

Imperialistische Stoßrichtungen und Krisenräume
Aufnahmegebiete europäischer Auswanderer und Siedler im 19. Jh.

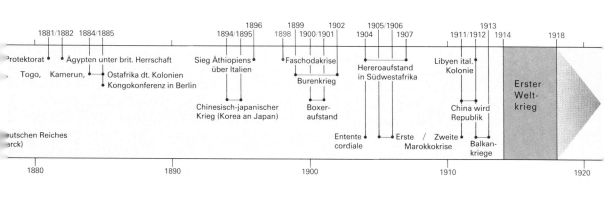

| | 1881/1882 | 1884/1885 | | 1896 1894/1895 | 1899 1898 | 1902 1900/1901 | 1905/1906 1904 1907 | 1913 1911/1912 1914 | 1918 |

Protektorat • • Ägypten unter brit. Herrschaft
Togo, Kamerun, • • Ostafrika dt. Kolonien
• Kongokonferenz in Berlin

Sieg Äthiopiens über Italien
Faschodakrise
Burenkrieg
Hereroaufstand in Südwestafrika
Libyen ital. Kolonie

Chinesisch-japanischer Krieg (Korea an Japan)
Boxer-aufstand
China wird Republik

Erster Welt-krieg

eutschen Reiches
arck)
Entente cordiale
Erste / Zweite Marokkokrise
Balkan-kriege

1880   1890   1900   1910   1920

1. Afrika den Europäern!

1881/82	Frankreich errichtet ein Protektorat über Tunesien; Ägypten gelangt unter britische Oberherrschaft.
1884/85	Das Deutsche Reich erwirbt ein Kolonialreich in Südwestafrika, Togo, Kamerun und Ostafrika.
1885	Auf der internationalen Kongokonferenz in Berlin einigen sich 16 zumeist europäische Staaten über Grundsätze für die weitere Aufteilung Afrikas.
1896	Die Italiener werden bei dem Versuch, Äthiopien zu erobern, bei Adua vernichtend geschlagen.
1898	Der englische General Kitchener besiegt die Anhänger des Mahdi im Sudan.
1904–1907	In Deutsch-Südwestafrika erheben sich die Hereros.
1912	Libyen wird italienische Kolonie. Mit Ausnahme Liberias und Äthiopiens steht ganz Afrika unter fremder Herrschaft.

Afrika um die Mitte des 19. Jahrhunderts

Um die Mitte des vorigen Jahrhunderts war das Innere des schwarzen Kontinents noch *weitgehend unerforscht*, und nur wenige Gebiete waren *Kolonien der Weißen* geworden. Die *Franzosen* z.B. hatten seit 1830 *Algerien* erobert und Siedler dorthin geschickt. Auch in der *britischen Kapkolonie* und den angrenzenden *Burenrepubliken* im Süden Afrikas lebten weiße Siedler. Nirgendwo waren sie aber zahlreich genug, um der eingeborenen Bevölkerung ein ähnliches Schicksal wie den Indianern in Nordamerika bereiten zu können. Im übrigen beschränkte sich der europäische Einfluß auf einzelne *Küstenplätze*, die nach der Beendigung des jahrhundertelangen Sklavenhandels keine besondere Bedeutung zu haben schienen.

Kolonien als belastende „Mühlsteine"

Der Kolonialpolitik wurde damals keine besondere Zukunft eingeräumt. Für den englischen Premierminister *Disraeli* waren um 1850 die vielen britischen *Kolonien* mitsamt Indien bloße *„Mühlsteine am Halse Englands"*, ohne die man viel Geld sparen könnte. Nur ein halbes Jahrhundert später jedoch waren so gut wie ganz Afrika (und auch Asien und der Pazifik) in koloniale oder halbkoloniale Abhängigkeit geraten.

Der „Wettlauf um Afrika" beginnt

Disraeli, der sich so ablehnend zu kolonialem Besitz geäußert hatte, erwarb 1874 für England die *Suezkanalaktien* des türkischen Vizekönigs von Ägypten. Dieser Kauf schien der Absicherung des *Seewegs nach Indien*, der wichtigsten britischen Kolonie, zu dienen, wo sich 1877 die englische Königin *Victoria* als *Kaiserin* ausrufen ließ. Doch setzten sich die Engländer in der Folgezeit in *Ägypten* selber fest, übernahmen zunächst die Finanzverwaltung des hochverschuldeten Staates, landeten schließlich 1882 mit Truppen und fügten es in das britische Empire ein. Dies wiederum ließ die *Franzosen* nach einer Kompensation (Ausgleich) suchen: Sie erklärten *Tunesien* zu ihrem *Protektorat* (Schutzgebiet) und verärgerten damit die ebenfalls interessierten Italiener.

Internationale Kongokonferenz

In der Zwischenzeit hatte der *belgische König Leopold* versucht, das *Kongobekken* für sich zu gewinnen. Denn dort wurden große Bodenschätze vermutet. Der englische Journalist *Stanley* schloß in seinem Auftrag mit einheimischen Häuptlingen zweifelhafte Verträge, die vor allem von England angefochten wurden. So erschien es als zweckmäßig, auf einer *internationalen Konferenz in Berlin* (im Winter 1884/85) die umstrittenen Ansprüche zu regeln. Auf dieser Kongokonferenz wurden nicht nur schönklingende Beschlüsse gegen die Sklaverei und für den Freihandel in Afrika gefaßt; künftig sollte man sich Territo-

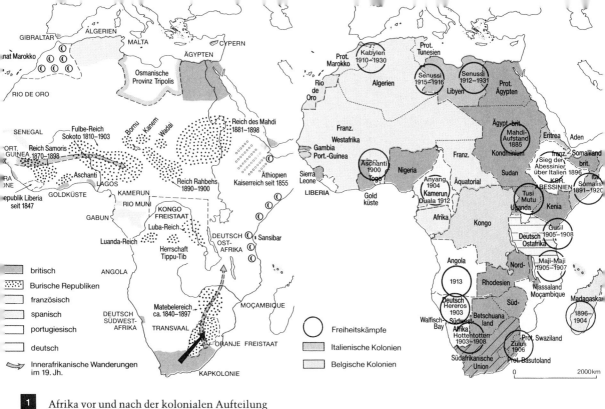

1 Afrika vor und nach der kolonialen Aufteilung

rien in Afrika einfach dadurch aneignen können, daß man sie besetzte und den übrigen interessierten Mächten davon Mitteilung machte.

So führte die Kongokonferenz dazu, den „*Scramble for Africa* " (Balgerei um Afrika) weiter anzufachen. Auch das *Deutsche Reich,* dessen Kanzler Bismarck sich lange Zeit an Afrika uninteressiert gezeigt hatte, erwarb sich jetzt mit *Südwestafrika, Togo, Kamerun* und *Ostafrika* ein ansehnliches Kolonialreich. Viel erfolgreicher waren freilich die alten Kolonialmächte England und Frankreich, deren Kolonialreich um 1914 jeweils mehr als dreimal so groß war.

Die „Balgerei" wird heftiger

Die Besetzung des riesigen Kontinents lief in der Regel ohne allzu viel Blutvergießen ab. Zumeist reichte es aus, wenn eine kleine Handvoll Weißer mit Stammeshäuptlingen Schutzverträge vereinbarte, deren eigentlichen Sinn diese oft nicht durchschauten. Doch gab es auch *gewaltsamen Widerstand* gegen die europäische Landnahme. Die Anhänger des *Mahdi*, eines religiösen islamischen Führers, kämpften jahrelang erfolgreich gegen britische Armeen, und der *äthiopische* Herrscher *Menelik II.* besiegte 1896 die *Italiener* bei Adua so nachhaltig, daß diese sich mit dem Besitz Eritreas und Somalias zufrieden geben mußten. Auch lange nach der Inbesitznahme einer Kolonie konnte es zu Erhebungen kommen. Besonders bekannt wurde der grausam unterdrückte *Aufstand* der *Hereros und Nama-Hottentotten* in *Südwestafrika* (1904–1907).

Widerstand der Afrikaner

Anfänglich erhoffte sich mancher Weiße einen schnellen Gewinn durch *Ausplünderung* der Kolonien, z.B. in dem vom belgischen König als Privatbesitz behandelten *Kongostaat:* Im Austausch gegen Spiegel, Blechteller und Spazierstöcke ließ man die Eingeborenen in den Urwäldern des Kongobeckens Kautschuk sammeln. Um den Ertrag des immer mühsamer zu gewinnenden Rohstoffes zu steigern, bedienten sich die Weißen immer schlimmerer Methoden der *Zwangsarbeit.* Hunderttausende sind bei den – in Europa heftig kritisierten *Kongogreueln* – ums Leben gekommen oder verkrüppelt worden.

Koloniale Ausbeutung

253

**Koloniale
Erschließung**

Anderswo hatten die Kolonialherren schneller erkannt, daß nicht Raubbau, sondern nur *koloniale Erschließung* längerfristigen Gewinn bringen konnte. Deshalb erklärte man Millionen von Hektar fruchtbaren Landes für angeblich ungenutzt und herrenlos und errichtete *Plantagen für Exportkulturen* (z. B. Erd-nüsse, Kaffee, Kakao, Baumwolle, Palmöl). Noch heute ist die Wirtschaft der afrikanischen Staaten durch diese *einseitige Erschließung* geprägt, die die Erzeugung von Nahrungsmitteln für den eigenen Bedarf vernachlässigte und eine hohe *Abhängigkeit vom Welthandel* schuf. Auch der Bau von *Eisenbahn-anlagen* und *Straßen* diente vor allem dem Abtransport dieser *Kolonialwaren.* Nirgendwo aber wurden die Kolonien industriell erschlossen.

**Folgen kolonialer
Herrschaft**

Die Auswirkungen kolonialer Herrschaft werden deshalb zwiespältig beurteilt: Trotz einer gewissen wirtschaftlichen Entwicklung hob sich der Lebensstan-dard der einheimischen Bevölkerung nur geringfügig. Doch wurde bis 1914 die Kolonialverwaltung allgemein geordneter, wenn diese auch kaum über große Mittel verfügte, um z. B. ein umfassendes Schulsystem aufzubauen. So erlangte nur eine sehr kleine *schwarze Elite*, zumeist in *Missionsschulen*, eine gewisse Bildung. Im übrigen spürte man in vielen Gegenden Afrikas wenig von den weißen Herren, die sich oft mit einer *Oberaufsicht* über die angestammten Häuptlinge zufrieden gaben. Vor allem die Engländer praktizierten diese *„indi-rect rule".* Die Weißen waren nämlich vielerorts nur eine verschwindende Min-derheit, in Togo z. B. wurden 1890 bei ungefähr 1 Million Einwohnern keine hundert weiße *Kaufleute, Missionare* und *Kolonialbeamte* gezählt. Wo Weiße zahlreicher zuwanderten, etwa in das durch Gold- und Diamantenvorkommen attraktive *Südafrika*, ergaben sich später die meisten Probleme bei dem Ver-such der schwarzen Völker, ihre Unabhängigkeit zu erreichen.

Kolonialismus: Unterwerfung einer eingeborenen Bevölkerungsgruppe durch eine wirtschaft-lich und sozial überlegene Minderheit von außen und die sich anschließende Beherrschung und Ausbeutung (in offener oder verborgener Form). Der Erwerb von Gebieten in Übersee durch europäische Mächte (später auch der USA) begann mit der Kolonisierung Mittel- und Südame-rikas durch Spanien und Portugal im Zeitalter der Entdeckungen und gipfelte in der Aufteilung großer Teile der Welt unter die Kolonialmächte in der Zeit zwischen etwa 1880 und 1914.

3 Erziehung „des Negers" zur Arbeit

Auf einem „Allgemeinen Kongreß zur Förderung überseeischer Interessen" (1886 in Berlin) referierte auch Joachim Graf Pfeil, der neben Carl Peters an der Kolonisierung Deutsch-Ostafrikas maßgeblich beteiligt war:

„Es fehlt dem Neger die Grundlage für das Angebot europäischer Arbeit, der Erwerbstrieb. Für seinen Lebensunterhalt sorgt durch ihren Feldbau sein Weib. Abgesehen von der Arbeit, welche wir für die Kultivation neuer Länder gebrauchen, liegt uns aber auch die Pflicht ob, die rohen Einwohner derselben zu erziehen, zu zivilisieren ...

Muß aber der Europäer arbeiten, so liegt sofort die Frage nahe, warum soll es der Neger nicht. Unsere Ansichten über den Neger waren bisher ganz eigentümlich verschroben. Ansprüche, die man an die unteren Volksklassen der Europäer erhob, ja als ganz naturgemäß betrachtete, verschrie man sofort als Roheit, wenn sie an den Neger gestellt wurden, gerade als ob der Neger ein zu besonders zarter Behandlung berechtigtes höheres Wesen sei ...

Solche Anschauungen über den Neger stammen noch aus der Zeit des unseligen Humanitätsdusels ... Jene Zeit ist indessen verschwunden, eine gesunde Reaktion beginnt sich gegenüber den damaligen superhumanen Anschauungen geltend zu machen ...

Mit einer kleinen, aber zuverlässigen Truppe etabliere man sich an dem Ort, den man für kolonisatorisches Vorgehen ausersehen hat. Mit dem Häuptling des Stammes, unter dem man lebt, treffe man zunächst das Abkommen, daß er seine Hörigen zur Arbeitsleistung stellt ... Eine rechtzeitige Schaustellung der bewaffneten Macht kann diese Maßregel zur Durchführung bringen ohne jeden tatsächlichen Zwang, d.h. Anwendung von Gewalt ...

Dieses Verfahren genügt, um in einem kleinen Distrikte die Einwohner zur Arbeit zu zwingen. Um aber ganze Volkstämme zur Arbeit heranzuziehen, bedürfen die Mittel einer ausgedehnteren Anwendung ... Überall finden sich kriegerische Stämme ... Bei einiger Geschicklichkeit im Umgang mit Negern kann es nicht schwerhalten, den Häuptling eines solchen kriegerischen Stammes zum Verbündeten zu gewinnen. Er und sein Volk werden von der allgemeinen Arbeitsleistung dispensiert, übernehmen jedoch die Verpflichtung, andere Stämme, die bei der Stellung von Arbeitern sich saumselig erweisen ... nötigenfalls mit bewaffneter Hand zu veranlassen ... Wir aber wissen, daß ihre rohe Gewalt nur dem höheren Endzwecke allgemeiner Zivilisation dienen soll."

(Zit. nach: Ludwig Helbig, Imperialismus – Das deutsche Beispiel, Frankfurt 1976[6], S. 79–81.)

5 Im kaiserlichen Kamerun

Hellmut von Gerlach, liberaler Reichstagsabgeordneter von 1903–1906, machte kurz vor dem 1. Weltkrieg eine Reise in die deutsche Kolonie Kamerun. Er berichtete:

„Die Neger wurden als minderwertig behandelt

255

und deshalb als Zeugen nicht zum Eide zugelassen. Sonst wäre man doch bei einem Verfahren zwischen Weißen und Schwarzen so leicht nicht über Negereide hinweggekommen. Meine große Frage, ob man nicht an die Vereidigung der Neger denken könne, wurde als Rasseverrat mit Empörung zurückgewiesen. Ungemein häufig war die Verhängung der Prügelstrafe. Freitag war immer Gerichtstag in Duala, Sonnabend Prügeltag. Im Innern von Kamerun wurde das Urteil gleich vollstreckt ...

Sehr unerfreulich war der Anblick der vielen Kettengefangenen, die man bei Wegearbeiten und ähnlichen Beschäftigungen im Freien erblicken konnte. Die ersten Kettengefangenen hatte ich in Lomé beim Einzug unseres neuen Gouverneurs gesehen, was bei mir nicht gerade das Festgefühl gesteigert hatte. Die Kettenstrafe vollzog sich in der Form, daß immer zwei Sträflinge durch eine Kette an den Beinen zusammengeheftet wurden, was ihnen ein Entweichen natürlich unmöglich machte. Besonders aufreizend erschien mir als Juristen, daß die Kettenstrafe nicht nur über Verurteilte, sondern auch über Untersuchungsgefangene verhängt wurde. ...

Das glänzende Gegenstück zur deutschen Justiz in Kamerun war die Sanitätsverwaltung. Sie stand auf der Höhe der deutschen Wissenschaft und wurde mit echt deutscher Gründlichkeit zum Segen der Eingeborenen ausgeübt. Es begeisterte mich geradezu, als ich tief im Innern des Landes deutsche Ärzte traf, die in Begleitung von Sanitätern alle der Schlafkrankheit verdächtigen Eingeborenen um sich sammelten, sie untersuchten und sie impften. Hier wurde wirklich ein Kulturwerk ersten Ranges vollbracht. Aber das ist auch fast das einzig Erfreuliche, was ich aus dem Kamerun von 1912 zu berichten wüßte. Das schlimmste schien mir, daß die deutsche Verwaltung grundsätzlich von dem falschen Gesichtspunkt ausging: die Schwarzen sind eine minderwertige Rasse, die, wie der Pidschin-Ausdruck lautet, 'by strong' regiert werden muß, mit hartem Zwang. Kein Neger wurde nach Deutschland gelassen. 'Dort werden sie als gleichberechtigt behandelt, da sind sie für die Kolonie verdorben, wenn sie zurückkommen.' Alle Neger wurden geduzt, auch die relativ Gebildeten und Wohlhabenden ... Daß die Schwarzen von weißen Privatleuten geprügelt wurden, war allgemein üblich; ich habe es zahllose Male gesehen. Es war nicht direkt erlaubt. Aber es wurde geduldet. Die Schwarzen wußten, daß sie kein Recht gegen die Weißen fanden, da sie nicht schwören durften."

(Zit. nach: Günter Albrecht [Hrsg.], Erlebte Geschichte, Berlin [Ost] 1967, S. 106–109)

6 Missionar in einem Kral (Runddorf) in Südwest-Afrika

Südwestafrika als deutsche Kolonie 1883/4–1914

Map labels:
- Sambesi
- Etoschapfanne
- Tsumeb
- Grootfontein
- Waterberg
- Omaheke Sandfeld
- CAPRIVIZIPFEL
- DAMARA-LAND
- Karibib
- Okahandja
- Kalahari
- Walfish-Bay
- Swakopmund
- Windhuk
- Namib
- GROSS-NAMALAND
- Lüderitzbucht
- Keetmannshoop
- Warmbad
- Oranje
- Wüste

Legend:
Ackerbauern
- Ovambos (Bantuneger)

Viehhalter
- Hereros
- Hottentotten (Khoisan-Sprachgruppe)

Jäger und Sammler
- Buschmänner

- Als Farmgebiete für Europäer geeignet

Aufstände
- 1903
- 1903 – 08
- Todesmarsch des Herero-Volkes
- Belagerte Siedlungen
- Europäische Siedlungen und Missionsstationen
- Bergbau

0   300 km

7

Arbeitsvorschläge und Fragen

a) Vergleiche die beiden Afrika-Karten miteinander. (M 1) – Welche europäischen Staaten waren in besonderem Ausmaß an der Kolonisation beteiligt? – Welchen Einfluß hatte die Kolonialzeit auf die heutige politische Landkarte Afrikas? Ziehe dazu eine moderne Staatenkarte heran.

b) Vergleiche die Bilder M 2, 4 und 6. Was sagen sie über das Verhältnis des Weißen zur eingeborenen Bevölkerung aus und was über seine kolonisatorischen Leistungen?

c) Welche Methoden empfiehlt der Redner zur „Erziehung der Neger"? Nimm dazu Stellung und berücksichtige dabei auch die im Text enthaltene Rechtfertigung. (M 3)

d) Was hält der Verfasser des Reiseberichts an der Praxis der Kolonialverwaltung für gut und was für schlecht? Untersuche, von welchem Standpunkt aus er urteilt und inwieweit deshalb der Bericht als glaubwürdig oder einseitig erscheint. (M 5)

e) Ermittle an Hand der Karte M 7 wesentliche Faktoren, die die Situation in der Kolonie Deutsch-Südwestafrika bestimmten. Vergleiche zum afrikanischen Widerstand M 1. Informiere Dich im Lexikon über Südwestafrika.

2. China – Politik der Offenen Tür

1842	Nach dem verlorenen Opiumkrieg schließt China mit dem Vertrag von Nanking (Nan-jing) den ersten „Ungleichen Vertrag".
1860	Der Sommerpalast von Peking (Bei-jing) wird von englischen und französischen Truppen zerstört; China räumt den fremden Mächten weitgehende Vorrechte ein, die seine Souveränität aushöhlen.
1894/95	China verliert in einem Krieg gegen Japan die Oberherrschaft über Korea. Die Rivalität der imperialistischen Mächte verhindert in der Folgezeit die völlige Aufteilung Chinas.
1900/01	Der Aufstand der Boxer gegen die Fremdherrschaft wird von einer internationalen Armee niedergeschlagen.
1911/12	China wird nach über zweitausendjähriger Kaiserherrschaft Republik, verbleibt aber in halbkolonialer Abhängigkeit.

Europäisches Vordringen in Asien

Früher und intensiver als für Afrika hatten sich die Europäer für das größere und bevölkerungsreichere Asien interessiert. Im 17. und 18. Jahrhundert hatten sich z.B. die *Holländer* in *Indonesien* festgesetzt; den *Engländern* war es in dieser Zeit gelungen, im reichen *Indien* immer mehr Einfluß zu gewinnen und Konkurrenten wie Frankreich auszuschalten. *Rußland* hatte sich in dieser Zeit das dünnbesiedelte *Sibirien* unterworfen und war tief nach *Zentralasien* vorgedrungen. Im 19. Jahrhundert nun versuchten die Abendländer, den Fernen Osten ihrem Handel zu erschließen: 1854 erzwangen amerikanische Schiffe die *Öffnung japanischer Häfen* für den westlichen Handel. Japan gelang es aber, seine Verwaltung und Armee nach europäischem Vorbild zu modernisieren und eine eigene Industrie aufzubauen. Auf diese Weise konnten die *Japaner* ihre *Unabhängigkeit* bewahren im Unterschied zu den damals über 400 Millionen Chinesen.

Im „Reich der Mitte" herrscht der „Sohn des Himmels"

Noch heute nennen die Chinesen ihr Land chung-kuo, d.h. *Mittelreich*, und erinnern damit an die alte chinesische Auffassung, im Zentrum der bewohnten Welt zu leben, von wo alle Zivilisation und Kultur in die angrenzenden Außenstaaten ausgeht. Deren Bewohner waren nach chinesischer Vorstellung um so primitiver, je weiter entfernt sie von China lebten, z.B. die Europäer, die man sich nicht selten als Kannibalen vorstellte. Noch den entferntesten „Barbaren" war es aber gestattet, an den Hof des *Kaisers*, des *„Sohnes des Himmels"* zu kommen, um seiner Gnade teilhaftig zu werden und „um sich zu bilden". Tatsächlich erschienen jahrhundertelang aus den angrenzenden Ländern Gesandtschaften mit Geschenken (Tributen). In der Hauptstadt wurden sie mit feierlichem Zeremoniell empfangen und machten den *Kotau* (k'ou-t'ou), indem sie sich vor dem Kaiser dreimal niederknieten und ihren Kopf neunmal auf den Boden beugten.

Opiumkrieg

Im 19. Jahrhundert waren die Europäer immer weniger zu dieser in ihren Augen demütigenden Unterwerfung bereit. Von der früheren Hochachtung für die chinesische Kultur, zu der die Herstellung von *Porzellan, Papier* und *Seidenstoffen* genauso gehörte wie die Lehre eines *Konfuzius*, war wenig mehr geblieben. Die Chinesen wurden nun für die Europäer zu Karikaturen mit dreieckigem Hut, langem Bart und Zopf, denen man in Indien angebautes *Opium* brachte, um dagegen *Tee* und *Seide* einzutauschen. Da die Einfuhr dieses Rauschgiftes verboten war, ließ der kaiserliche Beauftragte Lin Tse-hsü 1840 in Kanton (Guang-

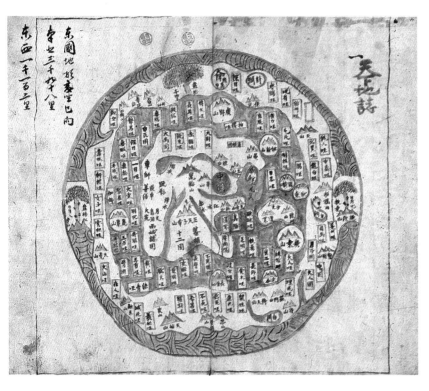

zhou) mehr als 20000 Kisten Opium auf britischen Schiffen beschlagnahmen und vernichten. *England* schickte deshalb Truppen, die bald die südliche Hauptstadt Nanking (Nan-jing) zu erobern drohten. Die Chinesen traten deshalb im *Vertrag von Nanking* Hongkong an England ab und öffneten fünf Häfen für den westlichen Handel.

Der Vertrag von Nanking war der erste der „*Ungleichen Verträge*", die das militärisch schwache China in der Folgezeit mit europäischen Staaten und den USA abschließen mußte. Nach diesen Verträgen unterstanden die Fremden in China eigener *Gerichtsbarkeit*, sie übernahmen die *Verwaltung des chinesischen Seezolls*, so daß sie dadurch ihre Waren besser einführen konnten, darunter weiterhin das Opium, jetzt allerdings unter der Bezeichung „ausländisches Medikament". Die Ausländer durften mit ihren Kanonenbooten die Küstengewässer und Flüsse befahren, und es wurden ihnen immer mehr *Vertragshäfen*, zuletzt über hundert, überlassen und immer mehr *Territorien verpachtet*, wo auch *fremde Truppen* stationiert werden konnten. Auch durfte nach diesen Verträgen die Tätigkeit der *christlichen Missionen* nicht behindert werden.

Ungleiche Verträge

Besonders tief wurden die Chinesen in ihrem Selbstbewußtsein getroffen, als sie 1894/95 in einem *Krieg wegen der Herrschaft über Korea* von ihrem viel kleineren Nachbarn *Japan* besiegt wurden. Allerdings wurde Japan von den miteinander konkurrierenden Mächten daran gehindert, seinen Sieg voll auszunutzen. Gegen eine völlige Aufteilung Chinas wendeten sich vor allem die *USA*, die den Grundsatz der *Politik der „Offenen Tür"* verfochten. Danach

Aufteilungsversuche und Politik der Offenen Tür

sollte sich kein Staat von China Rechte gewähren lassen, die andere Staaten benachteiligten.

So blieb China zwar *formell* ein *souveräner Staat*, war aber in Wirklichkeit die *Kolonie* nicht nur einer ausländischen Macht, sondern *vieler Staaten*, deren Angehörige sich als die wahren Herren im Lande bewegten und zumeist voller Verachtung auf die chinesische Lebensweise herabsahen. In Schanghai war z. B. ein Park für „Hunde und Chinesen" verboten, genauso wie die erste Klasse der Straßenbahn.

Unruhen der „Faustkämpfer für Recht und Einigkeit"

Gegen die fortgesetzten *Demütigungen* durch die Fremden, vor allem auch gegen das oft anmaßende Verhalten der zahlreichen Missionen, die z. B. für ihre chinesischen Gläubigen besondere Vorrechte erstritten hatten, entlud sich um 1900 der Haß gegen alles Fremde im *Aufstand der „Boxer"*, der Angehörigen einer Geheimgesellschaft, die nun Tausende von chinesischen Christen und Missionsangehörigen umbrachten und das Gesandtschaftsviertel in Peking belagerten. Eine 40 000 Mann starke *internationale Truppe* schlug schließlich diesen Aufstand nieder, plünderte drei Tage lang Peking, und ein weiteres Mal wurden der Regierung *neue Zugeständnisse* abgepreßt.

Reformversuche und Sturz der Mandschu-Dynastie

Die offensichtliche *Ohnmacht Chinas* hatte seit ungefähr 1860 zu gewissen *Reformversuchen* geführt. In der sogenannten „Selbststärkungsbewegung" (ungefähr 1860–1890) glaubte man anfangs noch, nur die westliche Technik übernehmen zu müssen, ohne die überkommene soziale Ordnung anzutasten. Weiter ging die „Reformbewegung" von 1898, die das starre Prüfungssystem und die Verwaltung umgestalten wollte. Doch kamen solche Reformmaßnahmen zu spät, um die regierende *Mandschu-Dynastie* noch zu retten. 1911 wurde sie unter maßgeblicher Beteiligung des südchinesischen Arztes *Sun Yatsen* (Sun Yi-xian) gestürzt. Doch auch die neugegründete *chinesische Republik* konnte sich nicht aus der *kolonialen Abhängigkeit* befreien; zudem ergriffen einzelne Militärmachthaber, sogenannte *„Warlords"*, in immer mehr Provinzen die Herrschaft und lösten sich von der Zentralregierung.

2 <u>Schlacht bei Yangtsun während des Boxeraufstandes</u> (Chinesischer Bilderbogen). – Aus Aufrufen der Boxer: „Fremde Teufel sind gekommen und haben durch ihre Lehre viele zu ihrem römischen oder protestantischen Glauben verleitet … Der Telegraph und die Eisenbahnen sind eingerichtet worden, man hat Gewehr- und Geschützfabriken angelegt, und diese Anstalten verursachen den fremden Teufeln eine Freude der Bosheit voll … Obwohl ihr Rang ihnen dies Recht nicht gibt, lassen sie sich in Sänften tragen; China aber betrachtet sie doch als Barbaren, die Gott verdammen wolle."

3 Die indischen Opiumexporte nach China
1729–1918
(in Kisten zu je etwa 60,5 kg)

1729	ca.	200
1767	ca.	1 000
1786	ca.	2 000
1790–1810	ca.	4 000
1821–1828	jährl.	9 708
1828–1835	jährl.	18 712
1838/39		40 200
1850		52 925
1860		58 681
1879		82 927
1890		76 616
1900		49 279
1910		35 477
1913		18 138
1914		7 484
1917		1 073
1918		337

(H. Bloß, Das revolutionäre China und die Großmächte, Geschichte in Wissenschaft und Unterricht 22, 1971, S. 405)

4 Die Europäer im Urteil der Chinesen
In einer Schilderung des britischen Dolmetschers Th. T. Meadows von 1852 heißt es:
„Die Chinesen nennen gewöhnlich die Europäer ‚Barbaren' und halten sie für solche; mit dem Ausdruck meinen sie ‚Völker in einem rohen, unzivilisierten Zustand, moralisch und geistig unkultiviert' … Diejenigen Chinesen, die unmittelbare Gelegenheit hatten, etwas von unseren Sitten und von unserer Kultur zu erfahren – sie mögen, in allen fünf Vertragshäfen zusammen, fünf oder sechstausend zählen gegenüber 360 Millionen – halten uns meist in Moral und geistiger Kultur für tiefer stehend als ihr Volk. Was die anlangt, die keine solche Gelegenheit hatten, so kann ich mich nicht auf das Gespräch mit einem einzigen besinnen – und ich habe mit vielen gesprochen –, dessen Vorstellungen von uns nicht analog zu denen gewesen wäre, die wir von Wilden haben. Die Chinesen sind stets überrascht – um nicht zu sagen erstaunt, zu hören, daß wir Familiennamen haben, und in der Familie die Unterscheidung von Vater, Bruder, Frau, Schwester, usw. verstehen; kurzgesagt, daß wir anders als eine Viehherde leben …"
(Zit. nach: Geschichte in Quellen, Bd. 5, München 1980, S. 535)

5 Die Chinesen im Urteil eines Europäers
Aus den Aufzeichnungen einer Reise, die der Diplomat Rudolf Lindau im Jahr 1859 gemacht hatte (1880 niedergeschrieben):
„Der Europäer, der viel mit Indern, Malaien, Anamiten, Chinesen und Japanern zu tun gehabt hat, kann es nicht mehr über sich gewinnen, diese braunen und gelben Menschenkinder wie seinesgleichen zu betrachten. Der wohlwollende und gebildete Weiße blickt mit Herablassung auf sie herab; viele, die aus einem härteren Stoffe gemacht oder weniger gut erzogen sind, behandeln die Eingeborenen mit großer Härte und unverhohlener Verachtung … 10
Die Leute haben viele gute Eigenschaften; die meisten Ostasiaten z.B. sind von gewinnender Höflichkeit und haben nicht selten bis in die tiefsten Volksschichten hinab feine gesellschaftliche Formen, auf die man bei uns Verzicht leisten muß, sobald man aus dem kleinen Kreise der sogenannten ‚guten Gesellschaft' hinaustritt. – China und Japan sind alte Kulturstaaten, und die Eingeborenen dieser Länder verfügen über einen nicht unerheblichen Schatz von traditioneller praktischer Lebensweisheit und mechanischer Wissenschaft, – doch kann weder China noch Japan vom Standpunkt der menschlichen Intelligenz aus den Vergleich mit einem europäischen Kulturstaate im entferntesten aushalten. Es ist dies auch nicht erstaunlich, wenn man bedenkt, daß die chinesische Gelehrsamkeit noch immer an den heiligen Schriften kaut, in denen Konfuzius fünfhundert Jahre vor Christi Geburt seine Naturphilosophie, die eisernen Regeln für Gebräuche und Zeremonien und die Grundsätze der Ethik und Metaphysik niedergelegt hat. Die Japaner sind etwas besser daran als ihre Nachbarn und ursprünglichen Lehrmeister, die Chinesen, denn sie besitzen seit einigen Jahrhunderten bereits phonetische Schriftzeichen und brauchen deshalb nicht mehr den größten Teil ihres Lebens damit hinzubringen, um einfach lesen zu lernen; aber viel weiter in der geistigen Entwicklung als die Chinesen haben sie es auch nicht gebracht. – Man findet unter den Ostasiaten schlaue Leute; höfliche, artige, feine, liebenswürdige Menschen – bedeutende Männer … findet man nicht unter ihnen." 45
(Zit. nach: Geschichte in Quellen, Bd. 5, München 1980, S. 537 f.)

6 China zur Zeit des Imperialismus

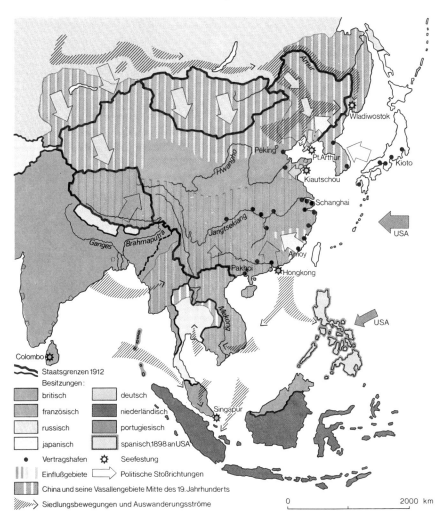

Legende:
- Staatsgrenzen 1912
- Besitzungen:
  - britisch
  - französisch
  - russisch
  - japanisch
  - deutsch
  - niederländisch
  - portugiesisch
  - spanisch, 1898 an USA
- ● Vertragshafen
- ✿ Seefestung
- ||| Einflußgebiete
- ⇨ Politische Stoßrichtungen
- China und seine Vasallengebiete Mitte des 19. Jahrhunderts
- ////⇢ Siedlungsbewegungen und Auswanderungsströme

0 — 2000 km

7 Aufteilung Chinas?

Aus einer Denkschrift des Generalfeldmarschalls von Waldersee aus dem Jahr 1901. Waldersee befehligte während des Boxeraufstandes die internationalen Streitkräfte in China.

„Für die in den letzten Jahren so vielfach besprochene Aufteilung Chinas würde in Anbetracht der augenblicklichen Schwäche des Landes, der Erschöpfung seiner Hilfsquellen und der viel-
5 fach anarchischen Zustände ein geeigneterer Zeitpunkt als der jetzige kaum jemals wiederkehren. Es fragt sich nur, wie die Mächte sich zu dieser Frage stellen würden. Rußland dürfte durch die Besetzung der Mandschurei für die
10 nächste Zeit zufriedengestellt sein. Wenn nun Frankreich Jünnan [Yun-nan], Japan Fokien [Fujian], England einen Teil des Jangtse-Gebietes, Deutschland Schantung [Shan-dong] in Besitz nehmen wollte, so würde dies von China schwerlich verhindert werden können. Es würde daher für uns notwendig sein, der Frage die vollste Aufmerksamkeit zuzuwenden, sobald eine Einigkeit der Mächte über die sogenannte Aufteilung zu erzielen möglich wäre.

Ich halte dies indes für völlig ausgeschlossen. England kann weder die Franzosen in Jünnan noch die Japaner in Fokien wünschen. Japan hat erhebliche Bedenken gegen die Besitznahme Schantungs durch Deutschland. Keine Macht kann England die Alleinherrschaft am Jangtse gönnen. Amerika ist entschlossen, gegen jeden Aufteilungsversuch zu protestieren. Rußland, wenn es im ungestörten Besitze der Mandschurei belassen wird, würde Aufteilungsversuche der anderen Mächte gern sehen, überzeugt, daß es darüber zu Verwicklungen unter ihnen kommen müßte. Sonach dürfte es sich nicht lohnen, der Aufteilungsidee näherzutreten …

China ist ein Reich, das vor mehr als vierhundert Jahren der europäischen Welt auf manchem Gebiet voraus gewesen, seitdem aber stehen geblieben ist und namentlich den weltbewegenden Umschwung, durch die Dampfmaschine mit Eisenbahn und Dampfschiffen herbeigeführt, nicht erfaßt hat. Seit mehreren Jahrhunderten von äußeren Feinden nicht ernsthaft bedroht, ist das Volk unkriegerisch geworden …

Fügt es die Vorsehung, daß einst kluge und tatkräftige Herrscher an die Spitze treten, welche sich die … Hilfsmittel der modernen Kultur zunutze machen, so möchte ich an eine Zukunft Chinas noch glauben. Die so überraschend schnell vollzogene und gelungene Reorganisation Japans verdient auch nach dieser Richtung hin vollste Beachtung."

(Zit. nach: Geschichte in Quellen, Bd. 5, München 1980, S. 676f.)

8 Beleidigung englischer Beamten

„Der Konsul und Konstabler [Polizeibeamte] des englischen Konsulats Wutschou [Wu-zhou] am Westfluß wurde gelegentlich einer Straßendemonstration von chinesischen Soldaten beleidigt. Folgende Bedingungen wurden zwischen dem General und dem englischen Generalkonsul in Kanton [Guang-zhou] vereinbart:

1. Der chinesische General soll sich schriftlich beim Generalkonsulat in Kanton entschuldigen und persönlich in Wutschou Abbitte leisten.

2. Die Garnison in Wutschou wird in feierlichem Aufzuge die englische Flagge grüßen. Der General wird eine Ansprache an die Truppen halten. 21 Schüsse werden abgegeben werden.

3. Ein amtlicher Bericht soll nach Billigung

9 Der chinesische Kuchen. (Französische Karikatur: Staatsoberhäupter des Deutschen Reichs, Frankreichs, Rußlands, Japans, der USA und Großbritanniens)

durch den englischen Generalkonsul in sämtlichen Zeitungen Kuangtungs [Guang-dong] und Kuanghsis [Guang-xi-zhuang] über das Veranlaßte veröffentlicht werden.

4. Der Unteroffizier wird hingerichtet, die übrigen Soldaten werden ebenfalls zum Tode verurteilt, aber auf Bitten des englischen Konsuls begnadigt. Auch hierüber soll ein Bericht in den Zeitungen erscheinen.

5. Als Entschädigung für körperliche und geistige Schäden erhalten die beiden Betroffenen eine Summe von 10 000 Dollar.

Von Anfang bis Ende benahmen sich die Beamten der Provinz Kuanghsi vom höchsten bis zum niedrigsten durchaus musterhaft. Die Ausdrücke des Beileids und des Bedauerns waren offenbar ehrlich gemeint, und ihr Eifer, das Unglück wieder gut zu machen, trat sehr geflissentlich hervor. Bei dem Flaggengruß war der englische Generalkonsul auf einem Kriegsschiff zugegen."

(Aus einer japan. Zeitung [1919], zit. nach: Geschichte in Quellen, Bd. 5, S. 427f.)

---

a) Vergleiche die Weltsicht und das Selbstverständnis Chinas mit den Realitäten um 1900 an Hand der beiden Karten. (M 1 und M 6)

b) Vergleiche M 4 und M 5. Welche Erklärungen lassen sich für die einseitigen Urteile finden? Wie aktuell sind die Urteile?

c) Wie entwickelten sich die Opiumexporte nach China? (M 3) – Überlege, welche Ursachen möglich sind und welche Folgen die Exporte hatten.

d) Beschreibe die in dem Bilderbogen dargestellten Vorgänge. Von welchem Standort aus und mit welcher Absicht wird dargestellt? (M 2)

e) Vergleiche M 7 mit M 9. Welche Erklärung enthält M 7 dafür, daß China nicht ganz aufgeteilt wurde? Urteile über die Voraussage in M 7.

f) War China eine „Halbkolonie"? Urteile mit Hilfe von M 8.

Arbeitsvorschläge und Fragen

3. Imperialismus: Rechtfertigungen, Motive und Folgen

1898	In Faschoda am oberen Nil, wo sich französische und englische Kolonialinteressen kreuzen, wird Frankreich zum Rückzug gezwungen.
	Im amerikanisch-spanischen Krieg besetzen die USA unter anderem Kuba und die Philippinen und annektieren Hawaii.
1899–1902	Großbritannien erobert von der Kapkolonie aus die angrenzenden Burenrepubliken Oranje und Transvaal.
1904/1905	Im russisch-japanischen Krieg wird die russische Flotte in der Meerenge von Tsuschima geschlagen.

Imperialistische Politik – eine „Bürde des weißen Mannes"?

Die imperialistische Expansion in der zweiten Hälfte des letzten Jahrhunderts wurde von einer heftigen Debatte in der Öffentlichkeit der betroffenen Länder begleitet. Vielen erschien diese Politik nämlich nicht einfach als *Eroberungs- und Machtpolitik*, sondern geradezu als eine *Bürde*, die der weiße Mann auf sich zu nehmen habe, um der übrigen Welt *Zivilisation und Fortschritt* zu bringen.

Sendungsbewußtsein der Weißen

Jede Nation glaubte hier eine besondere, vorbestimmte Mission erfüllen zu müssen: *England* sah sich in der Rolle des *Friedensstifters* für die von ihm beherrschten Völker. In *Frankreich* hieß es, man müsse „*die Kunst, die Literatur, die Sprache Galliens aussäen*", sonst bleibe der Rest des Universums unfruchtbar. In *Amerika* hörte man, die USA hätten jedes Stück Land, wo „*die Vorsehung das US-Banner entfaltet*" habe, für die *Freiheit und Zivilisation* zu retten. Für den Dichter Dostojewski lag allein in *Rußland* das *Heil der Welt*, und viele Deutsche meinten, es solle „*am deutschen Wesen die Welt genesen*".

Das „Recht des Stärkeren" im „Kampf ums Dasein"

Andere verzichteten auf solche gut klingenden Rechtfertigungen imperialistischer Politik und sprachen deutlicher (und wohl auch ehrlicher) von dem angeblichen *Recht des Stärkeren im Daseinskampf* der Völker. *Cecil Rhodes* z.B., der große Teile Afrikas für England gewonnen hatte, behauptete, daß die Engländer „die erste Rasse auf der Welt sind und daß es um so besser für die menschliche Rasse ist, je mehr von der Welt (die Engländer) bewohnen".

„Imperialismus ist gut, Imperialismus plus Dividende ist besser"

Wer sich solch harter Argumentation verschloß, konnte vielleicht wegen der Aussicht auf *Siedlungsraum*, auf *Absatzmärkte* und *Rohstoffquellen* der imperialistischen Durchdringung der Welt zustimmen. Mancher hoffte, auf diese Weise eine Lösung für die wachsenden *Probleme der Industrialisierung*, für *Konjunkturkrisen* und für die brennende *soziale Frage* zu finden. Wenn man den mörderischen Bürgerkrieg im eigenen Land nicht wolle, schrieb derselbe Cecil Rhodes, müsse man Imperialist werden.

Zumindest ließ sich aber mit einer erfolgreichen Expansionspolitik, die die Schlagzeilen der Presse füllte, gut *von Schwierigkeiten im Innern* eines Landes *ablenken* und damit die Stellung der Regierenden festigen.

Wirtschaftliche Bedeutung der Kolonien für die Mutterländer

Die wirtschaftlichen Erwartungen waren aber im allgemeinen viel zu hoch gesteckt. Zwar machten durchaus einige wenige in den abhängigen Gebieten recht *gute Geschäfte*, aber insgesamt galt es bald schon als großer Erfolg, wenn eine Kolonialverwaltung nicht auf *dauernde Zuschüsse* des Mutterlandes angewiesen war. Nur ein halbes Prozent des deutschen Überseehandels wurde bei-

2 Frankreich in Faschoda. Der britische General Kitchener zum (französischen) Pudel: „Und nun, scher' dich aus meinem Weg, kleiner Köter, oder ich trete dich tot!" (Aus der Londoner satirischen Zeitschrift Moonshine, 1898.)

Der kolonisierende Europäer. Idealisierende Darstellung aus dem Werk von J. G. Woods „The Uncivilised Races of Men in all Countries of the World", 1876.

Der Schutzmann der Welt. Amerikanische Karikatur (1905) auf die „Politik des großen Knüppels" des amerikanischen Präsidenten Theodore Roosevelt, der durch Schiedsspruch (arbitration) oder notfalls mit Gewalt die Streitigkeiten mit anderen Völkern beilegt.

4 Das unersättliche England. „Wenn der Alte sich mit all dem nicht tüchtig den Magen verdirbt!" (Karikatur aus der schweizerischen Zeitschrift Nebelspalter, 1897.)

spielsweise mit den eigenen Kolonien abgewickelt, und von den 32 Milliarden Goldmark französischer Auslandsinvestitionen (bis 1914) waren nur 1,6 Milliarden in dem riesigen französischen Kolonialreich angelegt. Der Hauptstrom der europäischen Auswanderer ging nicht etwa in die eigenen Kolonien, sondern nach Nordamerika.

Der Preis imperialistischer Politik

Trotz dieser oft ernüchternden Zahlen wurde die Intensität imperialistischer Politik nicht gebremst; man hoffte auf die zukünftige Entwicklung und wollte dafür schon „die Schürfrechte abstecken". Erkauft wurde diese Politik aber mit einer *zunehmenden Rivalität* der beteiligten Nationen, die sich oft gefährlich zuspitzte und zu verlustreichen Kriegen führte.

Faschoda-Krise 1898

Im Jahre 1898 z.B. kam es zu einer Kraftprobe, als der *französische Major Marchand* mit etwa 100 Mann Kolonialtruppen von Gabun aus in fast zweijährigem Marsch an den oberen Nil gelangt war und in *Faschoda* die Trikolore gehißt hatte. Zehn Wochen später erschien am gleichen Platz der *britische General Kitchener*, der kurz zuvor bei Omdurman die Armee der Mahdisten in einer blutigen Schlacht im Sudan vernichtet hatte. Nun zwang die britische Regierung *Frankreich zum Rückzug* aus Faschoda. Dies wurde in der französischen Öffentlichkeit als schwere Demütigung empfunden, und das nicht nur, weil sich der *Traum eines „Afrique transversale"* (von Dakar im Westen bis Djibouti am Golf von Aden) nicht mehr erfüllen ließ. Dagegen waren die Briten ihrem Ziel näher gekommen, eine durchgehende *Landverbindung vom Kap* im Süden *bis Kairo* herzustellen.

Burenkrieg

Der Erfolg in Faschoda ermutigte die *Briten*, 1899 von ihrer Kapkolonie aus die beiden – an Gold reichen – *Burenrepubliken Transvaal* und *Oranje* anzugreifen. Fast eine halbe Million Soldaten mußte England schließlich aufbieten, um 60 000 Buren in einem *grausamen Krieg*, der auch die Zivilbevölkerung nicht schonte, zu besiegen.

Amerikanisch-spanischer Krieg

Die alte Kolonialmacht *Spanien* wurde ein Opfer des aufstrebenden *US-Imperialismus*. 1898 mischten sich die USA in einen Aufstand in der spanischen Kolonie *Kuba* ein und besetzten nach einem schnellen Sieg nicht nur die Zuckerrohrinsel Kuba, sondern auch die zuvor spanischen *Philippinen* in Asien.

Russisch-japanischer Krieg

Auch in Asien kam es zu einem gefährlichen Aufeinanderprallen der rivalisierenden imperialistischen Mächte. Als sich *Rußland* sträubte, die *Mandschurei* zu räumen, versenkten im Februar 1904 japanische Torpedoboote russische Schiffe im Hafen von Port Arthur, und japanische Truppen landeten in *Korea*. Nach einer Reihe von Schlachten in der Nähe von Mukden waren die russischen Truppen am Anfang des Jahres 1905 aus der Mandschurei vertrieben. Als dann nach monatelanger Fahrt die *russische Ostseeflotte* am Kriegsschauplatz eintraf, wurde sie im Mai 1905 in der Meerenge von *Tsuschima* vernichtend geschlagen. Diese Niederlage löste in Rußland *revolutionäre Unruhen* gegen das Regime des Zaren aus; sie führte aber auch dazu, daß sich das Interesse der russischen Außenpolitik wieder stärker auf die europäischen Konfliktherde, z.B. auf den Balkan, richtete.

Imperialismus (von lat. imperium: Macht, Herrschaft, Reich): ganz allgemein bedeutet der Begriff die (direkte oder indirekte) *Herrschaft* über die Bevölkerung eines fremden Landes, die auch zur *wirtschaftlichen und kulturellen Abhängigkeit* führt. Im engeren Sinn ist er eine Bezeichnung für die Expansionspolitik der sich industrialisierenden europäischen Großmächte sowie der USA und Japans im letzten Drittel des 19. Jahrhunderts bis zum 1. Weltkrieg.

5 Bekenntnis zur kolonialen Expansion

Aus einer Parlamentsrede des ehemaligen französischen Ministerpräsidenten Jules Ferry vom 28. Juli 1885:

„Es ist in der Tat evident, daß ein Land, das sich eine breite Flut von Auswanderern entgehen läßt, kein glückliches, kein reiches Land ist, und es heißt Frankreich keinen Vorwurf ma-
5 chen … wenn man bemerkt, daß es von allen Ländern Europas dasjenige mit der geringsten Zahl von Auswanderern ist. *(Sehr gut! Sehr gut! in der Mitte und links.)* Aber bei der Kolonisation gilt nicht nur dieser Gesichtspunkt. Für die
10 reichen Länder sind Kolonien ein höchst vorteilhaftes Kapitalanlegefeld …

Aber, meine Herren, es gibt eine andere, bedeutendere Seite dieser Frage, die bei weitem diejenige übersteigt, die ich eben berührt habe. Die
15 Kolonialfrage ist für die Länder, die durch die Natur ihrer Industrie selbst zur Ausfuhr in großem Maße bestimmt sind, wie unser Land, eben eine Frage der Absatzmärkte …“

Nach einer Unterbrechung der Sitzung fuhr Fer-
20 ry fort: „Meine Herren, es gibt noch einen zweiten Punkt, noch eine zweite Gedankenreihe, die ich ebenfalls anschneiden muß, so knapp wie möglich, glauben Sie mir: das ist die humanitäre und zivilisatorische Seite der Frage. Über diesen
25 Punkt spottet der ehrenwerte Herr Camille Pelletan viel mit dem Geist und dem Scharfsinn, die ihm eigen sind; er spottet, er verdammt und er sagt: ‚Was ist das für eine Zivilisation, die man mit Kanonenschüssen durchsetzt? Was ist
30 das anderes als eine neue Form der Barbarei? Haben etwa diese Völker niederer Rasse nicht die gleichen Rechte wie Ihr? Sind sie etwa in ihren Ländern nicht souverän? Rufen sie Euch etwa herbei? Gegen ihren Willen geht Ihr zu ihnen,
35 Ihr tut ihnen Gewalt an, aber Ihr zivilisiert sie nicht.‘ …

Meine Herren, man muß lauter und ehrlicher reden. Man muß es offen aussprechen, daß die höheren Rassen in der Tat ein Recht gegenüber
40 den niederen Rassen haben …“ *(Lärm auf manchen Bänken der äußersten Linken.)* Herr Jules Maigne: „Oh, das wagen Sie in dem Lande zu sagen, in dem die Menschenrechte proklamiert sind.“ Herr de Guilloutet: „Das ist die Rechtfer-
45 tigung der Sklaverei und des Menschenhandels!“ … *(Tumult.)* …

„Ich behaupte, daß die Kolonialpolitik Frankreichs, daß die Politik der kolonialen Expansion, diejenige, die uns … nach Saigon, nach Cochin-
50 china hat gehen lassen, die uns nach Tunis geführt hat, die uns nach Madagaskar gebracht hat – ich behaupte, daß diese Politik der kolonialen Expansion sich von einer Wahrheit hat leiten lassen, auf die man doch für einen Augenblick Ihre Aufmerksamkeit lenken muß, nämlich,
55 daß eine Marine wie die unsrige auf den Meeren auf feste Stützpunkte, Verteidigungsmittel und Versorgungszentren nicht verzichten kann. *(Sehr gut! Sehr gut! Zahlreiche Beifallskundgebungen links und in der Mitte.)* …
60

6 „Ein humorvoller diplomatischer Atlas von Europa und Asien“

(Japanisches Flugblatt von 1904; nach einer englischen Karikatur von 1877). Im Text links steht unter anderem: „But as it sometimes happens he [the Black Octopus] gets wounded seriously even by a small fish … Wait and see! The ugly Black Octopus! Hurrah! Hurrah? for Japan …“

Meine Herren, in dem Europa, wie es geworden ist, in diesem Wettkampf so vieler Rivalen, die wir um uns herum großwerden sehen, die einen durch militärische und maritime Perfektion, die anderen durch die erstaunliche Entwicklung einer ständig wachsenden Bevölkerung, in einem solchen Europa oder vielmehr in einer so gestalteten Welt bedeutet die Politik der Sammlung oder des Verzichts ganz einfach die Hauptstraße zum Niedergang. Die Nationen sind in den Zeiten, in denen wir leben, nur groß durch die Aktivität, die sie entwickeln …"

Herr Paul de Cassagnac: „Wir werden uns daran erinnern! Das ist die Verteidigung des Krieges."

(Zit. nach: Geschichte in Quellen, Bd. 5, München 1980, S. 582–585)

6 Exportieren der sozialen Frage durch Kolonialpolitik?

Der sozialdemokratische Reichstagsabgeordnete Wilhelm Liebknecht kritisierte 1885 im Reichstag die Kolonialpolitik der Reichsregierung:

„Man hat gerade die Kolonialfrage mit besonderem Eifer von dem Boden nüchterner Erwägung auf den des Chauvinismus [des übersteigerten Nationalismus], des Patriotismus, des nationalen Enthusiasmus hinüberzuführen versucht. Das kann nur verwirren. Fragen wir uns ruhig: was wird mit der sogenannten Kolonialpolitik denn eigentlich bezweckt? Wenn wir auf den Grund gehen, so wird als der Zweck hingestellt: der Überproduktion und der Übervölkerung zu steuern. Aber was ist denn Überproduktion, und was ist Übervölkerung? Das sind doch sehr relative Begriffe. Ist Deutschland etwa übervölkert? Gerade die dichtest bevölkerten Gegenden in Deutschland liefern für die Auswanderung das geringste Kontingent, die dünnest bevölkerten liefern das stärkste. … Und gerade so ist es mit

der Überproduktion. Da klagen unsere Fabrikanten, daß ihre Produkte keinen Absatz finden. Ja, meine Herren, warum haben sie keinen Absatz? Weil das Volk nicht kaufen kann – abermals eine Folge unserer mangelhaften sozialen Verhältnisse; wenn die Sozialreform wirklich den Hebel an der richtigen Stelle ansetzen will, dann muß sie dafür sorgen, daß wirklicher Nationalreichtum erzeugt wird, das heißt, daß der Nationalreichtum, welcher tatsächlich erzeugt wird, auch seine richtige Verteilung findet.

Und wird etwa durch die Kolonialpolitik etwas nach dieser Richtung erreicht? Nein, meine Herren. Sie exportieren einfach die soziale Frage. Sie zaubern vor die Augen des Volkes eine Art Fata Morgana auf dem Sande und auf den Sümpfen Afrikas. Aber glauben Sie denn, daß damit wesentlich etwas genützt wird? … Ich verweise Sie auf das Beispiel des Landes, welches eine Kolonialpolitik im ausgedehntesten Sinne des Wortes hat, auf England … Sehen Sie, daß in England keine Überproduktion besteht? Sie haben dort die Überproduktion genau so wie in Deutschland und noch schlimmer; Sie haben auch die Übervölkerung genau so wie in Deutschland. Und warum? Weil die sozialen und ökonomischen Zustände, durch welche bei uns Überproduktion und Übervölkerung erzeugt werden, auch in England, und zwar in noch höherem Maße vorhanden sind. Das Beispiel England sollte Ihnen zur Lehre dienen, daß durch Kolonialpolitik die soziale Frage nicht gelöst, der Überproduktion und allen sonstigen Übeln, die Sie mit Ihrer Kolonialpolitik beseitigen wollen, nicht abgeholfen werden kann. Einzelne Individuen werden durch die Kolonialpolitik bereichert, aber auf Kosten des Volkes."

(Zit. nach: L. Helbig, Imperialismus – Das deutsche Beispiel, Frankfurt 1976[6], S. 70f.)

| Arbeitsvorschläge und Fragen | a) Wie wird der Weiße in M 1 im Verhältnis zu den Völkern der Welt dargestellt? Überprüfe, inwieweit die Darstellung für die Zeit zwischen 1870 und 1914 als berechtigt erscheinen kann.
b) Inwiefern spiegeln die Karikaturen das spannungsreiche Verhältnis zwischen den imperialistischen Mächten wider? (M 1–M 4)
c) Nenne die Argumente, mit denen Jules Ferry im französischen Parlament koloniale Expansion rechtfertigt. Wie überzeugend widerlegt er die angeführten Gegenargumente? (M 5)
d) Warum lehnt der Reichstagsabgeordnete Wilhelm Liebknecht Kolonialpolitik ab? Welche Politik erscheint ihm sinnvoller? (M 6; vgl. mit M 5) |

4. Der Weg in den Krieg:
Interessengegensätze und Konfliktherde in Europa

1904	Großbritannien und Frankreich verständigen sich über ihre kolonialen Differenzen in Nordafrika.
1905/06 und 1911	In der ersten und zweiten Marokkokrise zeigt sich die Isolierung des Deutschen Reiches.
1907	England findet mit Rußland einen Ausgleich in Mittelasien. Die Entente mit Frankreich erweitert sich zur Tripelentente.
1908	Österreich-Ungarn annektiert Bosnien und verursacht damit eine internationale Krise.
1912/13	In zwei Balkankriegen ringen die südosteuropäischen Staaten um das Erbe des zerfallenden Osmanischen Reiches.

Trotz der Faschodakrise von 1898 waren die kolonialen Gegensätze zwischen Frankreich und England nicht so unüberwindlich, wie man lange Zeit vor allem in Deutschland geglaubt hatte. 1904 einigten sich beide Länder über strittige Fragen vor allem in Nordafrika. Dabei anerkannte Frankreich nachträglich die *britische Vorherrschaft über Ägypten*; England überließ dafür *Frankreich Marokko* als *Interessensphäre*. **Englisch-französische Einigung**

In Deutschland hatte man aber die Auffassung eines Bismarck vergessen, daß es um so besser für die deutsche Sicherheit sei, je mehr sich die Franzosen für Saharasand und Indochinasümpfe engagierten (und nicht für das verlorene Elsaß-Lothringen). Jetzt wollte die kaiserliche Regierung in allen internationalen Fragen mitreden; *Deutschland* wollte als *Weltmacht* respektiert werden. **Erste und zweite Marokkokrise**

Deshalb landete der Kaiser im März 1905 in der marokkanischen Hafenstadt *Tanger* und beschwor mit den bei ihm üblichen markigen Worten die fragwürdig gewordene Unabhängigkeit des Sultans von Marokko. Doch zeigte sich auf der von deutscher Seite erzwungenen internationalen Konferenz von Algeciras (1906) die völlige *Isolierung* des Deutschen Reiches, genauso wie bei der zwei-

1 „Die wohlgerüstete Germania". (Deutsche Banknote aus dem Jahre 1910)

ten Marokkokrise, als Marokko endgültig zum französischen „Hinterhof" wurde. In beiden Krisen festigte sich aber das *englisch-französische Verständnis* („entente cordiale", frz. „herzliches Einvernehmen"); schon seit 1906 sprachen sich die Generalstäbe beider Länder für den Fall eines Krieges auf dem Kontinent ab.

Englisch-russischer Ausgleich

Auch der von der deutschen Diplomatie als unumstößlich angesehene Gegensatz zwischen „Walfisch" und „Bär", zwischen *englischer See-* und *russischer Landmacht* wurde entschärft. Beide Länder einigten sich 1907 über Tibet und Afghanistan und teilten Persien untereinander auf. Damit erweiterte sich die britisch-französische Entente zur sogenannten *Tripelentente*. Die Lage hatte sich nun für das Deutsche Reich in seiner Mittellage entscheidend verschlechtert, seitdem 1892 Frankreich und Rußland ein Bündnis geschlossen hatten. England gab allmählich die lange bewahrte „splendid isolation" auf und sah das Gleichgewicht auf dem Kontinent immer mehr durch Deutschland gefährdet, dessen Bevölkerung und Wirtschaftskraft unaufhaltsam wuchsen.

Aufbau einer deutschen Flotte

Ein entscheidender Grund für die Verschlechterung der deutsch-britischen Beziehungen war der seit 1898 eingeleitete Aufbau einer *starken deutschen Flotte*. Mit viel Propagandaaufwand hatte der neuernannte Staatssekretär im Reichsmarineamt, *Admiral von Tirpitz*, erreicht, daß der Reichstag die notwendigen Gelder bewilligte. Doch wurde keine Kreuzerflotte zum Schutz der Handelsrouten und der Kolonien in Auftrag gegeben, sondern große *Panzerschiffe*, die in der Nordsee operierten. Die neue Schlachtflotte sollte so stark sein, daß ein Angriff auf sie „selbst für die größe Flotte" (also die Großbritanniens) das Risiko bedeutete, ihre Überlegenheit einzubüßen.

Wettrüsten mit England

England empfand die deutsche Flottenrüstung als aggressive Herausforderung und sah seine auf der Flotte beruhende Weltmachtstellung gefährdet. Deshalb steigerten die Briten die eigene Produktion von Kriegsschiffen, sie wollten doppelt so stark sein wie die zweitgrößte Flotte (sogenannter *Two-power-standard*). Die deutsche Seite forcierte ihrerseits mit immer neuen *Flottenprogrammen* (1906, 1908 und 1912) das Rüstungstempo. Zuletzt gingen 60 % des deutschen Rüstungsetats in den Flottenbau, der in weiten Kreisen der Bevölkerung auf *begeisterte Zustimmung* stieß. Der beliebte Matrosenanzug auf alten Kinderphotographien erinnert noch heute daran.

Folgen der Flottenrüstung

Die deutsche Flottenrüstung verschaffte jedoch nicht den erhofften militärischen Ausgleich für die Isolation, in die das Reich geraten war, sondern verstärkte sie noch. Denn die mehrfach versuchte Verständigung mit England (zuletzt 1912) scheiterte immer an der *Flottenfrage*. Dabei erwies sich die *deutsche Schlachtflotte* im Ernstfall als militärisch *wertlos*. Im Krieg konnten die *Engländer* nämlich weit außerhalb der Reichweite der deutschen Schiffe eine wirkungsvolle *Blockade* errichten und die deutsche Seite von der *Zufuhr* kriegswichtiger Rohstoffe abschneiden.

Schwäche Österreich-Ungarns

Je mehr Deutschland im Kreis der europäischen Mächte isoliert zu werden drohte, um so enger band es sich an die Donaumonarchie, z.B. als diese 1908 *Bosnien* gegen den erbitterten Widerstand Serbiens, Rußlands, Italiens und auch Englands annektierte. Österreich-Ungarn war aber als Bundesgenosse von zweifelhaftem Wert, da die *inneren Schwierigkeiten* dieses *Vielvölkerstaates* krisenhaft zunahmen. In der österreichischen Reichshälfte gelang es z.B. nicht, das Verhältnis zwischen Deutschen und Tschechen auszugleichen; die Ungarn aber unterdrückten in ihrem Teil der Doppelmonarchie das Verlangen vor allem der südslawischen Völker nach nationaler Selbstbestimmung.

Der Balkan – ein Pulverfaß

Verschärft wurden diese Probleme dadurch, daß die *südslawische Unabhängigkeitsbewegung* von außen, von *Serbien* aus unterstützt wurde. Hinter Serbien

Der Balkan 1908-1913

Österreich - Ungarn

Bosnien - Herzegowina
1908 annektiert

Belgrad

Kgr. Rumänien

Dobrudscha

Kgr. Serbien

bis 1908 österr. besetzt

Montenegro

1913

1912/13 1913
unabhängig
Albanien

Kgr. Bulgarien

Ostrumelien 1913

Thrakien

Konstantinopel

Makedonien
1913

Osmanisches Reich

Kgr. Griechenland

Athen

Libyen 1912 ital.

0   400 km

——— Grenze des Osmanischen Reiches Ende 1911

Abtretungen durch Friedensverträge 1913

Dodekanes 1912 ital.

1908/13

Kreta

2 „Der kochende Kessel". (Karikatur aus der englischen Zeitschrift Punch auf die Balkankrise 1908)

3 Der Balkan 1908–1913

aber stand *Rußland*; denn der Zar wollte mit einer im eigenen Land populären slawenfreundlichen Politik sein Regime festigen. Explosiv war die Lage auf dem Balkan auch deshalb, weil dort die Macht des *Osmanischen Reiches*, des „kranken Mannes am Bosporus", immer mehr zerfiel. Rußland ermunterte deshalb die *Serben* und *Bulgaren* zum *Krieg gegen die Türkei* (1912), konnte aber den sich (1913) anschließenden Krieg um die Beute zwischen den beiden slawischen Ländern nicht verhindern.

Bei beiden Balkankriegen war es den Großmächten nur mühsam gelungen, die Ausweitung zu einem großen Kontinentalkrieg zu verhindern. Erneut wurde aber jetzt das *Rüstungstempo* verschärft. Das Deutsche Reich z.B. erhöhte 1913 die *Mannschaftsstärke* seines Heeres um ungefähr 135000 auf 800000 Mann. Frühere Bedenken, mit einer Heeresvermehrung zu viele Bürgerliche zu Offizieren ernennen zu müssen, waren aufgegeben worden.

Krieg in Sicht

Alle Ansätze aber, auf zwei internationalen *Friedenskonferenzen* in *Den Haag* (1899 und 1907) zu Rüstungsbegrenzungen zu gelangen, waren längst gescheitert. Nur bei der Festlegung des *Land- und Seekriegsrechtes* war es zu gewissen Vereinbarungen gekommen.

4 Flottenbau und Interessenpolitik

Brief des Präsidenten des Deutschen Flottenvereins an Tirpitz, den Staatssekretär des Reichsmarineamtes, 3. 12. 1901:

„Ew. [Euer] Exzellenz glaube ich im folgenden eine erfreuliche Mitteilung machen zu können:

Von Herren verschiedener Parteirichtungen bin ich gebeten worden, eine Bewegung einzuleiten, welche dahingeht, den Reichstag zu veranlas- 5 sen, an die Regierung die Bitte zu richten, angesichts der schlechten Konjunktur und der ungünstigen Geschäftslage von Handel und Indu-

strie und der damit zusammenhängenden Ar-
10 beitslosigkeit vieler Tausender von Arbeitern
den auf einen längeren Zeitraum verteilten Bau
von Kriegsschiffen in möglichst beschleunigtem
Tempo herbeizuführen.
Dadurch, daß der Bau der durch die letzte Mari-
15 ne-Vorlage bewilligten Schiffe so beschleunigt
würde, wie es die deutschen Werften überhaupt
leisten könnten, würden viele Industriezweige
neue Aufträge erhalten, wodurch nicht nur diese über Wasser gehalten, sondern auch in den
20 Stand gesetzt würden, ihre Arbeiter zu beschäftigen und bereits entlassene wieder einzustel-
len. Einer der wichtigsten Faktoren, die hier zur
Sprache kommen, wäre aber der, daß durch den
Auftrag neuer Kriegsschiffe und die dadurch
25 herbeigeführte Belebung von Handel und Industrie die betreffenden Börsenkurse steigen, viele
Werte gerettet und eine Konsolidierung des
Marktes eintreten würde.
Eine einzelne Partei mag nun nicht mit dieser
30 Bitte an die Regierung hervortreten, weil ihr
sonst leicht selbstsüchtige oder parteipolitische
Motive untergeschoben werden könnten."
(Nach: F. Kehr, Der Primat der Innenpolitik,
Berlin 1965, S. 146f.)

5 Kritik am deutschen Flottenbau
Aus einem Brief Friedrich von Holsteins, eines
hohen Beamten im Auswärtigen Amt, 20. 11.
1906:
„1. Je stärker wir zur See rüsten, desto fester
drücken wir England an Frankreich heran;
2. wir können, selbst wenn wir die Steuern ver-
5 dreifachen, niemals eine Flotte herstellen, die
der englisch-französischen, ja auch nur der englischen allein gewachsen ist;
3. in einem Kriege gegen Frankreich allein
spielt, wie das Jahr 70 zeigte, die Flotte eine Ne-
benrolle;
10 4. es ist eine Bedrohung und Herausforderung
Englands, daß der Flottenverein es seit Jahren bei
jeder neuen Flottenforderung offen ausspricht,
die Rüstungen seien gegen England gerichtet …
Die Gefahr wird dadurch vergrößert, daß beim
15 Schiffbau (Panzerplatten etc.) ungezählte Millionen zu verdienen sind, viel mehr als bei den
Kolonien. Nicht jeder, der nach Schiffen schreit,
ist ein uneigennütziger Patriot.
Deutschland steht und fällt mit dem Landheer,
20 dafür muß jedes Opfer gebracht werden. Die

Flotte vermehrt die Zahl unserer Feinde, wird
aber niemals stark genug sein, um sie zu besiegen. Auf einen paritätischen Seekampf können
wir weder jetzt noch später hoffen. Das Landheer muß – wie anno 70 – die Ungleichheit der 2
Seestreitkräfte wettmachen."
(Zit. nach: Geschichte in Quellen, Bd. 5, München 1980, S. 718f.)

6 Die Flottenfrage und die deutsch-britischen Beziehungen
Aus dem Bericht des deutschen Botschafters in
London an den Reichskanzler in Berlin am
16. 7. 1908:
„Beide Minister [der britische Außenminister
und der Schatzkanzler] waren der Ansicht, daß
die Situation zwischen England und Deutschland sich um die Flottenfrage drehe. Die Auslagen für die englische Flotte würden infolge des
deutschen Flottenprogramms und des beschleunigten Flottenbaues dermaßen in die Höhe gehen und das Gefühl von der deutschen Gefahr
würde damit dermaßen an Intensität zunehmen, daß die Beziehungen zwischen den Län- 1
dern sich nicht bessern könnten …
Die ruinösen Ausgaben, zu denen die Flotten-
konkurrenz triebe, könnten vertrauensvolle Beziehungen zwischen beiden Nationen nicht auf-
kommen lassen. Wer nur einigermaßen England 1.
kenne, wisse, daß hier nicht die Absicht beste-
he, Deutschland mit der englischen Flotte zu
bedrohen oder gar Deutschland anzugreifen. Eine Landung sei schon in Anbetracht der englischen Armeeverhältnisse gänzlich ausgeschlos- 2
sen. Fürst Bismarck habe, wie Lloyd George [der
Schatzkanzler] scherzend bemerkte, als bei ir-
gendeiner Gelegenheit von einer englischen
Landung auf deutschem Boden die Rede gewesen sei, gesagt, er werde es in dem Fall der deut- 2
schen Polizei überlassen, das englische Lan-
dungskorps festzunehmen. Ebenso lägen die
Dinge auch heute noch, wenn es sich um eine
Bedrohung Deutschlands durch England han-
dele. Für England dagegen sei eine mächtige 3
deutsche Flotte mit einer noch mächtigeren Armee im Hintergrund eine reale Gefahr.
Ich erwiderte, an der German invasion leide nur
die englische Einbildungskraft. In Deutschland
denke kein vernünftiger Mensch daran." 3
(Zit. nach: Geschichte in Quellen, Bd. 5, München 1980, S. 724f.)

8 Die allgemeinen Rüstungsausgaben betrugen in Millionen Mark:

	1905	1910	1913
Frankreich	911	1177	1327
Rußland	1069	1435	2050
England	1263	1367	1491
Deutschland	1064	1377	2111
Österr.-Ungarn	460	660	720

(Nach: Fragen an die Geschichte Bd. 3, hrsg. von H.-D. Schmid, Frankfurt 1977[2], S. 272)

9 Das Flottenwettrüsten am Beispiel des Baus schwerer Kampfschiffe:

	1889–1900	1900–1910	1910–1913
England	38	36	20
Deutschland	12	25	13
Frankreich	15	11	11
Rußland	15	6	4

(Nach: Handbuch des Geschichtsunterrichts Bd. 5, hrsg. von W. Kleinknecht und H. Krieger, Frankfurt 1965, S. 119 f.)

7 „Wie sollen wir uns da die Hand geben?!" (Simplicissimus, 1912)

Arbeitsvorschläge und Fragen

a) Welche Ursachen für die deutsche Flottenrüstung werden aus M 4 deutlich, welche nicht?

b) Welche Kritik enthält M 5 am deutschen Flottenbau? Überprüfe an Hand der späteren Ereignisse die Stichhaltigkeit der Argumentation.

c) Nimm zu der aus M 6 ablesbaren englischen Position Stellung. Berücksichtige dabei auch die Angaben in M 8 und M 9.

d) Erkläre die Karikatur M 2. Inwieweit stimmt sie mit der Wirklichkeit überein?

5. Julikrise und „Ausbruch" des Ersten Weltkrieges

28. 6. 1914	Der österreichische Thronfolger wird in Sarajewo ermordet.
6. 7.	Deutschland versichert Österreich-Ungarn unbedingte Bündnistreue.
23. 7.	Österreich-Ungarn richtet ein Ultimatum an Serbien.
28. 7.	Österreich-Ungarn erklärt Serbien den Krieg.
29./30. 7.	Rußland beschließt die Teil- und Generalmobilmachung.
1. 8.	Deutschland erklärt Rußland den Krieg.
3. 8.	Deutschland erklärt Frankreich den Krieg.
3./4. 8.	Deutsche Truppen marschieren in Belgien ein; England richtet ein Ultimatum an Deutschland.
1914–1918	**Erster Weltkrieg**

1 Sarajewo. Das österreichische Thronfolgerpaar am 28. Juni 1914 vor dem Rathaus von Sarajewo kurze Zeit vor dem Attentat. (Foto, 28. 6. 1914)

Die Schüsse von Sarajewo

Am 28. Juni erhielt die bosnische Landeshauptstadt Besuch vom *österreichischen Thronfolger* Franz Ferdinand. Als er sich im offenen Wagen durch die Straßen Sarajewos fahren ließ, wurde er von einem neunzehnjährigen bosnischen Studenten erschossen. Hinter dem *Attentat* standen *serbische Nationalisten*, die über die Annexion Bosniens durch Österreich erbittert waren und auf die Vereinigung aller Serben in einem Reich zwischen Donau, Save und der Adria hinarbeiteten.

Blankovollmacht des Deutschen Reiches

Der kaiserlichen Regierung in Wien erschien die Regierung Serbiens in Belgrad zumindest indirekt verantwortlich für die Ermordung des Thronfolgers. Die Neigung war groß, mit Serbien einmal „gründlich abzurechnen", um auf diese Weise den eigenen Staat zu stabilisieren. Trotzdem wollte man in Wien ohne *Rückendeckung* des deutschen Bundesgenossen nichts gegen Serbien unternehmen. Am 5./6. Juli entschied man sich daraufhin in *Berlin* zu einer *bedingungslosen Unterstützung* aller österreichischen Aktionen gegen Serbien.

Politik des kalkulierten Risikos

Mit diesem „Blankoscheck" für Österreich-Ungarn erhoffte sich der deutsche Reichskanzler *von Bethmann Hollweg*, den Machtverfall des letzten deutschen Bundesgenossen stoppen zu können; er vermutete, ein *rasches* Handeln gegen Serbien werde von der russischen Politik hingenommen, da sie wegen der weltweiten Empörung über den Terroranschlag von Sarajewo gelähmt erschien. „*Fait accompli* [vollendete Tatsachen] und dann freundlich gegen die Entente, dann kann der choc ausgehalten werden", notierte am 8. Juli der engste Berater des Reichskanzlers in sein Tagebuch. Doch erwies es sich schnell als unmöglich, Wien „von Berlin aus die Hand zu führen" und den Konflikt in einer Politik des kalkulierten Risikos auf dem Balkan zu *lokalisieren*.

Ultimatum an Serbien

Zum einen war Österreich-Ungarn militärtechnisch gar nicht in der Lage, einen *schnellen Feldzug* gegen Serbien zu führen; zum andern war der Weg einer

274

Einigung zwischen der österreichischen und der ungarischen Reichshälfte wie üblich auch jetzt langwierig. Erst am 23. Juli ging ein auf 48 Stunden befristetes *Ultimatum* an Serbien. Es war absichtlich *unannehmbar* formuliert und konnte deshalb von Serbien nur ausweichend beantwortet werden. Daraufhin erklärte Österreich-Ungarn am 28. Juli den *Krieg* und begann am folgenden Tag mit der Beschießung Belgrads.

In der Zwischenzeit war immer deutlicher geworden, daß Rußland nicht bloß mit „einigem Gepolter" eine kriegerische Aktion gegen Serbien hinnehmen werde. Am 29. Juli begann *Rußland* mit der Teilmobilisierung seiner Armee, am 30. Juli mit der vollen *Mobilisierung.* Das zaristische Regime fürchtete sich mehr vor weiterem Prestigeverlust und der drohenden sozialen Revolution als vor dem Krieg. Außerdem fühlte man sich durch Frankreich ermutigt, dessen Präsident erst wenige Tage zuvor bei seinem Staatsbesuch in St. Petersburg das russisch-französische Bündnis bekräftigt hatte.

Halt in Belgrad?

Die teilweise hektischen Versuche, vor und nach der russischen Mobilmachung doch noch in letzter Minute den *Kontinentalkrieg* zu verhindern, sind bis heute schwer zu durchschauen. Oft ging es dabei nur noch darum, in der Öffentlichkeit als der Angegriffene dazustehen. Der deutschen Reichsleitung z. B. erschien es als unmöglich, *gegen sozialdemokratischen Widerstand* einen großen Krieg führen zu können. Wenn nun aber Rußland in der Rolle des Angreifers auftrat, ließ sich der deutsche Arbeiter am ehesten für einen Krieg gegen den russischen Despotismus gewinnen.

Die militärische Führung des Deutschen Reiches, die nicht dem Reichskanzler unterstellt war, drängte Ende Juli immer stärker auf eine rasche deutsche Mobilmachung. Sie hatte für den drohenden *Zweifrontenkrieg* nur einen einzigen Kriegsplan, der von dem früheren Generalstabschef *Schlieffen* ausgearbeitet worden war. Danach sollte zunächst (in wenigen Wochen) die französische Armee in einer riesigen Umfassungsschlacht geschlagen werden; dazu mußte der rechte Flügel der Deutschen (an den französischen Befestigungen vorbei) durch das *neutrale Belgien* hindurch nach Nordfrankreich vordringen. Erst nach der französischen Niederlage wollte man die russischen Armeen vernichten. England kam in dem Plan nicht vor, obwohl mit der Verletzung der belgischen Neutralität der englische Kriegseintritt vollends sicher war.

Der Schlieffen-Plan und die deutschen Kriegserklärungen

Da der Schlieffen-Plan allenfalls bei deutschem Zeitgewinn Aussicht auf Erfolg verhieß, erklärte *Deutschland* am 1. August *Rußland* und am 3. August *Frankreich* den *Krieg. England* aber trat am 4. August in den Krieg gegen Deutschland ein, weil mit dem deutschen *Einmarsch nach Belgien* das belgische *Neutralitätsstatut,* für Bethmann Hollweg nur „ein Fetzen Papier", verletzt war.

Der europäische Krieg war auch möglich geworden, weil die meisten Leute, auch die meisten Militärs, keine rechten Vorstellungen von der *selbstmörderischen Schrecklichkeit* eines *modernen Krieges* hatten. Nur so ist der *Jubel der Bevölkerung* überall *in Europa* bei Kriegsbeginn erklärlich. Manch einer erhoffte sich von einem Krieg „eine Gesundung der inneren Verhältnisse in konservativem Sinn". Und wer voller Skepsis eher das Gegenteil erwartete wie Bethmann Hollweg, entschied sich doch für den „*Sprung ins Dunkel*". In zwei bis drei Jahren, glaubte man, sei der deutsche militärische Vorsprung durch die französische und russische Rüstung überholt, und so war der Krieg für Bethmann Hollweg „in gewissem Sinn ein Präventivkrieg". Anders sah es damals der amerikanische Botschafter in Berlin: Bei der wirtschaftlichen Aufwärtsentwicklung in Deutschland hätte den Deutschen bald niemand mehr etwas anhaben können. Jetzt aber hätten sie alles auf eine Karte gesetzt.

Der Sprung ins Dunkel 1914

2 Bündnistreue und der Weg in den Krieg

Graf Szögyény, k. und k. Botschafter in Berlin, berichtet am 12. 7. 1914 nach Wien:

„Daß Kaiser Wilhelm und das ganze Deutsche Reich in jedem Falle seine Bundespflichten uns gegenüber in loyalster Weise erfüllen würde, daran habe ich nie gezweifelt. Dagegen glaube
5 ich, daß es doch einer gewissen Erklärung bedarf, daß die maßgebenden deutschen Kreise und nicht am wenigsten Seine Majestät Kaiser Wilhelm selbst – man möchte fast sagen – geradezu drängen, eine eventuell sogar kriegerische
10 Aktion gegen Serbien zu unternehmen. Deutschland ist in letzter Zeit in seiner Überzeugung bestärkt worden, daß Rußland den Krieg beabsichtigt und sich mit allen Kräften dafür rüstet, ihn aber jetzt nicht vorhat, oder
15 besser gesagt, für den gegenwärtigen Augenblick noch nicht genügend vorbereitet ist.

Weiter glaubt die deutsche Regierung sichere Anzeichen dafür zu haben, daß England sich derzeit nicht wegen eines Balkankrieges am
20 Krieg beteiligen würde … Vor allem ist England zur Zeit nichts weniger als kriegslüstern und gar nicht gewillt, für Serbien und letzten Endes für Rußland die Kastanien aus dem Feuer zu holen."

(Österreich-Ungarns Außenpolitik von der Bosnischen Krise 1908 bis zum Kriegsausbruch 1914. Diplomatische Aktenstücke des österreichisch-ungarischen Ministeriums des Äußeren, Band VIII, 1930, S. 310, Nr. 10061)

4 Ein Flugblatt gegen den drohenden Krieg

Flugblatt des Landesvorstandes der Sozialdemokraten Württembergs, Juli 1914:

„GEGEN DEN DROHENDEN WELTKRIEG!

Was klarblickende Politiker seit Jahren kommen sahen, was die Sozialdemokratie in den Kämpfen um die Rüstungsvermehrungen stets vorausgesagt hat, ist plötzlich zur entsetzensvollen Wirklichkeit geworden: Europa steht am Rande einer Katastrophe … An der serbisch-österreichischen Grenze ist die Kriegsfurie bereits entfesselt. Die Gefahr, daß sie Tod und Verderben über ganz Europa und über die europäischen Grenzen hinaus verbreitet, schwebt dro-

3 Deutsche Truppen rücken ins Feld aus. In anderen europäischen Städten verhielt sich die Bevölkerung ebenso wie auf dieser Fotografie, die Anfang August 1914 in Berlin gemacht wurde.

hend über den friedlich schaffenden Völkern. Als Vorwand zur Eröffnung des Blutbades, in das Hunderttausende friedliebender Menschen gestürzt werden können, wurde die Mordtat von Sarajewo benutzt...

Die Tat von Sarajewo ist demselben GEIST DER VÖLKERVERHETZUNG entsprossen, der in allen Ländern Europas von interessierten Cliquen geschürt wird. Dem Geist, der nicht in der Verständigung der Völker, nicht in der Förderung einer friedlichen Kulturentwicklung, sondern in der Unterjochung und Ausbeutung des einen Volkes durch das andere das höchste Ziel der Staatsweisheit erblickt. Dieser Geist hat auch die Feder der österreichischen Diplomatie geführt bei der Formulierung der Bedingungen, die sie der serbischen Regierung auferlegte.

Was Österreich von Serbien zu verlangen berechtigt ist, konnte es ohne Gefährdung des Friedens durchsetzen. Form und Inhalt der österreichischen Forderungen bedeuten aber eine Verneinung der Selbständigkeit des serbischen Staatswesens. Die österreichische Kriegspartei wollte den Krieg. Sie wollte ihn, obgleich sie weiß, daß Rußland eine völlige Demütigung Serbiens nicht dulden wird, obgleich ein Krieg Österreichs gegen Serbien einen Krieg Rußlands gegen Österreich in den Bereich der allergrößten Möglichkeit rückt. Die österreichische Regierung verläßt sich auf die Bündnistreue Deutschlands. Die Unterstützung Österreichs durch Deutschland führt zu einem Eingreifen Frankreichs. In der weiteren Folge würden Italien und wahrscheinlich England an dem großen Blutvergießen teilnehmen.

EUROPA WÜRDE IN EIN SCHLACHTFELD VERWANDELT.

... Mit Hilfe der aufs höchste entwickelten Kriegstechnik würde ein Schlachten beginnen, wie die Menschheitsgeschichte noch keines aufweist...

Kein Bündnisvertrag darf die gesunde Vernunft außer Kraft setzen. Selbst Blätter, die das deutsche Industriekapital am ausgesprochensten vertreten, verneinen die Verpflichtung Deutschlands, der österreichischen Regierung bei ihrem serbischen Abenteuer zu Hilfe zu kommen ... Die Frankfurter Zeitung versichert: ‚Es gab sicherlich Mittel und Wege genug, um eine solche entsetzliche Zuspitzung zu vermeiden.' Sollen nun die Arbeitsmänner des Deutschen Reiches ihre Haut zu Markte tragen zur Verteidigung des ungeheuerlichen Aberwitzes der österreichischen Regierung? Sollen sie sich opfern zur Befriedigung der frivolen Profitgelüste einer Handvoll deutscher Kriegsinteressenten? Nimmermehr darf das geschehen! ...

KRIEG DEM KRIEGE! ...

HOCH DIE INTERNATIONALE VÖLKERVERBRÜDERUNG!

Der Landesvorstand der Sozialdemokraten Württembergs."

[Hervorhebungen entsprechen dem Original. – Die Verbreitung des Flugblattes wurde verboten, die noch nicht ausgegebenen Exemplare wurden beschlagnahmt.]

(Krieg, Revolution, Republik, Die Jahre 1918 bis 1920 in Baden und Württemberg, Eine Dokumentation bearb. von G. Cordes, hrsg. vom Hauptstaatsarchiv Stuttgart, Ulm 1978, S. 12)

5 Die Reichstagssitzung vom 4. 8. 1914

Schilderung des sozialdemokratischen Abgeordneten Wilhelm Keil aus Württemberg:

„Um 3¼ Uhr eröffnete Präsident Kämpf die Sitzung. Unter den bürgerlichen Abgeordneten sah man einige Uniformen. Die übrigen erschienen in den Anzügen, in denen sie soeben an der formellen Eröffnung der neuen Reichstagssession durch den Kaiser im Weißen Saale des königlichen Schlosses teilgenommen hatten. In der Thronrede des Kaisers war der Satz enthalten: ‚Ich kenne keine Parteien mehr, ich kenne nur noch Deutsche.' Damit wollte der Kaiser in dieser ernsten Stunde gutmachen, was er in vielen Jahren durch Ausfälle gegen die Sozialdemokratie verdorben hatte. Das neue Bekenntnis des Reichsoberhauptes wurde natürlich viel besprochen. Nach einer kurzen Ansprache des Präsidenten ... nahm Reichskanzler Bethmann Hollweg das Wort zu der historischen Rede, in der der vielumstrittene Satz vorkam, daß Deutschland das Unrecht, das es mit dem bereits erfolgten Einmarsch in Belgien begangen habe, wieder gutmachen werde, sobald sein militärisches Ziel erreicht sei. Die Alldeutschen haben den Kanzler wegen dieser Erklärung als einen Schwächling bezeichnet und wütend bekämpft

6 Die Bedienungsmannschaft eines Geschützes des „Eisernen Bataillons" im Stellungskrieg an der Westfront. (Foto, 1916)

25 ... Nach Wiederbeginn der Plenarsitzung erhielt Haase [als Sprecher der sozialdemokratischen Fraktion] sofort das Wort. Er verlas die Erklärung vom Rednerpult aus mit aller gebührenden Würde und Betonung. Auf die Wissenden mach-
30 te es freilich einen eigenartigen Eindruck, daß der Mann, der die Kredite [zur Finanzierung des Krieges] ablehnen wollte, mit feierlichem Nachdruck Sätze vortrug wie die: Nun, da wir vor der ehernen Tatsache des Krieges stehen und die
35 Schrecknisse feindlicher Invasionen drohen, sei nicht mehr für oder gegen den Krieg, sondern über die Frage der für die Landesverteidigung erforderlichen Mittel zu entscheiden. Wörtlich hieß es in der Erklärung: ‚Unsere heißen Wünsche begleiten unsere zu den Fahnen gerufenen Brüder ohne Unterschied der Partei ... Wir machen wahr, was wir immer gesagt haben: Wir lassen in der Stunde der Gefahr das Vaterland nicht im Stich.' Diese Sätze wurden von den bürgerlichen Parteien mit stürmischem Beifall aufgenommen."
(Zit. nach: Geschichte in Quellen, Bd. 5, München 1961, S. 34–36)

Arbeitsvorschläge und Fragen	
	a) Worin liegt das Fragwürdige der deutschen „Blankovollmacht" für Österreich-Ungarn? (M 2) – Vergleiche das Verhalten der Reichsregierung 1914 mit der Einschätzung des Bündnisfalls durch Bismarck 1887. (S. 235, M 7)
	b) Nenne mögliche Gründe für das Verhalten der Bevölkerung. (M 2) – Vergleiche mit M 6.
	c) Wie berechtigt sind die in dem Flugblatt enthaltenen Vorwürfe und Wertungen? (M 4)
	d) Welche Gründe für die Änderung der sozialdemokratischen Haltung zum Krieg enthält W. Keils Schilderung, welche nicht? (M 5)

Verzeichnis der Namen, Sachen und Begriffe (mit Erläuterungen)

Folgende Abkürzungen werden verwendet:
afrik. = afrikanisch, allg. = allgemein, amerik. = amerikanisch, belg. = belgisch, best. = bestimmte, Bez. = Bezeichnung, brit. = britisch, chin. = chinesisch, christl. = christlich, dän. = dänisch, dt. = deutsch, engl. = englisch, ev. = evangelisch, frz. = französisch, gesetzl. = gesetzlich, ggs. = gegenseitig, Hzg. = Herzog, ital. = italienisch, islam. = islamisch, japan. = japanisch, Jhdt. = Jahrhundert, jmd. = jemand, kath. = katholisch, Kg. = König, Kgn. = Königin, Ks. = Kaiser, Ksn. = Kaiserin, landwirtl. = landwirtschaftlich, ma. = mittelalterlich, milit. = militärisch, nat. = national, niederl. = niederländisch, öffentl. = öffentlich, öster. = österreichisch, philosoph. = philosophisch, polit. = politisch, Präs. = Präsident, preuß. = preußisch, Prof. = Professor, protest. = protestantisch, rechtl. = rechtlich, Reg. = Regierung, Rep. = Republik, röm. = römisch, russ. = russisch, schwed. = schwedisch, schott. = schottisch, sowj. = sowjetisch, soz. = sozial, span. = spanisch, Vers. = Versammlung, Vors. = Vorsitzender, wirtschaftl. = wirtschaftlich, württ. = württembergisch

▷ Verweis auf ein Stichwort   − ersetzt das Stichwort bei Wiederholung

Bei Herrschern werden Regierungsdaten, bei anderen Personen Lebensdaten angegeben.

Hinweis:
Halbfett gesetzte Begriffe sind im Buch in einem Kasten-Text erläutert. Die halbfette Seitenzahl gibt den Fundort an.

Friede v. Adrianopel (1829) 109; – v. Basel (1795) 83; – v. Campo Formio (1797) 84, 88; – v. Frankfurt (1871) 144, 234; – v. Hubertusburg (1763) 14; – v. Paris (1763) 14, 18, 38, 39f.; (1856) 137; (1815) 234; – v. Utrecht (1713) 6, 8, 9, 18, 21; – v. Zürich (1859) 138

Friedrich II., d. Gr. (1742–1786) preuß. Kg. 8, 10, 12, 14f., 17, 20, 26, 90, 94; – III. (1888) dt. Ks. 236; – Wilhelm III. (1797–1840) preuß. Kg. 94, 98, 106, 111, 170; – Wilhelm IV. (1840–1861) preuß. Kg. 120, 123, 125, 129, 143, 147

Gagern, Heinrich Freiherr v. (1799–1807) Präs. der ▷ Frankfurter Nationalversammlung 123f.

Garibaldi, Giuseppe (1807–1882) ital. Freiheitskämpfer 143

Generalstände (Versammlung der Vertreter der drei Stände in ▷ Frankreich) 59, 60, 64f.

Georg III. (1760–1820) engl. Kg. 40f.

Gerlach, Helmut v. (1866–1935) liberaler Reichstagsabgeordneter (1903–1906) 255

Gervinus, Georg Gottfried (1805–1871) dt. Historiker u. Politiker 115

Gesetz 17, 30, 35, 40, 46, 59f., 79f., 88, 224, 226; Grund– der Bundesrepublik Deutschland 128; Indemnitäts– 139, 144; ▷ Sozialgesetzgebung; ▷ Sozialistengesetz; –gebende Versammlung 72, 75

Gesindeordnung 152

Gewaltenteilung 36f., 74 ▷ Exekutive; ▷ Judikative; ▷ Legislative; ▷ John Locke; ▷ Montesquieu

Gewerbe/freiheit 163, **164,** 189, 204; ▷ Reformen, preuß.; –schulen 164

Gewerkschaften 198 ▷ Arbeiter

Gironde, Landschaft in Südwestfrankreich; –isten 72f., 75 ▷ Frz. Revolution

Glorious Revolution (1688) 34ff., 39 ▷ England

Gneisenau, August W. Graf v. (1760–1831) preuß. Generalfeldmarschall 93; ▷ Reformen, preuß.

Görres, Joseph von (1776–1848) dt. Publizist u. Privatdozent 111, 114

Goethe, Johann W. v. (1749–1832) dt. Dichter 90

Griechen, Freiheitskampf der – 106, 109

Grimm, Jacob (1785–1863) dt. Sprach- u. Literaturwissenschaftler 115

Großbritannien 6, 8ff., 12, 18, 20, 30ff., 73, 85, 88, 100, 106, 112, 117, 120, 131, 137, 153ff., 162, 182, 189, 196f., 204, 230f., 233f., 238, 240, 258ff., 264ff., 269, 273ff.

Gründer/jahre 181; –krach (1873) 181; –krise 108f. ▷ Wirtschaftskrise

Grundrechte 44, **45,** 46f., 68, 76, 112, 118, 120, 123, 125, 127f. ▷ Menschen- u. Bürgerrechte

Guillotine (Hinrichtungsmaschine, Fallbeil) 72, 79, 82

Haase, Hugo (1863–1919) dt. Jurist u. Politiker; plädierte als ▷ SPD-Abgeordneter 1915 gegen die Kriegskredite 278

Habeas-Corpus-Act (1679) 34 ▷ England

Habsburg 7; –er 8

Haller, Ludwig v. (1768–1854) Staatstheoretiker u. Politiker 108

Hambacher Fest (1832) 112, 114, 116

Hannover 89, 112; Kg. v. – 125, 140

Hansemann, David (1790–1864) preuß. Politiker u. Bankier, Vertreter des ▷ Wirtschaftsliberalismus 120

Hardenberg, Karl A. Fürst v. (1750–1822) preuß. Staatsmann 93ff., 98, 111 ▷ Reformen, preuß.

Hargreaves, James (1720–1778) Erfinder der Spinnmaschine 156

Harkort, Friedrich (1793–1880) dt. Unternehmer 169

Hawaii 264

Hébert, Jacques R. (1757–1794) frz. Journalist u. Revolutionär; Führer der Hébertisten 73, 76, 79 ▷ Frz. Revolution

Hecker, Friedrich (1811–1881) dt. Politiker u. Republikaner 131

Hegemoni/e (Vorherrschaft) 12, 18; –albildung 8, 9; –almacht 7; –streben 6

Heidelberg 208

„Heiliges Römisches Reich Deutscher Nation" 89

Heimarbeiter 118

Heine, Heinrich (1797–1856) dt. Schriftsteller 95, 115

Hellebarden (ma. Stoß- und Hiebwaffe) 32

Herder, Johann G. (1744–1803) dt. Philosoph, Dichter, Theologe 89, 94

Hereros (afrik. Stamm) 252

Hitler, Adolf (1889–1945) 25

Hörig/keit 162; –e 164

Hofer, Andreas (1767–1810) Tiroler Freiheitskämpfer 96

Hohenzollern (dt. ▷ Dynastie) 8, 144, 146

Holland 8, 88 ▷ Vereinigte Niederlande

Humboldt, Wilhelm v. (1767–1835) preuß. Staatsmann u. Philosoph 93ff.

Ihering, Rudolf von (1812–1892) dt. Rechtsgelehrter 142

Impeachment (Amtsenthebungsverfahren) 45 ▷ USA

Imperialismus 264, **266ff.**

Indemnitätsgesetz (1862) 139, 144

Indianerstämme 49

Indien 12, 14, 252

Industrialisierung 156ff., 162, 168ff., 179, 185, 189, 196ff., 204, 240, 264

Industrie 156, 162, 179ff.; –länder 162; Chemisch-Pharmazeutische – 179, 245; Elektro– 179, 245; Textil– 206, 209; –gebiete 185; –städte 185; –wachstum 168 ▷ **Revolution, Industrielle**

Inflation (Geldentwertung) 44

Intervention (Einmischung, Vermittlung); –smächte 109; –srecht 109

Italien 84, 106, 109, 137, 143, 230, 231ff., 270; –ischer Einigungskrieg (1859–1870) 137 ▷ Krieg

Jacob I. (1603–1625); – II. 34, 35

Jakobiner 71f., **74f.** ▷ Frz. Revolution

Japan 258ff.

Johann (1782–1859) österr. Erzhg.; Reichsverweser der ▷ Frankfurter Nationalversammlung 123, 125, 127

Joseph II. (1765–1790) dt. Kg. u. österr. Ks. 17f.

Josephine Beauharnais (1804–1809) frz. Ksn. 85

Juden 95, 163; emanzipierte – 240; ▷ Antisemitismus; –emanzipation 94

Judikative 133 ▷ Gewaltenteilung

Julirevolution (1830) ▷ Revolution

Junker (Bez. für ostelbische Großgrundbesitzer) 245

Justi, Johann, H. v. (1705–1771) preuß. Nationalökonom 164 ▷ Reformen, preuß.

Kaiserreich, dt. 244ff.

Kamerun 252f.

Kanada 40

Kant, Immanuel (1724–1804) dt. Philosoph u. Aufklärer 88

Kapital (Geld f. Investitionszwecke; Vermögen eines Unternehmens in Form von Grundbesitz, Gebäuden, Anlagen, Geld) 158, 163, 168, 180, 192, 204; Das – 192f.; –ismus 180; –ist 192f.

Karl d. Gr. (768–814) Kg. der Franken u. röm. Ks. (800–814) 85; – V. (1519–1556) Ks. des Heil. Röm. Reiches Dt. Nation 141; – I. (1625–1649) engl. Kg. 30; – II. (1660–1685) engl. Kg. 34f.; – X. (1824–1830) frz. Kg.; – XII. (1697–1718) schwed. Kg. 7; – II. (1665–1700) span. Kg. 7; – III. (1759–1788) span. Kg. 8; – Friedrich, Großhzg. v. Baden (1728–1811) 91

Karlsbader Beschlüsse (1819) 106, 108, 111

Karlsruhe 132, 204, 208

Kartell (Zusammenschluß von Unternehmen, die rechtl. u. wirtschaftl. weitgehend selbständig bleiben); Preis– 181, 184

Kartoffelkiepe (Tragekorb) 242

Kastenwesen (1. hinduistische Gesellschaftsordnung, in der einzelne Gruppen [Kasten] durch Privilegien u. Standesbewußtsein streng voneinander getrennt sind; 2. [abwertend] Gesellschaft, in der sich einzelne Gruppen durch ein übertriebenes Standesdenken streng von anderen absondern) 241

Katharina II. (1762–1796) russ. Zarin 23, 25

Kaunitz, Wenzel A. Graf (1711–1794) österr. Staatskanzler 8, 10, 12

284